어둡고 혼탁한 시대에 불꽃같은 삶을 살았던

영국 부흥의 주역들

김현배 지음

기독교문서선교회

기독교문서선교회(Christian Literature Center: 약칭 **CLC**)는
1941년 영국 콜체스터에서 켄 아담스에 의해 시작되었으며
국제 본부는 미국 필라델피아에 있습니다.
국제 CLC는 59개 나라에서 180개의 본부를 두고, 약 650여 명의
선교사들이 이동도서차량 40대를 이용하여 문서 보급에 힘쓰고 있으며
이메일 주문을 통해 130여 국으로 책을 공급하고 있습니다.
한국 CLC는 청교도적 복음주의 신학과 신앙서적을 출판하는
문서선교기관으로서, 한 영혼이라도 구원되길 소망하면서
주님이 오시는 그날까지 최선을 다할 것입니다.

The leaders of Britain's Revival

-The flames who lived through dark generations-

Written by
Hyun Bae Kim

Korean Edition
Copyright © 2014, 2019 by Christian Literature Center
Seoul, Korea

추천의 글

고무송 박사
한국교회인물연구소 소장

땀과 눈물과 기도의 결정체

　김현배 목사님은 영국에 유학, 영성신학을 천착(穿鑿)했습니다. 그때 제가 섬기고 있던 런던일링한인교회 사역을 여러모로 도와주었습니다. 이후 한국에서 목회하던 김현배 목사님은 독일에 선교사로 파송, 열정적으로 복음을 전하고 있습니다. 김현배 목사님이 섬기는 베를린 비전교회는 독일은 물론 유럽 47개국 선교비전과 다음 세대의 부흥을 꿈꾸며 그들을 영적 리더로 세우는 사역을 감당하고 있습니다.

　몹시 분주한 사역 속에서도 김현배 목사님은 선교의 뿌리를 찾아 영국 교회 부흥에 헌신한 인물들을 깊이 탐색, 정리해 놓았습니다. 땀과 눈물과 기도의 결정체(結晶體)인 이 책이 모든 하나님의 사람들에게 널리 읽혀지기를 바라며, 삼가 추천합니다.

* * *

김남준 목사
열린교회

　조나단 에드워즈는 자기 시대 사람들에게 두 가지 죄가 있다고 지적했습니다. 하나님을 두려워하지 않는 것과 사랑하지 않는 것입니다. 거룩한 부흥은 이 두 가지를 가능하게 해 줍니다. 오늘날 우리의 가장 큰 오류는 하나님께로부터 오는 참된 영적 부흥을 갈망하지 않는 것입니다.

이 책은 우리에게 교회 역사에 나타난 부흥과 영적 각성의 사건들을 소개함으로써 거룩한 부흥의 필요성을 일깨워 주고 있습니다.

영국의 청교도들과 스코틀랜드의 언약도들의 부흥, 그리고 웨일즈와 북아일랜드에서 일어난 영적 각성을 통해 오늘날 우리 시대의 교회의 가난한 영적 형편을 직시하고 하늘을 가르고 강림하시는 거룩한 임재를 갈망하게 하는 책입니다.

이 책을 읽고 독자들이 조국교회 뿐 아니라 침체에 빠져있는 유럽의 교회들의 부흥을 위해 기도할 수 있기를 간절히 바랍니다.

* * *

김용택 목사
온세계교회

저자 김현배 목사님은 학자인 동시에 목회자입니다. 영국에서 신학을 연구하면서 영국교회의 부흥에 남다른 관심을 갖습니다. 책상의 책에서만이 아니라 현장에서 역사의 흔적들을 발로 뛰며 그 속에 숨겨진 보화들을 캐내어 글로 표현을 했습니다.

중세 로마 가톨릭이 세속화되고 비성경적일 때 영국의 종교개혁자들은 하나님의 말씀인 성경의 근본 진리를 찾아 나섰습니다. 전통적 주장과 맞서며 순교의 피를 흘릴 때 하나님은 영국교회에 부흥을 가져다 주셨습니다.

보통 역사적 연구를 할 때 사건의 서술에 그치는 경우들이 많습니다. 하지만 저자는 부흥이라는 관점을 가지고 영국교회 역사를 조명하고 있습니다. 부흥의 요소, 그리고 원리들을 엿볼 수 있어서 다른 책들과는 차별이 됩니다.

특히 영국교회의 부흥을 가져오는 데 쓰임받은 걸출한 인물들의 성장과 부흥의 물결에 참여하게 된 배경들은 우리에게 많은 도전과 교훈을 제시합니다. 그들의 삶과 목회적 철학은 시대를 뛰어넘는 불변의 원리로 오늘 우리에게 여전히 유효한 가르침입니다.

이 책을 읽으면 현재 한국교회와 세계교회를 진단할 수 있으며 무엇이 문제인지를 발견할 수 있습니다. 그들이 가졌던 하나님에 대한 열심, 그리고 성경의 진리를 바로 깨달으려는 열망은 우리의 현재를 진단하는 리트머스 시험지입니다.

부흥의 바람이 잠잠해지고 있는 한국교회의 현실에 저자의 연구는 부흥에 목마른 모두에게 한여름의 시원한 냉수가 되리라 확신합니다. 부흥의 원리를 목회 현장에 적용하여 다시 한 번 부흥을 경험할 수 있으리라 믿습니다.

* * *

라은성 박사
총신대학교

영적 거성의 숲속을 지나

영국은 교회 역사에서 간과될 수 없는 국가입니다. 초대교회 역사 때부터 근세까지 영적 거성의 숲을 이루고 있는 나라도 영국입니다. 한 나라에 이렇게 많은 신앙의 인물을 둔 나라는 없습니다. 유럽의 여러 나라들을 탐사해보지만 시간이 모자라 발길을 떼지 못할 정도로 감동적인 나라는 영국 외엔 없습니다.

   그 역사적 현장인 영국으로 일찍 유학을 떠나, 그곳의 거성들을 연구했고, 그들을 닮기 위해 오랜 세월을 목회했고, 마침내 글을 쓴 김현배 목사님을 기억합니다. 이제 독자들은 저자가 20년 이상 연구해왔던 인물들을 한국교회 독자들에게 소개해드리고 싶은 단 하나의 열정을 가진 글들을 접하게 됩니다.

   특별히 이 글은 14세기~20세기에 걸친 영국 영적 거성들을 소개합니다. 당대에 하나님의 오른 손으로 붙잡힌 바 된 사람들의 숨결을 느끼는 듯싶습니다. 글을 읽노라면 그들의 열정이 전해져 전율을 느끼게 될 것입니다. 생명을 바쳐서라도 진리를 위해 헌신했던 그들을 언젠가 만나겠지만 책으로 접할 수 있다는 것은 독자들의 특권입니다.

   현재 김현배 목사님은 독일 베를린에서 목회하고 있지만 여전히 한국교회에 관한 열정을 갖고 있는 분입니다. 이 책의 인물들과 함께 개혁신학을 꿈꾸고, 청교도적 삶을 구현하려고 꿈꾸는 모든 독자들과 함께 하는 분입니다. 22명의 거성의 나무 그늘 아래서 나다나엘처럼 묵상합시다! 그들처럼 기도합시다! 그들의 주님이 우리의 주님임을 확신합시다! 그들의 심장 소리를 들을 수 있고 음성을 들을 수 있을 것입니다.

* * *

박순용 목사
하늘영광교회

   오늘날 한국교회의 영적 현실은 개혁과 부흥을 절실하게 필요로 하고 있습니다. 그에 따라 그것을 인지한 여러 사람들이 부흥을 빈번하게 외치고 있습니다. 그러나 안타깝게도 그런 외침들은 일시적인 현상처럼 일어났다가 이내 쉬 사라지는 것을 반복하고 있습니다. 우리는 과연 진정으로 부흥을 원하는가? 그런 것 같지가 않습니다. 왜냐하면 그 필요를 아는 것에서 또 그것을 말하는 것에서 멈추고 있기 때문입니다.

하나님이 허락하시는 부흥의 역사는 그 필요를 아는 것 이상의 무엇이 있습니다. 그것이 무엇일까요? 저자가 이 책에서 소개하는 인물들 속에서 우리는 그 답을 찾을 수 있습니다. 즉 개혁과 부흥의 필요를 아는 것을 넘어 그 도구로 사용된 역사 속의 인물들 속에서 실천적인 답을 얻게 됩니다. 저자는 그것을 인지하고 부흥의 이론보다 그 모델들을 우리에게 소개해 주고 있습니다. 그들의 공통점은 '부흥'에 관한 이론을 말하기보다 자신들이 철저히 하나님께 사로잡혀 살고 사역했다는 것입니다. 영적으로 핍절한 각 시대 속에서 그들은 자신들의 눈과 마음을 온통 하나님께로 향하였고 그 가운데서 하나님과 그의 일하심을 믿고 담대히 외쳤습니다.

* * *

박영호 목사
기독교문서선교회 대표

본서는 영국교회 부흥의 주역들인 목사들이 얼마나 하나님의 말씀에만 집착했는가를 보여줍니다. 그들은 성경의 권위를 높일 뿐만 아니라 그 말씀을 구체적으로 풀어서 하나님의 백성에게 공급하여 교인들의 삶에 변화가 일어나게 하지 않고는 못 견디는 설교자들의 특징을 기록하였습니다. 그들은 심오한 신학자이면서 뜨거운 열정의 설교자였습니다. 그들은 성경은 하나님의 말씀의 확대판이라고 믿었고 또 그들은 "마치 죽어가는 설교자가 죽어가는 성도들에게"(As a Dying man to dying men) 말하듯이 열정적으로 설교하였습니다. 영국교회의 부흥시대는 특히 성경적 설교의 부흥시대라고 할 수 있습니다. 설교자들은 그들의 설교에 생명을 걸었고, 회중들은 설교를 들을 때 그들의 설교를 부활하신 주님이 설교자를 대신해서 말씀하시는 것으로 받아들였습니다. 본서는 영국교회 부흥운동의 주역들인 '설교의 황금시대'를 일으킨 영적 거인들을 만나게 해줄 것입니다.

* * *

서문 강 목사
중심교회

'부흥'이 교회에서 가장 많이 사용되는 어휘들 중에 하나임을 부인할 이는 없을 것입니다. 그러면서도 '부흥'에 대해서처럼 오해가 많은 경우도 없을 것입니다. 혼재하는 다양한 신학의 스펙트럼 속에서 어떤 관점을 가지느냐에 따라서 '부흥'이라는 말을 사용하면서 가지는 개념도 달라집니다. 그런 혼돈의 와중에 이 책은 '진정한 부흥'의 방향과 내용을 가리키는 나침반과 같은 역할을 감당하기에 훌륭한 책임에 틀림없습니다. 이 책은 단순하게 신학적 이론을 제시하는 방식을 취하지 않고 영국교회사의 줄기를 관조하며 '부흥의 돌기(突起)들'을 찾아 그때 쓰임 받은 하나님의 종들의 역할과 헌신을 주목합니다.

그래서 이 책은 독자로 하여금 성령 하나님의 주권적인 은혜의 역동적인 행사들의 증거들을 접하게 합니다. 그리하여 '부흥'에 대한 '영적 지각과 열망'을 가지게 하는 힘을 이 책은 가지고 있습니다. 저자는 영국에서 수년 동안 유학하며 목회도 하며 '부흥'에 대해 타의 추종을 불허할 만큼의 열망을 가져온 사람입니다. 그러니 이 책은 머리로만 저작된 것이 아니라 저자의 전인적 헌신과 수고의 소산입니다. 본 추천인은 이 책을 추천하는 것을 큰 영예로 여깁니다.

* * *

서창원 교수
총신대학 신학대학원, 한국개혁주의설교연구원 원장

교회 부흥의 주체는 누구입니까? 구원 문제에 있어서 신인협동설 혹은 공로설까지도 주장하는 자들이 있지만 전적으로 하나님의 주권에 속한 것이요 오직 하나님의 은혜로 말미암는 것임을 강조하는 것이 개혁주의 신학이요 신앙입니다. 교회 부흥 문제도 마찬가지입니다. 인간의 역할이 무엇이냐를 설명할 수는 있습니다. 그러나 그것이 부흥의 공식이 되면 하나님 중심의 주권적 역사는 땅에 묻히게 되고 인간들만이 부각됩니다.

수고는 내가 했어도 영광은 주님이 받으셔야 합니다. 그 이유는 교회의 머리가 주님이시요 교회를 세우시는 분도 주님이시요 소생시키는 분도 주님이시기 때문입니다. 그런 의미에서 오랫동안 영국에서 공부하며 목회경험까지 하였던 김현배 목사의 본 책은 하나님의 주권적인 역사에 귀하게 쓰임 받은 일꾼들이 어떤 분들이었는지를 교회 부흥을 사모하는 자들에게 알려주는 귀한 책입니다. 뿐만 아니라 그토록 미약한 인간을 사용하셔서 하나님의 위대한 일을 영광스럽게 이루신 하나님의 권능을 높이지 않을 수 없게 합니다. 독자들이 이 두 사실을 깨닫지 못한다면 부흥의 역사에 대한 우리의 관심은 지적인 자랑으로 귀결되고 말 것입니다.

영국 부흥의 주역들을 소개하기 위해 수년간 자료를 수집하고 정리하여 귀한 책을 한국 그리스도인들에게 소개해 준 김현배 목사님께 진심으로 감사드리며 위로부터 강권적으로 부어주시는 하나님의 영의 역사가 조국 땅과 영국 땅 그리고 전 세계 모든 그리스도인에게 풍성하게 일어나게 되기를 간절히 사모하는 마음을 담아 적극 추천하는 바입니다.

* * *

정성구 박사
전 총신대 · 대신대 총장, 현 칼빈주의연구원장

저는 김현배 목사님께서 "영국교회 부흥의 주역과 현장의 역사"를 「뉴스파워」 인터넷 신문에 글을 발표할 때부터 그 내용을 잘 읽었습니다. 오늘처럼 기독교가 세속화되고, 도덕적 타락과 종교다원주의 사상이 팽배한 시대에 영국 청교도들의 그 숭고하고 고결한 하나님중심, 성경중심의 신앙의 위인들을 접하게 되는 것은 마치 사막에 오아시스를 만난 기분이었습니다. 이 책을 읽고 있노라면 오늘날 미국이나 한국에서 대형교회(Mega Church)를 꿈꾸는 목회자들과는 비교가 됩니다.

오늘의 목회자 중에는 적극적 사고방식이나 사람의 마음을 즐겁게 하는 인위적 방법으로 교회를 부흥시키려는 꿈을 가진 분들도 적지 않습니다. 그러나 이 책을 통해서 청교도들이 했던 대로 철저한 하나님의 말씀을 강해함으로 영적 부흥을 일으켰다는 것을 배우게 될 것입니다.

* * *

조봉근 박사
전 광신대학교 대학원장, 명예교수

김현배 목사님께서 집필한 이 책은 그 내용이 매우 감동적이며, 도전적인 글이었습니다. 현대교회의 사역과 목회자의 근본 자세에 새로운 각성과 경각심을 주는 참신한 메시지가 담겨진 좋은 책으로 사료됩니다. 그리고 목사들뿐만 아니라 신학생과 모든 평신도들도 꼭 읽어야 될 필독서로 기꺼이 추천하고 싶습니다. 이 책이 출판됨으로 인해서 한국교회뿐만 아니라 현대의 전 세계교회에 큰 경종을 울릴 것으로 믿어 의심치 않는 바입니다.

* * *

최종상 선교사
영국 암노스교회개척학교 학장

  위대한 신앙 인물 22명의 전기가 한 권에 담긴 이 책에는 학문적 연구는 물론 부흥의 현장들을 수없이 답사하며 절감한 김현배 목사님의 열정과 기도가 담겨 있습니다. 저자는 영적 위기상황에 직면한 한국교회와 유럽교회에 새로운 부흥을 향한 소망과 진정한 부흥의 원리를 명료하게 제시해 주고 있습니다.

  또한 참된 신앙의 모델들을 찾기 힘든 이 시대에 부흥의 주역들의 삶과 사역을 조명해 줌으로써 우리도 말씀과 기도와 거룩에 전념하고, 전도의 열정을 회복하여 하나님께 쓰임받는 그리스도의 제자의 삶을 살도록 안내해 줍니다. 이런 면에서 목회자들과 성도들이 개인적으로도 진지한 도전과 풍성한 신앙적 유익을 얻게 될 것입니다. 이 책에서 보듯이 개인들의 주님을 향한 헌신과 열정이 교회의 부흥의 불씨를 당겼습니다.

  특히 선별된 22명의 인물들이 모두 영국인들이었음을 감안할 때 영국에서 사역하는 선교사로서 오늘날 심각한 선교지로 변한 영국의 또 다른 영적 소생을 갈망하게 됩니다. 영국교회에 많은 복음의 빚을 진 한국교회가 기도와 동역으로 영국교회의 부흥에 쓰임 받게 되길 소원합니다.

목 차

추천의 글(고무송 박사 외 10인)   5
신앙 전기가 주는 유익함   17
서론   22

Part 1 말씀으로 중세 어두움을 밝히다(14-16세기)   31

    Chapter 1. 말씀으로 심령을 일깨운 **존 위클리프**   33
    Chapter 2. 성경 번역에 목숨 건 **윌리엄 틴데일**   53
    Chapter 3. 진리를 위한 하나님의 나팔수 **존 낙스**   69

Part 2 말씀을 삶으로 담아낸(17세기)   89

    Chapter 4. 복음 중심적인 삶을 산 **언약도**   91
    Chapter 5. 사랑의 선한 목자 **사무엘 루터포드**   111
    Chapter 6. 설교의 영광을 보여준 **청교도**   127
    Chapter 7. 죽어가는 사람처럼 설교한 **리처드 백스터**   149

Part 3 부흥의 대물결(18세기)   165

    Chapter 8. 불꽃처럼 타오른 설교자 **조지 휫필드**   167

    Chapter 9. 열정적인 복음전도자 **존 웨슬리**   185

    Chapter 10. 웨일즈의 사도바울 **다니엘 로울란드**   203

    Chapter 11. 성령에 불붙은 전도자 **하웰 해리스**   219

    Chapter 12. 평범한 목회자 **윌리엄 맥컬로흐, 제임스 로브**   237

Part 4 다음 세대에도 계속되는 부흥(19세기 초)   251

    Chapter 13. 오직 말씀으로만 양육한 **토마스 찰스**   253

    Chapter 14. 웨일즈의 애꾸눈 설교자 **크리스마스 에반스**   269

    Chapter 15. 위대한 하나님의 종 **존 엘리아스**   283

Part 5 혼탁함 가운데 진리를 사수한(19세기 중엽)   299

    Chapter 16. 거룩을 생명처럼 여긴 **로버트 머레이 맥체인**   301

    Chapter 17. 북아일랜드의 모세 **제임스 맥퀼킨**   319

    Chapter 18. 사자처럼 설교한 **다비드 모건**   335

    Chapter 19. 예수 그리스도가 전부인 **찰스 스펄전**   349

Part 6 부흥의 불씨를 되살린(20세기)   369

    Chapter 20. 오직 기도에만 전념한 **에반 로버츠**   371

    Chapter 21. 피 묻은 십자가만을 선포한 **마틴 로이드 존스**   385

    Chapter 22. 성령에 사로잡힌 부흥사 **던칸 캠벨**   405

결론   419

참고문헌 및 추천도서   435

신앙 전기가 주는 유익함

교회사는 성경이 말하는 진리를 믿고 실천했던 하나님의 사람들의 이야기로서 하나님의 역사하심이 어떻게 이루어졌는지를 보여주고 있습니다. 하나님은 침체된 영국 땅에 부흥을 주시려고 부흥의 도구로서 참된 목회자, 참된 설교자들을 통하여 일하셨습니다. 사람이 없이 하나님의 일도 없습니다. 하나님은 부흥 인물들을 통해 놀라운 일들을 행하셨습니다. 그러므로 우리는 하나님이 부흥을 내리셨던 과거 세대들 속에서 일어났던 일들을 잘 알아야 할 필요성이 있습니다.

이 책에서는 하나님이 어떻게 시대마다 주의 종들을 효과적으로 사용하셨는가를 보여주고 있습니다. 물론 그들에게도 허물이 충분히 있을 수 있고 결점과 실수도 많아 흠이 없는 목회자였다고 말할 수 없습니다. 그들은 우리의 경배의 대상은 아니지만 하나님의 길에서 보다 많은 체험을 한 영적 거장들입니다. 부흥 인물들의 전기를 읽으면 그들이 어떻게 해서 하나님께 쓰임 받는가를 알게 되고, 또한 하나님이 그들을 통해 어떤 일을 하셨으며 교회사를 통해 어떻게 지속적으로 역사하셨는가를 배울 수 있게 됩니다. 더 나아가 우리는 그들이 체험한 하나님의 은혜와 예수 그리스도의 사랑, 또한 성령의 인도하심을 더 풍성하게 알 수 있습니다.

그들이 오늘날 우리에게 주는 교훈을 통해서 왜 우리는 그들의 작품을 읽어야 하는지를 살펴보겠습니다.

겸손

부흥 인물들의 삶을 보면 자연스럽게 겸손해질 수밖에 없습니다. 특별히 조금이라도 자신의 신앙생활과 사역을 자랑스러워했던 높아진 마음은 핍박과 많은 고통 가운데서 신앙을 지킨 순교자들과 여러 신앙인들의 삶 앞에서 단숨에 사그라질 것입니다. 복음을 위한 그들의 헌신은 우리에게 겸손을 가르치며 작은 일에도 때로는 열심을 내지 못한 우리를 죽도록 충성하는 일꾼들로 바꿀 것입니다.

말씀과 삶

그들의 신앙 전기를 읽으면 그 사람의 신학이 그들의 삶 가운데 녹아져 있음을 느낄 수 있습니다. 그들에게 있어서 진리의 말씀은 단순한 지식이 아님을 알 수 있습니다. 그들에게는 신학적 교리들이 그저 외우고 다니는 것이 아닌 모든 삶의 영역 가운데 스며들어 있어 살아 있는 진리임을 깨닫게 됩니다. 전기를 통하여 우리는 살아있는 말씀이 녹아 있는 삶, 즉 예수 중심적인 삶, 복음 중심적인 삶이 무엇인지 배울 수 있습니다.

교훈과 책망

다른 세대를 살았지만 동일한 연약함과 죄성을 가진 믿음의 선조들을 통하여 우리는 많은 것을 배울 수 있습니다. 그들이 어떻게 교회를 섬겼는지, 어떻게 말씀을 묵상했는지, 어떻게 기도생활을 했는지, 어떻게 설교했는지, 어떻게 목양하는 양들을 얼마나 많이 사랑하였는지, 어떻게 환란 중에 반응하였는지 등 수많은 비슷한 경험을 하였던 선조들을 통하여 우리는 많은 교훈과 책망을 얻을 수 있습니다.

다양성

여러 부흥 인물의 전기를 통하여 하나님이 다양한 사람들을 사용하여 역사하심을 알 수 있습니다. 그들의 은사와 성격, 체질, 교육 환경, 설교 방식, 목회 방식 등은 너무나 달랐지만 하나님이 각자의 모습을 자신의 영광을 위하여 귀하게 사용하셨다는 사실은 우리에게도 많은 위로와 격려가 되고 있습니다. 또한 우리 자신과 비슷한 인물의 삶을 더욱 깊이 묵상하며 많은 유익을 누릴 수 있습니다.

열정

마지막으로 모든 부흥 인물들의 삶의 특징은 열정입니다. 목회자든 평신도든 그들은 모두 하나님을 향한 불타오르는 사랑과 열정을 가지고 있었습니다. 그들은 주님 때문에 삶을 온전히 다 불태워버렸습니다. 이러한 그들의 역동적인 삶은 다소 안주하려는 우리의 삶을 뒤흔들기에 충분합니다.

하나님은 성도들이 더욱 큰 영적 유익을 누리며 예수님의 발자취를 따라가는 데 있어서 믿음의 선조들의 삶을 교훈 삼으며 그들을 "본받을" 것을 우리에게 명령하고 있습니다. 각 시대마다 하나님께 위대하게 쓰임 받은 자들은 하나님과 교제하며 말씀을 깊이 묵상할 뿐만 아니라 앞선 믿음의 선배들로부터 신앙과 인생의 교훈을 배우며 그들의 열정을 본받았습니다. 16세기 종교개혁자들은 중세개혁자들로부터, 17세기 청교도들은 종교개혁자들로부터, 17, 18세기 부흥의 불씨들은 청교도들과 언약도들로부터 이루 다 표현할 수 없는 값진 교훈과 삶의 도전을 받았습니다.

오늘날 성도들은 믿음의 선배들의 발자취를 다시금 되돌아보며 그들의 삶에서부터 교훈과 지혜를 구할 필요가 있습니다. 이것은 고리타분하게 옛것을 찾는 것이 아니라 오늘과 내일을 살아갈 수 있는 용기와 위로, 교훈과 지혜를 얻는 값진 일입니다.

스펄전 목사는 앤드루 보나(Andrew Alexander Bonar) 목사의 『로버트 맥체인 회고록』을 이렇게 추천했습니다.

> 그런 인물에 대한 전기는 모든 그리스도인이 읽어야 한다. 그리고 복음 사역자들은 당연히 읽어야 할 필독서다.

또한 마틴 로이드 존스 목사는 에피온 에반스(Eifion Evans)의 『1904 웨일즈 대부흥』 서문에서 "나는 부흥 운동을 이끌었던 인물들을 잘 알고 그 혜택을 몸소 누리고 있다. 나처럼 부흥을 직접 체험한 세대는 아니지만 지나간 시대의 부흥에 깊은 관심이 있는 사람들에게 이 책은 아주 소중하다"고 말했습니다. 얼 데이비스(Earyl Davies) 박사는 "영국교회가 회복되려면 17세기 청교도 신앙으로 돌아가야 한다"고 강조했습니다.

존 파이퍼(John Piper) 목사는 "가장 좋은 스승과 멘토는 과거에 살았지만 지금까지 영향력을 주는 자들이다"라고 하였습니다. 잘 알려진 것처럼 존 파이퍼 목사는 조나단 에드워즈로부터 핵심가치를 배우고 그의 삶을 통하여 큰 도전을 받았습니다.

　오늘날 많은 사람들이 나의 영혼을 깨우쳐 줄 영적 멘토를 찾고 있습니다. 어둡고 혼탁한 시대에 불꽃같은 삶을 살았던 영국부흥의 주역들 22명이 이 책에 언급되고 있습니다. 그들은 이미 이 세상을 떠나 만나 볼 수 없는 영적 거인들이지만 우리의 신앙 생활의 스승과 친구가 되기에 충분합니다. 경건한 삶을 자극하는 인물들의 신앙 이야기는 분명코 우리의 영적 생명을 자라게 하고 그리스도를 더 가까이 하게 하고 영적인 삶을 살도록 돕는 강력한 도구가 될 것입니다. 이제 영국교회 부흥의 주역들처럼 우리도 우리의 남은 삶을 불태워야 합니다. 그들의 불꽃같은 삶을 알아보고 싶은 마음이 가득하기를 바라면서 이들의 신앙 전기가 널리 읽혀져서 많은 사람에게 복이 되기를 원합니다.

서 론

어둡고 혼탁한 시대에 불꽃같은 삶을 살았던
『영국 부흥의 주역들』을 출판하며

출석 교인 중 몇 %가 회심하였나요?

필자는 영국 유학 중 주일 오전에는 웨일즈 카디프에 있는 히스복음주의교회(Heath Evangelical Church) 영어 예배에 참석하였고, 오후에는 카디프한인교회를 섬기고 있었습니다. 그런데 1998년 5월, 아침 예배가 끝난 후 문에서 서로 인사를 나누던 중 히스교회 장로 한 분이 나에게 질문을 하였습니다. "카디프한인교회 출석 교인 중 몇 %가 회심했나요?" 저는 이 질문에 순간 당황이 되면서 큰 충격을 받았습니다. 왜냐하면 그 장로의 관심은 한인교회에 사람들이 얼마나 모이는가가 아니고 출석한 교인들 중 과연 얼마나 참으로 거듭난 신자인가 하는 것이었기 때문입니다. 즉 숫자로 재는 성장이 아니라 영혼의 회심에 대한 질문이었습니다.

실제로 한국교회는 주일날 몇 명이 모이느냐는 수치에 관심이 많고 그것이 교회의 영성이나 목회의 성공을 재는 잣대로 사용되고 있는 것이 오늘날의 부인할 수 없는 현실입니다. 그 장로의 질문은 이미 제 속에 수년간 싹터오던 질문과 깊은 영적 갈망을 깨워주는 작은 도화선이 되었습니다.

한국교회의 영적 유산과 현주소

아시아의 '조용한 나라'로 알려졌던 한국은 비록 땅 덩어리는 주위 강대국과 비교할 수 없이 작지만 하나님의 비상한 섭리 가운데 1907년 평양에서 놀라운 부흥을 체험하였고 그 이후 교회사적으로 유례없는 교회성장을 이루었습니다. 특별히 말씀 중심의 설교와 열정적인 기도, 성령의 역동적인 임재는 한국교회의 주목할 특성이었습니다. 1866년 첫번째 개신교 선교사로 한반도에 순교의 피를 흘리면서까지 성경을 전해주었던 로버트 토마스(Robert Jermain Thomas) 선교사 이후 한국교회는 선교사들을 통해서 복음주의 신학과 영성을 받아들였고, 혹독한 일제의 압정과 참혹한 전쟁의 시련을 겪으면서도 교리의 순수성과 청교도적 신앙을 지키며 고난을 극복해왔습니다.

그러나 오늘날 한국교회의 모습은 어떠합니까? 세속의 권력에 아첨하며 가진 자의 편에 서서 자기 세력을 확장하느라 진리를 저버리고 잃어버린 영혼 구원에는 아랑곳없던 중세교회와 같은 모습은 없는가? 신사참배의 위협 앞에서 십계명을 지키고자 기꺼이 감옥과 참수형을 택하며 진리를 생명보다 더 사랑했던 한국교회의 모습은 슬프게도 이제는 희미한 과거의 기억이 되고 있습니다. 시간이 흐를수록 더욱 외적 성장과 요란한 건물을 자랑하는 세속주의, 물질주의의 병에 빠져가는 모습입니다. 강단에서는 '말씀 중심, 개혁주의'의 구호는 있지만 영혼을 먹이고 빛으로 이끄는 건강한 말씀의 꼴 대신 비성경적이며 뒤틀린, 건강치 못한 신비주의적인 영성이 인기를 끌고 있습니다. 그리고 교회는 부흥을 위해서 음향과 영상기기와 무대조명까지 잘 갖추는 데 재정의 상당부분을 할애하고 있습니다. 또한 목회자들은 영적인 철새처럼 떠도는 교인들의 요구를 채워주고자 고집스럽게 말씀 연구에 매진하기 보다는 끊임없이 출현하는 새로운 방법론과 교회 성장 프로그램에 매달리는 모습입니다. 그래서 교회 안에는 기교와 수법을 강조하는 인본주의적, 심리학적 접근, 첨단 장비들로 넘쳐흐르지만 성도들은 영적 침체 속에서 신음하고 사회에서는 교회가 소금과 빛으로서의 역할에 실패하여 비난의 대상이 되고 있습니다. 그래서 조금이라도 영적 지각을 가진 신자라면 교회가 이제는 정말 본질을 점검하고 "성경으로 돌아가는" 참된 개혁과 부흥이 필요함을 절감하고 있습니다.

유럽교회의 과거와 현재

그러면 지나간 역사 속에서 기독교 왕국과 선교의 중심지였던 유럽의 영적 상황은 지금 어떠한가? 종교개혁과 개신교의 요람이었던 독일, 청교도의 소중한 영적 유산을 남겨준 영국, 칼빈의 영향 아래 순교자적 삶을 산 위그노를 배출한 프랑스, 개혁교회의 선두 주자가 되었던 스위스, 그 외 유럽의 여러 교회들은 지난 수세기 동안 하나님의 영광과 은혜, 진리를 선포하며 그 축복의 열매를 풍성하게 누렸던 나라들입니다. 특별히 각 시대마다 하나님은 신실한 종교개혁자들과 경건한 설교자들을 일으켜 사용하셔서 그 결과 유럽에서는 "종교의 쓰나미"라 불리는 종교개혁-놀라운 영적 부흥이 일어났습니다.

그 결과로 유럽의 역사는 종교뿐 아니라 교육, 기술, 과학 등 모든 면에서 전에 없던 번영과 발전을 이루었고 세계를 주도하는 자리를 차지하게 되었습니다. 한 마디로 유럽의 역사는 기독교 교리와 교회의 영향력을 제외하고는 결코 이해할 수 없을 정도로 기독교 신앙은 유럽 사회의 심장에 깊숙이 자리 잡고 있었습니다. 그러나 오늘날의 유럽의 모습은 영국 뿐 아니라 유럽 전역에서의 기독교 신자의 수는 급격히 감소하고 있고 출석하는 신자들조차도 이름뿐인 명목상의 신자들이 대부분입니다. 교회의 약세와 함께 문을 닫는 신학교와 교회가 늘어가고 교회 건물이 음식점이나 심지어 무슬림을 위한 모스크로 개조되는 경우도 허다합니다. 물론 무슬림에게 그런 모스크는 "기독교의 하나님은 이제 죽었고 장차 알라가 온 세계를 지배할 것입니다"라는 선전용 도구로 아주 유용합니다. 그래서 유럽은 더 이상 선교국이 아니라 선교사가 와서 복음을 전해주어야 하는 이교도의 땅이 되었습니다. 물론 아직도 유럽 곳곳에는 주님을 사랑하고 주님의 말씀을 순종하는 소중한 남은 자들이 있습니다. 그들은 "유럽의 이슬람화"라는 구호를 내세우며 전투적으로 다가오는 무슬림과 동성애자들을 위한 유토피아를 세우고자 하는 세속 권력과도 맞서고 있습니다.

정말 그 어느 때보다도 창조주, 우주의 통치자이신 하나님의 강력한 역사가 필요하고 또 기다려지는 시대입니다. 그런 시대의 과제 앞에서 과거에 역사하셨던 하나님의 강력한 손길과 그 섭리에 붙들려 쓰임 받았던 믿음의 사람들을 돌아보는 것은 오늘을 사는 우리에게 큰 힘과 위로가 됩니다. 그리고 그들의 삶과 신앙, 시련과 극복의 기록을 보면서 우리는 나아갈 방향을 확신하게 되고 또 우리의 롤 모델로 삼으면서 영적 시련 속에서도 하나님의 권능을 의지하여 승리하는 비결을 배울 수 있습니다.

굳이 부흥의 주역들을 쓰게 된 이유

바로 그 같은 이유 때문에 '부흥'이라는 단어가 오늘날 관심을 끌고 있다고 생각합니다. 부흥은 우리 모두가 바라는 축복이기 때문입니다. 부흥의 시대에는 그 어느 때보다도 하나님의 영광과 강력한 임재가 교회 뿐 아니라 사회에도 증거되었기 때문입니다. 시편 기자의 고백처럼 하나님의 자녀는 하나님의 이름이 세상에 널리 알려지고 높여지며 그분의 말씀이 두려움으로 순종되는 것을 보기 원합니다. 그렇기에 부흥의 때에 하나님이 자기의 종을 통해 초자연적으로 일하시며 불경건한 자들의 입술에서 구원의 찬미가 흘러나오게 하시는 기록을 읽을 때 우리의 마음은 뜨거움과 감동으로 가득 차게 되고, 우리의 심령 안에서는 그 같은 부흥이 또 한 번 임하기를 바라는 기도가 터져 나오고, 우리의 영혼은 그 때를 기다리며 성령의 강력한 임재와 영광을 갈망하게 됩니다. 그것이 바로 이 책을 쓰도록 이끈 주요한 동력이 되었습니다.

필자의 마음 속의 그 같은 목마름은 런던신학교에서 만난 교회사 교수이신 로버트 올리비에(Robert Olivier) 교수님의 강의를 통해서 눈을 뜨게 되었습니다. 부흥의 인물에 대해 배우면서 부흥에 대해 강한 열망을 갖게 되었고 부흥의 현장 속에 활약한 믿음의 선배들에 대해 깊은 감동을 느꼈습니다. 그 이후, 부흥의 풍요한 영적 유산이 있는 웨일즈복음주의신학교에서 공부하면서 저의 관심은 현실적으로 열매를 맺게 되었습니다.

솔직히 제 자신은 교회사 학자도 아니고 부흥 전문가도 아닙니다. 단지 한 사람의 목회자요, 설교자이며, 선교사일 뿐입니다. 그러나 한국교회와 유럽의 혼탁하고 침체된 영적인 상황을 바라보면서 주님의 부흥을 갈망하는 마음으로 이 책을 쓰게 되었습니다. 그렇기에 이 책을 부흥 인물 설교집이라고 불러도 좋을 것입니다. 그래서 교회사에서 이미 검증되었던 부흥 인물을 다루지만 목회자뿐 아니라 평신도, 누구든 부흥에 관심이 있는 사람이라면 읽을 수 있도록 가급적 쉬운 문장과 단어를 사용하려고 애썼습니다. 그러면서 또한 신학적이고 교리적인 평가도 잊지 않았습니다. 왜냐하면 신학과 교리가 견고히 정립되지 않는 한 누구든 건강하고도 성경적인 신앙을 쌓아갈 수는 없기 때문입니다.

책의 구성 및 특징

이 책에는 영국교회사 중 부흥에 쓰임 받았던 22명의 사역자들의 이야기가 실려 있습니다. 지면의 제한 때문에 각 인물들의 생애 전체가 아닌 부흥의 관점에서 필요한 부분만을 소개하였습니다. 즉 각 인물들의 회심, 시대의 영적 상황, 그들의 설교와 교리, 부흥의 현상 및 결과, 사역의 중요성과 영향력, 그리고 마지막으로 그들을 통해 우리 개인과 교회가 배울 수 있는 교훈에 초점을 맞추고 있습니다. 그룹으로 공부할 경우를 위해서는 각 단원의 끝부분마다 그룹토의를 위한 질문도 실었습니다.

또한 책의 결론 부분에는 성경적 부흥관의 이해를 돕기 위해 '성경에 나타난 부흥의 의미', '부흥에 대한 견해들', '영국 부흥의 주역들의 사역과 삶의 특징'에 대한 주제를 포함시켰습니다. 왜냐하면 이 책의 개개 인물들의 이야기를 기억하는 것만으로는 우리가 배워야 할 깊은 영적인 교훈을 놓칠 수도 있을 것 같아서입니다. 지난 수년간 자료를 준비하고 글을 쓰면서 이미 요청에 의해 유럽 그리스도인 신문과 뉴스 파워에 기고하며 한국개혁주의설교연구원과 몇 교회에서 '영국교회의 부흥'에 대해 강의할 기회가 있었는데 그 강의안이 토대가 되었습니다. 부족한 사람의 글이지만 독자들이 이 책을 읽고 부흥에 대한 주제를 명쾌하게 정리하는 데 도움이 되기를 바랍니다.

그러나 독자의 취향에 따라 각 인물들을 살펴보기 전에 결론의 주제들을 먼저 훑어보고 본문의 이야기를 읽는 것도 유익할 것입니다. 바라기는 이 책을 읽는 동안 우리 자신이 부흥의 현장에서 주님의 임재와 영광을 함께 목격하면서 각 심령마다 또 우리가 섬기는 교회와 선교지마다 이 세대에 부어주시는 하나님의 놀라운 부흥을 체험하는 역사가 일어나기를 간절히 소망합니다. 또한 각 지역마다 영국 부흥의 주역들처럼 제2의, 제3의 부흥의 인물들이 나타나기를 염원하는 바입니다.

감사의 말

이 내용을 책으로 출판하기까지 많은 동역자들의 지도와 격려, 그리고 사랑과 기도와 큰 도움이 있었습니다. 먼저 부족한 필자의 글에 귀한 추천의 글로 빛내주신 고무송 박사님, 김남준 목사님, 김용택 목사님, 라은성 교수님, 박순용 목사님, 박영호 목사님, 서문강 목사님, 서창원 교수님, 정성구 박사님, 조봉근 박사님, 최종상 선교사님께 진심으로 감사를 드리고 싶습니다.

특별히 필자로 하여금 부흥에 눈을 뜨게 하여 그 부흥의 인물에 푹 빠지게 한 런던신학교(LTS) 교회사 교수 로버트 올리버(Robert Oliver) 박사님과 필자의 "마틴 로이드 존스의 신학에 있어서 말씀과 성령의 관계"에 대한 논문 연구의 지도 교수 웨일즈복음주의신학교 학장 얼 데이비스(Eryl Davies) 박사님께 감사드립니다. 또한 청교도와 부흥 전문가이신 에피온 에반스(Eifion Evans) 박사님은 여러날 동안 웨일즈 부흥 유적 현장을 직접 안내해 주시고 영국 부흥 인물들의 특징과 중요성에 대해 자세하게 설명해 주셨는데 그 사랑과 섬김에 감사드립니다. 또한 발라의 토마스 찰스 유적지를 안내해 주시고 설명해 주셨던 가레스 윌리엄(Gareth Williams) 목사님과 특별히 영어와 발음이 다른 웨일즈어 발음 표기를 정확하게 할 수 있도록 도와주신 웨일즈어 평생 교사이신 영국교회 안 노트(Ann Nott) 사모님께 감사드립니다.

    그리고 "영국 부흥의 주역들과 현장"에 대해 기획 연재해주신 「유럽크리스천신문」 발행인 이창배 목사님, 「뉴스파워」 김철영 목사님과 원고 교정해 주신 한태진 선교사님, 전경숙 선교사님, 권현익 목사님, 전윤자 전도사님, 조민지 집사님과 표지 시안에 많은 아이디어를 주신 이효인 자매님, 정원철 집사님과 또한 관계된 사진 제공 등으로 많은 도움을 주셨던 길종섭 목사님, 김위식 선교사님, 김태규 목사님, 이중환 목사님, 최규환 목사님, 김정규 목사님, 홍순조 목사님, 민경수 선교사님께 감사드립니다. 그리고 부흥 원고를 처음 받아보시고 한국교회에 꼭 필요한 책이라고 말씀하시면서 흔쾌히 출판을 허락해 주신 CLC(기독교문서선교회) 박영호 사장님과 기획부, 편집부에 감사드립니다.

    이번에 약간의 문장과 어휘를 수정하여 재판을 하게 되었습니다. 기도와 따뜻한 사랑과 물질로 후원해 주시는 파송교회 광주지산교회와 안기영 원로목사님, 배호진 담임목사님과 사랑하는 베를린 비전교회 성도님들께 감사드립니다. 항상 가까이서 큰 힘이 되어준 사랑하는 아내 서광자 사모와 딸 다은, 사위 최인권, 아들 바울과 이삭에게도 고마움을 전하고 싶습니다. 무엇보다도 불신자 가정에서 자란 나 같은 죄인 살리셔서 언약백성 되어 하나님의 일에 수종들 수 있게 해 주신 자비하신 하나님께 이 모든 영광을 올려 드립니다.

2019년 8월 베를린 비전교회에서 부흥을 갈망하며

김현배 목사

*The leaders of Britain's Revival
The flames who lived through
dark generations*

Part 1 말씀으로 중세 어두움을 밝히다

14~16세기

*The leaders of Britain's Revival
The flames who lived through
dark generations*

Chapter 1

말씀으로 심령을 일깨운
존 위클리프

'복음박사' 위클리프의 회심

존 위클리프

'종교개혁의 새벽별'이라고 불리우는 존 위클리프(John Wycliffe, 1320-1384)는 에드워드(Edward) 2세가 통치하던 1324년경에 요크셔(Yorkshire) 북쪽의 시골 마을 리치몬드리에서 태어났습니다. 독실한 로마 가톨릭 신자였던 그는 옥스퍼드 발리올(Balliol)대학에서 수학과 법, 천문학 등 학문을 열심히 하였으며, 특히 라틴어에 탁월했습니다. 그리고 위클리프는 신학 공부를 열심히하여 신학석사 학위와 신학박사 학위를 취득했습니다. 위클리프는 철두철미한 성경 중심적 신학자로서의 뛰어난 명성을 날리며 가장 유능한 교수로 존경받았습니다.

대학 시절부터 성경을 사랑하고 열심히 연구하였던 위클리프는 나중에 동료 학생들로부터 '복음박사'라는 별명을 얻게 되었습니다. 이처럼 하나님의 말씀을 늘 가까이 접한 위클리프 마음 속에 영광스러운 복음의 빛이 점차적으로 깊고 명쾌하게 비추었습니다. 그는 철학이나 교회의 가르침에서 얻지 못했던 깨달음을 얻게 되었습니다. 즉 하나님의 구원의 계획을 알고, 예수 그리스도만이 인류의 유일한 중보자요 구원자임을 알게 되었습니다. 그리고 오직 성경만을 모든 믿음과 교회생활의 실천 원리로 삼아야 함을 깨닫게 되었습니다. 성경에 흠뻑 마음을 적시어 심령에 큰 변화를 받은 위클리프는 1348년 29세에 회심하게 됩니다.

회심 이후 그는 주님을 모르는 불쌍한 영혼들에게 자기가 깨달은 진리를 전하기로 결심하고, 전 생애를 예수 그리스도의 복음 전파를 위해 헌신하였습니다. 그의 회심으로 인한 심령의 변화는 수많은 영혼들이 말씀을 이해하도록 사역하는 원동력이 되었으며 장차 종교개혁의 길을 열어 놓는 중요한 역할을 하게 되었습니다. 위클리프는 필링햄 교구, 리더스홀 교구, 루터워스 교구에서 목회 사역을 했습니다.

14세기 잉글랜드교회의 상황

위클리프의 생애와 사역의 중요성을 이해하기 위해서는 중세의 교회 상황을 이해할 필요가 있습니다. 당시 중세교회는 단순히 몇 가지 잘못을 한 것이 아니라 성경의 가르침에서 완전히 벗어난 상태였습니다.

1) 교황의 권력 증가

중세교회는 로마 가톨릭의 잘못된 영향 아래에 있어 사람들에게 별다른 영향력을 미치지 못했던 안타까운 시기였습니다. 또한 교황은 "스스로를 그리스도의 대리자요, 교회의 머리"라고 말하면서 실상은 잉글랜드를 지배하기 위하여 수단과 방법을 가리지 않고 있었습니다. 교황청은 교회뿐만이 아니라 사회 권력까지도 장악하여 고통 받는 교인들과 달리 많은 부귀와 영화를 누렸으며, 교황을 중심으로 한 계급주의가 사회 전반에 깊게 뿌리를 내리고 있었습니다. 또한 잘못된 교리와 부패와 더 많은 돈을 갈취하기 위한 면죄부 판매 같은 관행들이 날로 증가하였습니다. 그리고 사제들은 로마 교황청에서 공표한 것 외에 다른 것은 거의 가르치지 않았기에, 한마디로 교황권이 복음을 찬탈한 것이었습니다. 이처럼 한편으로는 교황의 권력이 점점 증가하고 있었지만 동시에 교황의 무차별한 권력 남용을 비판하고 반대하는 목소리도 점점 커져 가고 있었습니다.

2) 성직자들의 세속화

위클리프 시대를 살았던 국민들은 과중한 세금과 폭동, 경제적 혼란, 순식간에 국토 전역을 덮쳐 버린 흑사병으로 인하여 매우 불안한 상태에 있었습니다. 하지만 교회가 갖고 있는 부는 상상을 초월하였습니다. 잉글랜드 전 토지의 거의 3분의 1을 소유하고 있었을 뿐만 아니라 교회의 수입은 정부의 수입보다 약 2-3배 많았습니다. 그래도 교회는 끈질기게 면세를 요구하고 있었습니다.

반면 직분 낮은 대부분의 사제들은 매우 가난하게 생활하고 있었으며, 감독들은 고위 귀족들과 비슷한 부를 누렸고, 부감독과 일반 사제들은 주교 다음 계급으로서 기사들과 맞먹는 부를 누렸습니다. 이처럼 교회에 부가 많이 몰렸던 이유는 대부분 임종을 앞둔 사람들이 땅과 재물을 교회에 바쳤기 때문입니다. 또한 귀족들 역시 천국에 대한 보장을 해줄 뿐 아니라, 연옥에 머무르고 있는 죽은 가족의 영혼의 영적 안위까지 보장해주는 미사를 드려준 것에 대한 감사로 많은 부와 재산을 바쳤기 때문입니다.

결국 교회가 재정적으로 풍요해지자 국가는 교회를 함부로 건드리지 못했습니다. 또한 성직자들은 세속주의에 빠져 소명을 망각한 채 세속적인 것들에 탐닉할 뿐 아니라 게으르고 사역지를 비우는 일이 많아져 갔습니다. 더 나아가 도덕적으로 타락할 뿐 아니라 세상 정욕을 추구함으로 성직자의 독신주의는 성적인 부도덕의 만연함과 축첩으로 병폐화 되어 나타났습니다. 이와 같은 현상으로 중세교회는 부패와 세속화에 깊이 빠져 교회의 빛이 제대로 그 능력을 발휘하지 못하여 영적으로 매우 암담하였습니다.

3) 사도 시대의 영성을 잃어버림

오순절 성령강림 이후 기독교의 메시지가 유럽 전역에 전파되면서 복음의 능력은 정치, 경제, 사회, 교육, 문화, 예술 등의 모든 영역까지 큰 영향력을 끼쳤습니다. 하지만 중세로 들어서면서부터 잉글랜드교회는 하나님의 말씀에서 떠나 왜곡되고 타락한 모습을 보이면서 쇠퇴기에 접어듭니다. 사도시대의 특징인 말씀과 성령 충만, 능력있는 기도생활, 견고한 믿음, 항상 깨어있는 영성, 주님을 향한 뜨거운 사랑 등의 영적 능력의 모습들을 잃어버렸습니다.

그리고 그리스도의 복음과 교리가 감독들과 수도사들의 무지함으로 인해 저급해지고 더럽혀졌습니다. 또한 교회의 참된 교리와 죄의 세력, 칭의, 인간의 무능함, 하나님의 은혜, 강한 믿음 등은 거의 언급되지 않고 있었습니다. 감독들은 설교하는 것을 전혀 장려하지 않았으며, 각 마을 신부들은 7성례와 관련된 결혼식, 세례식 등을 주관함에 열중하였으나 말씀을 강론하는 설교에는 우선순위를 두지 않았습니다.

이러하듯 말씀이 바르게 선포되지 않음은 물론 말씀 자체를 가르치지 않았기에 시대는 점점 말씀과 상관없이 어두워질 수밖에 없었습니다. 더군다나 자국어 성경 번역을 금지하여 교인들 역시 성경을 접할 기회조차 상실되었으므로 교회의 타락과 함께 세속화의 어둠으로 깊이 빠져 들었고, 진리의 빛과 점점 멀어졌습니다.

이처럼 교회의 순전한 교리의 불이 완전히 꺼져 불씨까지 사라져 버린 것처럼 보이는 어두운 시기에 하나님의 섭리에 의해 존 위클리프가 성경 교리의 빛을 발하기 시작하였습니다. 그의 사역은 암흑의 한 가운데서도 교리의 개혁을 외치는 찬란한 광명이었습니다.

교회개혁을 외치는 위클리프

16세기 독일의 종교개혁자 마틴 루터가 교회개혁을 위해 독일 비텐베르크성교회문(Wittenberg Schlosskirche)에 95개의 논제를 내걸었습니다. 하지만 훨씬 전인 14세기에 부패한 교회의 개혁을 부르짖었던 사람이 있었는데 바로 존 위클리프입니다. 하나님의 말씀에 확고부동한 기초를 두었던 위클리프는 교회의 문제점을 꿰뚫어 보았습니다. 그는 가톨릭교회 교리의 해악과 잘못된 신앙을 세상에 들추어 내기 시작하면서 성경적 핵심 교리를 선포하였습니다.

먼저 위클리프는 성경의 원리에서 벗어난 교황주의와 교황의 세속적 통치권, 교황의 무오성, 성직 매매, 교황청의 횡포 및 권력 남용을 비판하였습니다. 그는 교황이라 하더라도 그 말이 성경의 분명한 가르침에 위배되는 것이라면 신뢰할 수 없는 것이라고 말했습니다. 또한 교황에 대해 위클리프는 "교회의 유일한 머리는 인간인 교황이 아니라, 그리스도입니다. 예수 그리스도를 따르지 않는 교황은 적 그리스도"라고 주장하였습니다. 그리고 그는 교회가 교황이나 성직자나 성례전 위에 세워지는 것이 아니라고 말하면서 예수 그리스도를 믿어 하나님의 언약 백성된 모든 그리스도인들이 교회라고 강조했습니다.

또한 신자들의 신앙 생활에 있어서 하나님과 맺는 개인적인 관계가 가장 중요하다고 말했던 위클리프는 로마교회의 중심 교리인 화체설을 강하게 비판하였습니다. 더 나아가 교황이 죄를 용서해 준다는 면죄부 판매, 죽은 자를 위한 미사, 고해성사에 대해서도 분명하게 반대하였습니다. 그리고 그는 연옥 사상과 마리아 숭배, 성인 숭배, 성상 숭배, 성체 숭배, 십자가 숭배, 성화 숭배 사상 등은 철저히 잘못된 것이라고 말하였습니다.

존 위클리프가 성경 번역하며 사역했던 St. Mary's 교회

위클리프는 잘못된 구원관 등 성경에 근거하지 않은 일체의 신앙 사상들을 비성경적인 것으로 비판했습니다 그는 이 모든 것들의 잘못된 행동들은 그 근본이 잘못된 성경관에 기인한 것이라고 말하였습니다. 사실 교회의 잘못된 교리와 제도들은 구원을 이루는 데 아무런 도움도 주지 못합니다.

또한 위클리프는 교회 성직자들의 각성을 외쳤습니다. 그는 목회자들의 청빈과 검소, 도덕적인 삶을 요구하면서 가난한 사람들에게 물질을 나누어 주어야 한다고 말했습니다. 그는 비도덕적이고 무지한 성직자들에게는 사례를 지급하지 말아야 하며 예배를 주관하지 못하도록 했습니다. 그리고 그는 사치와 향락과 부끄러운 줄 모르는 탐욕과 사명을 잃고 안이하게 살아가는 나태한 사제들을 책망하며 복수 성직 보유자들과 교회의 계급 구조화를 비판하였습니다. 또한 위클리프는 막강한 부와 권력을 가지고 남용하는 교회와 성직자들이 너무 타락해 있으므로 세속 당국이 교회 재산을 몰수할 권리가 있다고 주장하였습니다.

이처럼 위클리프는 종교개혁의 선두주자로서 어두운 시대 가운데서 잘못된 전통 속에서 허우적대며 심히 부패한 교회와 지도자들을 향하여 성경의 원리와 가르침으로 돌아갈 것을 외쳤습니다. 그의 성경적 교리의 가르침은 당시 부패와 세속화에 빠져있던 교회에 강력한 도전이 되었습니다.

성경의 권위 확립

중세교회는 성경 해석권이 사제들에게 묶여 있었고 성경과 복음의 빛을 가리우고 있었습니다. 이때 위클리프는 성경의 권위를 보았습니다. 그는 사제의 주된 임무는 하나님과 인간을 중재하는 것이 아니라 성경 말씀을 선포하는 것이라고 말하였습니다. 그는 사람의 전통과 가르침을 받아들이기 위하여 하나님의 말씀을 저버린 로마 가톨릭교회의 신부들을 강하게 질책하였습니다. 그러면서 전통이나 교황, 공의회, 교회법과 같은 기타의 권위들은 성경에 의해 점검, 확인을 받아야 한다고 설교하였습니다.

이처럼 위클리프의 성경에 대한 사랑은 1378년에 저술한 『성경의 진리』(The Truth of Holy Scripture)라는 책에 구체적으로 나타났습니다. 그는 오직 성경만이 권위의 유일한 원천이며, 모든 진리는 성경 안에 포함되어 있고, 그 안에 기록된 모든 것은 진리임을 주장하였습니다. 그리고 진리와 생명의 근원은 교회가 아닌 성경임을 분명히 말하였습니다. 성경은 하나님의 계시 전체와 구원에 필요한 모든 것을 담고 있기 때문에 교황이나 교회의 전통 혹은 기타 여러 자료를 통해 더 이상의 가르침을 보충할 필요가 없다고 말했습니다. 위클리프는 성경을 일반 백성들에게 돌려줄 것과 성경의 권위가 교회 안에서 다시 유일한 권위로 세워질 것을 요구하였습니다.

이처럼 교회 안에서 성경의 권위가 되살아나면서 교황의 권위와 교회 전통적 권위가 서서히 무너지기 시작하였습니다. 따라서 성경만이 교회와 국가를 통치하는 유일한 규범이 되었습니다.

영어 성경 번역에 대한 비전

위클리프 시대 때 모든 사람에게는 성경을 읽는 것 자체가 금지되어 있었으며, 오직 성직자만이 라틴어 성경을 읽을 수 있었습니다. 당시 번역 성경은 라틴어 성경밖에 없었기 때문에 성경 읽기를 원하는 사람들은 먼저 라틴어를 배워야만 했습니다. 학자들은 라틴어 성경을 읽고 이해할 수 있었으나 그렇지 못한 사람들에게 라틴어 성경은 그저 선망의 대상에 불과했습니다. 하지만 위클리프는 성직자와 평신도를 포함한 모든 사람이 스스로 성경을 읽을 권리가 있으며 평신도들도 얼마든지 성경을 이해할 수 있다는 것을 주장하였습니다.

그는 하나님의 말씀이 신자들 속에 풍성히 거하기를 갈망하면서 일반인들도 읽을 수 있는 영어 성경을 번역하는 꿈을 꾸었습니다. 그의 가슴속에는 라틴어 성경을 영어로 번역하는 비전이 타오르기 시작했습니다.

또한 중세 시대 백성들은 1,000여 년 동안에 걸쳐서 확립된 그 잘못된 교리와 관습과 전통을 받아들였는데, 그 이유는 성경을 잘 모르기 때문입니다. 그들은 미신적인 요소들에 빠져 있었고 무지 속에 감금되어 있었습니다. 그래서 위클리프는 이러한 미신적인 백성들을 말씀으로 깨우치기를 원했습니다. 그는 성경을 알지 않고서는 기독교 신앙을 알 수 없으며, 무엇보다 자국어 성경으로 읽을 때 성경을 보다 잘 이해할 수 있다고 생각했습니다. 그는 성경의 메시지가 사람들의 마음에 흠뻑 적셔지고 교회에 영향을 끼치기를 원했습니다. 이러한 상황을 파악한 위클리프는 성경이 자국어로 번역되어져야 한다는 필요성을 절실히 느꼈습니다.

더 나아가 복음의 진리가 보다 널리 전파되기 위해서라도 번역 성경이 반드시 있어야 한다고 확신하였습니다. 그래서 그는 무지한 사제에 억눌려 신앙생활을 하고 있는 평신도들이 쉽게 성경을 읽고 연구할 수 있도록 영어로 번역하여 출간하는 계획을 세웠습니다.

하지만 교회는 라틴어 번역인 제롬의 불가타 성경(Vulgate Bible)으로 충분하다고 생각을 하고 있었습니다. 그래서 영어는 물론 다른 언어로 된 성경 번역을 금지하였을 뿐 아니라 성경 번역자들을 엄하게 처벌해 왔습니다.

드디어 영어 번역 성경이 출간되다

이러한 어려운 상황 가운데서도 위클리프는 성경 번역하는 일에 조금도 흔들리지 않았을 뿐만 아니라 오히려 성경 번역하는 일에 주도적인 역할을 하였고 총 감독을 맡았습니다. 교회의 반대에도 불구하고, 그는 더욱 확신에 찬 큰 믿음을 가졌습니다. 그는 옥스퍼드의 니콜라우스 헤리퍼드(Nicholas Hereford)와 몇몇 학자들을 시켜 신구약성경을 번역하도록 하였습니다. 또한 각 단어들 및 구절들의 정확한 의미를 파악하기 위하여 여러 성경주석가들의 도움을 받았습니다.

1382년, 마침내 위클리프와 그의 제자들은 최초로 영어 번역 성경을 출간하였습니다. 이것이 위클리프 성경(The Wycliffe Bible)입니다. 물론 원어인 히브리어, 헬라어에서 직접 번역한 것이 아니라서 다소 부족한 부분이 있기도 하지만 신구약성경 전체가 번역된 것은 라틴어 번역 성경 이후 거의 1,000년 만에 있는 놀라운 일이었습니다. 위클리프는 처음으로 영어권 사람들에게 영어 번역 성경을 가져다 준 사람이 되었습니다. 그의 온 생애를 통하여 최대의 사업이라고 할 만한 것은 라틴어 성경을 최초로 영어로 번역한 일이었으며, 이 위클리프 성경이 잉글랜드의 종교개혁과 부흥에 불을 지피는 불씨가 되었습니다.

비밀스럽게 전달된 성경을 통해 백성들의 심령이 살아남

드디어 자국어로 된 성경을 가질 수 있는 시대가 열렸습니다. 하지만 교회는 성경의 유통을 강력히 금지해 왔기 때문에 성경을 배부하는 일이 쉽지 않았습니다. 그럼에도 불구하고 성경은 비밀스럽게 잉글랜드 전역으로 전달되었습니다. 그 결과 결코 꺼질 수 없는 진리의 빛인 하나님의 말씀이 백성들의 손

존 위클리프 성경

에 쥐어졌습니다. 그때부터 놀라운 변화들이 일어나기 시작했습니다. 백성들은 더 이상 로마교회 제도와 전통에 묶이지 않게 되었으며, 그 잘못된 죄악의 사슬들을 끊어버리기 시작했습니다. 시간이 흐를수록 백성들은 인간의 구원이 교회의 전통에 있는 것이 아니라 예수 그리스도에게 있다는 사실을 깨달았습니다. 그리고 하나님의 말씀에 순종하기 위하여 이 모든 것들로부터 돌아섰습니다. 이처럼 위클리프 성경 보급으로 인해 백성들의 심령이 살아났습니다.

한편 감독들과 성직자들은 위클리프에게 침묵하라는 명령을 내렸습니다. 그러나 그는 결코 잠잠할 수 없었으며 교회나 길거리, 세속적인 장소에서 사람들에게 담대하게 설교하였습니다. 그의 메시지는 많은 백성들이 로마 가톨릭교회의 교리와 제도, 그리고 교황 등에 의해 오랫동안 잊어버렸던 하나님의 말씀으로 돌아오도록 일깨워 주었습니다. 마치 에스겔 골짜기의 마른 뼈들이 살아난 것처럼 부패한 교회 지도자들과 수많은 무지한 백성들이 살아났습니다. 이것이 위클리프 시대에 있어서 말씀으로 심령들을 일깨운 놀라운 영적 부흥이었습니다.

개혁과 부흥의 새벽별이 잠들다

위클리프의 성경이 평민들의 손에 들어가자 위협을 느낀 로마 가톨릭 지도자들은 크게 당황하였습니다. 교황 그레고리 11세(Gregory XI)는 대노하게 되었고 그 이단자를 엄중히 처단하라는 교서를 전달하였습니다. 잉글랜드교회 역시 영어 번역 성경을 소지하는 그 자체를 이단적 행동으로 낙인 찍었을 뿐 아니라 그의 저서들을 소각하였습니다. 그리고 그의 사상을 퍼뜨리는 것을 금하였습니다.

결국 그는 이단으로 몰려 법정에 서게 되었고 감독들은 위클리프의 성직을 박탈하였습니다. 교회는 위클리프를 정죄하였으며 그를 세 번이나 법정에 소환하였습니다. 법정에 선 위클리프는 국회에서 교회의 무서운 악폐들을 혁신할 것을 요구하였고 교황권의 참람함과 타락을 폭로하였습니다. 또한 자신이 주장한 교리를 철회하지도 숨기지도 않고 두려움 없이 자신의 소신을 굽히지 않았습니다. 그러자 교황과 감독들은 모두 힘을 합하여 위클리프를 죽이려고 하였습니다.

루터워스에 세워진
존 위클리프 기념비

자기의 온 생애를 통하여 날마다 생명의 위험을 무릅쓰고 담대히 진리를 전파했던 위클리프는 죽는 날까지 루터워스 교구를 섬겼습니다. 그는 1384년 12월 31일 마지막 목회지 루터워스(Lutterworth) 목사관에서 뇌출혈로 쓰러져 주님의 품에 안기었습니다. 루터워스의 교회 묘지에 묻힌 위클리프는 성경 번역을 위해 자신의 삶을 촛불처럼 다 불태워 버렸습니다. 진정 그는 칠흑 같은 어두운 중세 시대에 종교개혁의 새벽별이요, 부흥의 새벽별이었습니다. 필자는 루터워스 교회에서 가까운 거리에 있는 위클리프 기념비를 찾아가 보았는데 그곳은 위클리프가 죽은 후 꺼내어진 유해가 화형을 당한 자리였습니다. 그 기념비에는 "종교개혁의 새벽별, 영어로 첫 번째 번역한 사람. 1324-1384, 시편 119:31, 요한복음 5:39, 히브리서 6:12, 요한계시록 2:10" 등이 새겨져 있었습니다.

그의 뼈는 태웠으나 말씀과 열매는 태울 수 없었다

위클리프의 타고 남은
재를 뿌린
스위프트 강

위클리프가 죽은 지 31년 후 1415년 7월 6일, 교황은 콘스탄츠 공의회(Council of Konstanz)를 열어 위클리프를 이단으로 정죄하고, 이미 죽어 무덤에 안치된 위클리프의 유해를 캐내어 불사를 것을 결의했습니다. 그가 죽은 지 44년이 지난 1428년에 교황 마르티노 5세는 위클리프 유해를 무덤에서 다시 파내어 불태우라고 명령했습니다. 이는 그에 대한 영향력을 세상에서 지우려고 한 것입니다.

결국 교회 당국은 위클리프의 유해를 불태운 후 그 재를 루터워스에서 가까운 스위프트 강에 뿌렸습니다. 하지만 하나님의 말씀과 교리 및 열매는 결코 태울 수 없었습니다.

위클리프의 재는 지금 전 세계에 퍼진 그의 성경적 가르침들을 상징하고 있습니다. 하나님의 말씀이 아니면 화형당한 그의 유골의 뼈는 아무 의미가 없을 것입니다. 위클리프는 고난의 여러 해 동안 말씀의 촛불이 꺼지지 않고 타오르게 하는 일에 전념하였고 그 촛불은 오늘날에도 꺼지지 않고 계속 타고 있습니다. 한 예로 그의 이름을 따라 명명된 위클리프성경번역선교회는 전 세계 모든 사람들이 모국어로 성경을 읽을 수 있도록 번역하고 있습니다.

진리 전파를 위해 생명까지 내 던진 롤라드파

위클리프의 가르침과 사상을 따르는 사람들을 롤라드파(Lollards)라 부르고 있는데 위클리프는 그의 제자들이 전국을 다니며 복음을 전하도록 파송하였습니다. 그는 "주님이 명령하신 대로 성경 말씀만을, 말씀을 받아들이지 않아도 예수님과 제자들이 행하였던 것처럼 성경만을 가르쳐야만 한다. 왜냐하면 성경 없이 설교하는 것은 빵 없이 밥을 주는 것과 같다"라고 주지시켰습니다. 또한 그는 제자들에게 말씀을 전할 때 성경을 실제 생활에 적용할 수 있도록 해석해야 한다고 말했습니다.

1390년대에 빛의 사자들로 파송된 롤라드파는 사도적 청빈으로 긴 옷을 걸쳤고 지팡이를 들고 다니면서 복음의 빛을 비췄습니다. 그들은 성경을 보물로 여겼고 성경을 은밀히 보급시켜 나갔으며 평민들에게 성경을 가르쳤습니다. 또한 그들은 잉글랜드와 스코틀랜드 그리고 유럽 여러 곳을 순회하면서 마을과 노천 등에서 사람들에게 복음의 메시지를 설교하였습니다. 그들의 선교는 주로 상인과 장인들, 소수의 성직자들 사이에 많은 영향력을 끼치게 되면서 놀라운 변화와 부흥이 일어났습니다. 이러한 롤라드파의 부흥운동은 잉글랜드 전역에서 일어났습니다. 갈수록 이런 놀라운 변화와 부흥의 역사들이 곳곳에서 일어났습니다.

그런데 놀랍게도 교회는 위클리프 사상을 전하는 것은 사형에 처할 수 있는 범죄라고 규정하였고 결국 롤라드파들의 활동이 이단으로 정죄되었습니다. 그래서 그들 가운데 일부는 지하로 숨어들어 갔고, 더러는 체포되고 감금되었습니다. 또한 어떤 이는 감금되었고, 어떤 이는 화형을 당했습니다. 결국 많은 순교자들이 나오게 되었는데 잉글랜드 성직자인 윌리엄 소트레이가 화형당해 롤라드파의 첫 번째 순교자가 되었습니다. 이러한

런던에 세워진 롤라드파
순교자 기념비

핍박이 헨리 4, 5세 시대에 혹독하게 일어나기 시작했으며 갈수록 탄압의 물결은 거세졌습니다.

그러나 롤라드파는 잔혹한 핍박에도 불구하고 잘 견디어 냈으며, 진리 전파를 위해 생명까지 내 던졌던 것입니다. 비록 성경을 소지한 것만으로도 고통과 죽음이 따랐음에도 불구하고 롤라드파는 영국 전역과 보헤미아(현대의 체코, 슬로바키아), 나아가 유럽 여러 지역에 성경을 보급하는 이 중요한 일들을 감당하였습니다. 이처럼 목숨 건 복음 전파는 훗날 체코의 종교개혁자 얀 후스(Jan Hus)에게 큰 영향을 끼치게 되었습니다. 프라하의 길거리에서 위클리프의 책이 불태워졌지만 얀 후스는 강단에서 위클리프가 가르친 것과 같은 진리를 설교하기 시작하였습니다.

이처럼 위클리프와 롤라드파가 뿌린 복음의 씨앗은 영국과 유럽 대륙 곳곳에 뿌려져 교회개혁의 불이 점점 타오르게 했습니다. 어떠한 핍박도 하나님의 진리를 땅 속에 서 그냥 썩게 만들 수 없었습니다. 그 복음의 씨는 16세기 영국과 독일, 그리고 유럽의 종교개혁의 불을 지피게 하였으며 더 나아가 온 세계에 복음의 영향을 끼치게 되었습니다.

존 위클리프가 오늘날 우리에게 주는 교훈

1) 성령에 의한 능력 있는 말씀선포

어두웠던 중세에 위클리프의 말씀 선포로 인해 새 날의 동은 트고 말았습니다. 위클리프의 능력있는 메시지를 듣고 수많은 사람들이 회심하였고 부패한 그들의 심령들은 말씀으로 일깨움을 받았습니다. 그는 개혁과 부흥에 있어서 새벽별과 같은 존재였습니다.

오늘날 한국교회는 중세교회처럼 부패와 세속화와 물질주의에 점점 깊이 빠져 가고 있습니다. 생명력을 잃어버리고 영적 침체의 길을 걸어가고 있습니다. 이제 교회가 다시 회복되기를 갈망한다면 위클리프처럼 말씀으로 심령을 일깨우는 능력 있는 말씀선포가 필요합니다.

2) 자신의 생명을 불태워 번역한 '위클리프 성경'

그 당시 성경을 번역하면 처벌 받았습니다. 하지만 위클리프는 성경 번역만 생각하면 심장이 뛰었습니다. 그는 심한 박해 가운데서도 목숨 걸고 번역하여 '위클리프 영어 성경'을 출간하였습니다. 이 사역은 위클리프의 삶에서 가장 빛나는 업적이었습니다. 자신의 생명을 다 불태워 번역한 성경은 복음의 빛을 가렸던 어두운 중세교회에 진리의 촛불이 되었습니다. 말씀은 풍부한 재능과 지혜를 구입할 수 있도록 우리의 손에 쥐어진 화폐와 같습니다. 말씀이 사람들에게 전파된 것은 그들로 하여금 그 말씀에 의해 유익을 얻고 영적으로 부요해지게 하기 위해서 입니다.

어그러진 세상에서 하나님의 말씀이 사람들의 귀에 들리는 축복이 있을 때 놀라운 회심의 역사와 심령의 변화들이 일어날 것입니다. 왜냐하면 성령은 말씀을 통해 역사하시기 때문입니다. 오늘날에도 세계 모든 언어로 성경 번역하는 사역은 계속 되어야 합니다. 성경 번역은 그 나라 복음화의 시금석입니다.

3) 성경적 핵심 교리 선포

그는 성경이 교회나 교회의 전통들보다 우선한다는 원리를 적용시켜 성경과 어긋나는 교리나 실제들을 거부하였습니다. 오늘날처럼 이단과 비성경적인 요소들이 난무하는 이러한 때에 모든 교회에서 성경적인 교리 선포와 철저한 교리 교육은 절대적으로 필요한 것입니다. 개혁과 부흥 시기마다 항상 성경적인 교리가 그 중심에 있었습니다. 교회는 교리 교육을 소홀히 해서는 안되고 더욱 교리 교육에 힘써야 합니다. 이제 교회가 성경적인 교리를 다시 붙잡을 때 부흥을 기대할 수 있을 것입니다.

4) 제자들을 키워서 복음 설교자로 파송

위클리프의 사상이 그렇게 빨리 유럽에 전해졌던 것은 그의 추종자들인 롤라드파의 영향 때문일 것입니다.

위클리프 사상을 전하는 롤라드파의 열정은 다음세대가 매우 중요함을 보여주고 있습니다. 지금 유럽교회가 쇠퇴한 원인 중 하나는 1세대가 다음세대에 복음을 전해주는 일이 실패했기 때문입니다. 다음세대 없이는 교회도, 선교도, 부흥도 없을 것입니다. 교회마다 복음의 불길을 전하는 다음세대 양육이 시급합니다.

▶ 토의를 위한 질문

1. 위클리프의 회심은 자신의 전 생애를 예수 그리스도의 사역을 위하여 바치기로 헌신하게 된 원동력이 되었습니다. 나의 삶에 진정한 회심 경험이 있는가요? 주님을 위한 나의 헌신의 원동력은 무엇이라고 생각하십니까?

2. 성경 연구에 몰두한 위클리프의 별명은 '복음박사'였습니다. 하나님은 말씀의 사람을 사용하십니다. 나는 날마다 하나님의 말씀을 묵상하며 읽고 연구하고 있습니까?

3. 말씀을 통해 심령을 일깨우는 설교자 위클리프가 우리에게 주는 교훈은 무엇입니까?

4. 성경가 성경 번역이 영국의 종교개혁에 끼친 영향은 무엇입니까?

5. 위클리프의 사상이 그렇게 빨리 유럽에 전해졌던 것은 롤라드파의 영향 때문이었습니다. 복음의 불길을 전해주는 다음 세대 양육을 위해 교회가 해야 할 일은 무엇입니까?

6. 위클리프 성경번역선교회를 위해 기도하고 있습니까?

*The leaders of Britain's Revival
The flames who lived through
dark generations*

Chapter 2

성경 번역에 목숨 건
윌리엄 틴데일

William Tyndale

어렸을 때부터 성경에 빠져

윌리엄 틴데일

위클리프에 이어 성경 번역에 목숨 건 윌리엄 틴데일(William Tyndale, 1494년-1536년)은 잉글랜드 국경 글로스터셔에서 농부의 아들로 태어났습니다. 옥스퍼드대학을 졸업한 후 1515년에 석사학위를 취득했습니다. 틴데일은 루터주의에 영향을 받은 케임브리지대학으로 옮겨 독일 종교개혁자들의 작품을 연구하였습니다. 그는 외국어 실력이 탁월하였습니다. 모국어인 영어 외에도 라틴어, 이탈리아어, 독일어, 프랑스어를 잘 하였으며 특히 히브리어와 헬라어에 능통하여 성경을 원어로 읽고 연구하였습니다.

그는 어릴 때부터 유난히 성경에 빠져 있었습니다. 그의 회심 시기는 정확히 잘 알 수 없지만 옥스퍼드대학에서 공부할 때로 추정됩니다. 회심 후 그는 힘을 다해 성경 연구에 몰두하였고 전에 읽었던 책과 비교할 수 없는 뜨거움을 느꼈으며 성령으로 말미암아 은혜의 체험을 하였습니다. 또한 그는 에라스무스가 신약성경 원문인 헬라어에서 번역한 성경을 보면서 종교 지도자들이 원문과 다르게 인도하는 것을 깨달았습니다. 이처럼 성경으로 인해 자신의 삶이 새로워진 틴데일은 복음을 전하기 위하여 잉글랜드와 유럽 대륙에서 말씀의 사역자로서, 성경 번역자로서의 사역을 시작합니다.

성경을 잃어버린 15세기 암흑의 잉글랜드교회

　14세기와 마찬가지로 15세기 때에도 중세교회 종교 지도자들은 보이는 외형적 건물인 성당 건축에 온갖 열정을 다 쏟았습니다. 그러나 교회는 말씀 선포와 복음전도, 교회의 생명력에는 태만하였으며, 교리적으로 점점 퇴보하고 있었습니다. 교회는 로마교회의 특성을 그대로 간직한 채 교황의 법을 하나님의 법보다 앞세우고 있었습니다. 대부분의 사제들은 성경의 가르침보다는 교황과 전통에 충성을 다하겠다고 맹세하였으며, 헛된 미신과 거짓 교리로 자기들의 탐욕을 만족시킬 뿐 아니라 자신들의 명예를 높이는 일에 전념하였습니다.

　또한 미사는 일반인들이 알아들을 수 없는 라틴어로 하였으며 그들 가운데 절반 정도는 십계명을 외우지 못하고, 그 중 일부는 십계명과 주기도문이 성경 어디쯤에 있는지도 모를 정도였습니다. 사람들을 빛으로 인도하는 본분보다 백성들을 어두움 속에 가두어 두는 가증한 일들을 서슴치 않았고 교인들의 무지가 그들에게는 다행이었던 것입니다. 더 나아가 모든 사람에게서 성경에 대한 지식을 빼앗아 버리려는 패역한 계략 역시 엄청났습니다.

　당시 잉글랜드 국왕인 헨리 8세는 성경 번역을 금지하였고 왕들의 승낙 없이 성경 번역과 출판을 할 수 없었으며 나라를 떠날 수도 없었습니다. 교인들이 성경을 보다 잘 이해할 수 있도록 그들 스스로 성경을 번역하지 않았습니다. 더 나아가 정부는 자기 자녀들에게 영어로 된 주기도문, 십계명, 사도신경을 가르쳤다는 이유로 일곱 명이나 화형을 시켰습니다. 그 이유는 성경을 자기 말로 읽는 자들이 그들에게는 큰 위협이 되었기 때문이었습니다. 런던에서도 몇몇 사람들이 정기적으로 모여 영어 성경을 읽다가 발각되어 처벌받은 일이 있었습니다. 교황 체제의 교회 역시 신실한 성도들을 죽음에 넘기거나 광야로 내몰았던 상황이 중세적 현상이었습니다. 틴데일이 살았던 시대는 이처럼 정말 숨 막히고 무서울 정도로 깊은 암흑의 시간들이었습니다.

성경 번역을 위해 목숨을 바치겠다고 선언

틴데일 시대에는 제롬의 라틴어로 된 불가타 성경에서 번역한 '위클리프 영어 번역 성경'이 유일한 성경으로서 은밀하게 보급되고 있었습니다. 하지만 사제들은 하나님의 말씀을 맡은 자로서의 사명을 다하지 못하고 있었습니다. 틴데일은 하나님의 말씀을 사람들의 눈에서 가리게 한 것이 교회 내의 모든 불행의 원인임을 깨달았습니다. 그리고 성경 없이는 사람들을 진리 안에 굳게 세우는 것이나 진리를 깨닫고 확신을 갖게 하는 것이 불가능하다는 것도 알았습니다. 그는 사람들의 성경에 대한 무지를 개탄하면서 성경이 영어로 출간되어 사람들로 하여금 본문의 흐름과 의미를 알게 하고 마음에 하나님의 말씀이 깊이 뿌리 내리기를 간절하게 소원했습니다.

틴데일은 하나님의 말씀이 보다 더 정확하게 번역될 수 있도록 라틴어에서 자국어가 아닌 히브리어, 헬라어 원어에서 자국어로 성경을 번역하려는 일념이 강했습니다. 그리고 그는 백성들이 암흑에서 자유하기 위해서 영어로 된 성경을 잉글랜드 백성들의 손에 전해주고자 하는 꺼지지 않는 갈망이 있었습니다. 이러한 요소들이 틴데일에게 성경 번역을 반드시 완수해야 한다는 사명감을 일깨워 주었습니다. 틴데일은 고백하였습니다.

저들이 저들의 말로 된 성경을 가질 수만 있다면 저들 스스로 이 진리를 가리는 자들을 맞설 수 있을텐데. 성경이 없이는 이 무리를 진리 안에 굳게 세우는 것이 불가능합니다. 하나님이 내 생명을 지켜주신다면, 수 년 안에 잉글랜드를 개척해 나갈 청소년들이 당신들보다 더 많이 성경을 알 수 있도록 할 것입니다.

이처럼 틴데일은 자국민들 뿐 아니라 세계 모든 나라의 사람들이 영어로 번역된 하나님의 말씀을 대하는 시대가 도래하는 비전을 가슴에 품었습니다. 그는 성경 번역을 위해서 목숨을 바치겠다고 선언하여 주위를 놀라게 하였습니다. 그는 이 비전을 이루기 위해 자신의 삶을 헌신하면서 모든 그리스도인이 성경을 자유롭게 읽을 수 있고 이 진리를 막는 자들과 맞서 싸우기를 원했습니다. 틴데일은 성경 번역가의 길을 갔고, 성경 출판을 기꺼이 하겠다고 나서는 이가 아무도 없었기에 스스로 출판업자가 되었습니다. 그는 말씀 중심의 영성을 갖고 있었으며, 성경에 대한 지식이 기독교 영성의 가장 본질적인 요소임을 믿었습니다.

드디어 영어 번역 성경이 출판되다 – '윌리엄 틴데일 성경'

영어 성경은 위클리프 때부터 비밀리에 배포되면서 그 수요가 점점 커졌지만 반대 역시 만만치 않았습니다. 당시에는 성경 번역이 금지되어 있었기 때문에 틴데일과 같은 사람의 용기와 헌신 없이는 그 일을 추진할 수가 없었습니다. 성경 번역에 대한 틴데일의 열정은 로마 가톨릭교회에 대한 공격이었기에 그가 가는 번역의 길에는 항상 많은 어려움이 따랐습니다. 하지만 틴데일의 가슴 속에 타오르는 성경 번역에 대한 꿈을 아무도 막을 수가 없었습니다.

틴데일은 비밀리에 어느 부유한 상인이 제공한 집에서 성경 번역을 시작했습니다. 대적자들은 하나님의 말씀이 자신들의 출세에 얼마나 큰 방해가 되는지를 잘 알고 있었기에 무슨 수를 써서라도 번역을 방해할 뿐 아니라 그 상인들에게도 틴데일을 돕지 못하도록 강요하였습니다. 상황이 악화되자 틴데일은 왕의 승낙 없이 영국을 떠나 루터의 영향을 받은 독일로 건너갔습니다. 하지만 감독들은 그곳까지 첩자들을 파송하여 그의 성경 번역과 출판을 계속 방해하였습니다.

1524년 독일에 도착한 틴데일은 함부르크에서 비밀리에 영어로 신약성경을 번역하였습니다. 그 후 쾰른으로 가서 인쇄업자에게 원고를 넘겨 신약성경의 여러 페이지가 인쇄기에서 돌아가기 시작하였습니다. 그런데 곧바로 영어 성경 출판 소식을 전해들은 의회가 인쇄를 중단할 것을 명하자 그는 원고를 챙겨서 보름스로 도주하였습니다. 그는 라인 강을 따라 보름스에 도착하였는데 이곳에서 신약성경 6천 부가 인쇄되어 출판되었습니다. 이리하여 1526년에 헬라어 원문에서 영어로 번역한 신약 역본 초판이 나오게 되었습니다. 심한 반대와 끈질긴 방해에도 불구하고 틴데일은 마침내 이 일을 해냈습니다.

그 후 틴데일은 벨기에 안트베르펜으로 이주하여 모세오경과 요나서, 여호수아와 역대하를 계속 번역하였습니다. 그는 모든 구약성경을 다 번역하지 못했지만 역사서와 선지서

윌리엄 틴데일 성경

의 일부를 번역하는 데 성공하였습니다. 이것이 '윌리엄 틴데일 성경'입니다. 그는 진리의 말씀을 조국과 모든 민족에게 전하기 위해 목숨을 걸고 성경 번역에 자신의 삶을 불태웠습니다. 틴데일은 성경 원어에서 영어로 성경을 번역하여 출판한 최초의 사람이 되었습니다. 헨리 8세의 치하에서 '윌리엄 틴데일 성경'이 종교개혁자들에게 힘을 주었습니다.

잉글랜드에 반입된 성경이 발각되어 불태워지다

드디어 윌리엄 틴데일 성경이 출판되었습니다. 이제 남은 문제는 6천 권의 번역 성경을 잉글랜드로 보내는 일이었습니다. 틴데일은 곡물을 실은 잉글랜드 행 배 안에 성경을 숨겼습니다. 큰 상자 속과 맥주통 속이나 옷 보따리 속, 밀가루 자루 속, 짐짝 속에 숨겨 넣어 다른 상품처럼 위장하는 모든 방법을 동원하여 성경을 반입하는 데 성공했습니다. 이렇게 해서 수천 권의 성경들이 잉글랜드에 들어와 판매되었습니다. 하지만 이를 알게 된 성직자들은 항구를 조사하여 성경을 찾아냈고 찾는 대로 즉시 성경을 불태워 버렸습니다.

그 후 런던 감독은 일부러 많은 돈을 주고 은밀히 보급되는 신약성경을 대량으로 구입해 성 바울의 십자가 밑에서 소각시켜 버렸습니다. 성경을 모두 불태워 버렸을 때 어리석은 감독은 영어 성경이 더 이상 생겨나지 않을 것이라고 생각했습니다. 하지만 오히려 더 많은 양의 성경이 인쇄되고 계속 반입되는 현상이 일어났습니다. 그 이유는 영국의 감독들이 불태우기 위해 대량으로 신약성경을 주문하고 구입하자 틴데일은 그 돈으로 더 많은 성경을 찍어 내었습니다. 그래서 나중에는 관리들도 더 이상 성경 반입을 막을 수 없을 정도가 되었습니다. 후에 틴데일의 영어 번역 성경은 영국 종교개혁의 보이지 않는 화약창고 역할을 하게 됩니다.

온 백성들의 눈에 큰 빛을 가져다 준 틴데일 성경

성경을 잃어버린 중세시대에 틴데일은 목숨을 다해 성경을 그들에게 회복시켜 주었습니다. 잉글랜드의 많은 그리스도인들에게 성경이 전해지게 되었던 것은 틴데일의 예수 그리스도에 대한 사랑과 헌신이었습니다. 잃어버린 성경을 다시 회복한 그들은 성경을 열심히 탐독하였습니다. 성경은 어두움 속에 갇혀 있었던 온 백성들의 눈에 큰 빛을 가져다 주었습니다. 말씀을 깨달아가면서 백성들은 수천 번의 질문 속에서 '교황의 교회는 그리스도의 교회'가 아니라는 결론을 내렸습니다. 이처럼 성경이 백성들의 손에 들어가자마자 영적 각성이라는 놀라운 역사가 일어났습니다.

그러나 또 다른 한편에서는 핍박받는 그리스도인들이 많아졌습니다. 금지된 영어 성경을 읽고서 예수 그리스도를 믿는다고 고백하는 남자들과 여자들이 다 화형에 처해진 사건이 일어났습니다. 또한 틴데일 성경의 운송을 책임졌던 동료들이 순교를 당했습니다.

1530년 틴데일의 친구 토마스 히톤(Thomas Hitton)은 메이드스톤에서 말뚝에 박혔으며, 1531년 토마스 빌니(Thomas Bilney)는 여성들에게 틴데일의 신약성경을 주었다는 이유로 체포되어 화형당했고, 틴데일 신약성경에 의하여 회심했던 가죽 판매상 투게스베리도 스미스필드에서 사망하였습니다. 1533년 젊은 개혁자요, 틴데일의 가장 가까운 친구 존 프리스(John Fryth)도 순교하였습니다. 이처럼 3년 동안에 약 280여 명의 사람들이 죽임을 당했으며 그 순교자들 사이에는 당시 위대한 설교자들도 포함되어 있었습니다. 하지만 많은 핍박에도 불구하고 복음은 계속 확장되었습니다.

또한 틴데일은 하나님의 율법과 그리스도의 자비를 흐리게 하는 모든 교리들을 막았습니다. 그리고 그는 개신교의 중심 교리인 오직 믿음과 은혜에 의한 이신칭의를 자주 선포하였습니다. 또한 구원에 대해 오직 주 예수 그리스도를 신뢰해야 함을 강조하였습니다. 그 결과 수많은 사람들이 구원의 진리를 바로 알고 믿게 되었습니다. 그의 능력있는 설교는 백성들의 삶과 생애에 놀라운 영향력을 끼쳤습니다. 이것이 바로 말씀을 통한 심령의 부흥이었습니다.

잉글랜드교회 개혁과 부흥은 어떤 철학이나 정치나 왕을 통해서 온 것이 아니라 성경, 즉 하나님의 말씀 선포를 통하여 온 것입니다. 이와 같이 말씀의 능력은 16세기의 종교개혁 시대와 17세기 청교도 시대와 18세기 영적 부흥 시대를 열어가게 됩니다.

진리 위해 화형당하는 틴데일-"순교의 피가 묻은 성경"

감독들과 고위 성직자들은 왕의 동의를 얻어 내어 틴데일이 번역한 신약성경을 금지시킨다는 선언문을 작성하고 공포하였습니다. 뿐만 아니라 틴데일을 사로잡아 그의 생명까지 빼앗으려고 했습니다. 그리하여 정보기관 요원들이 그를 추적하였고 지방 당국자들은 그를 체포하도록 설득하곤 하였습니다. 1535년 그의 동료로 위장한 헨리 필립스가 틴데일을 배반합니다. 실제로는 스파이었던 필립스는 틴데일을 벨기에 앤트워프(Antwerp)

의 좁은 길로 데리고 내려가는 동안 잠복시켜 놓았던 병사들에게 알려주어 체포하게 하였습니다.

이리하여 틴데일은 성경을 번역했다는 죄목으로 브뤼셀 근교 빌보드 성 감옥에 갇히게 되면서 극심한 고통을 당했습니다. 그는 1년 6개월 동안 음산하고 어두운 감옥에 갇혀 추위와 싸우면서도 히브리어 성경과 문법책, 히브리어 사전을 가지고 구약성경 연구를 계속하였습니다. 이것은 영혼 구원을 위해 매우 필요한 것이었습니다. 죽음을 앞두고 있는 틴데일은 마지막 순간까지 마치지 못한 나머지 구약성경의 번역을 계속 하고 싶은 자신의 의지를 꺾지 않았습니다. 그때 그의 나이 42세의 젊은 나이였습니다.

1536년 10월 6일, 틴데일은 왕명을 받은 당국자들에 의하여 줄로 꽁꽁 묶인 채 죽임을 당한 후 빌보드에서 화형에 처해졌습니다. 그는 모든 사람들이 하나님의 말씀을 읽을 수 있도록 문을 열어 놓기 위해 죽임을 당했습니다. 1520년대 중반부터 1536년, 감옥에서 순교할 때까지 성경 번역을 위해 틴데일은 자신의 생애를 바쳤습니다. 성경 번역으로 인해 자신의 생명을 대가로 지불하여 출간된 틴데일의 성경은 "순교의 피가 묻은 성경"이라 말할 수 있습니다.

브뤼셀에 있는 윌리엄 틴데일 기념교회

또한 틴데일의 번역판은 큰 영향력을 끼쳤습니다. 틴데일이 번역한 틴데일판(Tyndale's Version)은 원어 성경을 대본으로 사용한 최초의 번역 성경이라는 점입니다. 그리고 인쇄된 최초의 영어 성경이라는 점에서 영어 성경 역사에서 중요한 위치를 점하게 되었습니다.

금세기까지의 모든 영어판은 틴데일 성경의 개정판이라고 말할 수 있을 것입니다. 그는 평민들에게 성경책을 쥐어 준 "영어 성경의 아버지"라고 불리게 되었습니다. 틴데일은 성경의 사람이요, 청교도의 선구자였습니다.

틴데일의 마지막 기도- "주여, 잉글랜드 왕의 눈을 열어 주소서!"

틴데일은 화형당하기 직전에 마지막으로 "주여, 잉글랜드 왕의 눈을 열어 주소서"라고 기도하였습니다. 이 기도문은 벨기에와 런던에 있는 틴데일 기념비에 기록되어 있습니다. 틴데일은 잉글랜드의 위대한 종교개혁가로서 전통이나 권위의 문제보다 진리를 앞세워 결국 순교하게 되었습니다. 하지만 틴데일의 기도와 순교는 결코 헛되지 않았습니다. 그가 화형대에서 드린 마지막 기도는 땅에 떨어지지 않고 응답되었습니다.

틴데일이 화형에 처해진지 2년 후 1538년에 헨리 8세는 각 교구의 교회에 영어로 된 성경을 비치하라는 명령을 내렸습니다. 잉글랜드의 모든 사제들에게 그들의 모든 교구들에서 성경을 읽고자 하는 모든 이들에게 영역 성경을 사용할 수 있도록 허용하였습니다. 또한 제임스 1세 왕은 틴데일 성경을 기초로 하여 또 다른 번역 성경인 '킹 제임스 성경'(흠정역, KJV)을 1611년에 발행하였습니다. 드디어 왕의 눈이 떠진 것입니다. 틴데일이 화형대에서 드린 마지막 기도가 75년 만에 응답되었습니다.

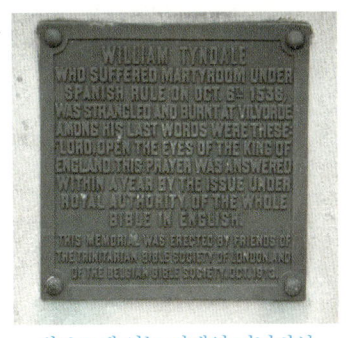

빌보드에 있는 틴데일 기념비석

틴데일 탄생 500년이 지난 지금 틴데일 한 사람의 영향력은 엄청나게 큽니다. 그는 잉글랜드와 유럽의 종교개혁, 영어 성경, 유럽의 개신교, 청교도 운동, 영국 문학, 미국 문학, 그리고 잉글랜드 전 역사 등 수많은 정치, 사회, 종교에 독특하게 공헌하였습니다. 그리고 케임브리지에는 '틴데일 하우스'가 있는데 이곳에서는 세계 곳곳에서 온 성서학자들이 계속 연구하고 있습니다. 또한 틴데일을 기념하여 벨기에 브뤼셀에 기념교회와 기념비석이, 런던에 그의 동상이 세워졌습니다. 틴데일은 박해의 불꽃 속에서 로마의 흑암을 사라지게 한 빛이었습니다.

윌리엄 틴데일이 오늘날 우리에게 주는 교훈

1) 백성들에게 영어로 된 성경을 가지도록 함

성경의 가치를 보는 눈을 가지고 있었던 틴데일의 뛰어난 업적은 백성에게 영어로 된 성경을 가지도록 하였다는 점입니다. 틴데일의 피와 땀, 그의 비전과 헌신으로 인해 영어권의 나라는 영어 성경을 얻게 되었습니다. 틴데일은 성경 번역에 대한 꿈을 이루기 위해 자신의 삶을 불살랐고 생명을 대가로 지불했습니다. 그래서 지금 우리 손에 쥐어져 있는 성경은 순교의 피가 묻은 성경입니다.

케임브리지에 있는 틴데일 하우스

이제 우리는 성경을 읽을 때마다 순교

자의 피 값에 빚지고 있음을 기억해야 할 것입니다. 피 묻은 말씀을 더욱 더 사랑해야 하고 매일 묵상하고 연구해야 합니다. 우리는 우리의 마음에 말씀을 푹 적시어 성경의 대가가 되어야 합니다. 성경이 더 이상 하나의 장식품이 아니라 우리의 신앙과 삶의 분명한 원칙이 되어야 합니다. 틴데일처럼 성경의 사람이 교회를 살리고 참된 빛을 발하게 될 것입니다.

2) 교회 안에서 성경의 권위를 회복함

틴데일은 하나님의 말씀이 최상의 권위임을 확신하였습니다. 그는 교회가 무오하다는 것은 믿지 않았지만 성경의 무오성은 믿었습니다. 그는 권위있는 성경을 번역하여 수많은 사람들에게 공급하면서 교회 안에서 성경의 권위를 회복하였습니다. 그리고 그는 성경이 교회의 가르침과 도덕성, 의식 등을 판단하고 결정해야 한다고 믿었습니다.

또한 말씀을 사랑하고, 말씀을 해석하고, 말씀을 적용하고, 말씀을 실천하였습니다. 그는 순교하기 전 감옥 안에서 약 18개월 동안 성경을 계속 연구하였으며, 처형 당하기 전까지도 성경을 붙들고 있었습니다.

아무리 세월이 흐르고 시대가 바뀌어도 변하지 말아야 할 것은 말씀, 신앙, 교리입니다. 하지만 슬프게도 오늘날 이러한 요소들이 많이 변하고 있다는 것입니다. 이 시대에 교회가 침체하게 된 원인은 하나님의 말씀보다는 이성이나 과학, 현대지식, 학문, 프로그램 등에 더 많은 권위를 두고 있

런던에 세워진 틴데일 기념 동상

기 때문입니다. 그러나 부흥의 때는 항상 교회가 성경의 권위를 높였던 시기였습니다. 하나님이 부어주시는 부흥을 체험하려면 교회 안에서 성경의 권위를 다시 회복하고 세상 풍조에 흔들리지 말아야 합니다.

3) 말씀 때문에 화형당한 설교자

옛날이나 지금이나 복음을 전하는 사역자들에게는 많은 고난과 핍박이 있었지만 목숨까지 희생하는 사역자들은 많지 않았습니다. 하지만 틴데일은 성경 번역과 말씀 선포로 인해 적들에 의하여 체포되어 생명을 지불해야만 했습니다. 그는 복음의 빛을 밝히기 위해 자신의 믿음의 피를 뿌렸습니다. 반대자들은 성경의 사람 틴데일을 죽였지만 하나님의 말씀은 여전히 살아 있습니다. 그리고 진리를 위해 밝힌 순교의 촛불은 지금도 계속 타오르고 있습니다. 그는 위클리프처럼 말씀을 통해 잉글랜드교회에 개혁과 부흥의 불을 지폈습니다.

브뤼셀에 세워진
윌리엄 틴데일 기념비

우리 역시 담대한 복음 선포 때문에 고난과 핍박을 당하고 심지어 죽음까지 이른다 할지라도 틴데일처럼 목숨 걸고 설교해야 할 것입니다. 말씀을 생명처럼 붙잡아야 하고 말씀 위에 굳게 서 있어야 하며, 말씀을 타협하지 말고 담대히 선포해야 합니다. 피 묻은 성경에 목숨을 건 설교자를 통하여 이 땅에 놀라운 부흥이 일어나게 될 것입니다.

▶ 토의를 위한 질문

1. 틴데일이 가슴 속에 품은 비전은 무엇입니까? 그가 성경을 번역할 때 어떠한 방해와 핍박이 있었습니까?

2. 번역된 영어 성경이 무지한 영국 백성들의 귀에 울려 퍼지고 손에 쥐어지게 될 때 어떠한 현상들이 나타났습니까?

3. 내 손에 쥐어진 성경은 피 묻은 성경입니다. 그렇다면 나의 마음을 피 묻은 성경에 흠뻑 적시면서 그 말씀을 깨닫는 은혜가 있습니까? 매일 말씀을 읽고 묵상하고 듣고 암송하고 연구하고 있습니까? 성경 외에 다른 책을 읽는 데 너무 많은 시간을 소비하고 있지 않습니까?

4. 진리를 지키고자 목숨을 던져 화형당한 틴데일의 믿음과 삶이 우리에게 주는 교훈은 무엇입니까?

5. 자국민 언어인 한글로 성경을 읽을 수 있게 해 주신 하나님께 매일 감사하고 있습니까? 아직도 성경 번역이 되지 않고 남겨진 세계의 모든 언어로 성경 번역을 하고 있는 선교사들에 대한 관심과 사랑의 후원을 하고 있습니까?

*The leaders of Britain's Revival
The flames who lived through
dark generations*

Chapter 3

진리를 위한 하나님의 나팔수
존 낙스

John Knox

존 낙스의 회심 – "교황주의 웅덩이에서 건짐 받음"

존 낙스

하나님의 귀중하고 중요한 도구였던 존 낙스(John Knox, 1514-1572)는 1514년 스코틀랜드의 에든버러에서 가까운 해딩턴(Haddington)에서 태어났습니다. 그의 유년기에 대해서는 알려진 바가 거의 없으며 세인트앤드루스(St. Andrews)대학에서 공부하였습니다. 1536년 젊은 나이에 사제로 서품을 받은 후 낙스는 성찬 사제 및 법률가로 일을 하였습니다.

낙스의 회심은 스코틀랜드 종교개혁 초기에 나타난 복음의 영향을 통해 변화를 받게 되었습니다. 그의 회심에 영향을 끼쳤던 사건들이 있었습니다. 그 중 하나는 1528년 그가 14살 때, 스코틀랜드교회 개혁 운동의 선구자였던 패트릭 해밀턴(Patrick Hamilton, 1503/4-1528)이 24살의 젊은 나이에 세인트앤드루스에서 공개적으로 화형당하는 장면을 목격했던 사건입니다. 그리고 또 하나는 개혁자 조지 위샤트(George Wishart, 1513경-1546)의 설교가 낙스에게 큰 영향을 끼치게 된 것입니다. 낙스는 로마교회 교리를 반대할 뿐 아니라 개혁주의 교리를 확산시킨 위샤트의 설교를 통해 개혁사상을 받아들였습니다.

그 후 낙스는 로마 가톨릭과 결별하게 되고 개혁주의로 전향했습니다. 그는 "하나님이 교황주의의 웅덩이에서 나를 건져 내기를 기뻐하셨다"고 선언하면서 왕실과 교회 당국을 비판했습니다.

또 다른 일은 낙스가 요한복음 17장을 읽으면서 큰 영적인 체험을 하게 되었던 일입니다. 그는 "나로 하여금 신앙의 닻을 처음으로 내리게 한 말씀이 곧 이 말씀이다"라고 고백했습니다. 예수 그리스도의 중보기도인 이 본문 말씀이 낙스를 새로운 믿음으로 인도하였습니다.

회심을 경험한 낙스는 3년 동안 성경 연구에 몰두하면서 말씀을 효과적으로 전할 수 있는 능력을 갖추게 됩니다. 성경을 최고 권위의 원리로 삼았던 낙스는 스코틀랜드교회 개혁 운동에 힘찬 발걸음을 내딛었습니다. 1540년 쯤, 낙스는 교회개혁과 부패한 영혼들의 심령을 깨우치는 사역에 헌신하게 됩니다.

16세기 스코틀랜드교회의 상황

1) 개혁자들이 핍박을 받거나 처형을 당함

16세기 초 위클리프의 가르침이 스코틀랜드에 넘쳐나게 되었고, 윌리엄 틴데일의 성경이 글라스고 지방에 유포되기 시작하였습니다. 그때 박해도 따르자 개혁교회와 스코틀랜드 백성들은 수없이 로마 교황권에 대항하여 싸웠습니다. 당시 성경을 전하는 사람이 있으면 즉시 개신교라는 혐의를 받았습니다.

또한 스코틀랜드 의회에서는 성경읽기를 금지하는 법률이 통과되었고, 틴데일의 신약성경을 금서로 지정하였습니다. 그리고 복음을 전하는 자들은 로마교회에 의해 심한 핍박을 받거나 처형을 당했습니다. 예를 들면 해

밀턴은 성례로는 구원받을 수 없다고 주장했다는 이유로 화형을 당했고, 위샤트는 복음을 전한다는 이유로 체포되어 세인트앤드루스 성 밖에서 화형을 당했습니다. 이들의 순교 이후에도 종교개혁이 활성화 될 때 까지 약 30년 동안 20여 명의 개혁교도들이 처형되었습니다. 종교개혁자들이 핍박을 받고 화형을 당하면서 스코틀랜드에 순교의 피가 뿌려진 이 사건들은 오히려 스코틀랜드 종교개혁의 불씨를 당기게 했습니다.

2) 성직자들의 무지와 도덕적인 문란함

16세기 스코틀랜드국교회(Church of Scotland)는 오랜 시간 동안 로마교회의 지배를 받았습니다. 대부분의 사제와 수도사들은 너무나도 무지하여 알파벳도 모르는 사람들이 있을 정도였습니다. 그들은 교황에게 복종하는 것이 자신들의 구원에 필수적이며, 죄 사함은 미사의 제물을 통해서만 받을 수 있다고 배웠습니다. 감독들과 성직자들의 설교는 사역의 우선순위에 있어서 뒤로 처져 있었고, 성경에 바탕을 둔 설교는 사라진지 오래 되었습니다. 또한 고위 성직자들은 순결 서약에도 불구하고 성적타락이 극에 달하였고 여러 감독들은 많은 사생아 산출의 근원지가 되었습니다. 일반 사제들도 문란하기는 마찬가지였습니다.

그리고 교회는 재산과 수입과 인력이 풍부했으며, 당시 약 80만 명의 인구에 비해 사제의 수는 3,000명이나 되었습니다. 백성들은 가난했지만, 교회는 스코틀랜드 전체 부동산의 반 이상을 소유하고 있었습니다. 그 이유는 면죄부, 연옥, 성례전과 같은 것들을 통해 많은 수익을 올렸기 때문입니다. 그들은 자신들의 그릇된 삶이 옳지 않는 교리에서 비롯된다는 사실을 인식하지 못하고 있었습니다.

이처럼 교회가 부패하고 타락한 시대에 하나님은 낙스의 가슴에 개혁의 싹을 키워 오셨고, 마침내 낙스가 역사의 무대에 나타나게 하셨습니다.

존 낙스의 꿈- "성경이 가르치는 대로 교회를 세워가는 것"

낙스는 세인트앤드루스에 있는 종교개혁자들에 의해 설교자로 청빙을 받았습니다. 이때 그의 가슴 속에 품었던 꿈은 성경이 가르치는 대로 교회를 세워가는 것과 스코틀랜드가 하나님의 말씀에 의해 다스려지는 나라가 되는 것이었습니다. 즉 그는 신약이 말하는 교회로 돌아가고 싶어 했고 하나님의 말씀에 기초한 교회를 세우고자 하였습니다. 하지만 그가 설교 사역하는 세인트앤드루스 성이 프랑스 함대의 공격으로 인해 함락되면서 많은 젊은이들과 함께 낙스 역시 포로로 잡혀갔습니다. 그 후 그는 19개월 동안 프랑스 갤리선의 노예로 일을 하였으며 이 가혹한 삶으로 인해 건강도 해치고 고생도 많았습니다. 그는 종교개혁과 순수한 교회를 세워가는 비전을 포기하지 않고 스코틀랜드교회에서 다시 설교할 때까지 죽을 수 없다고 말했습니다.

낙스는 개신교를 지지하는 잉글랜드 왕 에드워드 6세의 도움으로 노예선에서 풀려나 잉글랜드에서 설교자로 다시 사역을 할 수 있었습니다. 낙스의 첫 번째 개혁 대상은 정치, 사회가 아닌 강단이었습니다. 그의 개혁의 시작은 설교였고, 성경말씀만 전파되도록 몸부림쳤습니다. 그는 전 지역을 순회하며 로마 가톨릭교회의 교리와 교회법, 제도와 미사 등 잘못된 교리에 대해서 비판하였습니다.

먼저 낙스는 개혁교회 예배가 가장 성경적인 예배임을 주장하였고 성경을 근거로 자신이 작성한 예배서를 사용하였습니다. 또한 그는 공기도서의 사용을 거부하고 교회가 예배와 성례 집행에 있어서 개혁되어야 한다고 말하였습니다. 특히 성찬식 때 로마 가톨릭의 화체설이나 루터파의 공재설을 부인하고 개혁파의 영적 임재설을 가르쳤습니다. 낙스는 설교에서 무릎을 꿇고 성찬을 받는 국교회의 관습을 거리낌 없이 비판하면서 무릎을 꿇는 행위를 금지시켰고 신자들에게 앉은 자세로 성찬을 받으라고 가르쳤습니다. 이처럼 그는 가는 곳마다 개혁주의 방식으로 성만찬을 집행하였습니다.

이와 같은 낙스의 개혁적인 설교는 교인들에게 큰 영향을 끼치게 되었습니다. 불과 몇 달 만에 주민들은 로마 가톨릭을 폐기하고 미사 대신 성찬식에 참여함으로써 개혁주의 신앙을 공개적으로 표방하기도 하였습니다. 낙스가 전한 말씀 앞에서 개개인의 죄악과 세상의 타락은 적나라하게 노출되었던 것입니다.

그러나 그의 사역은 오래가지 못하였습니다. 그 이유는 에드워드 6세가 죽고, 로마 가톨릭교도인 '피의 메리'(Bloody Mary)가 잉글랜드 여왕으로 등극했기 때문입니다. 곧바로 그녀는 로마 가톨릭 신앙을 회복하면서 예수의 십자가를 증거하지 못하도록 개혁자들을 박해하였습니다. 그뿐만 아니라 수많은 개신교 목회자들을 체포하여 처형하였습니다. 이런 상황 속에서도 낙스는 몇 달 동안 설교를 계속하다가 1554년 3월 영국 해협을 건너 칼빈이 사역하고 있는 제네바를 향해 떠났습니다. 이에 분노한 스코틀랜드교회 당국은 낙스의 종교개혁에 반대하여 낙스의 허수아비를 만들어 불사르고 이단으로 정죄하였습니다.

제네바에서의 난민 목회사역과 '제네바 성경' 출간

메리 여왕의 박해를 피해 제네바에 도착한 낙스는 칼빈을 만나 난민 사역을 하게 됩니다. 그는 칼빈이 목회하는 제네바 교회 옆 건물로서 칼빈이 목회하고 있는 제네바의 생피에르교회 옆 건물 '칼빈 강당'이라 불리는 곳에서 약 200여 명의 영국 피난민들을 섬기며 목회하였습니다. 그는 칼빈의 예배 모범서를 기본으로 '기도의 형식과 성례의 집행'을 작성하여 성도들에게 사용하도록 하였습니다. 그리고 교회 직분을 목사, 장로, 집사로 나누어 평등과 자율과 연합을 근간으로 한 장로 정치를 시행하였습니다. 1556년에서 1559년 까지 낙스는 영어 사용 난민들에게 성경을 가르치며 말씀을 선포하였습니다.

또한 그는 스코틀랜드와 잉글랜드에서 벌어지는 종교탄압과 폭정에 맞서 괴물같은 여성 통치에 대한 고발로 1558년 『첫 번째 나팔소리』(*The First Blast*)를 발간했습니다. 이 글에서 종교개혁을 탄압하는 두 여왕들인 스코틀랜드의 섭정 기즈의 메리(Mary of Guise)와 잉글랜드의 피의 메리를 '괴물'이라며 비판하였습니다.

그리고 낙스는 여러 동역자들과 함께 성경 전체를 새롭게 번역하는 일을 시작하였으며 성경 주석의 집필 과정에도 관여했습니다. 그것이 바로 1560년에 출판된 그 유명한 '제네바 성경'(Geneva Bible)입니다. 이 성

존낙스가 제네바에서 목회했던 교회 강대상

존 낙스가 제네바에서 목회했던 교회 내부

경에는 장로교의 교리문답서가 추가되었고, 각주에는 칼빈주의 신학과 교리가 중요한 부분을 차지하였습니다. 독자들에게 친절한 도움을 주는 최고의 성경이었습니다.

또한 '제네바 성경'은 영국 칼빈주의자들의 신앙 형성에 절대적인 영향을 미쳤습니다. 찰스 1세의 치하에서 교회개혁을 위해 투쟁하던 사람들에게 지혜와 확신을 주었고, 잉글랜드를 '책의 나라'로 바꾸어 놓았습니다. 그리고 종교개혁자들과 청교도들이 많이 사용하였습니다. 칼빈과 같이 사역했던 낙스는 칼빈주의 신학과 개혁주의 신앙을 더욱 확고히 하여 스코틀랜드로 돌아갔습니다.

낙스의 부흥을 위한 기도- "오! 하나님, 스코틀랜드를 나에게 주시옵소서, 아니면 죽음을 주시옵소서"

1559년 5월, 12년 동안의 힘든 망명 생활을 끝낸 낙스는 자신의 조국 스코틀랜드로 귀국합니다. 복음적 교리들과 제네바의 종교개혁 원리를 가슴에 품은 낙스는 조국에서 복음의 나팔을 불기 원하였습니다.

낙스는 귀국하면서 다음과 같은 기도를 했습니다. "오! 하나님, 스코틀랜드를 나에게 주시옵소서. 아니면 죽음을 주시옵소서." 이것이 감동적인 기도입니다. 이처럼 그는 스코틀랜드 부흥을 위하여 목숨 건 기도를 하였습니다. 일부 귀족들과 시민들이 돌아오는 낙스를 환영하지만 여왕 메리는 낙스의 기도를 잉글랜드의 군사들보다 더 두려워하였습니다. 낙스는 "기도하는 한 사람이 기도 없는 민족보다 강하다"고 말하였습니다. 그는 기도의 능력을 알고 있었습니다.

메리 여왕의 박해가 시작되었을 때 낙스는 인간의 무기력함을 깨닫고 하나님께 간절히 기도하였습니다.

오, 주님이시여 나에게 긍휼을 베푸소서. 나의 여러 가지 죄를 심판하
지 마소서.

또한 그는 잉글랜드에서 극심한 고난을 당하고 있는 사람들을 위해 매일 기도하였습니다. 정말 그는 기도의 사람이었습니다.

낙스의 기도는 스코틀랜드가 변화되는 그 시작이 되었습니다. 단 한 사람의 기도로 인해 스코틀랜드교회와 백성들의 심령 가운데 놀라운 변화가 일어나게 되었으며, 스코틀랜드 부흥의 원동력이 되었습니다.

세인트자일스교회에서의 설교와 부흥

스위스 제네바에서 스코틀랜드로 돌아온 낙스는 교회 개혁에 열정을 쏟았습니다. 하지만 그의 개혁 운동은 결코 쉽지 않은 상황이었습니다. 그 이유는 로마 가톨릭 신자인 여왕 메리가 13년간의 프랑스 생활을 청산하고 스코틀랜드로 돌아왔기 때문입니다. 프랑스에서 그의 숙부들인 기즈가 사람들이 위그노들을 핍박하는 것을 보았던 메리 여왕 역시 스코틀랜드에서

개혁주의 교회를 뒤엎어 버리고 가톨릭교회가 다시 재기하도록 힘썼던 것입니다. 먼저 여왕은 의회를 설득하여 개혁교회라는 이단을 박멸하고 옛 가톨릭 왕국을 재건하고 싶었습니다. 그래서 그녀는 미사와 가톨릭적인 의식을 고집하면서 법으로 금지시켰던 미사를 거행하도록 명령하였습니다.

이러한 상황에서 에든버러 세인트자일스교회(St. Giles' Catheral)의 목회자로 부름받은 낙스는 칼빈주의적인 개혁을 표방하며 종교개혁 운동에 앞장서기 시작했습니다. 낙스는 교회 강단에서 "미사는 가증한 우상 숭배요 그리스도의 죽음을 모독하는 것이요 주의 성찬을 사악한 것으로 만드는 것이다"라고 강하게 설교하였습니다. 또한 메리의 미사를 '새 이세벨'(New Iezebel)이라고 부르며 맹공을 퍼부었습니다. 그리고 스코틀랜드에 팽배한 미신과 폭정을 제거할 것과 가톨릭 색채가 가미된 모든 예식과 행사들을 비판하는 설교를 계속하였습니다.

교황제도에 대해서 낙스는 적그리스도라고 규정하면서 로마교회를 강력하게 반대하였습니다. 그는 개혁주의 성경 교리를 외치면서 경고하며 죄를 깨닫고 회심의 필요성을 강조하였습니다. 마치 그는 선지자처럼 불과 능력으로 말씀을 전했습니다. 낙스의 설교가 얼마나 강렬하였던지 메리 여왕은 낙스의 설교를 들으면서 떨었을 정도였으며 그의 설교를 군대보다도 더 무서워했습니다.

설교 이후 여왕 메리는 낙스를 소환하였습니다. 그와 장시간 논쟁하면서 메리는 로마교회야말로 참된 하나

낙스가 목회할 때 부흥이 일어났던 세인트자일스교회

님의 교회이므로 로마교회를 수호할 것을 단언하였습니다. 그러자 낙스는 "로마교회는 창녀처럼 교리나 관습에 있어 온갖 영적인 간음으로 인해 완전히 더럽혀져 있습니다"라고 답변하였습니다. 이때 메리는 분노에 차서 울어버렸습니다. 결코 자신의 죄를 깨닫고 우는 것이 아니었습니다. 그녀는 낙스를 두려워했습니다.

낙스의 설교는 청중을 사로잡았습니다. 그의 설교를 듣던 많은 회중들이 영적인 자각과 회복을 했습니다. 많은 시민들은 성경적 개혁 운동이 무엇인지를 깨닫게 되면서 개혁 운동의 대열에 참여했습니다. 더 나아가 복음을 위해 목숨을 바칠 일꾼들이 생겨나기 시작하였습니다. 이처럼 그의 설교는 대중을 개혁의 대열에 동참케 하는 원동력이 되었습니다. 이리하여 스코틀랜드에서 말씀을 통한 대각성 운동과 영적 부흥이 일어났습니다. 불같은 낙스의 설교는 로마 가톨릭화 되어가는 스코틀랜드에 개혁과 부흥의 불꽃으로 활활 타올랐습니다.

낙스의 설교 주제들- "이신칭의, 그리스도의 죽으심과 부활"

낙스의 설교 주요 주제들은 철저히 개혁주의 신앙과 신학이었습니다. 그는 사람이 행함이 없어도 믿음으로 말미암아 의롭다 하심을 받는다는 이신칭의 교리를 설교하는 데 최우선을 두었습니다. 또한 죄 사함과 선택의 교리, 십자가, 성령의 조명, 하나님의 자비와 형벌, 그리스도의 풍성하신 은혜와 보혈, 그리스도의 죽으심과 부활 등의 주제로 설교하였습니다. 그는 늘 열정적으로 설교했으며 활기와 박력이 넘쳤습니다. 그의 설교의 특징은 솔직한 말과 담대한 용기와 열렬함과 하나님에 대한 경건한 두려움이었습니다.

엘리자베스 여왕의 특사인 토마스 란돌프(Thomas Randolph)는 낙스의 설교에 대해 이렇게 보고했습니다.

> 그 한 사람이 한 시간 동안 하는 말은 5백 개의 나팔이 계속 귀에다 대고 불어대는 것보다 더 많은 생기를 우리에게 불어 넣을 수 있습니다.

실제로 낙스가 행한 한 설교로 전체 상황이 변했던 것은 여러 차례 있었습니다. 성령의 능력이 낙스의 설교에 강렬하게 역사하셨습니다. 예를 들면 한 청년은 낙스의 다니엘서 설교를 들었을 때 "내 양심이 너무 찔려 더 이상 펜을 잡고 계속 필기를 해 나갈 수 없었다"고 고백했습니다. 이것은 낙스의 설교의 영향력이 어떠하다는 것에 대한 증거입니다.

그는 설교가 하나님의 사역이요, 설교의 메시지는 그분의 말씀이라는 확신을 갖고서 성령께서 설교를 귀하게 여기신다는 것을 굳게 붙들었습니다. 또한 그는 많은 사람들을 개혁주의 신앙으로 인도하였고 개혁주의 운동의 새로운 영적 생동감을 불어 넣었습니다.

드디어 장로교 제도의 개혁교회가 스코틀랜드에 세워지다

마침내 종교개혁 운동은 스코틀랜드에서 제대로 정착하게 되었습니다. 1560년 8월, 의회는 교황의 권위를 배격할 뿐 아니라 교황의 관할권을 폐지했습니다. 또한 가톨릭 미사를 금지하고, 가톨릭교회의 모든 집회를 불법화하였습니다. 그리고 계급적인 교회 제도의 악습과 오류를 더 이상 답

습하지 않도록 하였고, 교육 개혁과 빈민 구제를 결의하였습니다. 이에 대한 권징서와 신앙고백서를 준비하기 위하여 낙스와 다섯 명의 동역자들로 신조작성위원회를 구성하였습니다. 이 위원회는 4일 만에 '스코틀랜드 신앙고백서'(The Scots Confession)를 작성하였고, 의회는 총 25개 조항으로 구성된 스코틀랜드 신앙고백서를 "무오한 하나님의 말씀에 기초한 건전하고도 유익한 교리"로 승인함과 동시에 국가의 신조로 채택하였습니다.

이 신앙고백서에서 성경은 교회의 권위가 아닌 성령의 조명 아래 해석되어야 하며, 성경만이 무오하고 절대적 권위를 가진다고 진술하였습니다. 또한 지금까지 교회 의식 가운데 미신적인 내용이 많으므로 성경적 근거가 희박한 것은 모두 제거할 것을 명하였으며, 성찬에 관해서는 칼빈의 영적 임재설을 수용하였습니다. 이 신앙고백서는 1647년 웨스트민스터 신앙고백이 나오기까지 스코틀랜드교회의 교리적 표준으로 사용되었습니다.

1561년 12월 5일 낙스는 5명의 목사와 36명의 장로들과 함께 장로교회 총회를 조직하였습니다. 그리고 스코틀랜드 역사상 최초의 총회를 개최하였는데 이것은 세계장로교회의 새로운 역사가 되었습니다. 이리하여 스코틀랜드에서는 로마 가톨릭교회가 힘을 잃게 되고 장로교 형태의 스코틀랜드개혁교회가 합법적으로 확립되었습니다. 그 결과 스코틀랜드는 가장 칼빈주의적 성향이 강한 교회가 되었습니다. 하나님의 말씀을 능력의 사자처럼 선포한 낙스의 종교개혁은 아름다운 결실을 맺게 되었습니다.

종교개혁자들과 어깨를 나란히 하고 있는 낙스

회심 이후 주님의 영광을 위해 열정적인 삶을 살았던 낙스를 아름다운 모습으로 기념하고 있습니다. 바로 제네바의 바스티용(Bastillon) 공원에 위치한 종교개혁 기념비에는 파렐(Farel), 칼빈(Calvin), 베자(Beza), 낙스(Knox)의 인물상이 새겨져 있습니다. 스코틀랜드에 최초로 장로교회 제도를 세운 낙스는 그 위대한 종교개혁자들과 어깨를 나란히 하고 있습니다.

낙스의 개인적인 한 친구는 낙스에 대해 이렇게 말했습니다.

> 그는 하나님의 사람이요, 스코틀랜드의 빛이며, 교회의 위로이고, 신실함의 거울이며, 경건한 생활과 건전한 교리 그리고 사악함을 반대하는 일에서 모든 진실한 목회자들에 대한 전형이자 모델입니다.

성경의 사람 낙스는 교회를 진리의 토대 위에 세운 스코틀랜드 개신교 운동의 핵심 인물입니다. 그리고 그는 16세기 로마교회의 교권주의가 팽배했던 스코틀랜드에 장로교 제도의 개혁교회를 뿌리내리게 한 위대한 종교개혁자였습니다. 성경이 말하는 교회를 세웠던 낙스는 스코틀랜드 뿐 아니라 유럽과 역사의 전 과정에 놀라운 영향을 미쳤습니다. 그는 분명한 소리를 낸 진리를 위한 하나님의 나팔 수였습니다. 복음에 사로잡혀 살아있는 진리

제네바 바스티용 공원에 세워진 종교개혁 기념비

를 담대히 외쳤던 낙스의 메시지는 수백 년이 지난 오늘 우리에까지 생생하게 전해지고 있습니다.

불꽃처럼 살았던 낙스의 심장이 멈추다 그리고 그가 끼친 영향력

많은 환난과 사건들로 가득찬 파란만장한 삶을 살았던 낙스는 때론 저격을 당하기도 하였고 매복한 사람들이 그를 기다리기도 하였습니다. 그리하여 항상 목숨의 위협을 받곤 하였습니다. 혹독한 박해로 정든 고향 스코틀랜드와 잉글랜드를 떠나 스위스 제네바에 정착하였습니다. 그러다가 다시 스코틀랜드로 돌아왔던 낙스의 순례자의 삶에는 하나님의 계획과 깊은 섭리가 담겨 있었습니다. 낙스의 인생가운데 이런 고난의 시간들은 그를 영적 지도자로 세우시기 위한 훈련 기간이었습니다. 이 고난들을 통해 영적 지도자로 준비된 낙스는 하나님의 도구로 크게 쓰임 받게 되었습니다. 그의 삶을 뒤돌아 볼 때 하나님의 뜻은 어떤 고난과 황무지와 연단 가운데서 이루어짐을 깨닫게 해 주었습니다.

낙스의 영향력은 스코틀랜드 사람들에게 복음을 전해주었을 뿐만 아니라 개신교 교리의 체계를 세워주고 예배 방식을 확립해 주었습니다. 낙스가 생각한 성경적인 교회정치는 장로회주의였습니다. 이것은 스코틀랜드의 개혁가들에게 뿐만 아니라 전 세계에까지 상당한 영향을 주었습니다. 그의 영향력 때문에 스코틀랜드는 오늘날까지도 튼튼한 개혁교회 전통을 가지고 있는 것입니다.

낙스의 불굴의 신앙과 확신은 17세기 청교도들과 언약도들에게 영향을 미쳤습니다. 또한 중요한 사상적 근원이 되었다고 해도 과언이 아닐 뿐더리 스코틀랜드의 새로운 역사와 문화를 형성하는 원동력을 제공했습니다.

성경이 말하는 교회를 세우는 비전에 불꽃처럼 타올랐던 낙스의 모습을 이 땅에서는 더 이상 볼 수 없는 날이 오고 말았습니다. 일평생을 복음 증거와 개혁 운동을 위해 살았던 낙스는 뇌졸중으로 인해 심신이 몹시 약해졌습니다. 임종을 앞두고 그는 자기 아내에게 요한복음 17장과 고린도전서 15장을 읽어 달라고 부탁했습니다. 아내가 읽어주는 성경을 듣고 있던 낙스는 아무런 고통 없이 1572년 11월 24일 에든버러의 자택에서 하나님의 품으로 돌아갔습니다. 그의 시신은 세인트자일스 교회당에 묻혔습니다. 스코틀랜드 전역을 청천벽력처럼 일깨웠던 낙스는 잠들었지만 그의 메시지는 지금도 우리의 영혼을 일깨우고 있습니다.

존 낙스가 오늘날 우리에게 주는 교훈

1) 진리를 위한 하나님의 나팔수

낙스는 시대적 오류를 깨닫고 이에 대한 성경의 바른 가르침이 무엇인지를 명확하게 파악했습니다. 그 후 성경적 진리를 전하는 데 혼신의 힘을 다하였습니다. 특히 여왕과 시의회가 교회개혁 운동을 방해할 때마다 개혁의 방향이 빗나가지 않게 말씀에 근거하여 분명하게 제시하였습니다. 성경의 권위에 대한 믿음이 분명하였던 낙스는 진리를 전하는 일에 전력을 다하였습니다. 그는 어두운 시대를 깨웠던 진리를 위한 하나님의 나팔수였습니다.

그가 살았던 시대처럼 오늘날 역시 매우 영적으로 혼탁한 시기를 맞고 있습니다. 이러한 때에 모든 사역자들은 낙스처럼 시대를 잘 분별하여 올바른 방향을 제시하는 하나님의 나팔수 역할을 잘 감당해야 할 것입니다.

2) 하나님의 불을 가진 성령의 사람

스코틀랜드의 오랜 역사 속에서 영적 각성의 시대가 낙스의 설교사역으로 시작되었습니다. 그 이유는 그의 설교 속에 복음과 성경적 교리와 성령충만함이 가득했기 때문입니다. 낙스는 심령 깊숙이 하나님의 불을 가진 사람이었습니다. 그는 선지자들이 모두 그러했듯이 불과 능력으로 설교했습니다. 낙스는 개혁시대를 빛낸 탁월한 설교자였습니다.

그의 탁월한 설교의 능력은 오늘날 많은 목회자들에게 큰 도전이 되고 있습니다. 점점 영성이 메말라가는 이 시대에 불과 능력 그리고 말씀으로 심령을 깨우는 불같은 설교자가 필요합니다. 우리는 뜨겁게 불타는 낙스와 같은 설교자들이 다시 나타나기를 원하고 있습니다.

3) 기도로 승리한 사람

낙스의 또 다른 주목할 만한 요소는 그가 기도의 능력을 가진 사람이라는 사실입니다. 그는 주님이 원하시는 교회가 세워지기를 위해 기도했고, 스코틀랜드 부흥을 위해 간절히 기도하였습니다. 또한 수많은 고난과 핍박, 눈앞에 죽음이 닥친 상황에도 기도로 승리하였습니다. 기도의 사람 낙스는 하나님 없이는 아무것도 할 수 없다는 것을 알았습니다. 그는 하나님을 의지하는 법을 배웠습니다. 특히 강단에서 말씀을 선포할 때 하나님의 성령께서 역사해 달라는 기도를 잊지 않았습니다. 그는 기도가 얼마나 중요한가를 사역과 삶 가운데서 몸소 보여주었습니다.

때로는 우리 인생이 벼랑 끝에 서 있게 되는 혹독한 시련을 겪고 있을 때에라도 열정적으로 기도해야 합니다. 오늘날 낙스처럼 기도하는 사람이 승리할 것이며, 마침내 부흥의 주역이 될 것입니다.

4) 진리와 타협하지 않은 용기있는 설교자

낙스의 인생에서 눈에 띄는 또 하나의 특징은 용기입니다. 그는 왕의 절대 권력과 부패에 맞서 싸우면서 여왕도, 교황도, 국민들도, 그 누구도 두려워하지 않았습니다. 그는 오직 하나님 한 분만 두려워하며 살아간 하나님의 사람이었습니다. 낙스는 하나님이 자신의 입을 통해 말씀하기를 원하셨던 진리를 타협하지 않고 담대하게 전하였습니다. 그리고 악을 꾸짖은 용기에 있어서 모든 참된 목회자의 모범이 되는 삶을 살았습니다.

존 낙스의 무덤으로
알려지고 있는
세인트자일스교회 앞 주차장

모턴 백작은 낙스의 묘 앞에서 "여기 일평생 사람을 결코 두려워하지 않은 한 사람이 누워있습니다"라고 말하였습니다. 낙스는 죽으면서 "나는 사람의 얼굴을 두려워한 적이 없다"고 말했습니다. 그는 타협을 모르는 철저한 개혁자였습니다.

진리의 순수성을 잃어버린 이 시대는 낙스와 같은 개혁주의 목회자와 타협하지 않는 용기있는 설교자를 찾고 있습니다.

▶ 토의를 위한 질문

1. 존 낙스가 스코틀랜드교회를 향해 가슴에 품은 꿈은 무엇입니까?

2. 스코틀랜드교회 부흥을 위한 낙스의 기도 내용은 무엇입니까? 여러분은 오늘날 교회 부흥을 갈망하며 기도하고 있습니까?

3. 존 낙스가 오늘날 우리에게 주는 교훈 4가지는 무엇입니까? 그 교훈 4가지가 왜 이 시대에 그토록 중요하다고 생각하십니까?

4. 낙스의 설교가 스코틀랜드 종교개혁과 부흥에 어떤 영향력을 끼치게 되었습니까? 그 교훈 4가지 중에 내가 더욱 힘써야 할 부분은 무엇입니까?

5. 나의 삶을 뒤돌아 볼 때 존 낙스의 생애처럼 하나님의 뜻이 어떤 고난과 황무지와 연단 가운데서 이루어지고 있음을 깨닫고 있습니까?

*The leaders of Britain's Revival
The flames who lived through
dark generations*

Part 2 말씀을
삶으로 담아낸

17세기

*The leaders of Britain's Revival
The flames who lived through
dark generations*

Chapter 4
복음 중심적인 삶을 산
언약도

Covenanter

스코틀랜드 언약도들- "진리를 잃어가는 시대를 향한 살아있는 진리"

언약도의 지도자 알렉산더 핸더슨

교회사 가운데 오랜 시간이 흘러가도 여전히 신앙의 거장으로 기억되고 거론되는 사람들이 많이 있습니다. 그 중에서 우리는 박해 속에서 말씀으로 영혼을 일깨웠던 17세기 스코틀랜드의 언약도(Covenanter)를 빼 놓을 수 없습니다. 존 낙스의 영향을 받고 칼빈주의적 개혁신학의 전통을 지켜온 장로교인들은 언약도의 길을 걸어가는데, 이 언약도는 순수하게 스코틀랜드 장로교인들만을 일컫는 용어입니다.

언약도들이 살았던 시대는 왕이나 국가의 권력이 교회의 머리라고 주장하면서 교회를 간섭하던 시대였습니다. 그러나 언약도들은 "교회의 머리는 예수 그리스도"라는 진리를 굳게 붙들면서 국가의 교회에 대한 부당한 간섭을 반대하였습니다. 더 나아가 그들은 국가와 교회를 손에 쥐고 세속 권력을 마음껏 휘두르는 국가 권력의 세력 앞에서 담대하게 싸웠습니다. 당시 국왕을 교회의 머리로 인정하기를 거부한 자들은 매서운 핍박과 고통이 주어지고 추방당했습니다. 그러나 언약도들은 피로 값 주고 사신 주님의 몸된 교회를 지키기 위해 자신의 생명을 아끼지 않았으며 마지막에는 자신의 몸을 순교의 제물로 내던졌습니다.

또한 언약도들은 성도들을 헌신적으로 사랑하고 아꼈던 목회자들입니다. 그들은 민족 공동체의 양 떼들을 빼앗으려는 감독주의자들과 로마 가톨릭의 횡포에 맞서 당당하게 싸웠습니다. 그리고 국왕과 감독주의자들의 억압과 권력 남용의 종교 정책에 대해 정면으로 비판하면서 국가에 예속될 수 없는 교회의 영적 독립성에 대하여 분명한 입장을 밝혔습니다. 또한 그들은 국가의 교회 간섭을 반대하고 장로교 제도의 개혁교회를 지키기 위해 투쟁하는 삶을 살았습니다. 언약도들은 낙스 이후 미흡한 스코틀랜드의 종교개혁과 순수한 교회 회복을 위해 몸부림치면서 전 삶을 불태웠습니다. 그래서 언약도들을 가리켜 "진리를 잃어가는 시대를 향한 살아있는 진리"라고 말합니다.

17세기 스코틀랜드의 영적 상황

1) 이성주의와 지성적 움직임의 출발

당시 서유럽 전반에 걸쳐 세속 문화의 출현을 알리는 징조들이 나타났습니다. 먼저, 지성인들의 사고 속에서는 자연과학과 역사가 신학을 대신하기 시작했으며 이성을 모든 진리의 규범으로 만들고자 하였습니다. 또한 자유주의자들의 집단이 등장하게 됩니다. 존 로크(John Locke) 같은 사람은 자연종교 또는 이성의 종교를 내세웠습니다. 그리고 이성과 과학 운동에 대한 지적인 탐구의 시대가 전통을 완전히 무시하는 새로운 경향을 추구하고 있었습니다. 이런 사조가 스코틀랜드에도 밀려오기 시작하였습니다.

2) 장로교 신앙과 제도를 없이 하려고 함

스코틀랜드는 잉글랜드보다 인구, 국토, 경제 규모 등 모든 면에서 열세였습니다. 하지만 하나님을 향한 신앙적 열정은 비교할 수 없을 만큼 정직하고 헌신적이었습니다. 스코틀랜드교회는 존 낙스와 개혁교회 지도자들의 종교개혁을 기초로 장로교 체제의 기틀을 마련하였고 하나님의 말씀에 기초한 교회를 세워가는 부흥의 역사를 가지고 있었습니다. 또한 교회는 제네바의 개혁자 존 칼빈의 신학과 교리를 따랐습니다. 그리고 능력있고 열정적인 목사들의 설교와 가르침을 통해서 장로교 신조가 뿌리를 내렸고 한동안 칼빈주의적 장로교가 지배하고 있었습니다.

하지만 스코틀랜드 왕들의 통치 기간 동안 교회 체제 과정을 보면 감독교회와 장로교회를 오가며 일련의 변화와 발전 그리고 동요가 있었습니다. 이로 인해 교회 정치 문제에 있어서는 감독제를 주장하는 사람들과 장로교 제도를 주장하는 사람들 사이에 마찰이 있었습니다. 제임스 왕이 왕권의 교회 지배를 허용하는 감독제를 선호하고 있었기 때문에 정부 당국자들은 왕권의 교회 간섭이나 지배를 근원적으로 배제하는 장로교 신앙과 제도를 없이 하려고 했습니다.

또한 제임스 왕은 감독주의 제도 하에서 스코틀랜드와 잉글랜드의 두 나라를 통합시키려는 종교정책을 가지고 있었습니다. 그러나 이런 의도에 반대하여 그리스도를 교회의 머리로 삼고 올바른 교회 모습을 형성하기 위해 몸부림치고 있던 스코틀랜드가 혼란에 빠지게 되었습니다. 이때 언약도들이 등장하였습니다.

언약도 운동의 배경 – "국가 언약"을 체결함

제임스 6세는 왕권을 강화하기 위해 왕이 국가만이 아니라 교회까지도 다스리는 권세를 하나님으로 부여받았다는 왕권신수설(Divine right of Kings)을 주장하였습니다. 그리고 왕이 교회의 머리이며 지상에서 하나님의 대리자요 왕이 앉는 보좌는 하나님의 보좌에 비길 수 있다고 말하였습니다. 즉 왕의 절대권을 주장한 것입니다. 하지만 제임스 왕은 스코틀랜드 장로교회를 무력화시키려고 시도하다가 실패하였습니다.

이러한 왕의 잘못된 정책을 물려받은 찰스 1세는 아버지 제임스의 종교 정책인 감독제를 계승하였지만 실제로는 로마 가톨릭교회로 복귀하려고 시도하였습니다. 국가와 교회 위에 군림하는 절대왕권을 확립하고자 의도하고 있었던 국왕 찰스 1세는 켄터베리 감독 윌리엄 로우드(William Laud)가 만든 국교회의 기도 예식서와 교회 예식서를 스코틀랜드교회에 강압적으로 사용하도록 지시하였습니다.

그러나 언약도들은 이러한 예식서가 의식적이요 천주교적인 색채가 강한 것으로 간주하고 반대하였습니다. 뿐만 아니라 장로교를 국교로 한 성경적인 개혁교회를 로마 가톨릭으로 복귀시키려는 왕의 처사에 분노하기 시작하였습니다. 언약도들은 국왕이나 교황이라도 교회의 머리가 될 수가 없

국가언약을 체결했던 그레이 프라이어스교회

고, 오직 예수 그리스도만이 교회의 머리가 된다고 주장하며 투쟁한 것이 그 이유였습니다.

결국 분노한 장로교인들은 1638년 2월 28일 에든버러에 있는 그레이프라이어스(Grey friars)교회에서 유명한 '국가 언약'(National Covenant)을 체결하였습니다. 이날은 '하나님과 스코틀랜드 민족 공동체가 혼인 서약을 하는 영광스러운 날'이었습니다. 이 언약은 개인 언약과 동시에 국민 상호 간의 언약일 뿐 아니라 하나님과 스코틀랜드 국가와의 언약 즉 '하나님과의 언약'을 의미하는 것입니다. 이 문서에 서명한 사람들을 '언약도'라고 불렀습니다.

그리고 3월 2일에는 에든버러대학과 트리니티교회에서 국가 언약이 낭독되었습니다. 또한 에든버러 시민들이 서명에 참가하였으며 스코틀랜드 국민 일부를 제외하고 모두가 국가 언약을 맺었습니다. 여기에 참여한 사람들은 목사들 뿐 아니라 하원 의원들, 귀족들도 포함되었습니다. 또한 이 언약을 대적하는 자는 하나님을 대적하는 자로 간주했습니다. 언약도들 가운데 알렉산더 핸더슨(Alexander Henderson)이 국가 언약 문서를 작성하였고 언약 운동을 주도하였는데 이렇게 시작된 운동을 언약도 운동이라고 부릅니다.

언약의 내용과 언약도들의 신앙

언약도들이 국가 언약을 체결한 그 언약의 내용은 스코틀랜드의 영적 자유와 진리, 복음과 교회의 순수성을 회복하겠다는 것입니다. 그들은 영원하신 하나님과 그의 가장 거룩하신 말씀에 최고의 권위를 두면서 교회가 인준하지 않는 그 어떤 것도 실천하지 않을 것임을 천명하였습니다. 그들은 모든 천주교식 실제들을 교회에서 추방시키는 것이며, 로마교회로 되돌아가게 하는 어떤 요소들을 대항하는 것입니다. 또한 교회의 머리되신 구세주 그리스도의 왕권에 도전하는 시도들을 비판하였고 진리와 교회의 순수성을 지키고 회복하기 위해 목숨을 걸었습니다. 그리고 언약도들은 말씀의 신실한 선포, 성례의 올바른 실행, 모든 거짓 종교의 척결을 행하였습니다.

또한 언약도들은 하나님의 주권과 은혜를 강조한 언약신학을 하나님과의 관계 속에서 이해하고 받아들였습니다. 그 차원에서 가르쳤고 그들의 삶에서 구현하고 그들이 처한 상황에 열심히 적용시켰습니다. 그들은 하나님이 풍성하게 베푸신 은혜에 대한 반응으로 그 주어진 언약을 지키는 일에 최선을 다하면서 항상 감사함으로 지칠 줄 모르는 신앙의 열정을 가지고 하나님께 영광을 돌리면서 살았습니다.

하늘과 땅을 진동시키는 능력있는 설교

언약도들은 생명력 있는 믿음과 불같은 열정으로 명료하게 성경의 진리를 전파하고 온 몸을 던져 그리스도의 복음을 강력하게 설교하였습니다. 그러자 정부 당국은 언약도 목사들을 추방하였습니다. 추방당한 언약도들은 조금도 굴하지 않고 야외에서 설교하기 시작합니다. 언약도들의 추방이 반복되면서 야외 설교자들의 숫자도 빠르게 증가하였고, 그들을 중심으로 수많은 성도들이 모여 들었습니다.

언약도들 가운데 스코틀랜드의 지도적인 신학자라는 명성을 가진 조지 길레스피(George Gillespie, 1613-1648)는 잉글랜드국교회의 의식을 정죄하면서 거침없는 용기와 예리한 논리를 바탕으로 청중들의 심곡을 찌르는 말씀을 전했습니다. 그는 천둥소리와 같이 하늘과 땅을 진동시키는 불같은 설교자로서 청중들 앞에 서서 맹수처럼 포효하였습니다.

또한 윌리엄 거스리(William Guthrie, 1620-1665)는 펜윅에서 20년간 목회자로 사역하는 동안 성령의 역사로 인해 수많은 영혼들이 회심하는 일이 일어났습니다. 교회는 성도들로 가득찼습니다. 펜윅은 부흥의 땅이 되었습니다.

그리고 제임스 더럼(James Durham, 1622-1658)은 예수 그리스도의 부유함과 값없는 은혜의 깃발을 영광스럽게 펼쳐 보이면서 매우 명확하고 설득력 있게 설교하였습니다. 죽음을 앞둔 더럼은 10년을 더 살 수 있다면 마지막 1년을 설교하기 위해서, 9년을 연구하며 살기로 선택할 것이라고 말했습니다. 임종을 앞두고 고백한 더럼의 말이 오늘날 많은 사역들로 인해 늘 연구의 부족함을 느낀 설교자들에게는 큰 각성과 도전을 주고 있습니다.

다른 언약도 목사들과 같이 추방된 알렉산더 페든(Alexander Peden, 1626-1686)은 황야로 내몰렸습니다. 진리에 목숨을 건 페든은 산울과 빈 들을 떠돌면서 위험천만한 야외집회에서 주님의 말씀을 전했습니다. 그는 고통과 절망 가운데서도 하나님의 기쁨이 되는 생활을 한다면 하나님이 가장 좋은 은총과 신선한 자비를 모두에게 주신다고 위로하였습니다.

또한 도널드 카길(Donald Cargill, 1627-1681)은 자살 직전에 강력하게 다가오는 주님의 음성인 "아들아, 네 죄 사함을 받았느니라"는 말씀에 회심을 경험하게 됩니다. 회심 후 카길은 오직 하나님께만 집중하면서 성경에 근거한 개혁 신학인 하나님의 절대주권 사상을 붙잡습니다. 그리고 그는 그리스도의 심장을 갖고서 사탄의 권세들을 물리칠 만큼 위대한 하나님의 사랑에 대하여 설교하였습니다. 그가 야외에서 선포한 하나님 사랑 메시지는 매일 매일의 삶 속에서 죄와 유혹에 맞서 영적 전투를 해야 하는 성도들에게 큰 위로와 감동을 주었습니다.

이와 같이 언약도들은 진리에 강하고 불의에 투쟁하며 능력있는 설교자로서 하나님의 대적들과 맞서 싸웠습니다. 그들은 분명코 '하늘에서 온 불꽃'이었고, 하늘과 땅을 진동시키는 능력있는 설교자였습니다. 언약도들의 설교를 듣고서 수많은 사람들이 회심하였습니다. 선포된 말씀은 청중들의 심령을 살아나게 하였습니다. 이것이 참된 부흥입니다.

언약도들은 스코틀랜드교회에 부흥의 불을 지폈습니다. 언약도들의 부흥은 수적이고 외적인 것이 아니라 심령 부흥이요 영적 부흥입니다. 그리고 설교자 부흥입니다. 참된 부흥은 언약도들처럼 설교자들의 심령에서부터 먼저 일어나고, 그 후 성도들의 부흥이 일어날 것입니다.

박해, 추방, 처형을 당한 언약도들- "살인의 시대"(Killing Time)

1660년 5월, 네덜란드에서 망명 중이던 찰스 2세가 다시 왕으로 추대됨으로써 언약도 운동의 성과들이 빛을 잃게 됩니다. 그리고 곧바로 감독제도가 부활되고, 성직 임명권 제도가 도입됩니다. 그는 이미 이루어진 교회개혁적 입법을 무효화시키고 국민 언약도 파기하고 장로교주의를 배격하였습니다. 교회의 영적 독립성을 무시하고 언약도들의 집회를 불법으로 간주한 찰스 2세의 학정과 종교 탄압은 갈수록 강도를 높여갔습니다. 그는 가정예배를 금지하고, 언약도 목회자들이 설교할 권리를 박탈당하고, 야외

집회는 반역죄로 다스렸습니다. 비밀집회에서 말씀을 선포하거나 성경을 가르치는 행위에 대해서는 너무 가혹할 정도로 고통을 받게 되었습니다.

결국 하나님과의 거룩하고 순결한 언약을 맺고 국가 언약 문서에 서명했던 언약도들의 봉기로 이어졌습니다. 이 때부터 진리를 위해 싸운 언약도들은 불법 세력으로 간주되어 피비린내 나는 신앙 박해를 받습니다. 1662년에 11월 새벽에 400명의 언약도 목사들이 자신의 교구를 떠나 추방되었습니다. 그들은 재산 몰수를 당하고 거리와 들판으로 내몰려 여기 저기 전전하며 유랑하였고, 고향을 떠났습니다. 그들은 정부군들의 폭력으로 큰 상처를 입었고, 투옥되었고 결국 형장의 이슬로 사라지기도 하였습니다.

하지만 추방당한 언약도들은 언약의 순결성을 지키며 진정한 예배와 말씀을 사모하였고, 정부 당국의 방해와 탄압 때문에 무장을 하고 예배를 드렸습니다. 그들은 야외에서도 담대히 복음을 증거하였습니다. 그렇게 할수록 언약도들에 대한 벌금 또는 무서운 탄압은 가중될 수밖에 없었습니다.

또한 언약도들과 정부군들의 군대가 싸우는 전투로 인해 약 400-500명에 이르는 언약도들이 거룩한 피를 쏟으며 전사하였습니다. 또한 포로로 잡힌 약 1,200명의 언약도들은 모두 그레이프라이어스교회 뜰에 있는 지붕 없는 감옥에 수감되었습니다. 정부 당국은 언약도의 처참한 결과를 보란 듯이 과시하려는

에딘버러에 있는 언약도들의 감옥

목적으로 그들을 감옥에 두었습니다. 진리를 사수한 언약도들은 이처럼 박해와 추방 그리고 감옥과 처형으로 큰 고통 중에 있었습니다. 이 시기를 '살인의 시대'라고 부릅니다.

1661년부터 1688년 기간 동안 찰스 2세는 어린아이부터 어른들에 이르기까지 너무나도 가혹한 핍박을 행했습니다. 이 기간 동안에 무려 18,000여 명의 언약도들이 처형을 당했습니다. 그들은 순교자의 길을 걸어갔습니다. 언약도 운동은 1638년 그레이프라이어스교회에서 국가 언약 문서에 서명한 날로부터 1688년 명예혁명으로 장로교주의가 회복될 때까지의 순수한 종교적 순교 역사였습니다.

언약도들의 순교 현장- "지붕없는 감옥과 그라스 마킷"

붙잡혀 간 언약도들의 수용소는 지붕이 없는 감옥이었습니다. 이 감옥은 이미 하나님과 언약도들이 거룩한 혼인 언약이 거행되었던 그레이 프라이어스교회 옆 입니다. 스코틀랜드 날씨는 너무도 험악하여 매일 낮과 밤마다 비바람이 사납게 불고 눈보라가 몰아치는데, 그들은 그곳에서 너무 많은 고초를 겪었습니다. 지붕 없는 감옥에 갇혀 있던 언약도들은 결국 비 맞아서 죽고, 헐벗고 춥고 얼어서 죽고, 굶주려 죽었습니다. 특별히 이 감옥은 그들을 감금할 만한 것이 없기에 마음만 먹으면 얼마든지 탈출할 수도 있었습니다.

그러나 이 지붕 없는 감옥을 나서는 순간 그들은 하나님과의 언약 신앙을 저버리는 것으로 생각했습니다. 그들은 배고픔과 혹독한 추위에 쓰러져 가면서도 신앙의 순수성을 붙잡았으며 끝까지 언약 신앙을 지켰습니

언약도들이 처형당한 그라스 마킷

다. 그러므로 지붕 없는 감옥은 언약도들의 흔들리지 않은 믿음과 탁월한 영성을 말해 주고 있는 것입니다.

또한 그레이프라이어스교회 감옥에 투옥된 140여 명의 언약도 지도자들은 한 명씩 그라스 마킷(Grass Market)광장으로 끌려와 십자가 처형을 당했거나 아니면 산 채로 십자가형을 당해 죽을 때까지 매달리게 함으로써 일반 민중들에게 언약도 신앙을 가지지 말라고 경고하였습니다. 언약도들이 처형당한 그라스 마킷광장에는 그들을 기리는 원형 기념물이 있는데 그곳에는 아래와 같은 글이 쓰여 있습니다.

"많은 순교자들과 언약도들이 이곳에서 개혁 신앙을 위해 죽었다."

또한 언약도들이 처형당한 가까운 곳에 막달렌 채플(Magdalen Chapel)이 있는데 이 교회는 언약도들의 부인들이 처형당한 남편의 시신을 찾아 이곳으로 운반하여 수습하고 닦아 장례를 치렀던 곳입니다. 나중에는 이 채플에서 언약도들의 후예들이 최초 총회를 열었습니다.

지붕없는 감옥 앞에서 흘린 필자의 눈물

필자는 1994년 영국에서 공부하는 동안에 영국의 로마라고 불리우는 장로교의 본산지인 스코틀랜드 에든버러를 방문하였습니다. 당시 프리처치 컬리지(Free Church College)에서 공부하고 있던 박순용 목사(현재 하늘 영광교회 담임)는 필자에게 언약도들이 붙잡혀 들어가 있는 지붕 없는 감옥과 참수형을 당한 그라스마킷, 언약도들의 묘, 언약도 순교기념비, 그레이프라이어스교회, 막달렌 채플, 언약도들의 아내 신앙, 언약도들의 피신 장소요 감옥인 에든버러 성, 프리처치컬리지 등의 유적지를 안내하면서 언약도들의 박해 역사를 자세하게 설명을 해 주었습니다. 언약도들의 신앙과 영성이 너무 귀하고 감동적이었습니다. 생애에 처음으로 이런 이야기를 들어보게 된 것입니다.

필자는 언약도들의 굳센 신앙과 순교 이야기에 대한 설명을 들으면서 너무 감동받아 자신도 모르게 눈가에서 흐르는 눈물을 멈출 수 없었던 일이 있었습니다. 옆에 있던 아내도 눈물을 계속 흘렸습니다. 언약도들의 순교 역사는 필자의 신학과 영성, 신앙과 삶에 가장 많은 영향력을 미쳤습니다. 사도 바울 다음으로 위대한 인물이라 생각하고 있습니다. 박해 속에서 말씀을 선포하다 순교한 언약도들은 분명 교회 역사 속에서 살아있는 영적 거장들입니다.

언약도들이 갇힌 지붕 없는 감옥

감동과 눈물을 자아내는 언약도들의 순교 이야기

　순결한 언약도들의 고난과 희생과 순교의 이야기는 모든 이의 가슴에 감동과 눈물을 자아내는 것들입니다. 그들의 생애는 눈물 없이는 도저히 읽을 수 없습니다. 무엇보다도 언약도 순교자들의 삶 속에서 주님에 대한 뜨거운 사랑을 느낄 수 있습니다. 하늘에서 영생을 누릴 확신은 언약도들에게 고난과 죽음을 기쁨으로 맞이하도록 힘을 주었습니다. 언약도들은 하나님을 의식하는 사람들이며, 하나님의 임재 의식에 사로잡힌 사람들입니다.

　제임스 거스리(James Guthrie, 1612-1661)는 언약도의 작은 거인이요 수호자입니다. 국왕을 교회의 머리로 인정하기를 부인하였던 그는 에든버러에서 순교했습니다. 1661년 6월 교수형을 받게 된 그는 오히려 영광이라고 생각했습니다. 왜냐하면 십자가에 달리신 주님과 같이 자신도 나무에 달릴 수 있었기 때문이었습니다. 오히려 그의 순교로 인해 더 많은 사람들이 예수 그리스도를 믿게 되었습니다. 교수대에 오른 거스리는 온갖 회유와 핍박을 이겨냈습니다. 그는 승리자의 당당함과 열정을 가지고 마지막 메시지를 외쳤습니다.

　　예수 그리스도는 나의 생명이며, 빛이요, 의요, 힘이요, 구원이요, 모든 것 되십니다. 오직 그분에게, 그분에게 나의 영혼의 힘이 다하는 그 순간까지 충성할 것입니다. 나의 영혼아, 이제로부터 영원까지 그분을 송축할지어다. 주여, 이제 나의 눈으로 당신의 구원을 보게 하소서. 언약도여, 언약도여, 그대들이 스코틀랜드의 부흥을 가져 올 것입니다.

1680년 7월 32세의 리처드 카메론(Richard Cameron, 1648-1680)은 영광스러운 최후를 맞이하게 됩니다. 그는 그의 형제와 나란히 서서 그리스도의 십자가를 들었고 에어모스에서 순교하였습니다. 토벌군은 카메론의 머리와 손을 잘라 자루에 담았는데 그 병사들은 순교자의 머리를 꺼내 축구를 즐기듯이 발로 차기도 하였습니다. 어느 한 병사는 카메론의 입에 긴 창을 끼워 그의 머리를 높이 들고 다니며 "반역자의 머리다"고 외쳤습니다.

당시 추밀원으로 순교자의 유해를 운반한 로버트 머레이(Robert Murray)는 다음과 같이 말했습니다.

> 여기에 있는 머리와 손은 기도하고 설교하며 살다가, 기도하고 싸우면서 죽은 자의 것입니다.

제임스 렌윅(James Renwick, 1662-1688)은 에든버러그라스마켓(Grass Market)에서 형장의 이슬로 사라졌습니다. 그의 머리와 손은 네더보우 창구에 내걸렸습니다. 그는 그리스도의 사도로 불렸습니다. 또한 언약도 중 맥케일은 에든버러의 머캣일 십자가에서 순교했는데 그의 마지막 말이 유명합니다.

> 오 주님, 이제 나는 피조물에게 더 이상 말하지 않고 당신께 내 말을 돌리나이다. 이제 나는 결코 끊어지지 않을 하나님과 나와의 교제를 시작하나이다. 아버지 어머니 친구들이여 친척들이여 안녕히! 세상과 모든 쾌락이여 안녕히! 고기와 술이여 안녕히! 해, 달 별들아 안녕히! 하나님 아버지여 오소서 친절한 주 예수 새 언약의 중보자여 오소서! 은혜의

복된 성령 모든 위로의 하나님이여 오소서 영광이여 오소서! 영생이여 오소서! 죽음이여 오소서!

이처럼 언약도들은 예수 그리스도와 성경의 권위를 확고히 붙잡으면서 순수한 교회의 영적 독립성을 외치다가 순교를 당하였습니다. 그들은 스코틀랜드장로교회의 위대한 영적 위인들이요, 스코틀랜드 부흥의 주역들입니다.

복음 중심적인 삶을 살았던 언약도들- "주 예수 보다 더 귀한 것은 없네"

언약도들은 예수 그리스도의 가치가 어떤 명예나 권력, 가족, 물질, 안정, 목회보다 더 귀중함을 실제 삶 속에서 보여 주면서 사역하였습니다. 그들은 철저하게 복음 중심적인 삶과 복음 안에서 예수 그리스도의 영광과 아름다움을 맛보면서 살았습니다. 그들의 삶은 거짓 없이 비추는 영적 거울과 같이 투명하였고, 성경적인 진리에 기초하여 그리스도인다운 신앙생활과 경건이었습니다.

언약도들은 거룩하고 순수한 사람이며 부드러우면서도 주 예수 그리스도와 연관된 사안에 대해서는 절대 타협할 수 없다는 단호한 입장을 천명하였습니다. 특히 그들은 세상 권력에 타협하지 않고 진리를 위해 투쟁하면서 올곧게 믿음으로 살았고, 환난을 통해 거룩해지며 고통 속에서 눈물로 기도했던 사람들입니다. 언약도들의 신앙과 삶은 장차 하나님 나라 확장에 귀한 밑거름이 되었습니다.

언약도들이 오늘날 우리에게 주는 교훈

1) 교회의 머리는 예수 그리스도

언약도들이 그들의 삶으로 전해주는 가장 귀한 교훈은 "교회의 머리는 예수 그리스도"라는 진리입니다. 그들이 살았던 시대는 왕이나 다른 세상 권력이 교회의 머리라고 강력히 주장했던 시대였습니다. 이것을 막으려고 하는 자나 부인하는 자들에게는 매서운 핍박과 고통이 주어졌습니다. 하지만 언약도들은 국왕이나 교황이라도 교회의 머리가 될 수 없고, 오직 그리스도만이 교회의 머리가 된다고 주장하였습니다.

또한 언약도들은 교회가 무엇이며, 교회의 본질이 무엇인가를 정확히 알고 있었습니다. 이처럼 교회 존재 가치를 생명처럼 여겼던 언약도들은 핍박과 순교를 불사르면서 성경의 가르침을 붙잡고 교회의 순수함을 지키기 위해 노력하였습니다. 교회 본질을 위해 싸웠던 그들은 생명을 아끼지 않았습니다. 그리고 교회를 영광스럽게 하였습니다.

교회 순수성이 많이 오염되고 있는 이 시대에 언약도들은 우리로 하여금 교회 본질 회복의 중요성을 깨우쳐 주고 있습니다. 언약도들 처럼 순수한 교회를 세워가기 위해 목회자들과 평신도들의 사명이 크다는 사실을 깨달아야 할 것입니다.

2) 하나님의 주권과 구원의 은혜

언약도들은 언약신학의 핵심인 하나님의 주권과 구원의 은혜를 굳게 붙들었습니다. 그리고 그 주어진 언약에 절대 복종하며 하나님께 영광돌리며 살았습니다. 언약신학은 구약과 신약의 핵심이며, 개혁주의 신학의 중심이 되는 진수입니다. 그들은 이러한 기독교의 신앙의 핵심 원리를 받아들이고 자신들의 삶과 처한 상황에 잘 적용하였습니다.

지금은 언약신학의 재정립이 긴박하게 요청되는 시대임에 틀림 없습니다. 신학이 잊혀져가고 있는 이 시대에 우리는 언약신학을 굳게 붙들고서 은혜와 감사와 경건의 삶을 추구하면서 살아야 할 것입니다.

3) 복음 중심적인 목회와 삶

언약도들은 오늘날 사역자들이나 성도들에게 "사명, 교회, 예수 그리스도, 언약, 순결, 고난, 순교" 등이 무엇인지를 잘 가르쳐 주고 있습니다. 그들은 목회와 삶 속에서 실제로 예수 그리스도가 가장 귀함을 보여주었던 사람들이었으며 또한 물질이나 가족, 명예 등 그 어떤 것보다도 예수 그리스도가 가장 귀함을 몸소 실천하였습니다. 심지어 주님을 위해서 수고하였고, 핍박 받았으며, 화형당하기도 하였습니다. 그들은 단지 말뿐이 아니었고 실제로 그렇게 살았습니다. 즉 복음중심적인 목회와 삶을 살았습니다.

그러한 삶은 언약도들의 가장 큰 열망이었습니다. 그들은 믿는 바와 일치한 삶을 잘 살았기 때문에 잘 설교할 수 있었습니다. 예수 그리스도 중심으로 가장 잘 사는 사람이 가장 잘 목회하고, 가장 잘 설교하는 것입니다. 이것이 침체된 교회를 살리는 방법입니다.

4) 박해 속에서도 영혼을 일깨운 설교자

언약도들은 하나님의 말씀을 목숨 걸고 선포하다 박해와 투옥, 그리고 순교하기도 하였습니다. 그들은 추방당한 야외에서도 몰려든 성도들에게 하나님의 말씀을 전했던 불꽃 설교자들입니다. 개혁주의 영성을 가진 언약도들은 교회 역사 속에서 살아있는 위대한 설교자들입니다.

오늘날 어떠한 핍박과 처참한 박해 속에서도 진리에 굳게 선 언약도와 같은 능력있는 설교자가 필요합니다. 교회 부흥은 먼저 설교자 부흥에서부터 시작됩니다. 언약신학과 영성을 가진 설교자들과 그리스도인들을 통하여 이 땅과 온 열방에 참된 부흥이 다시 일어나게 될 것입니다.

5) 성령 안에서 하나님께 드리는 참된 예배

언약도들은 언약백성으로서 하나님과 나와의 인격적인 관계와 공동체 안에서 드리는 예배가 얼마나 소중한가를 알았습니다. 그래서 그들은 국가 통제 안에서 행하는 예배를 거부하고 신령과 진정으로 성령 안에서 드리는 예배를 갈망하였습니다. 찰스 2세의 탄압과 핍박으로 인하여 목회지에서 추방된 언약도들은 산과 들에서 비밀리에 예배를 드렸습니다. 또한 그들은 하나님께 드리는 참된 예배를 방해하는 모든 이단과 대적들과 선한 싸움을 싸웠습니다. 우리는 하나님의 언약백성으로서 참된 예배를 교회 공동체 안에서 다시 회복해야 할 것입니다.

▶ 토의를 위한 질문

1. 스코틀랜드 언약도들은 어떠한 사람들입니까?

2. 왜 언약도들은 '국가 언약'(The National Covenant)을 체결하였습니까? 그 언약의 내용은 무엇입니까?

3. 언약도들의 박해의 역사 현장인 '지붕 없는 감옥, 순교당한 그라스 마킷, 순교자들의 이야기' 등은 내게 어떤 깨우침과 교훈을 주고 있습니까?

4. 언약도들의 복음 중심적인 삶이 나에게 어떠한 도전과 깨우침을 주고 있습니까? 참된 회심 후 나는 "주 예수 보다 더 귀한 것은 없네"라는 찬송을 부끄러움 없이 부를 수 있습니까? 아직도 나는 주님보다 물질이나 건강, 명예, 세상, 행복, 성공 등이 더 귀한 삶을 살고 있습니까?

5. 언약도들이 오늘날 우리에게 주는 교훈 5가지는 무엇입니까? 또한 내가 가장 본받아야 할 점은 무엇입니까?

6. 왜 언약도들은 국가 통제 안에서 행하는 예배를 거부하고 신령과 진정으로 성령 안에서 드리는 예배를 갈망하였습니까?

Chapter 5

사랑의 선한 목자
사무엘 루터포드

Samuel Rutherford

사무엘 루터포드의 회심

사무엘 루터포드

언약도의 성자 사무엘 루터포드(Samuel Rutherford, 1600-1661)는 1600년 니스벳(Nisbet) 마을에서 농부의 아들로 태어났습니다. 루터포드는 1617년 에든버러대학에서 성경과 라틴어, 헬라어, 교회사, 개혁교회 신학, 논리학 및 수사학 등을 공부했습니다. 1621년 대학을 졸업한 후 그는 그의 탁월한 사고와 능력으로 인해 에든버러대학교에서 조교수로 임명되었습니다.

루터포드의 회심 시기와 정황은 정확하게 알려져 있지 않지만 1620년경 약 20세쯤으로 전해지고 있습니다. 그는 이 대학을 졸업할 무렵에 예수 그리스도를 위하여 고난 받기를 열망하였습니다. 졸업 후 그는 특별한 사건을 경험하게 되는데 교수 사역 중 추문으로 인해 교수직에서 물러나게 됩니다.

물론 나중에 루터포드를 몰아내고 감독주의자를 기용하려는 음모였다고 알려졌지만 그로 인해 그는 개인적으로 커다란 고통을 겪었으며 영혼의 어두운 밤을 보내게 되었습니다. 그 시련 가운데서 오히려 하나님의 음성을 들을 수 있었던 루터포드는 자신의 심령 속에 남아있는 죄의 부패한 찌꺼기를 보게 되었고 몸소 낮아지게 되었습니다. 또한 그의 인생이 가장 힘들고 폭풍 가운데 있을 때 주님이 루터포드에게 찾아 오셔서 그를 만나

주심으로 그는 주님을 만나는 회심을 체험하게 됩니다.

　루터포드의 회심의 흔적은 그가 변화되고 십자가 사건에 대한 감사와 감격에 사로잡힘과 그리스도 중심적이며, 순종하는 삶 속에 잘 나타났습니다. 또한 루터포드는 귀부인 켄 무어에게 "나의 왕 되신 예수를 위하여, 그의 왕권을 위하여, 그리고 성부께서 그에게 주신 그의 나라의 자유를 위하여 고난 받는 삶을 살게 하셨다"라는 글을 보내기도 하였습니다. 이처럼 회심 사건 이후 루터포드는 완전히 변하게 되었고 오직 주님만을 따르게 되었습니다.

　구원하는 믿음에 이른 루터포드는 그리스도 복음의 능력 앞에 굴복하였고 그리스도의 영광은 그에게 있어서 그 무엇보다도 중요한 것이 되었습니다. 그는 다른 영혼들에게 설교하며 돌보는 데 헌신적인 삶을 살았습니다.

당시 시대적 상황- "위기에 처해있는 17세기 스코틀랜드"

　신학자인 루터포드는 종교개혁을 통해 기독교가 얻어낸 것들이 위협받던 시대에 살았습니다. 종교개혁 시기인 1560년 스코틀랜드에 장로교 체계가 세워졌고, 1592년에 의회에서는 장로교 체계를 법으로 한층 더 강화하였습니다. 하지만 영국 왕 제임스 6세는 스코틀랜드 장로교 총회를 소집하기를 계속해서 거부하고 있었고, 1606년 의회령에 의하여 감독주의가 다시 부활되면서 가톨릭 전통이 살아나게 되었습니다. 국왕은 감독제에 복종할 것을 결정하고, 이에 반대하는 지도자들은 귀양을 보내었습니다. 그때 교회 안의 상당수 사람들은 교회 예식서와 헌법에 명시된 대로 왕이 교회 위에 군림하고 왕권은 교회 위에 있다고 믿었습니다.

1618년 퍼스에서 열린 총회에서는 장로교회의 성례 집전을 바꾸도록 결정했으며, 이처럼 그들은 감독주의와 알미니우스주의를 갈수록 강화하였습니다. 그 결과 성찬을 무릎 꿇고 받는 것, 세례식 때 십자가 모양을 긋는 것, 미사 드릴 때에 입는 제사장 복장, 나무 제단에 절하는 역겨운 행위들이 다시 존재하게 되었습니다. 그들은 예배에 있어서 모든 미신의 온상이며 교리에 있어서 오류 투성이었습니다. 그리고 하나님의 영광스러운 존재와 속성들을 희생시키고 인간의 본성과 이성을 드높였습니다.

이처럼 루터포드는 감독주의와 알미니우스주의가 강한 시대에 살았습니다. 그는 장로교주의에 반대되는 잘못된 사상인 알미니우스주의에 의해 위협받던 정통주의를 보호하기 위해서 자신이 부름 받았다고 생각했습니다. 그는 국왕이 강압적으로 로마 가톨릭적인 성공회식 예배를 스코틀랜드교회에 적용시키려고 음모를 꾸미는 것에 대하여 단호한 입장을 보였습니다. 그리고 루터포드는 종교개혁 시대에 누렸던 과거 찬란한 하나님의 영광이 회복되기를 원하였습니다.

앤워스교회에서의 영적 부흥- "헌신적인 목회 사역"

1627년 루터포드는 스코틀랜드 앤워스(Anwoth)의 작은 시골 마을에 있는 교회에 담임목사로 청빙 받았습니다. 목회는 물러 설 수 없는 선택이었습니다. 이 교회는 정말 작은 교회였으며, 매우 적은 수의 사람들만 모이고 있었습니다. 앤워스교회에 부임한 루터포드는 성경의 메시지를 선포하면서 본격적인 목회 사역을 시작하였습니다. 그는 복음을 증거한 복음전도자로서 그의 목회 사역은 그의 수고의 가장 중요한 일이었으며, 가난하고 무지한 백성들을 신앙의 바른 지식과 실천으로 이끌었습니다. 비록 시골의 작은 교회였지만 그는 스코틀랜드에서 그리스도의 복음의 확산을 위하여 사력을 다해 사역에 임하였습니다. 그의 마음에는 도회지의 중요한 교회로부터 청빙을 받고자 하는 기대가 전혀 없었기 때문입니다.

루터포드는 세상에서 어떤 명성을 얻고자 하는 것은 전혀 염두에 두지 않고 그리스도 때문에 온 몸을 던져 희생적 수고를 하였습니다. 그의 지칠 줄 모르는 가르침과 설교사역을 통하여 놀라운 역사들이 나타났는데 성도들과 이웃 교구에 속한 사람들이 루터포드의 설교에 큰 감동을 받게 됩니다. 그의 설교 사역에 결정적인 영향을 미쳤던 신학적 확신들은 성경의 권위입니다.

루터포드는 목회 사역하는 동안 가르치는 일과 설교하는 일, 심방하는 일, 저술하는 일이 항상 그의 일이었습니다. 그는 항상 새벽 3시에 일어나 정오까지 기도와 말씀 묵상과 연구를 하였습니다. 오후에는 환자들이나 고통 중에 있는 자들과 죽어가는 자들을 심방하였습니다. 그리고 회중들의 경건생활을 점검하고 교리문답 교육을 하였으며, 양떼들을 헌신적으로

사무엘 루터포드가 목회했던 앤워스교회

돌보았습니다. 그는 자신이 목양했던 교회 성도들을 얼마나 사랑했는지 성도들과 밀접한 사랑의 관계를 맺어갔습니다. 이처럼 그는 영혼들을 뜨겁게 사랑하였던 신실한 목회자입니다.

그리고 루터포드는 앤워스에서 목회하는 동안 인간이 경험하는 슬픔과 고난을 겪게 됩니다. 그는 13개월 동안 투병 생활을 하다가 주님의 품으로 간 아내의 고통스런 모습을 지켜보아야 했으며, 또한 딸 한 명을 제외하고 사랑하는 두 자녀를 잃게 되었습니다. 나중에는 어머니마저 하나님의 나라로 보내는 큰 시련을 겪게 됩니다. 폭풍처럼 계속 밀려온 뼈아픈 일들로 인해 그는 세상에서 고통당하는 사람들에 대하여 깊은 동정심을 갖게 되는데 곧 사랑의 선한 목자로 성장하게 됩니다.

그의 사역 기간 동안 18세기처럼 수적인 부흥은 없었지만 앤워스교회에서 신앙 생활 하는 자들 중에는 경건한 성도가 꽤 있었습니다. 루터포드는 말씀을 통해, 그의 영성으로 잠들어 있는 스코틀랜드의 영혼들을 일깨웠고 혼탁한 시대에 영적 방향을 잡아주며 그들을 각성시켰던 것입니다.

감독주의자들과 맞서 싸우는 루터포드

루터포드는 주님을 사랑하고 주님과 친밀한 교제 속에서 분투적인 믿음의 삶을 살았습니다. 그때 또 하나의 큰 시련이 다가왔습니다. 1645년 신학적으로 알미니우스파 시드세르프(Sydserff)가 겔로웨이(Galloway)의 감독이 되었습니다. 그는 감독주의를 열렬히 옹호한 알미니안 감독이었기 때문에 개혁 신앙의 후예이며 장로교주의자였던 루터포드에게 독을 뿜어대면서 감독권을 인정하라는 압력을 가하였습니다. 루터포드가 계속 알미니안 사상을 반대하였기 때문입니다. 그의 장로회주의에 대한 확신은 감독 제도를 배격하였습니다. 그리고 이것은 결국 왕의 지지를 받고 스코틀랜드에 감독교회를 세우려는 성공회주의자들과의 충돌을 자아낼 수밖에 없었습니다.

이때 루터포드는 하나님의 전능성과 하나님의 은혜는 구원하시는 은혜요 불가항력적인 은혜임을 굳게 믿었습니다. 그리고 그는 남부 스코틀랜드의 주된 옥외집회 설교자로 나섰습니다. 당시 정부의 칙령에 의하여 교회당에서는 모일 수 없었기 때문이었습니다. 옥외집회를 감행한 루터포드는 감독제도를 부정하는 반역적인 설교를 했다고 해서 결국 1636년 7월 27일 종교 법원에 소환되었습니다. 이어 목회직 박탈과 스코틀랜드 어디에서도 설교할 수 없도록 금지 당했습니다. 루터포드는 끝까지 장로회주의 사상을 철회하지 않고 감독권을 인정하지 않았습니다.

결국 그는 스코틀랜드 아버딘(Aberdeen)으로 유배를 떠나게 되는 형벌을 받게 됩니다. 그는 9년 동안 섬겼던 교회와 교우들을 주님께 맡기고 그 당시 감독주의와 알미니우스주의의 요새였던 아버딘을 향해 출발하였습니다. 그의 유배생활은 교회 지도자들로 하여금 신앙의 자유를 위협하는 모든 요소들을 경계하여 깨어 기도하도록 가르쳤습니다. 1638년 루터포드는 아버딘에 있으면서 장로회주의 확산에 힘을 실었습니다. 그는 감독주의자들과 맞서서 그리스도의 영광을 위하여 싸워야만 하였습니다. 그는 감독주의를 격렬히 반대하였으며, 특히 장로교주의를 훼손시키려는 자들에 대하여 예리하게 파고들어 비판을 가하였습니다. 그는 단지 고난이나 온갖 핍박을 견딘 자가 아니라 그 고난 중에서도 기뻐한 사람이요, 그의 마음과 정신은 스코틀랜드교회의 자유를 위한 큰 투쟁의 선봉에 선 사람이었습니다.

개혁주의 영성의 고전 "루터포드의 『 서한집 』"

루터포드의 경건한 유업인 『서한집』(Letters)은 그가 유배지 아버딘에서 가장 가혹한 핍박을 받는 가운데서 기록했습니다. 총 365편의 편지 가운데 220편의 편지를 약 2년에 걸친 유배 중에 썼습니다. 그의 개인적인 시련의 기간 동안에 쓴 그의 편지들은 가혹한 핍박으로 인해 깊이 상처 입은 마음에서 흘러나온 것들입니다. 그는 혹독한 겨울에 은혜가 가장 잘 자람을 보았습니다. 또한 우리의 교만이 망가지기 위해서는 겨울을 지내야만 하고, 큰 시련으로 말미암지 않고는 하늘에 이르는 길이 없음을 알았습니다.

그리고 그는 값없이 주는 은혜와 혹독한 고난으로 말미암지 않고는 하늘에 이르는 길이 없음과 또 이 둘은 한 가지만 없어도 성립되지 않음을 알고 있었습니다. 역경이 없이는 은혜도 시들고 맙니다. 루터포드는 '달리고 싸우고 땀을 흘리고 씨름하지 않고서는 결코 천국을 쟁취할 수 없다'고 말합니다. 유배지 아버딘에서의 그의 시련은 큰 것이었지만 동시에 그리스도의 위로와 격려는 보다 더 컸습니다. 말로 다 할 수 없는 심한 핍박 중에서도 루터포드는 하나님과 깊은 교제를 경험했습니다.

그 편지 주제들은 그리스도 중심적이며, 그리스도에 대한 사랑과 그리스도를 위한 헌신과 혐오스러운 죄에 대해 깊은 의식을 보여 주고 있습니다. 그리고 고난당하는 성도들을 향한 위로와 권면으로 가득하고, 근심 중에 있는 성도들을 위한 깊은 동정과 양떼들의 영혼에 대한 깊은 관심과 사랑을 보여주고 있습니다. 또한 그는 천국에 대한 그의 불타는 열망이 가득하고, 개혁주의 교리와 신자의 영적 경험들을 아름답게 조화시키고 있습니다.

또한 루터포드는 성도들의 실천사항으로서 신앙생활의 핵심인 주일성수와 성만찬 준수, 기도생활, 말씀생활에 순종의 자세로 임해야 한다고 권고하였습니다. 그러면서도 정반대의 생활이 가져다 주는 위험성과 주님의 징계를 두려워하라고 전합니다. 이처럼 그의 편지 속에는 말씀을 적용하며 성도들을 격려하고 위로하는 내용이 많습니다.

그의 서한집은 모든 시대의 성도들에게 많은 사랑을 받고 있습니다. 그 이유는 서신들 속에서 예수 그리스도의 사랑과 아름다움에 빠져 버린 그의 마음을 보여 주고 있기 때문입니다. 프리처치칼리지의 교수와 학장인 존 맥클레오드(John Macleod)는 "개혁교회가 내놓을 수 있는 문헌들 가운데서도 가장 탁월한 경건적 서신들"이라고 묘사하고 있습니다. 개혁주의 영성의 고전으로 알려진 그의 서한집은 그리스도인 독자들에게 깨달음의 빛을 비추어 주는 책이 되고 있습니다. 또한 모든 사역자들과 평신도들에게 읽혀져야 할 필독서입니다.

루터포드가 남긴 마지막 말- "영광, 임마누엘 땅에 거하는 영광이여!"

1660년 왕권신수설과 절대군주론을 굳게 붙든 찰스 2세는 루터포드 목사의 유명 저서 『법과 국왕』(Lex Rex)을 금서로 지정하고 배포된 책은 모두 수거하여 불에 태웠습니다. 그 후 루터포드는 왕의 소환장을 받았고, 의회에서는 루터포드를 교수형에 처하도록 확정하였습니다. 이때 루터포드는 그를 데리러 온 군사들에게 병상에 누워서 이렇게 말했습니다.

> 나는 보다 더 높은 재판관과 법정으로부터 출두 명령을 받았다고 전하시오. 나는 몇 안되는 군주들과 위대한 양무리들만 올 수 있는 곳으로 가노라.

이 말을 한 후에 그는 곧 숨을 거두었습니다. 따라서 그는 교수형을 당하지 않았습니다.

1661년 3월 29일, 루터포드는 아침에 태양이 세인트앤드류 지평선에 떠 오르자 그의 영혼은 의로우신 하나님의 품 안에 안기었습니다. 그 악명 높은 '무효 법안'(Act Rescissory)이 통과되던 날에 그는 죽었습니다. 그리고 그가 오랫동안 사모하였던 "높고 복된 임마누엘의 땅"으로 들어갔습니다. 루터포드 목사의 시신은 세인트앤드류 성 주변에 있는 공동묘지에 안장되었습니다. 그의 비석에 새겨진 비문은 다음과 같습니다.

> 어떤 인간의 혀나 펜이나 솜씨가 그 유명한 루터포드에게 명령할 수 있을까? 그의 학식은 그의 유명세를 자아냈으며 참된 경건이 그의 이름을 흠모하였네. 그는 실로 위에 있는 것들을 구하였으며 임마누엘의 사랑을 획득하였다네. 그는 가장 정통적이고 건전한 신학자였으며 수많은 오류들이 좌절되었다네. 시온의 왕과 시온의 영화와 스코틀랜드의 언약적인 법조항들을 위하여 그의 시간이 다하는 날까지 가장 열성적으로 만족하며 살았다네. 그런 후에 그는 그가 환상 중에 보았던 풍성한 열매를 얻게 되었다네.

루터포드의 세상적인 야망의 결핍은 지금 서구 사회에 침투해 들어오고 많은 교회 속에 잠식되어 있는 성공 지상주의나 수단 방법을 가리지 않고 우두머리가 되고자 하는 사람들과는 거리가 먼 것이었습니다. 그는 그리스도 안에 뿌리를 두고 있었고 가혹한 핍박을 받으면서도 교회의 그리스도의 머리되심을 확고히 붙들고 있었습니다. 그는 그리스도의 영광을 가장 중요한 것으로 여기며 살다 간 믿음의 사람입니다.

그는 학식이 깊은 칼빈주의 신학자요, 개혁주의 신앙의 대표자입니다. 그래서 그는 1643년부터 시작된 웨스트민스터 종교회의(1643-48)에 스코틀랜드 대표단 일원으로 참석하여 신앙고백서와 요리문답

사무엘 루터포드의 기념비석

을 만드는데 상당히 공헌하였습니다. 그리고 루터포드는 예수 그리스도로 가득한 사역과 영성으로 수많은 스코틀랜드의 영혼들을 깨우쳤으며, 영적으로나 신학적으로나 교회적으로나 큰 영향력을 끼쳤습니다. 그는 예수 그리스도의 신실한 복음사역자요, 그 시대에 겸손하고 탁월한 사역을 감당하였던 언약도 설교자입니다. 사실 루터포드는 설교자 이상의 인물이었습니다. 그는 '하나님을 추구하는 것'을 평생의 소망으로 삼은 사람이었습니다. 스코틀랜드교회의 진정한 보석 같은 사람이요, 영적 거인인 루터포드는 스코틀랜드 부흥의 주역이 되었습니다.

사무엘 루터포드가 오늘날 우리에게 주는 교훈

1) 감동적인 설교와 적용

루터포드의 중요한 특징은 그가 말씀을 깊이 이해할 뿐만 아니라 성도

의 삶에 개인적인 적용을 잘하였다는 점입니다. 그의 설교에는 늘 감동이 있었습니다. 그는 교회 역사에서 가장 강력하고도 감동을 많이 주는 위대한 설교자였습니다. 특히 그의 강연과 설교는 신학생들에게 큰 영향을 주었는데 스코틀랜드에서 루터포드의 영향력은 매우 컸습니다. 철저하게 그리스도 중심적인 루터포드와 같은 영성을 지닌 설교자를 통해 이 땅에 참된 부흥이 일어날 것입니다.

2) 경건성과 영적인 생활

루터포드의 삶과 목회 사역을 특징짓는 핵심적인 요소는 경건성입니다. 그는 항상 새벽 3시에 일어나 정오까지 기도와 말씀 묵상, 설교, 교리 문답 교육, 연구를 하였습니다. 그는 엄격하고도 철저하게 하나님과 동행하였고 그의 사고에 있어서 분명하게 하나님 중심의 사람이었습니다. 그는 진리를 위하여 사는 것이 무엇인지를 삶으로 보여 주었던 경건한 목회자입니다.

점점 세속화 되어가고 있는 이때에 루터포드의 경건과 영적인 생활은 많은 목회자들과 그리스도인들에게 큰 도전이 되고 있습니다.

3) 예수 그리스도가 가득한 그의 서한집

루터포드의 서한집은 개혁주의 영성의 고전으로 알려지고 있습니다. 그의 편지 '서한집'에는 그리스도에 대한 헌신과 아름다움과 영광으로 가득하며, 주의 사랑이 흘러 넘치고 있습니다. 그는 "그리스도를 얻는 자는 아무 것도 잃어버리지 않는다"라는 말을 남길 정도로 그의 편지에는 항상 예수 그리스도가 불탄 모습으로 넘치고 있습니다. 루터포드에게는 앤워스도 그리스도가 아니었고, 설교도 그리스도가 아니었습니다. 감옥도 그리스도가 아니었습니다. 그는 자신의 생명을 산 제사로 그리스도께 드리는 데 쏟아 부었습니다. 그는 늘 그리스도와 동행하였습니다. 오직 그에게는 임마누엘 그리스도 뿐이었습니다. 이는 개혁신학의 정수를 보여 준 것입니다. 그래서 그의 편지들이 오늘날까지 책으로 출판되는 것입니다.

4) 자신이 목양했던 양들을 끝까지 사랑했던 선한 목자

루터포드는 자신이 목양했던 교회 성도들을 뜨겁게 사랑하고 헌신적으로 돌보았습니다. 그리고 그는 근심 중에 있는 성도들을 위한 깊은 동정과 고통 중에 있는 성도들을 심방하며 말씀으로 위로하고 권면하였습니다. 예수님이 제자들을 끝까지 사랑하셨던 것처럼 루터포드도 성도들을 끝까지 사랑했던 선한 목자입니다. 자기 양들에 대한 깊은 관심과 목자로서의 마음은 모든 목회자들에게 오늘날까지 귀감이 되고 있습니다.

지금 교회는 루터포드와 같은 신실한 목자를 그리워하고 있습니다. 성도들을 헌신적으로 돌보며 고통 중에 있는 성도들을 위로하고 자신이 목양하고 있는 양 떼들을 끝까지 사랑하는 목회자가 필요한 시대입니다.

5) 진리 때문에 짊어진 고난의 십자가

그는 장로교주의를 훼손시키는 감독주의와 알미니우스주의를 비판하는 설교와 저서 때문에 목회지를 박탈당하고 아버딘으로 추방당했습니다. 루터포드가 강단을 빼앗기고 투옥되었을 때에도 그의 신앙은 꺾이지 않앗습니다. 그는 강단에서는 쫓겨났지만 주님에게서는 분리되지 않았습니다. 그는 가혹한 핍박 가운데서도 흔들리지 않는 신앙의 승리자이며, 주님의 교회 때문에 고난의 십자가를 지고 주님의 발자취를 따라 간 신실한 사역자입니다. 진리가 결과보다 우선이라고 생각한 루터포드는 성경적 진리를 어떤 상황에서도 타협하지 않는 신실함이 무엇인지를 우리에게 모범으로 보여주고 있습니다.

오늘날 복음주의자들이 성경적 진리를 쉽게 타협해 버리고 있는 이 시대에 루터포드의 신앙은 큰 도전을 주고 있습니다. 그는 우리로 하여금 교회적 타협의 길을 통해 교회의 영향력을 더 넓힐 수 있을 것이라는 생각이 바르지 못하다는 것을 교훈해 주고 있는 것입니다. 우리는 항상 사람보다 하나님께 순종하기를 선택해야 하며, 루터포드처럼 성경적 진리를 결코 타협하지 않아야 합니다. 그러한 신실한 사역자들을 통해 하나님의 나라가 더욱 더 확장될 것입니다.

▶ 토의를 위한 질문

1. 점점 세속화와 부패되어 가는 이 시대에 루터포드의 경건성과 영적인 삶이 우리에게 어떠한 깨우침과 도전을 주고 있습니까?

2. 자신이 목양했던 양들을 끝까지 사랑했던 선한 목자 루터포드의 목회사역이 나의 사역에 어떤 감동을 주고 있습니까? 나를 각성케 하는 요소는 무엇입니까?

3. 교회 속에 잠식되어 있는 성공 지상주의나 세상에서 어떤 명성을 얻고자 하는 것에는 전혀 염두에 두지 않고 그리스도 때문에 온 몸을 던져 시골의 작은 교회에서 충성스럽게 목회하였던 루터포드의 목회가 나에게 어떤 교훈을 주고 있습니까?

4. 유배지 아버딘에서 사랑하는 성도들에게 보낸 루터포드의 서한집에 나타나는 주제들은 무엇입니까? 내가 적용하고 싶은 내용들은 무엇입니까?

5. 성도들의 실천사항으로서 루터포드가 강조한 신앙생활의 핵심들은 무엇입니까?

6. 어떤 상황에서도 성경의 진리를 타협하지 않고 고난의 십자가를 짊어진 루터포드의 신앙이 나에게 결단케 하는 것은 무엇입니까?

*The leaders of Britain's Revival
The flames who lived through
dark generations*

Chapter 6
설교의 영광을 보여준
청교도

왜 우리는 300년 전 사람들인 청교도에게 관심을 가지는가?

청교도의 아버지 윌리엄 퍼킨스

청교도 운동은 종교개혁 시대 이후인 17세기에 잉글랜드국교회 안에서 교회 갱신을 부르짖으며 일어난 개혁주의 신학운동을 지칭하는 말입니다. 청교도들은 종교개혁자들의 후예들, 후계자들이라고 이해할 수 있으며 종교개혁을 그들의 시대 속에서 더 진행하였습니다. 역사상 가장 거룩하고 모범적인 신앙의 삶을 보여주었고 빛 가운데 불타오르는 빛의 사람들인 청교도들은 이 세상의 성자들이라고 불리우고 있습니다.

우리가 그들의 설교와 예배, 신앙, 신학, 교리, 영성, 주일성수, 가정예배, 자녀양육, 경건생활, 박해, 대추방, 탁월한 작품들 등을 살피는 일은 매우 유익이 될 것입니다. 우리가 청교도에게 관심을 가지는 이유에 대해 마틴 로이드 존스 목사의 말을 들어 봅니다.

> 우리가 직면하고 있는 것과 동일한 문제와 역경을 그들이 어떻게 대처하는가를 볼 수 있고 또 그들로부터 배울 수 있기 때문입니다.

말씀에 충실했던 청교도들의 가르침과 영적 신앙원리들을 바로 익히기만 한다면 교회의 새로운 부흥을 기대할 수 있을 것입니다.

17세기 잉글랜드 청교도- "순수한 교회를 추구한 영적 거인들"

청교도(Puritan)라는 말은 종교개혁자들과 순교자들처럼 경건하고 철저하게 말씀에 근거한 삶을 사는 자들에게 쓰여지기 시작했습니다. 1550년에서 1700년 사이에 무서운 핍박에도 굳건한 믿음으로 고난을 이겨내며 예수 그리스도를 사랑하고 은혜의 교리를 따르는 잉글랜드의 목회자들을 '청교도'라고 불렀습니다.

그들은 복음을 귀히 여기고 강단에서 하늘의 진리를 불꽃처럼 토해내는 설교자들이요, 성경에서 배우고 깨달은 모든 것을 실제 생활에서 실천하는 삶을 살았던 목회자들입니다. 또한 청교도들은 따뜻한 목회적 돌봄과 경건하고 거룩한 생활을 하였고, 인간의 변화, 새사람이 되는 길은 그리스도의 말씀 외에 다른 길이 없다고 믿었습니다.

그리고 청교도들은 잉글랜드국교회(Anglican Church)에서 이탈한 국교 반대자(Dissenter)인 비국교도(Nonconformist)로서 성경적인 개혁, 즉 순수한 교회를 추구하였습니다. 이러한 영적 전쟁 가운데서 청교도들은 국교회자들로부터 극심한 모욕과 경멸, 처벌을 받았으며 추방을 당하였습니다. 그러나 많은 핍박 가운데서도 청교도들은 비성경적이고 부패한 형태로 부터의 차원 높은 순결과 개혁을 외쳐댔습니다. 그들은

청교도 운동의 발생지 Bapworth Church

철저히 성경에 근거한 건전한 신학과 바른 교회의 모습을 되찾기 위해 타협 없는 순수하고 거룩한 신앙인의 길을 걸어갔습니다. 그러므로 청교도들은 우리의 영적 모델이요 영적 멘토가 되기에 충분합니다.

피터 루이스(Peter Lewis)는 "청교도는 신 구약성경 밖에서 찾아질 수 있는 유일한 성경적인 사람들"이라고 말했으며, 또한 존 게리(John Geree)는 "청교도는 자신의 전 생애를 영적전쟁으로 생각했습니다. 이 전쟁에서 그리스도는 그의 대장이며, 그의 무기는 기도와 눈물이었습니다. 그의 깃발은 십자가이고 그의 군호는 고난당하신 이가 정복하신다"고 말하였습니다. 청교도는 살아서 죽어가고 있는 교회들을 향하여 여전히 생명의 빛을 비추고 있는 영적 거장들입니다.

17세기 잉글랜드의 영적 상황

종교개혁 이전에 잉글랜드는 로마 가톨릭이었지만 영국의 헨리 8세(Henry Ⅷ, 1491-1547)는 영국교회와 로마교회를 분리시켜야 한다고 주장했습니다. 1534년 헨리 8세는 결국 로마교회와 결별하고 교황의 권위가 미치지 못하는 새로운 교회인 잉글랜드국교회를 설립하였습니다. 그는 본질적으로는 로마 가톨릭교회의 신학을 따랐지만, 노골적으로 잉글랜드교회의 최고 지도자는 왕 자신이라는 수장령(Act of Supremacy)을 선포했습니다. 즉 영국의 국왕을 "영국교회의 지상 유일, 최고의 수장"으로 한다는 것입니다. 이때 교황권의 횡포로부터 벗어나려고 했던 청교도들은 이제 왕권의 폭력 앞에 부딪히게 되었습니다.

또한 헨리 8세 이후 1553년 개신교를 지지했던 에드워드 6세(Edwards

Ⅵ, 1537-1553)가 사망하고 로마 가톨릭주의자였던 메리가 즉위하게 됩니다. 여왕 메리(Mary, 1516-1558)는 자신의 치세 기간 동안 로마 가톨릭 미사를 다시 시행할 뿐 아니라, 잉글랜드에서 전례 없는 잔혹한 박해를 행함으로 수백 명의 개신교 지도자들을 죽이게 됩니다. 그녀는 '피의 메리'(Blood Mary)라는 별칭을 얻었습니다.

메리 이후 잉글랜드 여왕 엘리자베스 1세(Elizabeth Ⅰ, 1533-1603) 역시 '교회의 머리는 왕'이라고 반포하면서, 세속적인 일이나, 영적인 모든 문제를 비롯한 교회 문제의 결정자는 왕국의 최고 통치자인 바로 자신이라고 주장합니다. 이로써 잉글랜드국교회는 1640년까지 왕권의 통제로부터 벗어날 수 없었습니다. 1662년에는 잉글랜드국교회를 엄격하게 따르게 하는 법령이 만들어져서 잉글랜드 백성이라면 누구나 잉글랜드국교회(성공회)에 다녀야 했습니다.

그리고 목사는 누구나 국교회 법에 순종할 것을 서약해야만 했습니다. 국교회 출석을 거부하는 사람에게는 벌금형이 부과되었는데, 청교도들은 신앙 양심상 정부의 요구에 응할 수 없었습니다. 국교회의 방침에 순응하지 않는 청교도들은 파직되었으며 계속되는 박해를 당하였습니다. 왕권 복귀와 찰스 2세(Charles Ⅱ, 1630-1685)의 등극 이후로 상황은 여러 면에서 더 악화되었으며, 더 무서운 박해가 1688년 혁명기까지 계속되었습니다. 이 과정에서 역사상 엄청난 핍박과 박해, 순교가 일어났습니다. 청교도들의 굳센 믿음과 순교의 피가 영국 개신교 운동의 개혁과 부흥의 씨앗이 되었습니다.

청교도들의 회심 체험

청교도들이 핍박 가운데서도 성령충만한 설교를 하고 불꽃같은 삶을 살았던 원동력은 회심 체험이었습니다. 수많은 청교도들의 회심 이야기가 있지만 그 가운데 몇 사람만 소개하고자 합니다.

먼저 존 번연(John Bunyan)의 회심 이야기입니다. 번연은 거짓말을 일삼고 하나님의 거룩한 이름을 모독하면서 젊은 시절을 보내었습니다. 하지만 그는 아내가 결혼 지참금으로 가져온 두 권의 책인 『평범한 사람의 천국으로 가는 좁은 길』과 『경건의 연습』을 읽으면서 갑자기 자신의 죄를 깨닫고 종교적 각성을 체험하게 되었습니다. 그 후 번연은 하루에 두 번 이상 교회에 가서 기도하는 생활을 하였습니다.

또한 존 기퍼드(John Gifford) 목사의 설교와 참된 교제를 통하여 그리스도의 소중함을 알았으며, 루터의 갈라디아서 주석을 읽으면서 그리스도가 나의 전부임을 깨닫게 되었습니다. 믿음에 굳게 서게 된 번연은 "내 은혜가 네게 족하도다"(고후 12:9)라는 말씀을 자주 떠올렸습니다.

존 오웬(John Owen)은 "왜 두려워 하느냐, 믿음이 적은 자들아?"라고 하는 어느 목사의 설교 말씀을 듣고 믿음의 확신을 갖게 되었습니다. 또한 토마스 굿윈(Thomas Goodwin)은 20세 때 토마스 베인브리지의 개인 회개의 필요성에 대한 설교를 듣고서 회심하였습니다. 회심 후 그는 그리스도를 위

존 번연이 목회했던 베드포드교회

해 모든 것을 버리고 하나님의 영광을 위해 살겠다고 결심했습니다.

리처드 십스(Richard Sibbes)는 복음 안에서 아버지라고 불렀던 폴 베인스(Paul Baynes)의 설교를 통해 회심하였으며, 존 코튼(John Cotton)은 십스

윌리엄 퍼킨스가 회심한 Christ College

의 설교를 통해 회심하게 되었습니다.

또한 윌리엄 퍼킨스는(William Perkins)는 학생일 때 놀라운 회심을 체험하였습니다. 그는 영국을 대표하는 개혁주의 신학자로서 '영국 청교도의 아버지'라고 불리우고 있습니다. 그의 탁월한 설교는 위대한 청교도 설교자를 배출하는 데 큰 공헌을 했습니다.

그리고 토마스 후커(Thomas Hooker)는 성경의 약속을 붙들고 나아가다가 전적으로 회심하게 되었습니다. 회심한 이후, 후커는 설교와 교리문답 교육으로 큰 영향을 끼쳤습니다. 특별히 후커의 설교를 듣고 회심했던 존 엘리엇(John Eliot)은 목회 사역에 자신을 드릴 것을 결심했고 후에 북미 인디언들의 영혼 구원을 위해 선교사로 헌신하였습니다. 엘리엇의 사역을 통해 14곳의 기도하는 인디언 마을이 세워졌고, 그 중 11,000명 정도가 회심했습니다.

이처럼 회심을 체험했던 청교도들은 강단에서 복음을 설교하는 데 탁월하였으며, 죄인을 일깨워 회개와 믿음에 이르도록 하고 그리스도께로 이끌기 위해 애썼습니다.

설교의 영광- "설교한다는 것은 그리스도의 비밀을 여는 일"

청교도 목사들은 설교가 그들의 일차적인 소명이라고 믿고 설교 사역의 우위성을 견지하였습니다. 그들은 설교가 성례나 어떠한 의식보다 더 중요하다고 주장하며 교회의 성패를 말씀 사역에 달린 것으로 보았습니다. 은혜의 교리와 성경의 진리들을 더욱 더 세밀하게 이해하기 위해 노력하였던 청교도들은 한 본문을 단순히 해석하지 않고 그 본문의 깊은 의미를 파악할 때까지 열정을 다했습니다. 그들은 성경의 많은 보화들을 그들의 깊은 묵상과 말씀 연구를 통하여 발견하였습니다.

또한 청교도들은 강단의 영광은 그리스도를 굳게 붙드는 특권에 놓여 있다고 말하면서, 내일 다시 설교하리라고는 확실치 않으므로 오늘이 마지막이라는 심정으로 설교했습니다. 그리고 그들은 하나님의 말씀을 강론하면서 복음에 대한 관점을 드러내고 성경의 진리를 밝히는 데 초점을 두었기 때문에 목숨을 걸고 설교했습니다. 항상 성령의 권능으로 하나님의 말씀을 담대히 선포하였던 청교도들의 가장 큰 소망은 죄인들을 그리스도께로 회심시키는 것이었습니다. 그리고 청교도들의 설교의 특징은 강단에서의 복음 선포와 열정과 능력과 감동적인 표현인데 그것은 청교도 설교의 정수입니다.

청교도들은 설교는 그리스도의 비밀을 여는 일이라고 생각했습니다. 설교라는 박스를 열어 젖힐

토마스 굿윈이 목회했던 Holy Trinity 교회

때 그곳에서부터 흘러나오는 그리스도의 향기를 성도들이 맡을 수 있도록 하였습니다. 리차드 십스는 "그리스도를 나타내는 것 외에 아무 것도 설교해서는 안됩니다. 성도들은 그리스도에 대한 모든 것을 들어야만 하고 목사는 그리스도에 대한 모든 것을 설교해야만 합니다"라고 말했습니다. 윌리엄 퍼킨스는 모든 설교의 핵심은 "그리스도의 영광을 위하여, 그리스도에 의하여, 그리스도 그분을 설교하는 것"이라고 말했습니다.

이처럼 청교도들은 새 시대의 기사나 이적이나 표적을 구하지 않았고 오직 그리스도만을 전하기를 원했습니다. 그래서 그들은 강단에서 설교할 때 익살스러운 말, 재미있는 이야기, 웃기는 말, 지적인 말들은 피하였고 대신에 시급성, 긴박성을 가지고 직선적으로 설교하였습니다. 왜냐하면 지금 청중들은 삶과 죽음, 천국과 지옥 사이에 있기 때문이라는 것입니다. 청교도들은 설교자 또는 목회자로서 하나님의 말씀을 힘껏 강해하고 적용하는 일에 뛰어난 사역자들입니다. 청교도들이 강단에서 설교의 영광을 분명하게 보여주었던 17세기는 설교자들의 황금기였습니다.

강단에서 진리의 불을 토해낸 설교와 부흥

설교와 교리 교육에 뛰어난 청교도들은 말씀과 성령으로 메마른 땅을 기경하는 것을 믿고서 교회가 영적으로 부흥하기를 간절히 원하였습니다. 성경적인 교리로 잘못된 로마교회를 비판하는 청교도들의 설교는 17세기 잉글랜드에 활력을 불어 넣어 주었습니다.

1580년대에 잉글랜드의 최상급의 설교자로 불리워진 헨리 스미스 (Henry Smith)의 설교사역을 통하여 성클래멘트단스교회에서 일어난 현상입니다.

> 그의 교회는 청중들로 가득 찼습니다. 학식있는 사람들도 자신들의 의자를 들고 와 통로에 서서 설교를 들었습니다. 그들의 귀는 그의 입술을 주시하였고, 그들의 심령은 그들의 귀를 바싹 기울이게 만들었습니다.

> 이때 수많은 사람들이 말씀 듣고 회개하게 되었습니다.

다트머스 항구에서의 존 플라벨(John Flavel)의 설교는 성경에 대한 명쾌한 강해와 마음을 파고드는 적용과 상한 양심으로 고통받는 사람에게 주는 위로의 메시지로 탁월하였습니다. 그의 목회와 설교 사역을 통해서 수많은 사람들이 회심하게 되었는데 그의 사역의 열매는 컸습니다.

또한 그 당시 존 로저스(John Rogers)는 영혼을 일깨우는 가장 영적인 설교자의 한 사람으로 간주되었습니다. 로저스는 어느 날 자신의 설교를 들으러 온 젊은이들에게 "그리스도를 영접하지 않으면 아무 것도 당신들에게 유익할 것이 없소. 그렇다면 지금 그리스도를 믿으십시오!"라고 설교하였습니다. 이때 자일스 퍼민(Giles Firmin)은 로저스 설교의 첫 마디 메시지에 마음이 붙잡혀 회심하였는데 나중에 유명한 청교도 목사가 되었습니다.

또한 로저스는 청중들에게 성경을 소홀히 하는 것을 질타했습니다. 성경을 듣는 것에 관심이 없는 사람들을 향해 하나님의 입장으로 말하면서 자기 의자에서 성경을 집어 들고 마치 그것을 그들에게서 가져가 버리는 것 같이 보이게 했습니다. 그러나 곧 그는 역을 바꿔 하나님을 향한 사람의 역할을 취했습니다. 그는 무릎을 꿇고 극히 진지하게 소리 지르며 간청했습니다.

주여, 우리에게 무엇을 행하셔도 좋지만 당신의 성경을 우리에게서 빼앗아 가지 마소서. 우리 자녀를 죽이시고 우리 집을 불태우시고 우리 재산을 멸하소서. 그러나 우리에게서 당신의 성경만은 남겨두시고 당신의 성경은 가져가지 마소서.

이 설교로 인해서 많은 사람들이 비범한 영감을 받았으며 성경에 대한 태만을 고치는 변화가 일어났습니다. 그리고 그날 교회에 가득한 사람들이 눈물에 젖었고, 토마스 굿윈(Thomas Goodwin) 자신도 눈물을 흘렸습니다. 굿윈과 존 하우(John Howe)가 크게 감동을 받았습니다. 이처럼 로저스의 감동적인 설교를 통하여 수많은 사람들이 회심하였고 양육을 받았습니다.

짐 패커(Jim Packer)는 청교도를 하나의 부흥 운동으로 보았습니다. 비록 18세기 조지 휫필드 스타일의 극적인 부흥은 아니었지만 뛰어난 설교자들의 영적 각성 사역을 통해 백성들의 심령을 일깨웠고 많은 영혼을 수확하였다는 것입니다. 성령은 청교도들의 말씀 선포에 생기를 불어넣고 죽은 영혼들에게 새 생명을 일으키는 역사를 하셨습니다. 이것이 청교도 시대에 일어났던 영적 부흥입니다.

상한 심령을 치유하는 강단 목회

설교자는 자기 백성을 잘 알아야 합니다. 성도들은 굶주린 백성들입니다. 그래서 청교도들은 자신의 설교가 성도들의 문제를 해결하지 못한 채로 남아있게 해서는 안 된다고 생각했습니다.

존 플라벨(John Flavel) 목사는 "목회의 수고는 뼈를 말리는 작업이다. 빨리 늦게 하고 죽음에 이르는 일이다"라고 탄식하였습니다. 얼마나 많은 진리를 연구해야 하는지! 청교도 목사들은 자신의 성경을 샅샅이 뒤졌습니다. 성도들의 필요를 채워주고 상처받은 심령을 위로하기 위해서였습니다.

『꺼져가는 심지와 상한 갈대의 회복』의 저자 리차드 십스(Richard Sibbes) 목사는 "사람을 죄에서 은혜로 인도한다는 것은 쉬운 일이 아니다. 완고하고 고집스러운 심령을 소유한 인간을 그들의 죄에서 은혜로, 은혜에서 영광으로 인도한다는 것이 어찌 쉬운 일이겠는가?"라고 말했습니다.

그리스도는 상한 갈대를 꺾지 않으십니다. 청교도들은 상한 갈대에게 더 많은 자비를 베푸시는 그리스도를 항상 생각하면서 강단에서 사랑으로 양들을 돌아보아 상한 심령을 치유하려고 많은 노력과 수고를 하였습니다. 이것이 청교도들의 강단 목회입니다.

청교도들의 주요 교리와 신학 사상

청교도들은 기독교 주요 교리에 대한 깊은 신학적 이해를 가졌던 사람들입니다. 그들은 칭의, 원죄, 동정녀 탄생, 대속의 죽음과 부활 등을 붙잡고 있었으며, 인간의 죄악성과 하나님의 은혜와 신자의 삶 속에 작용하는 성령의 역사를 크게 강조하였습니다.

또한 청교도들의 칼빈주의는 균형이 잡힌 복음주의이며, 구원에 있어 하나님의 주권과 인간의 책임에 대한 균형 잡힌 교리를 붙잡고 있었습니다. 한편으로는 알미니우스주의(Arminiannism)의 오류를 막고, 또 다른 편으로는 초칼빈주의(Hyper-Calvinism)의 오류를 막았습니다. 청교도들은 교리와 경험과 실천에 있어 진리 되신 예수 그리스도를 높임으로써 성경의 진리들을 매우 균형있게 제시합니다.

그리고 청교도들은 교리적으로 칼빈주의를 따르며, "오직 믿음(Sola fide), 오직 성경(Sola scriptura), 오직 은혜(Sola gratia)"라는 종교개혁의 깃발과 더불어 "개혁교회는 날마다 개혁되어야 한다"는 신념으로 끊임없는 개혁을 추구하였습니다. 그들은 교회를 개혁하고 정화했으며 개혁주의 은혜 교리와 성경적이고도 경건한 삶으로 사람들을 인도하고자 노력하였습니다.

청교도 예배와 주일성수

청교도 예배의 특징은 단순성입니다. 그들은 오직 순전한 교회를 추구했고 원했습니다. 교회는 그리스도의 몸이기 때문입니다. 그것이 바로 그들의 확신이었고 그들이 주장했던 교리이기도 했습니다. 그래서 그들은 요란한 예복들을 벗어던지고 우상들과 여러 형식들과 의식들을 없애 버림으로써 소박하다는 인상을 주었습니다. 가톨릭과 성공회의 예배와 비교할 때, 한마디로 반(反)의식적이라고 평할 수 있습니다. 그들은 가톨릭과 성공회 예배에서 발견되는 허례허식에 질린 나머지, 예배에서 여러 가지 잡다함을 제거하고 거룩한 교훈으로 줄여 말할 수 있는 예배의 본질에 초점을 두었습니다.

성공회 감독인 뱅크로프트는 "의식이 없는 곳에 종교가 없다"고 말했으나, 청교도 목사인 리처드 그린햄(Richard Greenham)은 "의식이 극성을 부릴수록 진리는 줄어든다"고 말하였습니다. 청교도들은 단순 반복으로 말미암아 예배가 신선함을 잃고 일상사로 전락하지 않도록 노력하였으며, 방만하고 위선적인 예배는 질색했습니다.

또한 청교도들은 주일 공적 예배의 중요성을 매우 강조했습니다. 그 당시 영국교회는 주일 예배 후에는 음탕한 연극과 주사위 놀음, 카드놀이, 노래, 춤, 볼링, 테니스, 매 사냥, 여우 사냥, 온갖 오락 등을 즐겼습니다. 주일에도 장이 섰습니다. 이같은 현실은 하나님 말씀대로 살려고 몸부림치는 청교도들에게는 매우 거슬리는 것이었습니다. 그들은 주일에는 오락이나 장사, 자신을 위한 그 어떤 행위도 배격하고 주일 전체를 예배와 교제 그리고 선행하는 일에 아낌없이 바친 엄격한 주일성수 사상을 고집하였습니다.

그리고 청교도들은 주일 예배에 하나님의 임재하심이 강하게 나타나며 주일은 모든 신앙생활의 활력을 얻는 날이라고 믿었습니다. 데이비드 클락슨(David Clarkson)은 "주님은 공적 예배에 의해 더 많은 영광을 받으신다", "공적예배에는 주님의 임재가 더 많다"라고 주장했습니다. 청교도들은 특별히 주의 날을 아주 기뻐하였습니다.

1662년 대추방령(The Great Ejection of 1662)

청교도들은 어느 때 어떤 시기를 막론하고 학대와 핍박의 대상이었습니다. 청교도 지도자들은 수차례 투옥되었고, 재산 압류 처분을 받았습니다. 또한 목사 직위를 박탈 당하고 귀를 베이거나 처형당하기도 하였습니다. 특히 가톨릭의 상징인 잉글랜드 왕 제임스 1세(James Ⅰ, 1566-1625)와 찰스 1세(Charles Ⅰ, 1600-1649)의 폭정으로 인해 청교도들은 더 이상 잉글랜드에 남아 있기가 점점 더 어려워졌습니다.

결국 1620년 9월, 102명의 청교도들은 신앙의 자유를 찾아서 메이플라워(Mayflower) 호를 타고 잉글랜드 남서부 플리머스(Plymouth)를 떠나 미국

신대륙을 향해 출항하였습니다. 그 후 모든 교회는 잉글랜드국교회(성공회)에 맞추어야 한다는 '기도방식 통일법령'이 1662년에 통과되었습니다. 이 통일령(Act of Uniformity)에

청교도들이 메이플라워호를 타고 미대륙을 향해 출항했던 플리머스 항구

서 요구한 원칙적인 것들은 기도예식서에 포함된 모든 것들에 어떤 가식도 없이 전적으로 동의한다는 선언문이었습니다. 모든 목회자들은 공동기도서를 유일하게 사용할 것을 선서해야 했고 아울러 국교회 형식으로 안수를 받아야 했습니다.

그러나 청교도들은 감독들이 강요한 잉글랜드국교회의 예배 모범과 교회 정치, 교리 문제 등을 반대하고, 예배 의식의 불필요한 형식 절차들을 따르기를 거부했습니다. 통일령의 요구에 서명하지 않고 잉글랜드의 우상인 기도예식서에 반대한 청교도들 약 2,000명이 국교회에서 추방되었습니다. 이것이 1662년 대추방령 사건입니다.

청교도 매튜 미드(Matthew Mead)는 "이 운명적인 날은 잉글랜드의 달력에 검은 글씨로 쓸 필요가 있는 날"로 선언하였습니다. 추방된 목회자들은 설교를 할 수 없었고 여러 가지 가혹하고 교묘한 형벌이 뒤따랐는데 무자비하게 철저한 것이었습니다. 이때부터 잉글랜드의 청교도들이 쇠퇴하기 시작하면서 결국 그들의 영향력은 사라지게 되었습니다.

"순교자의 피는 교회의 씨앗이다"라는 격언은 청교도들에게 맞는 말입니다. 그들은 세상의 것들에 매여서 무릎 꿇기보다는 하나님 앞에서 바른 믿음의 자세로 꿋꿋이 서서 죽기를 원했습니다. 그들은 진리의 투사였습니다. 17세기 잉글랜드교회가 어려운 위기에 처해 있을 때 혜성처럼 빛을 발하던 청교도들의 신앙생활은 오늘날에도 많은 감동을 주고 있습니다.

청교도들의 주옥같은 작품들

청교도들은 핍박 중에서도 위대한 작품들을 많이 저술하였습니다. 그들의 글은 구속받은 사람들이 체험한 하나님의 사역을 다루고 성경적이고 실천적인 경건을 말하고 있습니다. 우리로 하여금 하나님을 바라보며 그리스도를 더욱 사랑하게 합니다. 그리고 우리 속에 감추어진 죄를 죽이고 성숙한 거룩함에 이르게 하고 특히 고난 중에 있는 영혼들을 붙들어 주고 강건한 영적 유익을 얻게 합니다.

청교도들의 유명한 작품들은 너무 많습니다. 하지만 지면 관계상 번역도서 중 일부만 소개 하려고 합니다. 존 번연이 옥중에서 저술한 『천로역정』은 성경 다음으로 유명한 그리스도인들의 고전입니다. 스티븐 차녹(Stephen Charnock)의 『당신의 거듭남, 확실합니까』, 존 오웬(John Owen)의 『그리스도의 영광』, 윌리엄 에임스(William Ames)의 『신학의 정수』, 토마스 왓슨(Thomas Watson)의 『신학의 체계』, 존 엔젤 제임스(John Angell James)의 『간절목회』, 리차드 십스(Richard Sibbes) 의 『꺼져가는 심지와 상한 갈대의 회복』, 존 플라벨(John Flavel)의 『은혜의 방식』 등 이외에도 많은 청교도의 인물들과 작품이 있습니다.

이와 같은 청교도들의 저서는 유럽의 경건주의자들에게 커다란 영감을 안겨 주면서 대륙에 경건주의 영성이 스며들게 하였으며, 더 나아가 18세기 영국과 미국에서 칼빈주의적 영적부흥 운동이 일어나 청교도주의가 크게 활기를 띠게 되었습니다. 그리고 영국은 비범한 설교자들과 지도자들을 낳았는데 특히 찰스 스펄전과 로이드 존스는 대표적인 청교도의 후계자로 불리우고 있습니다.

모리스 로버츠(Maurice Roberts)는 다음과 같이 말했습니다.

> 청교도의 펜에서 나온 설교, 논문, 소책자, 일기, 역사 또는 전기 가운데 어떤 식으로든 영적 생명을 자라게 하는 것을 목표로 삼지 않은 것은 거의 없습니다.

우리가 그리스도를 더 알고 그분을 더욱 깊이 알기를 원한다면 청교도들의 작품을 많이 읽어야 할 것입니다. 청교도들은 탁월한 설교자요, 영혼을 사랑하는 참 목회자입니다. 그들은 치유와 상담에 뛰어난 영혼의 의사요, 성경교사요, 교리문답자요, 성경적입니다. 또한 그들은 복음전도자요, 진리에 대한 거룩한 열정을 가진 사람들로서 매우 생동적이며, 전인격적이며, 실제적입니다. 그리고 하나님을 영화롭게 하는 사람들입니다.

그러므로 필자는 사도들 다음으로 위대한 사람들이 청교도라고 자신 있게 말하고 싶습니다. 역사상 가장 거룩하고 위대한 모범된 신앙의 삶을 보여 주었던 청교도들은 이 세상의 성자들이요, 하나님의 영적 거인들입니다.

청교도들이 오늘날 우리에게 주는 교훈

1) 오직 예수 그리스도

청교도들은 회심 이후 오직 그리스도에게만 초점을 맞추었습니다. 그들은 예수 그리스도를 사랑했고, 그리스도만을 굳게 붙들었고 그리스도만을 전하기를 원했습니다. 그들이 추구한 것은 신약과 그 가르침을 따르는 교회, 즉 예수 그리스도가 원하는 교회를 만드는 것이었습니다. 그리고 그들에게 성경 66권의 장과 절은 어린 예수의 강보와 같은 것이어서 그들의 작품 속에 예수 그리스도의 아름다움에 대해 많은 글을 남겼습니다. 청교도 신학자 토마스 굿윈은 "만일 그리스도가 없다면 천국은 내게 지옥일 것입니다"라고 말했습니다.

하지만 현대교회는 예수 그리스도를 많이 잊어버리고 있습니다. 하나님이 부어주시는 은혜를 받으려면 다양한 프로그램보다는 오직 예수 그리스도에게만 초점을 맞추어야 합니다.

2) 교회의 성패를 말씀 사역에 달린 것으로 봄

무엇보다도 청교도들의 중요성은 그들이 강단에서 설교의 영광을 보여주었다는 것입니다. 그들은 교회의 성패를 말씀 사역에 달린 것으로 보았기 때문입니다. 그들은 세밀하고 섬세한 성경 연구와 그 속에 있는 진리에 대한 깊은 사모함이 있었으며, 목숨을 다해 말씀을 선포하였습니다. 청교도들은 오늘날 침체하고 있는 교회의 회복을 위해서 설교의 영광과 강단 사역의 회복이 절심함을 가르쳐 주고 있습니다. 존 라일(John Ryle)은 "교회의 전성기에는 언제나 설교가 귀중히 여김을 받았고, 교회의 암흑기에는 설교가 경시되었다"라고 말했습니다.

지금 한국교회의 위기는 강단의 위기입니다. 설교의 권위와 강단의 영광이 다시 회복되어야 합니다. 청교도들처럼 강단에서의 설교의 영광을 보여주는 설교자들을 통하여 또 다른 부흥이 임하게 될 것입니다.

3) 교회의 위치와 역할을 바로 세워감

청교도들은 또한 세상에서 교회의 위치와 역할을 바로 세우는 데 큰 역할을 하였습니다. 당시 17세기의 교회는 국가의 소속이었습니다. 하지만 청교도들은 교회는 예수님이 머리가 되시며 믿는 성도들이 교회를 이룬다고 믿고 국가에 맞섰습니다. 그들은 순수한 교회를 지키기 위해 수많은 핍박과 순교를 당하기까지 하였습니다.

오늘날 복음주의 교회는 세상을 많이 닮아가고 있으며 점점 세속화 되어가고 있습니다. 또한 교회는 교리 타협을 하고 사역 철학은 세속의 성공 기준에 물들어 있습니다. 하지만 성경에서 말하는 성공 사역의 척도는 사람의 수나 큰 교회나 물질적 번영에 있는 것이 아닙니다. 오직 하나님의 뜻을 행하는 것입니다. 말씀의 바른 선포로 인해 주님의 몸된 교회가 건강한 교회가 되어야 할 것입니다.

4) 성경에 마음을 흠뻑 적시었던 사람들

청교도들은 그들의 심장이자 핵인 성경에 최고의 권위를 두었던 성경의 사람들이었습니다. 그들은 오류가 없는 하나님의 말씀을 믿었으며 성경의 영감성과 무오성에 대하여 확고하였습니다. 설교할 권리를 박탈당했을 때도 말씀의 권위를 가졌던 청교도들은 성경을 읽고 묵상하고 연구하였습니다. 하나님의 말씀에 마음을 흠뻑 적시었던 청교도들에게 성령의 기름부음이 가득하였습니다.

우리 역시 하나님의 성령을 원할수록 우리는 말씀을 더 많이 읽고 들어야 합니다. 컴퓨터나 스마트폰과 같은 것으로 인해 말씀 읽고 묵상하고 듣는 시간을 놓쳐서는 안 될 것입니다. 성경을 우리 자신들의 영적 지탱과 삶의 개혁을 위한 최고의 원천으로 삼고서 말씀으로 승리해야 합니다.

5) 신학과 교리, 신앙과 실천적인 삶과의 균형

청교도들은 신학과 교리와 신앙을 굳게 붙잡음과 동시에 또한 실천적인 삶을 살면서 균형잡힌 영적 생활을 하였습니다. 그들의 신학은 견고한 교리와 뛰어난 실천성이 겸비되었으며, 설교자들은 설교한 그대로 삶을 살았습니다. 그들에게 교리와 삶은 분리될 수 없었습니다. 이러한 청교도들의 균형잡힌 신앙의 원리들은 우리가 되찾아야 할 필요가 있고 반드시 본받아야 할 것입니다.

6) 영원한 천국을 더욱 사모함

청교도들은 고난과 박해를 잘 견뎠으며 신앙의 자유를 찾아 숱한 난관의 길을 걸었습니다. 그러면서도 자신들의 마지막 목적지인 천국을 잊지 않았습니다. 자신들이 훌륭하게 누릴 수 있었던 사회적 지위나 재산, 안정된 생활, 심지어 가족까지도 다 포기하면서 오직 하나님의 손에 이끌리는 삶을 살 수 있었던 것은 영원한 천국에 대한 소망 때문이었습니다. 우리 역시 해석이 안되는 수많은 고난 가운데서도 청교도들처럼 이 세상을 굳게 붙들지 않고 저 영원한 새 하늘과 새 땅, 영광스러운 천국을 더욱 사모해야 할 것입니다.

▶ 토의를 위한 질문

1. 왜 우리는 청교도들에게 관심을 가져야 합니까? 300년 전 잉글랜드 청교도들은 어떠한 사람들입니까?

2. 왜 교회의 머리는 왕이 아니라 예수 그리스도라고 생각하십니까?

3. 설교의 영광을 보여준 청교도들처럼 설교의 영광과 강단 목회에 최우선을 두고 있습니까? 또한 강단에서 사랑으로 양들을 돌아보아 상한 심령을 치유하려고 많은 노력과 수고를 하고 있습니까?

4. 주일 예배에 하나님의 임재하심이 강하게 나타나며 주일은 모든 신앙생활의 활력을 얻는 날이라고 믿으면서 주일성수를 잘 하고 있습니까?

5. 1662년 대추방령 사건은 무엇입니까? 이 사건이 나의 신앙생활에 결단하게 한 것은 무엇입니까? 어떠한 고난 가운데서도 영원한 천국을 사모하면서 한걸음씩 걸어가고 있습니까?

6. 청교도들의 저서 가운데 어떤 책들을 통해 영적인 유익함을 얻고 있습니까?

7. 현대교회는 왜 청교도와 같은 인물들을 배출하지 못하는가요?

Chapter 7

죽어가는 사람처럼 설교한
리처드 백스터

회심 체험 후 존 번연처럼 독학을 한 백스터

리처드 백스터

참된 목자의 본이 되는 리처드 백스터(Richard Baxter, 1615-1691)는 청교도 중의 한 사람입니다. 그는 1615년 청교도 운동의 영향을 거의 받지 못한 잉글랜드의 슈롭셔(Shropshire)의 로우톤(Rowton)에서 태어났습니다. 그의 아버지는 도박으로 재산을 탕진하였고, 어머니의 건강이 악화된 상태였기 때문에, 어린 백스터는 10년을 외조부모의 슬하에서 지내야만 했습니다. 그런데 놀랍게도 아버지가 혼자 성경을 읽는 도중 회심하는 일이 발생하게 되자 백스터는 부모의 집으로 돌아올 수 있었습니다.

그는 어린 시절에 '청교도'라는 말을 듣기는 하였지만 경멸의 용어로 배웠을 뿐이었습니다. 또한 그의 고향 교회에는 예배를 인도하는 낭독자(reader) 즉 목사가 없는 곳이었지만 예배 때 성경이나 기도문을 읽던 사람이 있었습니다. 하지만 그들은 성경을 알지 못하는 설교자들이었습니다.

이러한 상황에서 백스터에게 영적으로 감명을 준 사람은 바로 그의 아버지였습니다. 아버지는 어린 백스터가 성경을 사랑하고 성경의 역사 부분을 읽고 성경을 깊이 연구할 수 있도록 해 주었습니다. 또한 하나님과 미래의 삶에 대하여 말해 주어 그것으로 인해 죄에 대해 두려움을 느끼게 하였습니다. 비록 그는 교리적인 부분과 구속의 신비에 대해서는 잘 이해하지 못했으나 성경에 깊이 몰두하면서 놀라운 회심 체험을 하게 됩니다. 이때 그의 나이가 15살이었습니다. 하나님이 자신에게 베풀어 주셨던 큰 사랑을 경험한 백스터는 자신의

리처드 백스터 생가

영혼의 실상에 대해 눈을 뜨게 됩니다. 그 후 그의 마음은 영적인 것에 더욱 더 절실하게 되었고 그가 죄를 범할 때면 그의 양심은 몹시 괴로워했습니다.

백스터는 대학 교육의 혜택을 받지 못하였지만 존 번연처럼 독학하였습니다. 그는 혼자서 히브리어와 헬라어와 라틴어와 신학적 지식을 이해하기 위해 논리학과 형이상학과 물리학을 열심히 공부하였습니다. 또한 그는 신학과 중세 신학과 신학자들, 철학, 의학, 약학 등을 공부했으며, 대륙의 종교개혁자들이 쓴 책을 읽음으로써 종교개혁 사상을 배웠고, 청교도들의 서적을 통해 구속의 신비를 생생하게 느끼게 되었습니다. 그리고 복음과 하나님의 사랑을 더 깊이 체험한 백스터는 일생동안 그의 사역에 열정을 쏟아 부었습니다.

점점 부패해가는 목회자들과 평신도들

사회적으로 방탕과 유혹의 시기였던 17세기 초에 국교도 목사들은 무지하고 나태하여 교인들의 생활에 무관심하였습니다. 백스터의 고향인 로우톤에는 예배를 인도하는 4명의 목사가 있었는데 한 사람도 성경에 대해 제대로 아는 사람이 없었습니다. 그 가운데 2명은 자주 술집을 드나들며 때로는 술에 취하기도 하고 부도덕하여 성도들의 지탄을 받고 있었습니다. 어떤 성직자는 3개월에 한 번씩 설교를 전하고, 설교 준비보다 술집에 앉아 있기를 즐기다가 교회에서 추방되기도 하였습니다. 이와같이 당시 목회자들은 무능하거나 부도덕한 상태였으며, 물질적인 타락도 극에 달하였습니다.

또한 지역교회들의 영적인 상태 역시 아주 형편없었으며, 교회의 부패는 평신도들에게서도 극심하게 드러났습니다. 신령과 진정으로 드려야 할 예배는 운동회나 무희들의 패션쇼와 같게 되었으며, 주일에 예배를 드리는 대신 운동하거나 춤을 추는 사람들이 늘어났고, 대부분의 사람들이 예배 후에 밤을 지새우며 춤을 추고 쾌락에 빠져 흥청거리곤 했습니다. 잉글랜드교회의 예배가 의식주의로 만연되어 갔으며, 목회자들은 점점 세속화되어 영적 능력을 상실해가고 있었습니다.

키더민스터교회에서 백스터의 목회사역

1638년 백스터는 잉글랜드국교회에서 안수를 받은 후 더들리(Dudley)에 있는 교구교회와 주변 마을의 교회에서 종종 설교하기 시작하였습니다. 그가 설교할 때마다 예배당은 언제나 사람들로 가득 찼습니다. 그 후 1641년, 백스터는 작은 도시 키더민스터(Kidderminster) 교회로부터 청빙을 받고서 교회에 부임하였습니다. 곧바로 그는 영적으로 황무지 같은 키더민스터교회를 청교도 신앙으로 개혁하기 위해서 전력을 기울였습니다.

1) 설교 준비와 연구에 전념

먼저 백스터는 목회 사역에서 최우선적으로 설교 준비와 연구에 전념하였습니다. 그는 설교 사역이 항상 중심적 위치를 차지하고 있으며 가장 중요한 것임을 알고 부지런히 설교를 준비했고, 또한 설교하기 위해 자신을 준비했습니다. 강단에서 그의 설교는 청중들의 양심과 심령에 죄를 자각케 하고 모든 위선을 들추어내게 하였습니다.

그는 영혼을 하나님께 인도하려는 열렬한 소원을 갖고서 회심을 이끌어 내는 복음 설교에 초점을 맞추었으며, 천국과 지옥을 눈에 보이는 것처럼 생생하게 설교하였습니다. 그의 설교 스타일은 아주 힘 있고 꾸밈이 없었고 불꽃처럼 타올랐으며 항거하기 어려울 정도로 강한 힘을 갖고 있었습니다. 그는 일생동안 죽어가는 사람들에게 죽어가는 사람처럼 진리를 선포하였습니다. 그래서 그의 메시지를 들은 자들은 분명한 결단을 내리지 않으면 안 되었습니다.

2) 교리문답 교육

백스터는 설교만으로는 회심을 통한 제대로 된 개혁을 적절히 이끌어 낼 수 없다고 생각하였습니다. 그래서 그는 보조 사역자들과 함께 매주 2

일에 걸쳐 교구민들의 각 가정을 방문하여 한 가정당, 한 시간 정도 교리문답 교육을 하였습니다. 백스터는 설교를 들으면서도 아무런 열매를 맺지 못한 회중들이 요리문답 교육을 통해 많은 영적 지식을 얻도록 하였으며, 복음을 잘 이해하지 못하는 성도들에게도 복음의 핵심이 무엇인지 설명하는 방식으로 심방을 하였습니다. 리처드 그린햄(Richard Greenham)은 "교리문답 교육이 개혁주의 교회를 세우고 로마 가톨릭교회를 심각하게 도전하고 무너뜨렸다"고 주장했습니다. 교리 교육을 통해 회심케 하고 신앙이 더욱 더 성숙하도록 이끌어 주었던 백스터는 개인들에 대한 수준 높은 목회(pastoral care)를 실천했습니다.

이처럼 백스터는 예수 그리스도의 심장을 품고서 성도들의 영적 성장을 위하여 복음을 집으로 가져와 가정이 복음으로 물들게 하였습니다. 그의 열정적인 심방 사역은 가족과 교회의 지체들을 예수 그리스도께로 이끄는 역할을 하게 되었습니다.

3) 회심의 중요성

백스터는 회심이 개혁의 궁극적인 목표였습니다. 그가 목회사역에 있어서 설교와 교리문답 교육을 필수적인 목회 요소로 보았던 이유는 영혼들의 회심을 위한 가장 유익한 수단으로 확신했기 때문입니다. 또한 그는 회심한 사람들의 올바른 성장을 위해 많은 수고를 아끼지 않았으며, 회심한 성도로 하여금 영원한 안식을 준비하도록 하였습니다. 아마 백스터 전후의 어떤 저술가나 목사도 회심의 중요성과 회심이 교구 개혁과 맺고 있는 연관성에 대해 이처럼 확고한 신념을 표현한 사람은 없었을 것입니다.

4) 성도들에게 쉬지 않는 기도생활을 강조

백스터는 기도생활을 강조하였습니다. 그의 기도는 매우 강력했으며 그에게 있어서 기도는 설교와 마찬가지로 매우 중요한 업무가 되었습니다. 특별히 그는 기도의 능력을 신뢰하였고 성도들에게 쉬지 않는 기도 생활을 가르쳤습니다. 그 결과 그는 기도의 무릎을 통해서 설교를 준비하였으며, 설교할 대상들인 회중들에게 신앙과 회개를 주시도록 정기적으로 이름을 불러가며 기도했습니다. 또한 그는 성도들에게 "기도로 인하여 하나님이 변하시지는 않지만 우리가 변화됩니다"고 말하면서 영적개혁을 위해 기도의 필요성을 역설하였습니다.

5) 공적인 예배 출석

더 나아가 백스터는 철저한 공예배 출석을 강조하였습니다. 그는 성도들에게 신령과 진정으로 드려지는 신약적인 예배, 즉 초대 교회 성도들이 단순하고 소박하게 드리던 예배를 회복할 것을 가르쳤습니다. 이처럼 예배의 개혁을 촉구함으로써 키더민스터를 성경중심적인 마을로 만들어 갔습니다. 그리고 백스터는 가정 예배를 권장하면서 신자 교육을 위해 자신이 쓴 책 한두 권을 나누어 주기도 하였습니다.

6) 신앙생활의 실천과 거룩에 힘씀

또한 백스터는 경건한 신앙 생활의 실천을 매우 강조하였습니다. 그는 성도들의 생활이 개혁되기를 원하면서 특별히 거룩에 대해 자주 설교하였습니다. 그는 "거룩이란 가장 많이 유익을 얻고 안전으로 향하는 유일한 길이요, 가장 영예스럽고 즐거운 길"이라고 말하였습니다.

이와같이 백스터의 설교사역과 교리교육, 회심목표, 기도생활, 공예배 출석 강조, 신앙생활 실천 등의 목회 사역은 키더민스터교회 부흥의 기초를 세우게 되었습니다.

키더민스터교회 부흥의 현상

작은 촌락 키더민스터에서 살고 있는 2천 명의 성인들 대부분은 무지하고 교양 없고 술에 취해 떠드는 사람들이었습니다. 겸손하고 경건한 자들은 아주 소수에 불과했습니다. 그런데 백스터의 열정적인 목회 사역으로 인하여 놀라운 변화가 일어났습니다. 특별히 그의 설교는 수많은 청중을 회심케 하는 역사를 낳았습니다. 성령의 부으심으로 인해 놀랍게도 많은 사람들이 회개하고 돌아와 하나님을 믿었습니다. 몇몇 술집 주인들의 가족들이 그리스도에게로 돌아왔습니다.

여러 가정들이 양심의 회개를 경험하고 눈물을 흘리며 경건한 삶을 살기로 결단을 내렸습니다. 오순절의 불길처럼 회개의 영이 그들의 영혼 속에서 타오르게 되었고 무지했던 키더민스터가 복음의 도가니로 변화되었습니다. 회중의 규모는 점점 늘어나 교회는 매주 600여 명의 신자가 회집할 정도로 성장하였습니다. 교회가 비좁아 몰려드는 사람들을 수용하기 위해 다섯 개의 발코니를 더 확장해야 했습니다.

이러한 부흥으로 인해 아침과 저녁의 가정 예배 시간이 되면 모든 가정에서 시편을 읽는 소리가 울려 퍼졌고 모든 골목이 찬송과 기도 소리로 메아리쳤습니다. 한 가정에서 찬송이 끝나면 다른 가정에서 찬송이 연이어졌고, 한 가정에서 설교 소리가 끝나면 다른 가정에는 기도가 시작되었습니다. 또한 그들은 설교문을 읽고 설교에 대해 이야기하였습니다. 이

부흥이 일어 났던 키더민스터교회

처럼 사람들의 모습 속에 신앙적 생명이 솟구쳐 오르고 있었습니다. 특별히 주일이면 거리에서 단 한 건의 무질서도 볼 수 없을 정도로 모두가 평화롭고 고요하였습니다. 그리고 수많은 회심자들 가운데 세속의 길로 빠져 실족한 자는 하나도 없었다고 합니다.

백스터가 키더민스터교회의 목사가 되었을 때, 처음에는 한 거리에 한 가정 정도만이 집에서 예배를 드리며 하나님을 섬겼습니다. 하지만 사역 후기에는 그 마을에 있는 모든 가정이 진지하게 신앙을 고백하면서 하나님을 예배하며 섬기게 되었습니다. 이것이 키더민스터의 부흥의 현상입니다. 키더민스터 마을 전체가 회심했던 부흥 이야기는 놀랍고 감동적인 사건입니다.

백스터의 감동 저서 『참된 목자』

백스터는 키더민스터교회에서 사역하면서 얻은 경험을 통하여 『참된 목자』(*The Reformed Pastor*)를 썼습니다. 그는 교회의 온갖 부패가 목회자에

게서 시작된다고 생각하면서 목회자 개혁 운동에 앞장섰습니다. 그는 교회의 성장이 외적인 조건에 달려있는 것이 아니라 목회자 자신에게 있다고 주장하면서, 먼저 목회자의 개혁을 시도하기 위해 주변 교회의 목사들과 함께 성경 연구와 기도모임을 가졌습니다. 놀랍게도 그 모임은 갈수록 매우 활성화 되었습니다. 그는 목회자 모임에서 "목회자가 개혁되어야 성도들이 개혁된다"고 역설하였습니다. 그는 목회자들은 교회의 문제를 보지 말고 자신에게 주어진 사명에 충실함으로써 교회를 부흥시켜야 한다고 권하였습니다.

백스터의 감동 저서 『참된 목자』에서 그는 목회자들에게 많은 교훈을 언급하였습니다. 그는 "목회자의 설교, 기도에 전념한 생활, 하나님을 전적으로 의존함, 성경과 신학에 대한 지식, 목회적 열정, 목회자의 언행일치, 지도력과 행정 능력" 등이 교회 부흥과 침체를 결정한다고 말하였습니다. 그리고 백스터는 참된 목자가 되려면 부단한 자기 개발이 필요하며, 죄의 유혹을 멀리하고 주어진 상황에서 최선을 다해야 한다고 강조하였습니다.

또한 백스터는 "영적 의사인 설교자가 성도들에게 잘못된 치료제를 처방하는 것은 그들을 영원한 파멸에 이르게 하는 영혼 살인자가 되게 한다. 내 설교를 통해서 영혼들이 구원을 받거나, 아니면 나의 나태함으로 멸망하여 지옥에 간다는 무섭고 중대한 생각을 해보라"고 말하였습니다. 이처럼 무섭고 엄청난 생각이 항상 설교자들의 심령 속에 머물러 있기를 권면하였습니다.

그리고 설교자들은 청중들의 마음을 각성시키기 위해 강단에 올라가기 전에, 먼저 하나님의 이름으로 자신들의 마음을 살펴 깨우고 각성시킬 것을 강조하였습니다. 또한 생기가 없는 게으른 설교자는 졸고 있는 죄인들을 결코 각성시키지 못하기 때문에 세상적인 경향들을 제거하고 하나님과 함께 하는 열정의 삶을 지속해야 한다고 말하였습니다. 더 나아가 백스터는 목회자에게 먼저 믿음과 사랑과 열성이 넘치면 이와 동일한 은혜들이 회중들에게 신선한 은혜로 흘러 들어간다는 것을 강조했습니다.

목회자들을 위한 필독서인 『참된 목자』는 굉장한 명성을 얻은 책으로서 복음주의적인 열정과 확신으로 불타고 있습니다. 백스터가 이 세상을 떠났지만 그의 책은 여전히 살아 있습니다. 비록 3세기가 지났어도 여전히 많은 사역자들과 그리스도인들의 가슴을 찌르고 있으며 수많은 사람들이 읽고 회심하였습니다. 또한 이 책은 존 웨슬리, 사무엘 웨슬리, 존 에인젤 제임스, 찰스 스펄전 등을 비롯하여 수많은 저명 그리스도인들에게 큰 영향을 미쳤습니다.

심한 박해 속에서도 계속 말씀을 전함

백스터는 1638년에 잉글랜드국교회에서 안수를 받았으나 실은 비국교도 목사였습니다. 그는 잉글랜드국교회의 예배 의식과 규율에 얽매이기를 거부하였으며 교회 안에서 비국교도들을 보호하는 데 관심을 쏟았습니다. 이와같은 정부 당국과 청교도들과의 대립은 백스터의 설교사역을 더 이상 하지 못하게 하였습니다.

1662년 5월, 찰스 2세가 통일령을 발포하자 백스터는 발포된 통일령의 정책에 항의를 표하면서 궁정 목사직을 사임하고 비국교도 목사들 편에 서게 됩니다. 찰스 2세의 박해로 비국교도에 대한 탄압이 시작되자 수많은 목사들이 교회에서 추방을 당하였습니다. 이 통일령은 수많은 청교도 목사들을 거리로 내몰았으며, 백스터도 다른 목사들과 함께 그토록 사랑하던 목회지를 떠나야 했습니다. 이때에 백스터는 통한의 많은 눈물을 흘렸다고 합니다. 백스터는 1662년 대 추방 이후, 백스터는 비국교도들 가운데 보수적인 지도자로 활동하였습니다.

1664년 비밀 집회령에 관한 법률이 통과되어 정부 당국이 설교를 금지하였음에도 불구하고 백스터는 그의 설교를 듣기 위하여 몰려온 성도들에게 당당하게 설교하였습니다. 이 일로 결국 그는 체포되어 18개월의 옥살이를 해야 했습니다. 1675년 모든 비국교도 설교권이 다시 상실되었지만 한 예배당에서 위험을 무릅쓰고 말씀을 전하였습니다. 이로 인해 그는 다른 사람들보다 더 심한 박해를 받아야만 했습니다.

임종 직전 런던시를 위한 기도
- "하나님, 불쌍하고 무지한 이 도시를 긍휼히, 긍휼히, 긍휼히 여기소서!"

리처드 백스터의 기념동상

백스터는 일생동안 질병으로 인해 많은 고생을 하였습니다. 당시 그의 병이 여러 번 재발한 데다 핍박까지 받아 몸이 몹시 지쳤습니다. 세상을 떠나기 전에 그는 런던시를 위하여 기도하였습니다. "하나님, 불쌍하고 무지한 이 도시를 긍휼히, 긍휼히, 긍휼히 여기소서."

백스터는 죽음의 병상에서 짐 엘리엇(Jim Elliot) 선교사의 생애를 읽고서 감동반기도 하였습니다. 그는 열정적인 복음전도자로서 해외 선교사역에도 열정을 쏟았습니다. 그는 복음 전파 선교회를 설립하는데 주역을 맡았으며, 그에게는 타의 추종을 불허하는 열정이 있었습니다.

1691년 12월 8일, 비국교도의 아름다운 말씀 사역자 백스터는 76세의 나이로 주님의 평안 가운데 눈을 감았습니다. 불같은 열정으로 사역했던 백스터의 생애가 끝났습니다. 백스터는 영국교회 부흥의 주역이요, 교회를 개혁시킨 강력한 지도자 중의 한 사람입니다. 그는 신실한 말씀 사역자요, 청교도 설교자입니다.

리처드 백스터가 오늘날 우리에게 주는 교훈

1) 죽어가는 사람들에게 죽어가는 사람처럼 설교

백스터의 목회 사역의 핵심은 말씀 신포였습니다. 그는 매주 설교하리 강단에 올라가지만 건강이 좋지 않은 상태이기 때문에 혹시 내려오지 못하면 어쩌나 하는 두려움 가운데 강단에 섰습니다. 몸의 질병으로 인해 매 순간의 중요성을 깨달은 백스터는 다시 설교하지 못하리라는 확신을 가지고 죽어가는 사람들에게 죽어가는 사람의 심정으로 설교를 했습니다. 백스터를 위대하게 만든 것은 육체적인 질병이었습니다. 지금 이 시간이 천국과 지옥의 갈림길이라는 엄연한 사실 앞에서 죽을 힘을 다해 말씀을 선포하였습니다.

이처럼 백스터는 설교가 복음 사역에 있어서 가장 위대하고 탁월한 일임을 깨우쳐 주었습니다. 그는 복음으로 영혼을 일깨워 준 신실한 말씀 사역자입니다. 누가 이 시대에 백스터처럼 죽어가는 사람들에게 죽어가는 사람의 심정으로 설교할 것인가! 하나님은 열정적인 말씀 사역자들을 통해서 부흥의 파도를 일으키십니다.

2) 교리문답 교육에 열정을 쏟음

백스터는 열정적인 설교와 함께 교리 교육에 매우 중요한 초점을 두었습니다. 특별히 성도들의 각 가정을 심방하여 교리문답 교육에 힘썼습니다. 백스터의 교리 교육을 통한 영혼 사랑하는 열정은 모든 설교자들과 교사들에게 많은 도전과 감동을 주고 있습니다.

지금 기독교 신앙에 있어 성경 교리에 대한 지식의 결여는 매우 큽니다. 그 어느 때보다도 교회 안에 오류와 이단이 너무 많아지고 있습니다. 또한 교리를 공부하지 않고 성경을 연구하면 위험하기 때문에 사역자들과 그리스도인들은 성경이 가르치는 교리를 깊이 알아가야 합니다. 성경의 교리는 그리스도인들의 신앙생활과 삶에 생기를 불어 넣어주고 힘을 얻게 해 줍니다. 바른 교리 위에 성령께서 역사하십니다. 교리 없이 부흥 없습니다.

3) 영혼들의 회심 강조

백스터는 목회 사역과 신앙생활에 있어서 회심의 중요성을 강조하고 있습니다. 왜냐하면 주님을 위한 헌신 사역의 원동력은 회심에서부터 시작하기 때문입니다. 그래서 그는 다른 이들을 회심시키기 위해서 자신을 아낌없이 내놓았습니다.

백스터의 회심 목회는 성장에 목표를 두고 있는 오늘날 교회에 많은 도전을 주고 있습니다. 모든 사역자들은 영혼의 회심에 목표를 두고서 하늘의 진리를 잘 가르쳐야 합니다. 회심은 불꽃같은 사역의 원동력입니다.

4) 참된 목자상의 모델

백스터는 목회자의 참된 목자상이 교회 부흥과 침체를 결정한다고 강조합니다. 그러므로 모든 사역자들은 먼저 자기 자신을 각성시키고 믿음과 성령으로 충만하고 자기개발을 철저히 해야 합니다. 즉 기도와 말씀연구, 설교, 영성, 신학 지식, 언행 일치, 사명 충실, 하나님과 함께 하는 열정의 삶, 거룩 등 자기개발과 실천적 삶에 최선을 다하여야 할 것입니다. 혼탁한 이 시대에 참된 목자가 필요합니다.

5) 벡스터의 저서 『참된 목자』의 영향력

보석과 같은 백스터의 『참된 목자』는 실천신학에 있어서 가장 뛰어난 작품으로 평가 받고 있습니다. 이 책은 목회자의 자아성찰, 자세, 목회방법, 하나님 앞에서 목회에 대한 열정과 양떼를 돌보는 일이 무엇인지를 잘 보여주고 있습니다. 그러므로 모든 젊은 목사들이 목회를 담당하기 전에 반드시 읽어야 할 필독서입니다. 참된 목회의 성공을 원한다면 백스터의 저서 『참된 목자』에서 배워야 할 것입니다. 수백 년 전에 쓴 책이지만 오늘날 한국교회의 상황에도 너무나도 잘 적용되고 있습니다. 목회자들은 책상 옆에 항상 두고서 자주 읽어야 할 책입니다.

▶ 토의를 위한 질문

1. 리처드 백스터처럼 목회 사역에서 최우선적으로 설교 준비와 연구에 전념하고 있습니까?

2. 강단에서 죽어가는 사람들에게 죽어가는 사람처럼 죽을 힘을 다해 설교하고 있습니까?

3. 키더민스터교회에 부임하여 백스터가 열정을 쏟았던 핵심 목회 사역 6가지는 무엇입니까? 백스터처럼 회심 목회를 힘쓰고 있습니까?

4. 키더민스터교회 부흥의 현상들은 어떻게 나타나고 있습니까?

5. 오늘날 교회는 교리교육에 얼마나 힘쓰고 있습니까? 내가 확신하며 붙들고 있는 성경의 핵심 교리는 무엇입니까? 왜 교리 교육이 중요할까요?

6. 백스터의 감동 저서인 『참된 목자』를 읽어 보았습니까? 그 책의 구체적인 내용은 무엇입니까? 참된 목자가 되기 위하여 사역자들이 힘써야 할 자기 개발의 분야는 무엇일까요?

Part 3 **부흥의 대물결**

18세기

*The leaders of Britain's Revival
The flames who lived through
dark generations*

Chapter 8

불꽃처럼 타오른 설교자
조지 휫필드

George Whitefield

인간의 영혼 속에 있는 하나님의 생명을 깨달음

조지 휫필드

에스겔 골짜기의 마른 뼈처럼 암울하고 절망적이며 소망이 없던 잉글랜드의 18세기 초반을 가장 영광스러운 부흥의 시대로 바꾸어 놓은 인물이 바로 조지 휫필드(George Whitefield, 1714-1770)입니다. 하나님은 21세의 젊은 조지 휫필드를 어두운 시대에 복음의 빛을 발하기 위해 준비시키셨던 것입니다. 하나님의 손에 붙들려 잉글랜드교회와 사회에 부흥의 불을 지폈던 휫필드는 1714년 12월 글로스터(Gloucester)의 벨 여관(Bell Inn)에서 태어났습니다.

그의 조상들 중 상당수가 성공회 성직자들이었으나 그의 아버지는 성직자가 아니라 벨 여관의 주인이었습니다. 두 살 때에 아버지를 잃게 된 그는 어머니의 특별한 사랑을 받으며 교육을 받았습니다. 하지만 그의 어린 시절은 신앙적이라고 말할 수 없었으며 죄 가운데 있었습니다. 그는 주일을 어기고 극장에 놀러 다녔고 연애 잡지를 읽으며 도박과 거짓말, 속된 말들과 어리석은 농담들 속에 빠져 살았습니다. 학교를 그만 둔 기간에 그는 한 대중 음식점에서 손님의 시중을 들며 때로는 술을 따르면서 지내기도 하였습니다. 이러한 생활은 그가 15세가 될 때까지 계속 되었고 그의 양심은 그 자신을 몹시 괴롭히고 있었습니다.

횟필드는 하나님의 도우시는 손길 속에서 옥스퍼드 펨브로크대학(Pembroke College, Oxford)에 입학하여 공부하는 가운데 존 웨슬리와 그의 형제 찰스 웨슬리를 알게 됩니다. 그 후 그는 그들과 함께 홀리 클럽(Holy Club) 모임에 참여하여 엄격한 신앙생활과 영적 훈련을 쌓아갔습니다. 하지만 이것은 거듭남이 없는 엄격한 율법주의였습니다. 그는 그 클럽의 엄격한 규율을 실천하였지만 자신이 예수 그리스도 안에서 새 생명으로 거듭나야 할 존재임을 전혀 알지 못하였습니다.

그런데 어느 날 횟필드는 스코틀랜드 신학자인 헨리 스쿠걸(Henry Scougal)이 쓴 『인간의 영혼 속에 있는 하나님의 생명』(Life of God in the Soul of Man)이라는 책을 읽으면서 자기 자신이 그 생명을 갖고 있지 않음을 알게 되었습니다. 그는 참된 신앙이 무엇인지 알지 못해 깊은 절망에 빠지게 되었고 거듭남이 절대적으로 필요함을 느끼게 되면서 심각한 영적 투쟁의 절정에 도달했습니다.

그 후 횟필드는 매튜 헨리(Matthew Henry)의 주석과 여러 청교도들의 유명 작품들을 읽음으로서 자신의 무지를 깨닫고 어둠으로부터 빠져 나올 수가 있었습니다. 그는 그리스도인이 된다는 것은 선한 삶을 살거나 이것 저것을 하는 것이 아니라 하나님 앞에서 의로워지기 위해서 오직 믿음만이 필요하고 영혼 속에 하나님의 생명을 갖는 것임을 깨닫게 되었습니다. 그의 영혼은 기쁨으로 넘치게 되었는데 이 사건이 1735년 옥스퍼드에서의 회심 체험이었습니다. 그리고 1736년 22세 때 잉글랜드국교회에서 안수를 받았습니다.

18세기 초 잉글랜드의 암울했던 시대적 상황

　18세기 초반의 잉글랜드는 도덕적으로나 정치, 사회적으로 몹시 소란하던 시기였습니다. 부자들은 타성에 젖어 관습의 노예가 되어 있었고, 그들의 자유는 방종으로 치닫고 있었습니다. 가난한 사람들과 시골 사람들은 사회적으로 소외되었으며, 또한 부도덕이 만연했음에도 그 하층민들을 통제할 경찰도 없었습니다. 사람들은 잔인하고도 유해한 오락과 음탕한 삶과 술독에 빠져 깊이 병들어가고 있었습니다. 사회의 범죄가 기승을 부리고 있었고 시민들의 소요, 폭동, 밀수, 강간, 폭력 등이 들끓어, 도시든 시골이든 밤 거리는 안전하지 못했습니다. 감옥은 죄수들로 가득 메워졌고, 국민들은 난폭했고 백주에 거리에서 총에 맞아 죽은 경우도 있었습니다. 흉악한 범죄 행위로 인해서 공개 처형장으로 끌려가는 사람들이 많았으며, 런던에는 영구적인 교수대를 설치하게 되었습니다.
　종교는 전반적으로 형식적이었고 생명이 없었으며 영적인 무관심과 회의론이 팽배하였습니다. 냉랭함과 불신앙이 교회 안에 찾아 들어왔는데 교회는 영성과 능력을 상실하면서 쇠퇴 일로에 있었습니다. 사람들은 예배를 등한시 했고, 교회에서 변화를 받지 못한 수많은 명목상의 교인들은 그 시대의 부도덕의 나락에 휩쓸려 들어갔습니다.
　설교자들은 자신들의 강단으로부터 점점 기독교적인 색채를 탈색시켜가고 있었습니다. 저들은 할 수만 있는 대로 영적 교리는 피하고 단순히 도덕적 가르침을 반복하여 가르쳤던 것입니다. 조직적인 설교가 선호되었으나 예수 그리스도의 복음의 강조와 성령의 능력은 없었습니다. 그리스도에 대한 사랑도 고갈되었습니다. 죄인들은 부담 없는 설교에 익숙하게 되었습니다. 또한 교회 지도자들이 주일 밤에 크리켓 경기를 하는 것은 다반사였고, 음악 파티와 카드 파티를 장려하였습니다. 성직자들마저 술취함과 방탕함과 쾌락주의에 빠져들었으며, 감독들이나 목사들은 모두 다 세속적인 일에 방치되어 있었습니다.

또한 잉글랜드국교회는 세속화되어 가고, 알미니우스주의(Arminianism)와 자연신론 또는 이신론(Deism), 이성주의(Rationalism)가 교회에 침투하여 성경의 계시성에 도전하면서 성경의 권위마저 흔들렸습니다. 그 당시 장로교회는 그리스도의 신성을 부인하는 아리우스주의(Arianism) 이단 사상에 빠지기도 하였습니다. 그리고 신학적 자유주의는 하나님이 존재하는 것을 믿었으나 예수 그리스도의 신성과 동정녀 탄생, 예언, 특별계시, 구원, 믿음 그리고 기적 등을 거부하고 배격하는 현상으로 나타났습니다.

이처럼 인간의 학문성이라든지 인간의 이성이 성경의 위치를 차지하게 되면서부터 기독교의 신앙과 핵심 교리가 심히 부패했습니다. 또한 교회는 인간의 선행을 강조하였으며, 교회 전체 상태가 또 다시 종교개혁 이전의 양상을 나타내면서 기독교는 어떤 생명력이 있는 모습을 전혀 보여주지 못했습니다. 사람들 사이에는 더 이상 기독교의 영향력을 찾을 수 없을 정도로 전락해 버렸고 강단은 죽어갔고 사람들은 설교에서 더 이상 기쁨을 느끼지 못했습니다.

종교개혁자들과 청교도들을 통해 교회가 부흥하게 된지 2-3세기가 지나면서 결국 교회마다 영적인 생명이 거의 다 소멸되어갔던 것입니다. 특히 종교개혁의 정신을 계승하여 그 영적 성숙함이 최고에 달했던 청교도 신앙은 이미 그 영향력을 잃어버렸습니다. 안타깝게도 잉글랜드교회는 이른바 영적인 암흑기로서 점점 쇠퇴하여 가고 있었습니다. 그러므로 18세기의 초의 잉글랜드는 정녕 부흥이 필요했습니다. 하나님께서 부어주시는 부흥이 절대적으로 필요한 시기였습니다.

말씀 읽고 기도하다가 성령의 능력을 받음

회심 후 휫필드는 그동안 읽었던 청교도 저서 등 모든 책들은 옆으로 다 치워둔 채 오직 성경만을 무릎 위에 놓고 묵상하였습니다. 그는 말씀 한 구절 읽고 기도하고, 또 말씀 한 구절 읽고 기도하였습니다. 그때 자신의 죄를 자각하고 회개하게 되었고, 하나님이 자기 죄를 용서하셨다는 사실을 깨닫게 되면서 그 순간 놀라운 영적 체험을 하게 됩니다. 성령이 그를 인치셨습니다. 그는 위로부터 새로운 생명과 빛, 성령의 부어주시는 능력을 경험하게 되었고 능력의 세례를 받았습니다. 이러한 말씀과 기도를 통한 성령체험이 휫필드의 전 생애 사역에 있어서 큰 원동력이 되었습니다.

영적인 생활에 있어서 휫필드는 새벽 4시에 일어나서 한 시간 동안 하나님과 은밀한 교제를 하였습니다. 그리고 말씀을 읽고 기도한 후에 그는 새벽부터 설교하기 시작하였습니다. 그는 매일 설교하는 일과 구도자들과의 면담, 여행, 편지 쓰는 일들로 인해 매우 분주한 삶을 살았습니다. 그는 진실로 경건한 사람이었습니다. 항상 하나님 앞에서의 삶을 끊임없이 의식했고 주님 앞에 서게 되는 심판의 날에 부끄럽지 않게 살려고 노력했습니다.

또한 휫필드는 값없이 주신 하나님의 은혜와 그리스도의 복음에 대한 교리를 명확하게 깨닫고서 그 교리가 그의 심령 속에 깊이 뿌리를 내리게 하였습니다. 그리고 그는 칼빈의 가르침을 따랐으며, 그의 신앙은 칼빈주의적인 신조를 고백하였고, 그의 신학 사상과 교리에 있어서 개혁주의였습니다. 그를 통해 개신교 복음주의의 원리가 분명하게 정의되었고, 그의 설교 속에 칼빈주의적 교리가 드러났습니다. 말씀과 기도, 성령과 개혁주의 신학 위에 굳게 선 휫필드의 설교 사역을 통해 놀라운 부흥의 역사들이 일어났습니다.

불같은 말씀 선포가 청중들의 마음에 감동을 줌

휫필드는 1736년 21세의 나이에 영국교회 성공회 목회자로 부르심을 받았습니다. 그때 잉글랜드국교회는 매우 침체된 상태였습니다. 하지만 그의 성령충만한 영적 생활이 그의 설교에 불이 붙게 하였습니다. 그의 불같은 말씀 선포는 청중들의 마음 속에 많은 감동을 주었습니다.

그의 첫 번째 설교는 그의 고향인 글로스터에 있는 세인트메리크립트(St Mary Crypt)교회에서 이루어졌습니다. 이 교회는 자신이 어렸을 적에 세례를 받았고 처음으로 성찬예식에 참여했던 교회인데 휫필드의 설교를 듣기 위해 수백 명의 사람들이 교회당을 가득 메웠습니다. 그런데 그의 첫 설교가 청중들에게 미친 충격은 매우 컸습니다. 능력과 힘이 충만하였던 휫필드의 참된 복음 설교 속에 성령의 불이 임하여 대다수 청중들이 큰 감동을 받았습니다. 15명이 완전히 딴 사람처럼 변해버렸습니다. 그의 첫 설교는 곧 수천 수만의 영혼들을 구원하시려는 하나님의 첫 신호탄임을 암시했습니다.

또한 휫필드는 1737년 런던에서 설교했습니다. 그의 설교는 청중들의 마음을 사로잡았으며 사람들은 그런 설교를 들어본 적이 없었습니다. 그는 권위와 능력과 확신을 가지고 설교하였습니다. 그 결과 엄청난 열매가 따라왔습니다. 그 후 그가 설교할 때마다 곳곳에서 수많은 군중들이 그의 설교를 듣기 위하여 몰려왔습니다. 그가 설교한다는 소문이 들리면 가게 주인들은 가게 문을 닫고 와서 설교를 들었고, 농부들은 농기구들을 다 버려두고 설교를 들으려고 모였습니다. 또한 사업가들은 사업하는 일을 잊을 정도로 설교에 심취하였습니다.

휫필드의 설교 무대는 교회 강단 뿐만 아니라 야외인 정거장, 돌담, 승

마대, 풀더미, 빈들이 되기도 하였습니다. 그의 설교 대부분은 오직 육성으로만 하는 옥외에서 행하여졌습니다. 22세밖에 안된 휫필드가 설교할 때마다 어디서든지 사람들은 사방에서 몰려와 가득 찼습니다. 브리스톨에서는 그의 설교를 듣기 위해 1마일을 걸어온 사람도 있었고, 수천 명이 모였고 때로는 약 5,000명의 광부들이 모이기도 했습니다. 또 다른 집회에서는 10,000명, 20,000여 명이 모이기도 했습니다. 그들은 모두 옥외에서 설교를 들었습니다. 안개가 자욱하거나 비가 오나 눈이 오나 항상 군중들이 모였습니다.

휫필드의 설교 주제들- "중생과 예수 그리스도"

휫필드의 설교 주제들은 "칭의와 중생, 그리스도의 십자가, 하나님의 절대주권적 예정과 선택교리, 경건의 능력" 등이었습니다. 특별히 그의 핵심 메시지는 중생 즉 "여러분은 거듭나야 합니다"였습니다. 그는 중생의 긴박한 필요성을 항상 강조하였습니다. 또한 그 당시에는 중생하지 않은 목회자들이 많았습니다. 대부분의 강단에서는 그리스도가 묻혀 버린 메시지가 설교되었지만 휫필드는 항상 그리스도를 선포하였습니다. 그는 수많은 사역자들이 회심하지 않은 채 목회 사역을 하는 것을 혹독하게 질책하면서 그는 자신이 볼 때 "느끼지도 않는 그리스도"를 설교하는 것이 가장 두려운 일이라고 말하였습니다.

더 나아가 교회의 죄악이 국가의 죄악보다 더 하나님을 격노케 한다는 메시지와 하나님의 불가항력적 은혜를 계속해서 설교하였습니다. 그는 하나님 중심의 언약신학에 기초한 한정적인 속죄 교리를 믿었기 때문에 그의 복음 설교에 전도적 열정이 뜨겁게 나타나고 있습니다. 또한 그는 홍역으로 인해 사시가 된 두 눈으로 열광하는 회중들을 응시하면서 회개하도록 촉구했습니다. 그리고 죄 사함의 은혜와 자신의 회심 체험을 설교 중에 잘 나타내 주었습니다. 이와같이 휫필드의 설교는 성령의 부어주심과 생명을 얻게 하는 능력 있는 설교였습니다.

휫필드의 설교를 특징짓는 것은 진리요, 열정이요, 능력이요, 불꽃이었습니다. 그의 설교의 효과는 정말 엄청났습니다. 그 어느 누구도 그의 활활 불타오르는 설교들처럼 영광을 드러내는 자는 아무도 없었습니다.

휫필드의 설교를 통해서 나타난 18세기 잉글랜드의 대부흥

휫필드가 설교할 때 말씀의 능력으로 수십 명이 하나님의 사랑을 깨닫게 되었고 불꽃같이 임하신 하나님의 거룩하신 영광 앞에서 타락한 본성이 견딜 수 없을 정도로 압도당했습니다 그의 확신있고 능력있는 설교는 그들 마음의 어둠과 죄악성을 들추어 내었고 겁을 먹고 놀라게 하였습니다. 그의 설교는 깊이 있고 정확하며 바른 이해를 가지고 아주 잘 선포되었습니다. 비록 빈약한 설교형식이었지만 그의 설교를 듣고서 온 회중이 전율을 느꼈습니다. 설교에 대한 반응은 매우 다양하게 나타났습니다.

어떤 청중들은 하늘의 음성을 직접 듣는 것 같았고, 천둥소리를 듣는 것 같다고 말했습니다. 술취함과 방탕 속에서만 살아가고 있던 사람들, 하나님의 말씀과 은혜도 모르고 죄밖에는 아무 것도 모르는 사람들이 휫필드의 설교를 듣고 자신들의 죄를 깨닫고 흐느껴 울기 시작하였습니다. 눈물이 뒤범벅이 되어 광부들의 시커먼 얼굴로 흘러내리자 석탄 먼지로 가득한 뼘에 흰 줄기가 생겼습니다.

회개의 증거는 분명했습니다. 죄의 자각이 깊고 견고했으며, 많은 사람들이 죄의 확신 속에서 새롭게 주 앞으로 나왔습니다. 또한 그들은 성령으로 충만하여 예수 그리스도께서 값없이 주신 은혜를 서로 어울려 찬양했습니다. 어떤 사람들은 예수님의 아름다움을 보고 쓰러지기도 하였습니다. 한 사람, 한 사람씩 무릎 꿇고 오랫동안 함께 기도하고 중보했으며, 모든 그리스도인들은 기쁨으로 온 밤을 새워 기도하였습니다.

또한 회심자들이 교회에 몰려와 설교를 듣기 원했고, 교회에 속하려고 열심을 내었습니다. 특히 형식적으로 교회를 다녔던 사람들이나 타락의 길로 갔던 자들이 다시 돌아오기도 하였습니다. 원수들이 회심하고 핍박하는 자들이 변하여 복음의 일꾼이 되었습니다. 이로써 교회는 생기가 넘치고 활기찬 모습으로 회복되었습니다. 교인들에게 성경을 가르치고 읽는 일이 가장 중요한 일이 되었습니다. 그리고 곳곳에 교회들이 많이 세워졌습니다.

이처럼 휫필드가 가는 곳마다 수많은 사람들이 회심하였고 놀라운 영적 변화들이 일어났습니다. 그의 설교를 통해 회심한 다수의 청년들이 목회자가 되었습니다. 18세기 잉글랜드에 일어난 부흥은 기성교회를 완전히 깨워 생명력으로 가득차게 하였습니다. 하늘의 진리를 불꽃처럼 선포한 그의 설교를 통하여 영적으로 암흑기인 잉글랜드에 놀라운 영적부흥이 일어

조지 휫필드의 설교하는 모습

났습니다.

부흥의 현상- "사회 변화와 뜨거운 해외선교 열기"

　부흥의 결과는 사회에 커다란 영향을 끼쳤고 전체 모습이 달라지고 변화되었습니다. 특별히 사회 도처에 술주정, 도박, 범죄 등은 크게 줄어들었으며, 진실, 정직, 순결의 정신이 크게 함양되었습니다. 이처럼 그들은 회개하면서 죄를 버리고 새 생활을 갖게 되고 모든 품행에서 변화된 모습을 나타냈습니다.

　또한 윌리엄 윌버포스(William Wilberforce)와 그의 여러 동역자들과의 개혁 운동으로 인해 노예 매매제도가 폐지되었습니다. 감옥이 개선되고 미성년 노동이 중단되었으며, 노동 시간도 법정 기준이 되는 시간으로 변경되었습니다. 그리고 학교와 고아원, 여러 교육 기관들, 기독교 신문, 대영 성서공회 등이 창설되었습니다. 로버트 레이크스(Robert Raikes)에 의해 주일학교(Sunday School)가 문을 열어 성경과 교리문답을 가르치게 되었습니다. 이처럼 부흥으로 인해 정치, 경제, 사회, 문화, 교육 등에 놀라운 변화가 일어났습니다.

　또한 부흥 이후 런던 선교회, 스코틀랜드 선교회 등 각 도시별로 선교회가 조직되어 해외 선교 열기가 뜨거워졌습니다. 예를 들면 침례교 선교회에서는 윌리엄 캐리(William Carey)를 인도 선교사로 파송하였으며, 그 이후로 영국은 남아시아, 중국, 한국 등 전 세계로 선교사를 파송하게 되었습니다.

　영적 부흥 이전에는 복음이 결핍되었지만 부흥 후에는 복음이 더욱 왕성하여졌고 권위 있게 전파되었습니다. 18세기의 큰 부흥의 역사는 영국 내에서 수많은 나라에 복음을 증거하는 선교의 열정을 갖게 했습니다.

사도시대 이후로 성령의 능력이 가장 크게 나타나

휫필드는 설교 사역 중에 알 수 없는 고난도 많았습니다. 영국 성직자들의 시기심으로 인해 많은 교회들이 그에게 설교할 기회를 주지 않았을 뿐만 아니라 설교를 거절당하기도 하였습니다. 또한 한쪽 눈이 사시였던 그의 외모까지 비난의 대상이 되었는데 당시 런던에서 그의 별명은 '사팔뜨기 박사'로 알려졌습니다. 하지만 그는 고난을 두려워하지 않았고, 모욕이나 반대에도 사랑의 무기로 맞섰습니다.

그리고 어떠한 고난도 그의 불타는 설교 사역을 막지는 못했으며 그의 남은 생애 전부를 옥외 설교하며 보냈습니다. 그는 잉글랜드 전 지역 뿐만 아니라 웨일즈, 스코틀랜드, 아일랜드도 방문하여 설교하였습니다. 특히 스코틀랜드는 14회나 방문하였습니다.

그리고 그는 미국 제1차 대각성 운동(First Great Awakening)에도 부흥의 불을 지폈습니다. 그는 1738년 미국에 건너가 조지아 및 식민지 전 지역에서 설교하였고 그가 말씀 선포할 때마다 많은 회심자들이 나왔으며 특히 다수의 청년이 목회자가 되었습니다. 그는 미국을 7번 방문하였고, 대서양만 13번이나 건넜습니다. 이 모든 사역들은 정말 은혜의 소용돌이였습니다.

그런데 마지막 7번째 미국 방문에서 그는 숨을 거두었습니다. 1770년 9월 30일, 55세에 불꽃처럼 열정적인 그의 삶이 끝나고 주님 품에 안기었습니다. 익세터 프론트 가에 있는 그의 기념비에는 이런 글귀가 새겨져 있습니다.

> 1770년 9월 29일, 이곳에서 조지 휫필드가 마지막으로 설교하였다
> (George Whitefield here preached his last sermon. Sept. 29. 1770).

실로 영국과 미국에 끼친 휫필드의 영향력은 헤아릴 수 없을 정도입니다. 21세에 시작하여 55세 사망할 때까지 그의 34년이라는 설교 사역은 한 마디로 불꽃이었습니다. 그 기간 중에 그는 하루 평균 5-6회 설교를 하였으며 총 30,000회 이상 설교하였다고 합니다. 그가 설교한 지역에는 엄청난 생기가 넘쳐났으며, 그의 사역에 나타난 부흥설교는 사도 시대 이후로 성령의 능력이 가장 크게 나타났습니다. 스펄전은 조지 휫필드를 사도 바울과 휴 라티머(Hugh Latimer) 이후 가장 위대한 설교자라고 칭찬했습니다.

그는 이 땅에 살았던 영국이 낳은 가장 위대한 설교자였으며, 많은 사람에게 부흥과 생명의 도구로 크게 쓰임받았습니다.

조지 휫필드가 오늘날 우리에게 주는 교훈

1) 하늘의 진리를 불꽃처럼 토해낸 설교자

조지 휫필드의 메시지는 하나님의 충만한 은혜가 부어진 설교(anointed preaching)였습니다. 하나님은 그를 순회 설교자로서 사용하셨는데 휫필드만큼 영국 전역을 다 돌아다니면서 불꽃처럼 설교한 사람이 없었습니다.

그는 부패한 사회와 영적으로 메말라 가는 교회에 하늘의 진리를 불꽃처럼 토해 내면서 어둠에 잠들어 있는 자들을 다 깨웠습니다. 복음의 능력으로 선포했던 그의 살아있는 메시지가 청중들의 마음 속에서 빛을 발하고 있었고 목마른 영혼들에게 끊임없는 영적 해갈과 새 힘을 주었습니다. 그는 어두운 18세기에 말씀으로 부흥의 불길이 타오르게 하였습니다.

횟필드는 21세기를 사는 우리로 하여금 열정적인 설교의 능력으로 시선을 돌리게 합니다. 마지막까지 자신을 불태워 없어지게 하리라고 한 횟필드처럼 불같은 진리에 목숨을 거는 설교자의 모습이 오늘날에는 없어 보입니다. 하늘의 진리를 불꽃처럼 토해낸 21세기의 횟필드는 어디에 있습니까? 불꽃처럼 타오른 설교자는 어디에 있습니까? 이 시대에 성령의 기름 부으심이 충만한 설교자가 필요합니다.

2) 개혁주의 신앙과 교리를 굳게 붙잡음

횟필드는 개혁주의 신앙과 교리가 가장 성경적인 교리임을 확신하였으며 그 위에 굳건히 서 있었습니다. 칼빈주의적 신학과 교리가 그의 설교 속에 녹아져 있었습니다. 하나님이 이러한 횟필드의 설교에 큰 은혜를 부어주셔서 그의 설교는 참으로 여러 대륙에서 큰 영향력을 끼쳤습니다. 이처럼 18세기 영국 부흥의 원인은 교리적 설교에 있다고 해도 과언은 아닐 것입니다. 횟필드를 통해 개혁주의 신학의 중요성을 깨닫게 해 줍니다.

이 개혁주의 신앙과 교리는 18세기 뿐만 아니라 오늘 이 시대에도 역시 매우 중대합니다. 현대인들의 필요를 채워주고 심령을 편안하게 해주는 설교로는 회심과 헌신을 기대할 수 없습니다. 18세기와 21세기가 다를 것은 하나도 없습니다. 시대는 변했지만 신학과 교리, 신앙, 복음, 십자가는 변함이 없습니다. 타락한 인간의 죄의 성품도 그대로입니다. 설교자들은 성경에 나타난 주요 교리를 붙잡고서 가르치고 설교해야 합니다. 그래야 교회가 살게 됩니다.

3) 말씀과 기도의 사람, 성령의 사람

그는 말씀과 기도의 사람이었습니다. 말씀 한 구절 읽고 무릎 꿇고 기도하다가 성령의 능력을 받은 후 나가서 설교할 때 놀라운 회심의 역사들이 나타났습니다. 그의 사역은 성령의 능력을 언급하지 않고는 도저히 불가능합니다. 그는 성령의 능력과 기름부음을 느끼지 못하고 설교한 적이 거의 없는 사람이었습니다. 휫필드는 불을 가져오는 사람으로 불리워졌는데 하나님은 휫필드가 가는 곳마다 부흥의 불을 주셨습니다.

혼탁한 이 시대에 꼭 필요한 것은 말씀 읽고 기도하다가 성령의 능력을 받은 설교자와 그리스도인들입니다. 부흥은 말씀과 기도 그리고 성령으로 충만한 사역자들을 통해서 일어납니다. 부흥은 성령의 부어주심이기 때문입니다.

4) 영혼구원을 향한 불타는 열정

그의 사역은 불쌍한 영혼을 예수 그리스도에게 이끄는 것입니다. 그는 건강이 허락하고 생명이 연장되는 한 그의 언어로 이 복음의 기쁜 소식을 가능한 많은 사람들에게 전하기를 원하였습니다. 그는 복음전도자로서 잉글랜드나 스코틀랜드, 웨일즈, 미국 지역에서 그의 발길이 닿지 않는 곳이 없었습니다. 사도시대 이후에, 광범한 넓은 지역과 큰 거주 지역에서 하나님의 은혜의 복음을 증거한 사람으로서 휫필드는 수많은 나라와 사람들에게 복음을 전파하여 많은 영혼들에게 값진 큰 효력을 내게 하였습니다. 그는 "어둠에서 빛으로, 사단의 권세에서 하나님께로" 인도하는 도구로 크게 쓰임 받았습니다. 휫필드의 고백처럼 "녹슬어 없어지느니 닳아서 없어지리라"는 구령의 열정이 우리에게 큰 도전을 줍니다.

5) 개혁적인 복음주의자들간의 연합 사역

그는 관용적인 사람이었으며 하나님의 온유한 성품이 있었습니다. 특별히 그는 개혁적인 복음주의자들간의 연합을 갈망했고 다른 사역자들과 함께 일하는 것에 거리낌이 없었습니다. 그는 웨일즈의 다니엘 로울란드, 하웰 해리스 등 많은 사역자들과 함께 사역하였으며 스코틀랜드에서는 윌리엄 맥컬로흐(William McCulloch), 제임스 로브(Jams Robe)와 함께 그리고 미국에서도 조나단 에드워즈와 함께 사역하였습니다. 그는 진실로 그들과 함께 열정적으로 모든 사람에게 복음을 전하러 다녔습니다. 그는 목회와 선교 사역에 있어서 복음주의자들 간의 연합 사역의 중요성을 깨우쳐 주고 있습니다.

16세기 스트라스부르크의 종교개혁자 마틴 부처(Martin Bucer, 1491-1551)는 교회 연합에 매우 힘썼던 것처럼, 17세기 리처드 박스터가 복음주의자들과의 연합 사역에 헌신했던 것처럼, 오늘 이 시대에 가장 필요한 것은 진리 안에서 연합 사역하는 것입니다. 사역자들과 교회가 연합하기 위해 힘써야 할 부분이 무엇인가를 찾아야 합니다.

▶ 토의를 위한 질문

1. 조지 휫필드의 설교에 있어서 핵심 메시지는 무엇입니까? 그리고 '중생, 거듭남'이란 무엇을 의미하며, 왜 그 중생의 교리가 그토록 중요합니까?

2. 그리스도인들은 자신의 영혼 속에 하나님의 생명을 가진 자들입니다. 이것이 기독교입니다. 참된 믿음으로 이어지는 변화는 언제나 겉으로 드러납니다. 나에게 나타난 구체적인 변화는 무엇입니까?

3. 불꽃같은 설교를 할 수 있었던 휫필드의 사역의 원동력은 회심과, 말씀 연구, 기도생활, 성령의 부으심, 개혁주의 신학과 교리였습니다. 내가 더 노력해야 할 부분은 무엇입니까?

4. 18세기에 일어났던 부흥의 현상은 어떻게 나타나고 있습니까? 또한 부흥의 결과로 무엇이 구체적으로 변화되었습니까?

5. 부흥 이후 뜨거운 선교 열기는 어떻게 나타났습니까? 첫 번째 인도 선교사로 파송 받은 선교사는 누구입니까?

6. 에스겔 골짜기의 마른 뼈처럼 소망이 없던 18세기 초의 잉글랜드 영적 상황과 오늘날 조국교회의 영적 상황을 비교해 볼 때 어떻습니까? 참된 부흥에 대한 거룩한 부담감을 갖고서 조국교회 부흥을 갈망하면서 기도하고 있습니까?

The leaders of Britain's Revival
The flames who lived through dark generations

Chapter 9

열정적인 복음전도자

존 웨슬리

타고 있는 불에서 꺼낸 한 토막의 그슬린 나무

존 웨슬리

동시대 사람들에게 잊을 수 없는 흔적을 남겼던 비범한 사람 존 웨슬리(John Wesley, 1703-1791)는 1703년 6월 17일 링컨서 엡워스(Epworth)에 있는 국교회 교구 목사관에서 태어났습니다. 당시 그의 부친 사무엘은 잉글랜드국교회 목사였으며, 그의 모친 수잔나는 학식과 재능, 신앙 면에서 비범하였습니다. 웨슬리는 청교도적 신앙 유산을 양친 모두에게 물려 받았지만 아버지 보다는 특히 어머니 수잔나에게 강하게 남아 있었습니다. 그녀는 웨슬리에게 읽기, 쓰기, 주기도문과 성경구절 암송, 교리문답, 기초 수학, 역사, 문학, 종교, 라틴어, 헬라어, 철저한 규율, 엄격한 경건 생활, 영적 성장, 내적 증거의 경험 등을 교육시켰습니다. 이처럼 웨슬리는 청교도 신앙으로 가득한 어머니의 영향을 크게 받으면서 성장하였습니다.

1709년 2월 7일 밤, 6살 된 웨슬리가 교회 목사관에서 잠을 자고 있을 때 그곳에 큰 불이 났습니다. 온통 집을 삼키고 있던 치솟는 불길 때문에 지붕이 무너지기 직전에 있었는데 그때 그가 기적적으로 불에 데이지 않고 구출되었습니다. 그래서 웨슬리가 가장 좋아하는 구절은 스가랴 3:2, "이는 불에서 꺼낸 그슬린 나무가 아니냐?"입니다. 그 후 그는 간증할 때마다 "나는 타고 있는 불에서 꺼낸 타다 남은 한 토막의 그슬린 나무입니다"라는 표현을 즐겨 사용했습니다. 하나님의 은혜가 그를 구원했는데 이 사건을 늘 기억하면서 웨슬리는 한 평생 이렇게 말했습니다.

"나는 그때 정말 죽었어야 할 존재인데 주께서 나를 불에서 꺼낸 그슬린 나무처럼 살리셨습니다. 그리고 때가 찬 시각에, 하나님은 마침내 나로 예수 그리스도를 믿음으로 구원받게 하셔서 현재까지 쓰고 계십니다." 이 극적인 사건은 먼 훗날 잉글랜드교회에 부흥의 불을 지피고 감리교를 태동시키도록 그를 준비시킨 하나님의 섭리였음을 알 수 있었습니다. 타오르는 불길 속에서 구출되었던 웨슬리는 전 영국의 복음전도 사역을 위해 헌신하게 됩니다.

경건 운동과 규칙적인 신앙생활- "홀리클럽"

존 웨슬리에게 영향력을 준 사상들이 있습니다. 그는 17세기 청교도 책을 많이 읽었지만 그들의 가르침에 다 동의한 것은 아니었습니다. 스코틀랜드와 웨일즈는 칼빈주의이지만 잉글랜드는 알미니안주의가 강하게 들어왔습니다. 특히 웨슬리 시대에는 이신론(Deism)의 영향으로 인해 교회가 인간의 선행을 강조하고 있었습니다.

당시의 잉글랜드교회는 도덕적으로나 정신적으로 무능했고, 사람들은 종교에 대해 너무 냉담했으며 교회의 영향권 밖에 있었습니다. 사회의 범죄는 성행했으며 국민들은 난폭했고 국가의 지도자들은 부패했었습니다. 웨슬리는 이렇게 죄악으로 뒤덮인 사회를 다시금 정화시켜야겠다는 꿈을 갖게 되었습니다.

1720년, 17세가 되었을 때 웨슬리는 옥스퍼드대학 크라이스트 처치에 입학하여 1724년에 인문학사 학위를 받았습니다. 그는 학교에서 경건 운동을(Holy Club)을 일으키며 회원들과 함께 규칙적인 신앙생활을 하였습니다. 그와 친구들은 매일 성경을 읽고 헬라어 성경공부와 고전을 연구하며, 매주일 성찬식을 하였습니다. 아침 저녁으로 기도하며, 수요일과 금요일에 금식을 하고, 하루 일을 검토하고 다음날의 계획 등을 하였습니다. 가난한 자들과 병든 자들, 감옥에 있는 자들을 방문하고 선행을 많이 베풀었습니다. 말이나 행동에 있어서의 모든 죄악을 경계하고 올바르고 순결한 생활을 실천함으로써 하나님 앞에서 올곧게 살고자 노력하였습니다. 그는 하나님 앞에서 온전한 그리스도인이 되어 보려고 힘썼습니다.

1728년 25세 때 웨슬리는 잉글랜드국교회에서 안수를 받았습니다. 하지만 그는 예수 그리스도를 믿는 모든 자들에게 구원을 가져다주는 그리스도의 의와 내적 체험의 증거에 대해 알지 못하였습니다. 그는 자신의 의를 쌓기에 열중하였습니다. 그리고 하나님께 복종하는 삶을 살기 원했지만 마음 깊은 곳에는 기쁨이 없었습니다. 웨슬리는 그야말로 율법 아래에 있었지 은혜 아래에 있지 않았습니다. 그는 종교적 행위의 감옥에 갇혀 있었기 때문에 그리스도를 통한 믿음에 대해서는 생각하지 못했습니다. 구원이 하나님의 은혜로 말미암아 주어지는 하나님의 선물임을 전혀 깨닫지 못하였습니다. 웨슬리는 칭의 없이 성화를 이루려고 애를 썼기 때문에 그의 가슴 속에서는 늘 영적 싸움이 있었습니다.

경건 운동의 활동으로 인해 웨슬리는 선교의 열정을 갖게 되었고, 1736년 미국 개척지 선교사로 북미 인디언들에게 복음을 전하려고 조지아(Georgia)로 향했습니다. 그러나 2년 동안 인디언들에게 복음을 전할 기회는 별로 없었습니다. 그는 무서운 실패와 좌절의 기나긴 세월 뒤에 기진맥진한 상태 가운데서 본국으로 돌아오게 됩니다.

올더스게이트에서의 회심 체험

잉글랜드를 향해 출항했던 배는 대서양에서 무서운 폭풍을 만났는데 그때 배는 거의 뒤집혀 침몰될 것 같은 상황이었습니다. 웨슬리는 무서워서 견딜 수 없었지만 함께 있던 20여 명의 모라비안 선교사들은 폭풍 가운데서도 죽음을 두려워하지 않고 하나님을 찬양하고 있었습니다. 그들은 참된 그리스도인이었습니다. 웨슬리는 마음의 찔림과 함께 찬양하는 그들의 모습에 깊은 충격을 받았습니다. 또한 모라비안들은 웨슬리에게 예수를 개인적으로 믿느냐고 물었습니다. 이 질문으로 웨슬리는 구원에 대해서 진지하게 생각하게 되었고, 곧 그 자신은 구원의 확신도 없었고 아직 죽음의 준비가 되어 있지 않음을 느끼게 되었습니다.

1738년 5월 24일 웨슬리는 런던 올더스게이트(Aldersgate) 거리에서 열리는 모라비인 교도들의 저녁집회에 참석하였습니다. 누군가가 마틴 루터의 『로마서 주석』 서문을 낭독하는 것을 웨슬리가 들었습니다. 그 순간 웨슬리는 가슴이 뜨거워졌고 하나님의 은혜가 자신을 어루만지고 있음을 느끼게 되었습니다. 그의 감동적인 고백입니다.

런던 박물관 입구에 있는
존 웨슬리 회심 기념비

저녁 8시 45분경, 설교자가 선포하는 예수 그리스도 안에 있는 믿음을 통해 사람의 마음에 변화를 일으키는 하나님의 역사하심을 듣고 있을 때, 이상하게도 내 가슴이 성령으로 뜨거워지는 것을 체험하였습니다. 나는 구원을 받기 위해 오직 그리스도만을 신뢰해야 한다는 진리에 눈이 떠졌습니다. 그리고 그리스도께서 나의 죄를 사하셨으며 나같은 사람의 죄도 용서받았다는 것을 알게 되었고, 죄와 사망의 법에서 나를 구원하셨다는 확신이 나의 마음을 가득 채웠습니다. 이제 나는 구원에 대한 확증이 행위에 의해서가 아니라 믿음을 통한 은혜에 의해서 오는 것이라는 진리를 새롭게 깨닫게 되었고, 그리스도께서 나를 위해 죽으셨으며, 자신이 하나님과 화목하게 되었다는 확신을 얻게 되었습니다.

이와 같이 웨슬리는 구원은 즉각적인 것이며 믿음으로 말미암는다는 구원의 확신을 얻게 되었고, 하나님의 은혜로운 임재와 믿음만이 능력의 원천임을 깨닫게 되었습니다. 이 사건을 웨슬리의 회심(conversion)이라고 합니다. 하나님은 성령의 놀라운 역사로 회심을 체험했던 웨슬리를 사용하시기 시작했습니다. 그의 회심 체험은 18세기 영국의 복음주의적 부흥 운동의 특징이 되었습니다.

영혼 구원에 대한 비전- "온 세계가 나의 교구"

회심 체험 이후 웨슬리의 중요한 관심사는 오직 사람의 영혼 구원이었습니다. 불붙은 복음전도에 대한 열기로 그의 마음이 매우 뜨거워진 웨슬리는 복음전도 사역자로서 말을 타고 다니면서 오직 영혼 구원하는 일에만 모든 시간을 보내었습니다. 사도 바울처럼 주님을 만나 새생명 얻은 웨슬리는 "온 세계가 나의 교구"라는 비전을 외치면서 잉글랜드의 전 도시를 다니면서 영혼 구원에 목숨을 걸었습니다.

　그는 죽음으로부터 영혼을 구하려는 일념으로 밥 먹는 일조차 잊어버릴 정도로 영혼 구원에 대한 열정으로 타올랐습니다. 또한 그는 각 도시에 기독교가 회복될 수 있기를 갈망하면서 감리교도 동역자들에게도 영혼 구원하는 일 외에 당신이 해야 할 다른 일은 없다고 적극적으로 권면했습니다. 더 나아가 그는 오직 예수 그리스도와 십자가를 자랑하는 100명의 용사만 있으면 온 세계를 움직일 수 있을 것이라고 포부를 밝혔습니다.

　이처럼 웨슬리는 목표를 향한 한결같은 마음과 지칠 줄 모르는 끈기와 집념, 불굴의 정신, 타오르는 열정으로 전국을 돌아다니면서 항상 여러 가지 방법으로 전도하는 일에 열중했습니다. 그는 교회를 순회하면서 하루에도 4-5번씩 설교하였으며, 일년에 4-5,000 마일 가량 말을 타고 다니면서 전도하고 설교하며 교구를 방문하였습니다. 그는 죽을 인생들을 인도하여 예수 그리스도 안에 있는 하나님의 구원을 아는 지식을 갖게 하려는 열심을 보이면서 18세기 말까지 영국에서 복음전도 사역을 성공적으로 수행했습니다. 그는 전도의 열정으로 가득찼으며 하나님의 손에 들려진 영적 거인이었습니다. 영혼 구원에 대한 불같은 그의 비전은 오늘날까지 수많은 사역자들과 그리스도인들에게 큰 감동과 도전을 주고 있습니다.

존 웨슬리의 영성- "기도와 말씀"

　온 세계에 복음의 불길이 타오르기를 갈망했던 존 웨슬리는 그의 비전을 이루기 위해 매일 새벽 4시에 일어나 2시간씩 기도하였습니다. 또한 수요일과 금요일은 규칙적으로 금식기도를 했습니다. 그를 지켜본 사람이

웨슬리가 새벽에 기도했던 장소, 웨슬리기념교회

말하기를 "그는 다른 모든 사람보다 기도를 더 중요시 했습니다. 그리고 나는 그가 빛을 띤 청명한 얼굴로 기도실에서 나오는 것을 보았습니다"라고 했습니다. 필자는 웨슬리가 새벽마다 기도했던 런던 웨슬리기념교회(Wesley Chapel) 안에 있는 작은 기도실을 찾아가 잠시 무릎을 꿇고 유럽 부흥을 위해 기도하였습니다. 이곳은 웨슬리의 기도의 흔적입니다.

또한 웨슬리는 하나님이 성경을 통해 말씀하시기 때문에, 영적인 건강을 위해서 매일 하루에 몇 시간씩을 따로 떼어 부지런히 말씀을 읽었습니다. 그는 하나님의 임재 앞에서 천국 가는 길을 찾고 신령한 일을 신령한 것으로 분별하기 위해 성경을 열심히 펼쳤습니다. 또한 하나님의 뜻을 행하기를 바라고 하나님의 뜻을 알기 위해 성경을 연구하였습니다. 웨슬리는 "내게 그 책을 달라! 값이 얼마든 내게 하나님의 책을 달라! 나는 마음을 다하여 간절하고 뜨겁게 말씀을 묵상하노라"고 고백하였습니다.

또한 웨슬리는 "나는 한 책의 사람이 되리라"고 말하면서 나를 "한 권의 책에 사로잡힌 자"라 불러 주기를 바랬습니다. 웨슬리는 어떤 여성도에게 "당신이 원하는 모든 지식이 한 권의 책, 성경에 집약되어 있다"고 가르쳐 주면서 적어도 매일 두 시간씩 성경을 읽을 것을 충고하였습니다. 그의 저서 『신약성경 주석』(Notes on the New Testament)은 영적인 성장을 위한 성경의 중요성을 잘 말해 주고 있습니다.

복음에 불붙은 웨슬리의 설교 주제들- "구원, 회개"

유명한 올더스게이트 회심 체험 후 한 달만에 웨슬리는 옥스퍼드대학에서 "믿음으로 인한 구원"(엡 2:8)라는 주제로 담대하게 설교하였습니다. 이것이 그날로부터 일생 동안 웨슬리의 설교 주제가 되었습니다. 웨슬리의 주요 설교 주제들은 "구원, 죄, 하나님을 향한 회개, 회심의 절대적 필요성, 칭의, 원죄, 예수 그리스도의 피, 성령으로 거듭남, 구속, 십자가, 거룩함, 성령의 사역, 거저 받은 하나님의 은총" 등이었습니다.

복음에 불붙은 웨슬리는 1738년부터 런던 시내나 시외를 막론하고 어디든지 강단을 빌려 주기만 하면 열심히 설교하였습니다. 특별히 그는 "대학 교수들과 학생들은 기독교인의 냄새도 나지 않는 사람들"이라고 겁 없이 담대하게 설교하면서 사람은 누구나 하나님 앞에 죄인이기 때문에 강력한 회개를 요구하였습니다. 그리고 하나님의 은혜에 매달려야 함을 강조하였습니다. 이처럼 웨슬리는 항상 복음적인 설교를 했고 논리적이면서 감동 있는 설교를 했습니다.

그 당시 잉글랜드국교회는 웨슬리의 이러한 부흥 설교를 별로 달갑게 여기지 않아 강단을 내어 주지 않았습니다. 왜냐하면 그의 설교에는 성령 충만함과 복음으로 인한 결단과 찌르는 힘이 있었기 때문입니다. 이때부터 그는 사람들로부터 배척을 당하게 되었고, 목사들은 그에게 강단을 허락하지 않았습니다. 그는 설교하는 일을 거절당하자 조지 휫필드 처럼 옥외로 나가 들판이나 공원, 잔디밭, 광산, 거리, 들, 시장, 술집, 감옥 등 아

런던에 있는 웨슬리기념교회

무 곳에서나 사람들이 모이면 기쁨으로 설교를 하였습니다. 야외에 모인 청중들 대부분은 교회에서는 잘 볼 수 없는 가난한 사람들인 광부, 베짜는 직공, 철공소 사람들이었습니다. 그는 모든 사회 계층으로부터 모여 든 회중 앞에서 항상 그리스도를 전하였습니다.

말씀 위에 굳게 선 웨슬리가 어디를 가든지 맨 처음 하는 일은 항상 설교였습니다. 그는 이른 아침이든, 늦은 밤이든, 교회당에서든, 채플에서든, 혹은 방에서든 사람만 있으면 예수 십자가를 외쳤습니다. 웨슬리는 순회 설교자로 해마다 런던, 브리스톨, 글로스터, 잉글랜드, 웨일즈, 스코틀랜드, 아일랜드 등 영국의 방방곡곡에서 설교했는데 그의 감동적인 설교는 많은 사람들에게 확신을 안겨 주었습니다. 그는 특히 아일랜드를 사랑하여 무려 42회나 해협을 건너가서 그들에게 복음을 전했습니다.

18세기 부흥으로 인한 놀라운 변화들

웨슬리가 설교할 때마다 청중들 가운데 다수는 크게 감명을 받고 눈물을 흘리면서, "우리가 구원을 받기 위해 무엇을 하리이까?"라고 크게 부르짖기도 했습니다. 특히 소외된 계층에서 새롭게 예수님을 믿기로 한 사람들이 계속적으로 많이 나타났습니다. 또한 설교자들을 조롱했던 사람들과 매우 방탕한 사람들 가운데서 커다란 변화가 일어났으며, 20년 동안이나 무신론자였던 자가 회개했습니다. 브리스톨에 있는 야외에서 웨슬리의 설교를 들은 회중들은 대략 1,000명에서 5,000명 정도 되었는데 그 중에서 은혜 받은 회중들은 무릎을 꿇고 회개하고, 눈물을 흘리며 기도하였습니다. 그들은 자기들을 구원하신 하나님을 찬양하였으며, 하나님이 자기의 타락한 행위들을 치유하셨다는 사실을 알고 기쁨과 사랑에 완전히 사로잡혔습니다.

웨슬리는 하루에도 30km 정도 말을 타고 가서 설교하기를 4-5번씩이나 했습니다. 어떤 때는 그가 설교하기로 지정된 장소에 도착하여 보면 30,000명이나 되는 사람들이 그의 설교를 들으려고 기다리는 일도 있었습니다. 회중들은 점점 늘어났습니다. 모인 수많은 사람들이 그의 설교를 듣고 개종하였습니다. 방탕하고 타락했던 영혼들이 회개하고 살아나기 시작하였습니다.

꺼져 가는 등불처럼 메말라가는 잉글랜드교회에 부흥이 일어났습니다. 그 결과 사회, 정치, 경제, 문화, 도덕, 윤리, 가정 등에 놀라운 변화를 가져왔습니다. 잉글랜드는 웨슬리 이전과 이후로 나눌 수 있을 정도로, 그는 부흥의 주역이 되었습니다.

세계교회 속에 남긴 큰 흔적 '감리교회'

웨슬리는 자신의 설교를 들으러 오는 사람들이 갈수록 많아지게 되고 또한 그의 설교를 듣고 많은 개종자가 생기게 되자 한 단체를 조직하지 않을 수 없게 되었습니다. 그는 개종자들을 바르게 교육하고 싶은 꿈을 갖게 되었습니다. 그래서 그는 개종자들이 그리스도와의 교제 속에서 더 깊은 영적 생활을 하고 자신의 협력자들과 능률있게 활동할 수 있게 하며 더 나아가 세계복음화를 위해 평신도를 훈련 양육시키기 위하여 연합된 단체를 조직하였습니다. 먼저 그는 조직된 각 신도회를 여러 속회로 나누어 양떼를 보살피는 지도자를 한 사람씩 두었으며 그 감독이 각 지역을 돌며 설교하게 했습니다. 그리하여 웨슬리는 한 개의 완전한 교회를 조직했는데, 이 조직이 감리교회의 시작이었습니다.

그가 만들어낸 조직과 체계는 그의 목적을 수행해 나아가는데 아주 적합했습니다. 설교자, 평신도, 교사, 찬양 인도자, 순회 구역, 양육 체계와 찬양팀, 애찬식, 철야예배 등은 그 당시 부흥 운동의 초석이 되었습니다. 그는 120,000명의 인정받는 교인들로 구성된 협회들을 세우고 또 확장하도록 300명의 순회 설교자들과 1,000명의 지역 설교자들을 두고 떠났습니다. 이것은 하나의 완전한 교단으로 성장하여갔는데, 나중에 '메소디스트'(Methodist)란 이름으로 불렸습니다.

그는 자기 특유의 신학관을 가진 교단을 남겼는데 감리교 창시자이며, 그 사역 속에 많은 열매들이 나타났습니다. 예를 들면 웨슬리의 설교를 듣고 회심했던 아일랜드의 필립 엠베리(Philip Embury)와 바바라 러클 헥(Babara Ruckle Heck)은 1766년 뉴욕에 도착하여 가족과 몇몇 사람들과 함께 감리교 협회를 설립합니다. 오늘날의 감리교회는 웨슬리가 남긴 유산으로서 진정 세계교회 속에 큰 흔적을 남겨 놓았습니다.

지칠줄 모르던 작은 거인 웨슬리가 영원한 안식을 취함

18세기 잉글랜드교회와 사회가 어두운 때 능력있게, 열정적으로 사역한 작은 거인 웨슬리는 82세가 될 때까지 지칠 줄 몰랐으며 복음전도의 선구자로서 목표를 향해 평생을 달려갔습니다. 그는 복음을 전하고 영혼을 회심시키는 도구로 하나님께 크게 쓰임 받았습니다. 웨슬리는 거의 50년 이상 순회 전도 사업을 펼쳐 나갔으며, 그동안 약 4백만km를 여행하였으며, 4만 번 이상의 설교를 하였습니다. 죽기 며칠 전까지도 말씀을 전했던 웨슬리는 분명한 어조로 다음과 같이 말했습니다.

예수 그리스도의 피 외에는 거룩한 곳에 들어가는 길이 없습니다.

그리고 죽음이 임박한 웨슬리는 혼수상태에 빠지기 전에 "호흡 있는 동안에 여호와를 찬양하리"라는 찬송을 불렀습니다. 또한 침대가에 둘러선 사람들을 향해 웨슬리가 임종 시 남긴 마지막 몇 마디가 런던 웨스트민스터사원에 새겨져 있습니다.

이 세상에서의 최상의 것은 하나님이 바로 우리와 함께 계시다는 것입니다.

마침내 불길에서 꺼낸 타다 남은 나무토막 존 웨슬리는 평화롭게 숨

웨슬리기념교회 뒤에 있는 웨슬리의 무덤

을 거두었습니다. 지칠 줄 모르던 그의 삶의 바퀴는 움직임을 멈추었습니다. 1791년 2월 25일, 88세를 일기로 65년간의 긴 사역을 접고 영원한 안식을 취했습니다. 일생동안 열정적이며 불꽃같은 삶을 살았던 그에게 하나님은 풍성한 열매를 부어주셨는데, 결국 작은 거인 웨슬리의 몸은 잠들고 말았습니다.

18세기 초부터 불어 닥친 저주와 어두움과 방황의 땅 잉글랜드에 십자가의 피와 예수 그리스도 복음의 불을 지폈던 웨슬리로 인해 그 땅은 하나님의 영광과 은혜의 빛으로 가득한 부흥의 땅이 되었습니다. 그리고 웨슬리 부흥운동은 전 세계로 퍼져 나갔습니다. 그는 진정 회심의 사람이요, 전도의 사람이요, 성령의 사람이요, 열정의 사람입니다. 작은 거인 전도자 웨슬리는 18세기 잉글랜드교회 부흥의 불씨입니다.

존 웨슬리가 오늘날 우리에게 주는 교훈

1) 회심의 절대적인 중요성

올더스게이트에서의 회심 체험은 웨슬리의 삶의 방법을 근본적으로 바꾸었습니다. 경건 운동 때는 인간적인 열심뿐이었으나 회심 후에는 성령 안에서 모든 것을 하나님의 힘으로 사역하도록 만들었습니다. 오늘날 많은 사람들이 예배에 열심히 참여하고 기도생활도 하며 복음을 자주 듣곤 합니다. 이러한 대중적 복음 시대에 있어서의 문제는 맹목적이고 형식주의적인 그리스도인들이 많다는 것입니다. 즉 청교도 매튜 미드(Matthew Mead, 1626-1699)가 언급했던 것처럼 유사 그리스도인이 많이 있다는 현실입니다.

　이러한 때에 교회는 존 웨슬리처럼 회심을 분명하게 체험한 사람이 필요합니다. 부흥 이전에 반드시 회심이 일어나야 하는 것은 부흥 역사에 있어서 매우 중요한 영적원리입니다. 지금 우리는 제 2의, 제 3의 회심한 웨슬리가 정말 필요한 시대에 살고 있습니다. 또 다른 부흥을 사모하고 있는 이 시대에 웨슬리처럼 회심하여 불꽃같은 열정적인 삶을 사는 사역자가 어디 있습니까? 강단에서 진리의 불을 뿜어대는 설교자가 어디 있습니까? 하나님의 아픈 사랑을 전하는 선교사가 어디 있습니까? 회심을 경험한 후 변화되고 능력있는 설교자를 통하여 이 땅에 부흥이 일어나게 될 것입니다.

2) "세계가 나의 교구"라는 선교 비전

　회심 후 웨슬리는 "온 세계가 나의 교구"라고 외쳤습니다. 이러한 선교 미진을 가슴에 품고시 웨슬리는 잉글랜드 뿐만 아니라 유립과 세계를 향한 그의 복음전도 사업과 선교에 힘찬 시동을 걸었습니다. 말을 타고 다니면서 진흙길과 비바람과 험한 길에 여행하는 동안 고생도 많았지만 스코틀랜드와 아일랜드까지 누볐습니다. 그가 늘 간증할 때마다 즐겨 사용했던 "나는 불에서 꺼낸 그슬린 나무"였다고 고백한 대로 무익한 자신을 불에서 꺼내 주셨던 은혜에 감사하여 그는 일생동안 열정적으로 복음을 전하였습니다. 사도 시대 이후 이 세상에서 가장 위대한 구령자는 웨슬리입니다. 이것이 웨슬리를 통한 부흥입니다.

　우리 역시 죄악의 불길 속에서 건짐 받은 은혜가 큽니다. "나 같은 죄인 살리신 주 은혜 놀라워" 찬양하면서 구령의 열정에 불타야 합니다. 요한게

시록 7장 9-10절 말씀은 마지막 시대에 주님이 최종적으로 보여주신 영광스러운 추수의 비전인입니다. 우리 모두 주의 종들이 전한 복음의 소식을 듣고 모든 민족과 종족과 백성과 온 열방이 하나님과 어린양 예수 앞에 나와 찬양하고 예배하는 날을 꿈꾸면서 웨슬리처럼 열정적으로 복음을 전해야겠습니다.

3) 웨슬리 영성의 핵심- "기도, 말씀, 예수 사랑, 복음, 열정"

브리스톨에 세워진 존 웨슬리 동상

웨슬리의 영성은 기도와 말씀 그리고 예수 그리스도를 향한 뜨거운 사랑이었습니다. 그는 하나님이 주신 비전을 이루어가기 위하여 열정적으로 기도하였습니다. 그에게는 새벽 4시에 일어나 2시간씩 기도했던 흔적이 있습니다. 또한 그는 하나님의 말씀을 붙잡았습니다. 뜨겁게 사랑하였고 성경의 권위를 믿었습니다.

그는 "한 권의 책에 사로잡힌 자" 즉 성경에 붙잡힌 사람이었습니다. 그리고 그는 그리스도의 보혈을 귀히 여기는 자였으며 항상 그리스도의 편에 선 십자가의 용감한 군사였습니다. 그는 복음만이 병든 영혼을 고치시는 하나님의 치료 방법이며 모든 영역에서 부패한 인간의 성품을 회복시킬 수 있다고 확신하면서 일생동안 예수 그리스도의 피만을 외쳤습니다. 이러한 웨슬리의 영성이 250년 전 잉글랜드를 흔들었고 부흥의 불을 지폈습니다. 우리에게 필요한 것은 탁월한 영성입니다.

▶ 토의를 위한 질문

1. 경건운동에서 규칙적으로 했던 신앙생활에 어떤 문제가 있습니까? 왜 문제라고 생각하십니까? 웨슬리의 문제는 칭의 없이 성화를 이루려고 애를 썼던 영적싸움이었습니다. 왜 성화보다 칭의가 먼저일까요?

2. 웨슬리의 열정적인 사역의 원동력은 회심에 있었습니다. 왜 회심이 그토록 중요한가요?

3. "나는 불에서 꺼낸 그슬린 나무입니다"라는 웨슬리의 고백처럼 우리 역시 죄악의 불구덩이에서 구원해 주신 하나님의 은혜를 기억하며 전도에 힘쓰는 삶을 살고 있습니까? 지금 웨슬리처럼 구령의 열정에 불타고 있습니까?

4. 복음에 불붙은 웨슬리의 설교를 통해 부흥이 일어났는데 그 부흥의 현상은 어떠하셨습니까? 나의 설교도 복음에 불붙어 있는지요?

5. 영혼 구원을 위해 숨가쁘게 달렸던 웨슬리의 비전은 "온 세계가 나의 교구"입니다. 아시아와 아프리카와 유럽과 세계 모든 열방을 향해 "온 세계가 나의 교구"라고 외치면서 선교의 열정을 쏟고 있습니까?

*The leaders of Britain's Revival
The flames who lived through
dark generations*

Chapter 10

웨일즈의 사도바울
다니엘 로울란드

Daniel Rowland

동료 설교자의 조언
-"예수 그리스도를 설교하고 예수 그리스도를 높이라"

다니엘 로울란드

자신의 교회 성도들을 끝까지 성실하게 목양한 참된 목자 다니엘 로울란드(Daniel Rowland, 1713-1790)는 1713년 웨일즈 흘란가이쏘(Llangeitho) 교구 목사의 둘째 아들로 태어났습니다. 그는 히어포드 문법학교에서 수학하면서 세상의 모든 학문에 대해 급속한 진전을 보였으나 대학에는 가지 않았습니다. 18세 때 아버지의 죽음 후 그의 형인 존 로울란드는 아버지 자리를 이어받았습니다. 다니엘 로울란드는 1733년 20세의 나이에 목사 안수를 받고서 존 로울란드가 담당하고 있는 교회의 부목사로 사역을 시작했습니다.

로울란드는 대다수의 웨일즈 성직자처럼 자기 임무에 태만하고, 대부분의 시간을 운동과 술 마시는 일에 보내고 있었습니다. 그리고 자신의 사명에 대한 어떤 분명한 소명 없이, 더욱이 그리스도의 복음에 대해서 무지한 상태로 사역을 시작했던 것입니다. 하지만 그는 회심하지 못하였습니다. 그가 사역을 시작한 고향 마을에서 그는 사역자로서 적합하지 못한 사람으로 알려져 있었으며, 주일 예배를 마친 후에는 남은 시간을 재미있게 노는 일과 스포츠로 보내었습니다.

로울란드는 죄에 대한 경각심이 일어나면서 율법을 설교하였습니다. 또한 그는 "하나님이 죄인들에 대하여 매일 진노하신다"라는 무서운 본문들만을 가지고 설교를 하였습니다. 하지만 영광스러운 복음을 전하지 못하여 큰 열매를 거둘 수 없었습니다. 그는 설교를 잘 하려고 노력하였지만 결국 자신의 한계를 느낄 수밖에 없었습니다.

어느날 그는 설교자로부터 "너의 설교를 통해 성도들이 다 죽고 있다. 예수 그리스도를 설교하고 예수 그리스도를 높이라"는 조언을 듣게 됩니다. 로울란드는 자기는 예수 그리스도를 잘 모른다고 하자 그 동료 목회자가 다음과 같이 말하였습니다. "너 자신이 예수 그리스도를 깊이 알 때까지 예수 그리스도에 대하여 설교하라." 그 이후 로울란드는 회심하였는데, 율법과 십자가 그리고 예수 그리스도를 설교하기 시작했습니다.

또한 로울란드는 탁월하다고 소문이 난 흘란데비 브레비(Llanddewi Brefi)교회의 그리피스 존스(Griffith Jones) 목사를 찾아가 그의 설교를 들었습니다. 이때 존스 목사는 하나님이 동료 목사의 마음을 움직여서 수많은 영혼을 어둠에서 빛으로 인도해 가는 주님의 도구가 되게 해 달라고 기도했습니다. 이 기도는 로울란드에게 엄청난 영향을 끼쳤고, 그는 그날 완전히 다른 사람이 되었습니다.

18세기 어두운 웨일즈의 영적 상황

18세기 초반에 있었던 웨일즈의 종교적, 도덕적, 영적인 상황은 잉글랜드보다도 더 나빴고 너무나 암울하고 비참한 상황에 빠져 있었습니다. 가난한 자들은 삶의 수준이 매우 낮은 무지와 악행 가운데서 살아갔으며, 평신도와 성직자들 사이에서는 술취함과 방탕이 만연해 있었습니다. 대다수 사람들이 부도덕한 상태에 있었으며 거짓과 욕설, 비방, 분쟁, 도박이 난무하는 가운데 가난한 자와 부자는 함께 손을 맞잡고서 파멸의 길을 걸어가고 있었습니다.

목회자들은 자신의 사명과 사역에 전혀 열정과 진지함이 없을 뿐더러 그리스도의 사랑에 대한 경험도 없었습니다. 그들의 설교는 어떤 감동이나 생명력도 없어 청중들에게 아무런 영향력을 주지 못하였으며 그 결과 회심하는 영혼은 단 한 명도 없었습니다. 또한 십자가의 교리가 강단에서 전혀 설교되지 않았고 수 개월간 설교를 전혀 하지 않은 교회도 많았습니다. 그리고 주일을 제대로 지키는 사람은 거의 없었으며 그것에 대해 어떤 죄의식도 느끼지 못했습니다. 예배가 끝난 주일 오후는 선한 것과는 동떨어진 행동을 했으며 방탕한 시간으로 채워졌습니다. 단지 소수의 비국교도를 제외하고 대부분의 사람들은 가족예배에는 관심이 없었습니다.

웨일즈에는 모르간 흘뤼드(Morgan Llwyd), 월터 크라독(Walter Craddock), 바바써 파웰(Vavasor Powell)이나 그밖에 다른 사람들과 같은 위대한 청교도들이 있었음에도 불구하고 영적으로 매우 낮은 수준에 있었습니다. 또한 비국교도들 즉 독립파 사람들과 침례교도들도 있었으나 숫자적으로는 매우 적었습니다. 이교도의 어둠과 사탄의 지배에 억눌려 있던 웨일즈는 로마 가톨릭주의를 벗어버리는 데 있어서도 잉글랜드보다 100년이 뒤졌습니다. 이처럼 당시 웨일즈는 깊은 잠에 빠져 있었고 영적으로 무지한 상태로 죽어 있다고 해도 과언이 아니었으며 온 나라가 생명력을 잃어가고 있었습니다.

뜨거운 불을 품은 사자처럼 설교하는 로울란드의 설교

로울란드는 그리피스 존스 목사의 설교와 기도를 통하여 믿음으로 의롭다 함을 받는다는 진리를 깨닫게 되었습니다. 그리고 성령의 부으심을 통하여 그 진리의 능력을 체험하였습니다. 그 후 그의 삶과 사역에 완전한 변화가 나타나기 시작했습니다. 그때부터 그는 놀라운 방법과 능력으로 뜨거운 불을 품은 사람처럼 설교하기 시작했습니다. 그는 더 이상 율법에만 머문 설교가 아닌 영광스러운 복음을 선포하며, 주님의 십자가의 공로, 죄인들을 구원하시는 하나님의 은혜를 전파하였습니다. 그리고 죄와 사망, 심판, 천국과 지옥이 엄청난 현실임을 발견한 사람처럼 말하고 행동하기 시작했습니다. 그는 몸과 영혼과 마음을 설교에 완전히 쏟아 부었습니다.

이러한 다니엘 로울란드 설교의 독특한 특징 몇 가지가 있습니다.

첫째, 그의 모든 메시지에 주 예수 그리스도가 두드러지게 드러나고 있습니다. 그의 설교 주제는 죄, 지옥, 그리스도의 십자가, 예수님의 피, 구원의 은혜였습니다. 그는 예수 그리스도의 사역과 성품, 그리스도의 죽음과 삶을 청중들의 심령 속에 깊게 새겨 놓았습니다.

둘째, 그의 설교 중 자신의 생각을 놀라울 만큼 표현해 내는 적절한 언어 사용 능력이 뛰어났습니다. 그는 간결하고 힘차며 박력 있고 속담식의 문장이나 비유와 예를 끌어 와서 사용하는 일에 능하기 때문에 청중들의 관심을 사로잡고 기억 속에 오래 간직하게 하는 장점이 있습니다.

셋째, 그의 설교는 매우 실제적이고 경험적입니다. 그는 죄인들을 회심시키고 잠자고 있는 영혼을 깨우면서도 믿는 자들을 경고하고 상담하며 격려하고 위로하는 일을 계속 하였습니다. 즉 회심자와 비회심자 모두에게 도전과 감동을 주는 메시지를 선포했는데 그는 남다르게 사람의 마음을 사로잡고 감동시키는 힘이 있었습니다.

넷째, 신선한 사고와 주제에 대한 로울란드의 남다른 풍성함입니다. 그는 평생 배우는 일에 성실함과 부지런함을 잃지 않았으며 설교를 준비하는 데 많은 시간을 보냈습니다. 그는 엄청난 독서가요, 묵상가였으며 그것을 청중들에게 넘치도록 부어 주었습니다.

그는 하나님의 진노 아래 가장 위험한 상황에 있는 수많은 영혼에게 복음을 전했으며 동행하시는 성령님의 완전한 능력으로 설교했으며, 복음을 듣는 청중들이 죄를 깨닫고 소생되어야 할 뿐만 아니라 견고하게 세워져야 한다고 믿었습니다.

흘란가이쏘교회에 일어난 놀라운 부흥

다니엘 로울란드는 흘란가이쏘에서 목회하였는데 갈수록 그리스도의 진리의 충만한 빛의 사람으로 변해 갔고 온전하고 명료하고 균형 잡힌 복음 설교자로 서게 되었습니다. 그의 설교를 듣기 위해서 웨일즈 지방의 각처에서 수많은 사람들이 모여들곤 했는데 어떤 이들은 50-60 마일 떨어진 먼 곳에서도 왔습니다. 그의 흘란가이쏘교회로 수백 명, 수천 명이 물밀듯이 몰려왔습니다. 교회는 꽉 찼을 뿐 아니라 교회의 정원까지도 들어찼으며 사람들로 발 디딜 틈이 없을 정도였습니다.

그리고 성찬식이 있는 주일에는 1,000명, 2,000명, 2,500여 명의 사람들이 모이는 일이 자주 있었으며, 성찬식이 끝나고 돌아갈 때가 되면 그들은 피곤함도 잊은 채 찬송가와 시편을 불렀습니다.

그의 설교는 복음적 가르침으로 충만하게 되었고 회중의 마음을 움직이는 설교의 열매가 나타나기 시작했습니다. 수백 명의 사람들이 하나님께 회심했고 그의 설교를 들은 사람

부흥이 일어났던 흘란가이쏘교회

들에게서 삶의 개혁이 일어나고 있었습니다. 청중의 삶이 그의 설교를 들은 후에 비약적으로 성장하였으며 기독교에 대한 분명한 지식이 측량할 수 없을 정도로 증가되었습니다. 그의 사역은 죄인들을 일깨우고 소생시키는 일에서 상상할 수 없을 정도로 엄청나게 놀라운 열매를 가져왔습니다. 그 예로 나중에 살펴볼 발라 부흥의 주역이 되는 토마스 찰스는 다니엘 로울란드의 설교를 듣고 회심하였습니다

이처럼 로울란드의 설교를 통하여 1738년에 흘란가이쏘에서부터 놀라운 웨일즈 부흥이 시작되었고, 그 일은 여러 해 동안 계속 되었습니다. 연이어 계속 부흥이 일어나게 되었습니다. 그리고 로울란드가 생을 끝마치기까지 그 부흥의 파장은 계속되었으며, 심지어 그가 죽은 뒤에도 그 여파는 계속 남아 있었습니다. 로울란드는 수백 명의 영혼들에게 복의 도구가 되었습니다. 그가 50년 동안 흘란가이쏘에서 설교를 했다는 놀라운 사실을 볼 때, 우리는 사도 시대 이후로 그토록 놀라운 영적 성공을 거둔 설교자가 드물다는 사실을 인정해야 할 것입니다.

심중을 꿰뚫는 듯한 로울란드의 설교

웨일즈 전 지역을 다니면서 설교하였던 다니엘 로울란드는 자신의 교구를 벗어나 설교하는 일에도 최선을 다하였습니다. 어느날 로울란드는 교구 밖 에스트라드핀에 가서 설교를 했는데 그곳 사람들의 심령에 커다란 은혜를 끼쳤습니다. 30명도 넘는 사람들이 그날 회심을 하는 역사가 있었습니다. 또한 그는 웨일즈의 카디간서(Cardiganshire), 글라모간서(Glamorganshire), 브레콘서(Breconshire), 몽고트메리서(Montgomeryshire), 카마던서(Carmarthenshire) 등의 지역에서도 설교하여 부흥의 불을 붙이는 불꽃이 됩니다.

그는 할 수만 있다면 교회에서 말씀을 전하기를 바랐지만 교회가 허락해 주지 않을 때에는 방이나 헛간, 노천에서 설교하는 것도 마다하지 않았습니다. 어느 주일날 그는 야외에서 닭싸움과 스포츠와 게임하며 놀고 있는 고집 센 젊은이들을 찾아갔는데 그들은 심중을 꿰뚫는 듯한 로울란드의 설교를 매우 싫어했고 결국 교회에 오지 않겠다고 선언을 했던 무리들이었습니다. 그때 로울란드는 그들의 악한 행실에 대해 비난하면서 강하고 담대하게 말씀을 선포하기 시작했습니다. 하지만 그 누구도 그에게 반대의 말을 할 엄두조차 내지 못했고 모든 사람들을 놀라게 했습니다. 그의 설교는 그들의 양심을 찌르고 열매가 나타났으며, 다시는 주일에 운동경기를 하는 모임이 열리지 않았습니다.

로울란드는 영원한 멸망을 향해 빠르게 달려가고 있는 수많은 영혼들을 구원하기 위해 산 속 깊은 곳에 있는 교회에서도 여러 번 집회를 가졌습니다. 웨일즈 산 속 깊숙한 곳에 있는 어느 한 교회이지만 바로 그 교회에서 다니엘 로울란드가 설교할 때 1,000여 명씩 모였다고 합니다.

그 당시는 통신 시설도 없어 집회에 대한 어떤 홍보나 광고를 할 수도 없었습니다. 그런데 로울란드가 설교한다고 하면 어디선가 수많은 사람들이 모여들곤 했습니다. 이러한 일들은 오

로울란드 집회 때 부흥이 일어났던 산속에 있는 교회

직 성령의 역사였습니다. 성령이 아니고서는 이런 산골짜기 깊은 교회에 수많은 사람들이 모일 수 없는 것입니다. 부흥에 있어서 성령의 역사는 절대적임을 깨달을 수 있는데 그의 설교 사역 가운데 성령의 기름부으심이 넘쳤습니다.

로울란드의 성공적인 사역의 요소- "말씀과 기도에 전념한"

로울란드는 하나님의 말씀이라면 알지 못하는 부분이 한 군데도 없을 정도로 성경을 많이 알고 있었습니다. 그만큼 그는 성경을 많이 외우고 암송하고 있었으며 진정으로 하나님의 말씀이 그의 안에 풍성히 거하고 있었던 것입니다. 성경 암송에 있어서 탁월한 능력을 소유하였던 로울란드는 성경을 보지 않고 약 50군데를 인용하면서 설교했습니다.

또한 그에게는 지속적이고도 열정적인 기도의 실천이 있었습니다. 그는 보이지 않는 하나님과 지속적으로 교제하면서 살았습니다. 그는 자주 언덕의 꼭대기로 올라가 거기서 웨일즈 사람들의 회심을 위하여 하나님과

씨름했습니다. 그는 예배 전에도 자주 외진 구석에서 무릎을 꿇고 기도하고 있었습니다. 그의 기도 내용의 일부분입니다.

> 저는 주의 나라가 오기를 바랍니다. 선하신 주여, 가련한 웨일즈를 긍휼히 여기소서. 주의 능력으로, 그리고 당신의 축복의 충만 가운데서 우리의 사랑하는 형제를 우리 가운데 보내소서. 그리고 악마로 하여금 그 앞에서 떨게 하소서. 아멘.

로울란드는 설교준비 이후 토요일 오후부터 시작하여 오로지 기도에에만 전념하여 주일 아침까지 기도하였습니다. 에피온 에반스는 우리에게 상기시켜 말하였습니다.

> 다니엘 로울란드는 탁월한 복음 설교자였을 뿐 아니라 기도의 사람이었다. 예배를 드리기 전에 기도와 중보기도를 위하여 긴 시간을 내어 하나님의 얼굴을 구하는 것이 그의 습관이었다.

로울란드가 놀라운 성공적인 사역을 할 수 있었던 주된 이유는 말씀과 기도에 전념했기 때문입니다. 그의 영성이 탁월함은 오직 말씀, 오직 기도였습니다.

수많은 시련 가운데서도 주님의 일을 해 나가는 로울란드의 믿음

존 번연과 조지 휫필드, 존 웨슬리, 하웰 해리스도 동일하게 쓴잔을 마셨던 것처럼 하나님의 임재하심으로 웨일즈 부흥을 경험하고 있던 로울란드에게도 큰 시련이 다가왔습니다. 커다란 성공 속에서 그를 겸손하게 하고 교만하지 않도록 하기 위해서 하나님이 그에게 수없이 시련의 쓴잔을 마시게 하였습니다.

가장 큰 시련은 30년 동안 오로지 잉글랜드국교회 목사로서 신실하게 교회를 섬겼던 그가 많은 주의 목회자들의 오해와 시기 질투 속에서 1763년 국교회로부터 축출을 당하고 그의 직분까지 박탈 당한 것이었습니다. 하지만 로울란드는 자신을 벌레만도 못하게 여기고 한낱 진흙덩이라고 표현했던 겸손한 사람입니다. 하나님의 위대한 종들처럼 그의 안에는 자신의 죄성과 연약함, 부패함과 하나님의 은혜에 대한 끊임없는 필요의 깊은 자각이 있었습니다. 그는 자신의 설교를 들으러 온 사람들에게 이렇게 외쳤습니다.

> 오, 하나님이시여! 저에게 자비를 베풀어 주소서. 이 불쌍한 벌레만도 못한 자를, 죄악으로 가득찬, 재와 티끌과 같은 저를 도와주소서!

세상 사람들은 예수 그리스도의 복음이 전파되는 것을 막을 수 없을 때 그것을 전하는 설교자의 인격을 손상시키려고 애를 씁니다. 중상모략과 거짓은 사탄이 가장 좋아하는 무기이며, 사탄은 너무나 뛰어난 거짓말쟁이입니다. 그는 설교하러 다닐 때 빈번히 거센 핍박과 심한 욕설, 설교 단상 밑에 화약 설치, 돌을 던짐, 총으로 쏘아 죽이겠다는 생명의 위협을 당했습니다. 그러나 로울란드는 단 한 순간도 뒤로 물러나거나 포기하지 않았고 반대나 핍박에 굴하지 않고 계속 주님의 일을 해 나갔습니다. 그는 두려워하지 않았고 자신을 복음 전하는 일에 바쳤습니다.

영원한 안식으로 들어간 로울란드- "하나님이 나와 함께 하신다"

생애 마지막 무렵 그는 건강이 좋지 않았지만 병상에 누워 있기 보다는 마지막 순간까지 하나님의 일을 하다가 영원한 안식으로 들어가고자 한 소망을 품었습니다. 그는 비록 다른 지역으로의 여행은 거의 불가능한 상황이었지만 하나님의 응답으로 흘란가이쏘에서의 사역만큼은 굳건히 해 나가고 있었습니다. 그는 주일 예배가 끝나고 난 후에 자신의 죽음에 대해 언급하면서 가족들에게 조용히 평화롭게 세상을 떠나고 싶으니 너무 슬퍼하는 모습으로 자신의 마음을 괴롭게 하지 말아 달라고 부탁을 하였습니다.

로울란드는 자주 라틴어로 웨슬리가 임종 때 했던 것과 똑같은 말을 하였습니다. "하나님이 나와 함께 하신다"는 것이었습니다. 마침내 그는 1790년 10월 16일, 77세의 나이로 랑게이토 교구에서 풍성한 삶을 마쳤습니다. 웨일즈에서 나타난 가장 빛나는 별 로울란드는 평안 속에서 숨을 거두었습니다. 18세기 영적 부흥의 주역인 로울란드는 흘란가이쏘교회의 동쪽 끝에 묻혔습니다.

다니엘 로울란드 동상

로울란드가 오늘날 우리에게 주는 교훈

1) 뜨거운 불을 품은 능력있는 설교자

로울란드의 사역을 전체적으로 살펴볼 때 가장 놀라운 요소는 바로 그의 설교가 가지고 있는 특별한 능력입니다. 로울란드는 매우 뛰어난 설교자요, 뜨거운 불을 품은 사람처럼 선포한 능력있는 설교자입니다. 그의 설교는 아무도 이길 수 없는 불꽃처럼 타올랐는데 하나님이 그의 설교 가운데 큰 은혜와 축복을 부어주셨습니다. 어떤 사람들은 로울란드의 설교가 휫필드의 설교보다 뛰어나다고 말할 정도입니다. 그의 설교를 듣기 위하여 어떨 때는 먼 곳에서 걸어서 올 정도로 그의 설교는 은혜가 넘쳤습니다.

마틴 로이드 존스는 사도 시대 이후 가장 위대한 설교자 두 사람을 꼽는다면 조지 휫필드와 다니엘 로울란드라고 말하면서 그 당시 로울란드를 능가하는 설교자가 거의 없었다고 말하였습니다. 이 시대는 로울란드처럼 뜨거운 불을 품은 설교자를 찾고 있습니다.

2) 바른 교리에 충실한 탁월한 신학자

로울란드는 칼빈주의적 교리와 종교개혁자들의 교리와 17세기 청교도들이 가지고 있던 교리를 붙잡고 있었습니다. 그는 바른 교리에 충실했고 복음을 전하기 위해서는 늘 바른 교리 위에 굳게 서야 함을 가르쳐 주고 있습니다. 그리고 그는 설교 전체를 통해서 복음의 영광스러운 진리를 적용하고 강조하였습니다. 특히 그는 십자가에 달리신 그리스도를 가장 높였습니다. 아마 로울란드보다 예수 그리스도와 그의 피를 더 높인 설교자도 없을 것입니다.

　로울란드는 또한 신학자였습니다. 사역자들 가운데 신학적 논쟁이 있다면 로울란드가 늘 성경으로 그 논쟁을 중재하며 해결하였습니다. 그리고 18세기 웨일즈 칼빈주의 감리교(calvinistic methodist)가 자리 잡을 수 있도록 한 로울란드의 역할이 컸습니다. 오늘날 바른 교리에 충실한 탁월한 신학자들이 필요합니다.

3) 자신의 양들을 성실하게 양육한 목회자

　18세기 위대한 설교자인 조지 휫필드나 존 웨슬리, 하웰 하리스는 순회 설교자로서 수많은 영혼을 각성시키는 사역에 중점을 두었습니다. 반면에 로울란드는 회심한 사람들을 가르치고 교육하여 자라게 하는 사역에 중점을 두었습니다. 로울란드는 다른 곳을 순회하면서 죽어가는 영혼들을 깨우는 사역만큼이나 깨어난 자기 성도들을 양육하며 성경 안에서 바르게 가르치는 일 또한 매우 중요하다고 믿고 있었습니다. 한가지 예로 로울란드는 성찬식이 있는 주일 전 토요일 날 성찬식을 준비하는 기도모임을 성도들과 늘 가졌습니다. 기도모임 중 그는 성도들이 이해하지 못하는 성경구절에 관하여 물어볼 수 있는 기회를 주고 그 성경구절에 대하여 차분하고 섬세하게 해석하며 적용시켜 주었습니다.

　이처럼 로울란드는 신실한 목자로서 주일마다 외부에서 설교하지 않고 거의 본 교회 강단을 지키면서 설교하였습니다. 그는 더 많은 순회 설교와 더 큰 다른 사역을 찾기보다 자신의 본 교회에 충성하며 양들을 끝까지 성실하게 목양하였으며, 또한 죄인들을 향한 뜨거운 사랑도 넘쳤습니다. 이러한 로울란드의 참된 목회자상은 오늘날 많은 귀감이 되고 있습니다.

▶ 토의를 위한 질문

1. 로울란드가 목회하였던 흘란가이쏘교회에서의 놀라운 부흥의 모습은 어떻게 나타나고 있습니까?

2. 로울란드의 중요성은 부흥에 있어서 설교가 차지하는 비중이 크다는 것입니다. 부흥을 확신하면서 말씀선포에 성령의 기름부음이 나타나기를 갈망하고 있습니까?

3. 로울란드처럼 회심한 성도들이 성장하도록 성경 안에서 성실하게 양육하고 있습니까?

4. 수많은 시련 가운데서도 주님의 일을 변함없이 해 나가는 로울란드의 믿음이 내게 준 교훈은 무엇입니까?

5. 로울란드의 탁월한 영성은 오직 말씀, 오직 기도였습니다. 부흥은 말씀과 기도를 통해서 옵니다. 나는 말씀과 기도생활에 전념하고 있는가요?

*The leaders of Britain's Revival
The flames who lived through
dark generations*

Chapter 11

성령에 불붙은 전도자
하웰 하리스

성찬식을 통한 회심

하웰 하리스

18세기 웨일즈 부흥에 있어서 하나님의 강력한 도구로 사용되어 수많은 회중들이 회심하도록 했던 하웰 하리스(Howell Harris, 1714-1773)는 1714년 1월 웨일즈 브레콘셔(Breconshire)의 트레베카(Trevecca)라고 불리우는 작은 마을에서 태어났습니다. 열여덟 살 까지 보통 교육을 잘 받았던 하리스는 그 무렵 아버지가 돌아가시자 매우 우울한 나날을 보내게 되었습니다. 물론 완전히 타락한 것은 아니었지만 진리와 신앙에 대한 마음을 무시한 채 청춘의 유희에 휩쓸렸습니다.

당시 부흥 운동의 지도자들이 그런 것처럼 하리스에게도 삶에 극적인 변화가 찾아왔습니다. 1735년 3월 그가 탈가쓰(Talgarth)에 있는 교구교회에 참석하였을 때 그 교구 목사는 다음 주일에 거행할 성찬에 대한 광고 중 합당하지 못한 사람은 성찬에 참여할 자격이 없다며 이렇게 말했습니다.

> 만일 여러분이 성찬에 참여하는 것이 합당치 못하다면 기도하기에도 합당치 못할 것이고, 살기에도 합당치 못할 것이고, 살기에도 합당치 못하다면 죽기에도 합당치 못할 것입니다.

교구 목사의 광고는 하리스에게 큰 충격을 주었고 그의 잠자는 영혼을 깨웠습니다. 결코 방탕한 사람은 아니었으나 태만한 삶을 살고 있었던 하리스는 교구 목사의 말에 강한 도전을 받았고 그의 심령을 깨우치는 음성으로 들렸습니다.

하웰 하리스가 회심했던 탈카트교회

그는 다음 주일 성찬식 예배에 참석하여 예배를 드리는 중에 죄의식을 깨닫고 회개의 고뇌에 빠졌습니다. 이와 같은 죄에 대한 고뇌는 한 달 이상 그를 괴롭혔습니다. 그런 죄 의식은 5월 25일 성령강림주일 성찬식 예배가 진행되는 동안 마귀와 엄청난 싸움을 벌이며 투쟁했습니다. 마귀는 하리스의 믿음을 흔들어 놓으려고 거세게 달려들었지만 이 투쟁에서 결국 하리스는 자신의 죄 용서의 확신과 하나님이 은혜로 그를 돌보고 계신다는 확신을 얻었습니다.

그는 이렇게 설명 했습니다.

> 성찬식 때, 십자가에서 피 흘리신 그리스도께서 끊임없이 내 눈 앞에서 계신 것 같았습니다. 능력이 내게 주어져서 그 피로 말미암아 용서를 받았다는 믿음을 갖게 했습니다. 나는 나의 짐을 벗었습니다. 나는 기뻐 뛰면서 집으로 가서 슬퍼하는 내 이웃에게 말했습니다. 그대는 왜 슬퍼합니까? 내 죄가 용서 받았음을 나는 압니다. 오, 복된 날이여! 언제나 그것을 기억하고 더욱 더 감사했으면 좋겠습니다!

하리스는 자신의 죄가 용서받았고 사망에서 생명으로 옮겨졌다는 것을 알았습니다. 그는 예수 그리스도를 영접하고 예수님을 향한 사랑으로 불타올랐습니다. 이것이 하웰 하리스의 놀라운 회심 사건입니다. 하리스는 사역자로 정식적인 교육은 받지 못하였지만 그의 열정은 뛰어났습니다. 그는 원래 의사가 되려고 하였지만 그 계획을 포기하고 주님께 온전히 헌신하였습니다.

하웰 하리스의 성령체험

하리스가 탈가쓰(Talgarth)교회에서 받았던 죄 사함의 체험은 의심할 여지없이 행복했고 기쁨으로 춤을 추게 하였습니다. 그러나 그 마음에는 무언가를 더 필요로 하는 무한한 갈증이 남아 있었고 하나님을 향하여 가졌던 갈망은 언제나 광대하였습니다. 회심 후 1개월이 지난 하리스는 흘란가스티(Llangasty)교회 종탑에서 은밀하게 성경을 읽고 기도하고 있었습니다. 그곳에서 그는 자신을 하나님께 드렸습니다. 그때 그는 이전의 모든 체험들을 무색하게 할 만한 엄청난 체험을 했는데 성령이 처음으로 자기가 하나님의 자녀인 것을 확신케 하는 또 다른 체험을 한 것입니다.

마틴 로이드 존스는 그의 책 『청교도 신앙』에서 하리스의 성령체험을 이렇게 표현하였습니다.

> 갑자기 내 마음이 불 앞의 초와 같이 녹는 것을 느꼈습니다. 그리고 내 구주를 주신 하나님께 대한 사랑이 느껴졌습니다. 나는 사랑과 평안을 느꼈을 뿐 아니라 죽어 그리스도와 함께 있고 싶은 간절한 열망을 느꼈

습니다. 그리고 내 영혼 속에서 전에는 전혀 알지 못했던 "아바, 아버지"라는 외침이 터져 나왔습니다! 나는 하나님을 내 아버지로 부르는 일 밖에 할 수가 없었습니다. 나는 그의 자녀라는 것을 알았으며, 그가 나를 사랑하시고 내 말을 들으신다는 것을 알았습니다. 내 마음은 만족하여 울부짖었습니다. 이제 나는 만족하다고! "능력을 주십시오. 그러면 물 불을 가리지 않고 주를 따라 가겠나이다"라고 외쳤습니다.

이것이 하리스가 성령의 나타남을 체험했던 위대한 사건입니다. 하리스의 마음 속에는 영생하도록 솟아나는 복음의 생명수와 하나님의 사랑으로 가득하였습니다. 이와 같은 영적인 체험 이후부터 하리스는 복음에 불타는 전도자가 되기 시작하였습니다. 부흥 운동의 지도자들인 존 웨슬리, 조지 휫필드, 조나단 에드워즈 등은 모두 이와 같은 특별한 영적체험을 경험했습니니다. 이 체험 사건은 부흥을 이해하는 데 있어서 중요한 열쇠가 되고 있습니다.

하리스는 불신 영혼을 사랑하고, 그들을 향한 연민의 정을 느끼기 시작했고, 죄 가운데 빠진 모든 사람들에 대한 슬픔을 느꼈습니다. 그래서 그는 직접 발로 뛰며 사람들을 방문하여 예수님을 전하였으며 구령의 열정에 불이 붙었습니다. 1735년은 어둠 속에 묻혀 있던 웨일즈에 부흥의 바람이 불어오기 시작했습니다.

성령에 불붙은 하리스는 당시 웨일즈 교회의 칠흑같은 영적 암흑 상태를 지켜보면서 은밀히 골방에 들어가 탄식 속에서 눈물로 기도했습니다. 하리스는 주님의 영광과 죄인들의 영혼 구원이 나의 유일한 목적인 것을 깨닫게 해 달라는 것과 특별히 하나님이 주의 사역을 부흥시켜 주실 것을 기도했습니다. 하나님의 불이 자신의 영혼 속에서 강렬하게 불타올랐던 하리스는 예레미야처럼 사람들에게 복음을 전하지 않고서는 답답하여 견딜 수가 없었고 웨일즈의 영혼을 깨워야 한다는 강한 부담감이 있었습니다. 결국 하리스는 간절히 영혼 구원에 힘썼고 나가서 설교하기 시작하였습니다. 그는 강력한 말씀 선포로 잠자는 웨일즈를 깨우기 시작했습니다.

성령이 이끄는 설교로 잠자는 웨일즈를 깨우기 시작함

그 무렵 가족 친지들은 기도의 사람이요, 성령의 사람인 청년 하리스에게 성직을 받아야 한다고 권면했습니다. 그래서 그는 옥스포드의 성 마리아 홀(St. Mary's Hall)에 들어가 공부하였으나 만족함이 없어 오히려 대부분의 시간을 골방에서 은밀히 기도하거나 예배드리면서 보냈습니다. 그렇게 학기를 마치자 하리스는 곧바로 고향에 돌아와 몇몇 사람들과 함께 이웃집을 방문하며 복음을 전했습니다. 그 결과로 사람들은 자신의 죄를 고백하며 울부짖었고 서로 화해했고 가족 예배가 여러 곳에서 견고히 세워져 나갔습니다. 그는 각 가정을 방문하여 그들에게 죄를 회개하고, 예수 그리스도 안에서 하나님의 은총을 찾으라고 권면했습니다.

하리스는 노천에 몰려든 수많은 사람들에게 말씀을 선포하였는데 그가 메시지를 외치는 곳마다 놀라운 성령의 역사가 임했습니다. 그는 어두웠던 세상을 깨우는 설교를 했습니다. 그의 설교의 중심은 부패한 인간의 마음과 복음이었고, 그의 설교의 태도는 매우 열정적이었습니다.

그는 설교 중에 무도회, 매춘, 유흥을 위한 모임, 경마, 술취함을 경고하고 죄를 일깨우는 말씀을 강력하게 전하였고, 그들의 죄악과 그들이 가고 있는 길의 위험과 헛됨에 대해 설교하였습니다. 그리고 죄인의 파멸에 대한 내용으로 가득 차 있었는데 마치 니느웨 백성들을 향한 요나의 선포 같았습니다. 그의 설교는 복음적이어서 지금까지 국교회의 판에 박힌 듯한 건성의 설교에 무감각해졌던 수많은 영혼들에게 천국의 생기를 불어넣기에 족했습니다.

하리스의 설교는 회개하는 자를 격려하고, 무관심한 영혼을 일깨우고, 악한 자들을 경고하고 부주의한 사람에게 경각심을 주었습니다. 그의 설교를 듣던 어떤 사람은 '하웰 하리스는 마치 지옥에 갔다 와 본 것처럼 설교했다'고 말하였습니다. 마치 번갯불처럼 청중의 양심에 생생하게 불을 내뿜자 그들은 심판의 날이 닥쳐온 것처럼 두려워했고, 말씀의 영향력이 너무도 강력해서 아무리 단단한 마음을 가진 사람이라도 두려움을 갖게 되었습니다.

하리스의 메시지 방식은 조지 휫필드처럼 철저하게 준비된 설교를 외치는 것이 아니라 성령의 임재와 감동 속에 영감의 메시지를 전했습니다. 그는 본문을 미리 정하지도, 원고를 준비하지도 않았지만 성령께서 주시는 대로 전한 것이며, 성령이 이끄는 설교를 사자의 포효처럼 토했습니다. 역동적이고 성령 안에서의 자유가 있는 설교였습니다.

하리스는 진리를 위한 것이라면 어떤 두려움도 없었으며 가는 곳마다 담대하게 진리를 선포하였습니다. 그는 하루에 몇 번을 설교할 정도로 바쁘고 열정적이었습니다. 그는 남부 웨일즈와 북부 웨일즈를 순회하며 매주 거의 150마일을 돌아다니며 하루에 두 번씩, 가끔은 하루에 세 번, 혹은 네 번씩 말씀을 전했습니다. 그는 능력있는 설교자로 쓰임 받게 되었습니다.

웨일즈에 타올랐던 부흥의 불길!

성령의 기름부으심이 차고 넘쳤던 하리스의 설교는 큰 감동을 주었습니다. 설교 듣는 청중들 가운데 몇몇 사람들이 회심하는 은혜가 있었고, 그들의 심령에 깊이 파고 들었습니다. 또한 하리스의 설교를 한 번도 설교를 들어보지 못한 사람이 자신의 죄를 깊이 깨닫는 은혜도 있었습니다. 주일마다 행하던 유흥이라는 불경건한 죄악을 끊어 버렸고, 그런 죄악을 다시는 이 마을에서 찾아볼 수 없게 되었습니다.

이처럼 그의 설교는 그들에게 은혜와 축복이 되었고 그 결과는 실로 놀라웠습니다. 그의 은사는 양심을 깨워 죄를 깨닫게 하는 것이었습니다. 실제로 많은 사람들이 예전의 모든 죄악과 환락을 버렸고, 공공 오락과 유희가 사라졌고 신앙이 모든 대화의 주제가 되었습니다. 몇몇 지역에서 많은 사람의 회심이 있었는데 그는 이러한 엄청만 회심을 목도하고서 만족하였습니다. 18세기 위대한 인물 중의 한사람인 윌리암 윌리암스(W. Williams)는 하리스의 설교를 듣고 회심한 사람이었습니다. 당시 그의 사역을 통해 은혜를 받은 사람은 헤아릴 수 없이 많았습니다.

하리스 자신의 표현을 빌린다면 "주께서 능력으로 임하셨던 것입니다." 이것은 웅변이나 연설의 재능이 아닌 설교 중에 나타는 권위(authority)입니다. 그의 메시지는 수많은 사람을 회심시키는 도구로서 큰 역할을 했습니다. 그는 자신의 일기에 이렇게 기술했습니다.

> 이제 너무나 많은 숫자의 사람들이 모여서 우리가 모이는 집들로는 그 사람들을 수용할 수 없었습니다. 말씀을 전할 때 큰 능력이 함께 임하여 그곳에 있던 수많은 사람들이 자기들의 죄를 용서해 달라고 하나님

께 울부짖었습니다.

하리스의 설교를 들은 수많은 청중들이 깊은 죄를 드러내며 각성하고, 회심하게 되었습니다.

부흥은 강력한 성령의 역사하심이요, 때와 장소와 인물들에 대한 하나님의 주권입니다. 웨일즈의 위대한 부흥은 성 바울대성당이나 런던의 대도시가 아니라 아주 작은 마을 트레베카에서 일어났고, 브레콘셔(Breconhire), 펨브록셔(Pembrokeshire), 세인트 데이비즈(St. David's) 등 웨일즈 여러 지역에서 일어났습니다. 하리스는 비참한 웨일즈에서 놀라운 일을 행하실 하나님을 의지하면서 매일 밖에 나가 말씀을 전했고, 그리고 그가 가는 곳마다 부흥이 있었습니다. 놀라운 일이 아닐 수 없습니다. 암흑의 땅이었던 웨일즈에 영적 부흥이 일어났습니다. 하웰 하리스의 회심과 설교로부터 시작된 웨일즈 부흥은 그 도시를 변화시켰습니다.

트레베카대학(Trevecka College) 설립- "목회자 훈련학교"

하리스에게는 세상에서 예수 그리스도의 복음을 전할 귀한 목회자들을 배출해 내는 대학을 세우는 꿈이 있었습니다. 결국 그는 선교의 비전이 있는 헌팅돈 백작부인과 함께 다른 이들의 도움을 얻어 트레베카에 설교자들을 훈련시키고 목회자들을 양성하기 위한 대학을 세웠습니다. 즉 목회자 훈련학교입니다. 이 대학에는 회심하고 사역을 통해 하나님을 섬기고자 헌신한 자만이 들어올 수 있었는데 그들 가운데는 칼빈주의자와 알미니안주의자, 잉글랜드국교회인과 비국교도가 섞여 있었습니다.

1768년에 그 대학이 설립되어 개교 예배 때 조지 휫필드가 설교했고 그 후 존 웨슬리와 다니엘 로울란드와 다른 사람들이 설교했습니다. 하리스는 학생들에게 말씀을 전하고 대화와 토론을 나누기 위해 자주 대학에 갔으며 그들 가운데 복음의 순전한 진리를 전할 많은 젊은이들이 배출될 것을 기대하면서 학교 사역을 잘 감당했습니다. 이 대학에서 졸업한 젊은이들 가운데 후에 영국에서 가장 크게 쓰임받는 목회자들이 많이 배출되었습니다.

수많은 반대와 모욕, 박해를 이겨내고 승리한 설교 사역

신실한 하웰 하리스의 순회 설교 사역은 결코 녹록치가 않았습니다. 그가 죄인들의 회심을 위해 말씀을 전하러 가는 곳마다 많은 은혜가 있었으며 성령께서 그의 설교에 기름부어 주시기를 기뻐하셨습니다. 하나님의 복 주심 속에서 그의 열정적인 말씀 사역을 통해 많은 사람들이 회심을 경험했습니다. 하지만 동시에 사탄의 가장 험악한 공격과 극심한 박해도 그를 기다리고 있었습니다. 그는 사방에서 공격해 오는 성직자들의 비방과 비난하는 설교와 군중들의 협박과 심한 욕설, 악한 음모 등 많은 고난을 겪었습니다. 또한 치안 판사들의 위협과 조소, 모욕, 매 맞음, 고소, 체포, 반대, 생명을 위협하는 수많은 박해에 부딪혀야 했습니다.

그리고 그가 뉴포트(Newport)에서 복음을 전할 때 폭도들이 던지는 돌에 이마가 맞아 피가 흐르고 벌겋게 부어 있었고, 칼레온에서 말씀을 전하자 그들은 배설물과 진흙, 계란, 단단한 물건 등을 닥치는 대로 던지고 거세게 소리를 질렀습니다. 발라에서 설교할 때는 무자비하게 발길질을 당하고 몽둥이로 맞아 살해당할 뻔했습니다. 그때 하나님이 한 사람의 마음을 만지셔서 그 사람은 더 이상 하리스를 때리지 못하도록 말렸고 잔혹한 폭도들의 손에서 건져 주었습니다.

당시 잉글랜드국교회 소속의 웨일즈 칼빈주의 메소디스트의 수장이었던 하리스는 사역자가 품어야 할 마음 자세와 사역자가 예상해야 할 시련에 대해 말하였습니다.

설교하는 하웰 하리스

> 구주께서 은혜와 영광 안에서 당신에게 더 많은 사역을 맡기고자 하신다면, 당신은 여러 가지 시험을 치르게 될 것입니다. 그러니 안팎으로 모든 시련을 맞을 준비를 하십시오. 주의 백성들의 편견과 연약함, 부정적인 관점, 부패함, 좁은 마음에서 오는 시련을 맞을 준비를 하십시오.

복음에 불탄 하리스는 갈수록 더 심해진 박해 속에서도 독수리의 날개를 단 것처럼 조금도 죽음을 두려워 하지 않고 모든 것을 이겨내며 설교사역을 계속해 나갔습니다. 하나님과 영혼에 대한 사랑에 사로잡힌 하리스는 주님의 능력 안에서 모든 것을 정복해 나갔고 마침내 승리할 수 있었습니다.

하웰 해리스의 죽음과 영향력- "웨일즈 부흥의 새벽별"

해리스의 목회 사역으로 인해 신도들의 숫자는 크게 늘어났지만 그는 많은 사역들로 인해 너무 기진하고 지치고 피곤했습니다. 해리스 사역의 전성기는 그가 회심 후 젊었을 때 이루어졌고 인생 후반기에는 다소 조용한 사역들을 이어갔습니다. 전성기 때 쏟은 열정 때문에 건강이 많이 나빠진 해리스는 트베레카에 머물고 있었습니다. 이때 그의 설교를 듣고 회심했던 백여 명 이상의 남녀 어른들과 어린이들이 웨일즈 각처에서 그곳으로 왔습니다.

1773년 7월 21일, 해리스는 60세라는 비교적 젊은 나이에 하늘의 부르심을 받았습니다. 그의 장례에는 20,000명의 사람들이 모였으며 수많은 사람들이 눈물로 뒤범벅이 되었습니다.

웨일즈의 칠흑 같은 영적 암흑을 깨우라는 소명의 음성을 듣게 되면서부터 그는 평신도의 신분으로, 죽음이 그를 쉬게 할 때까지 불꽃의 삶을 살았습니다. 그는 죽은 나라, 죽은 생명들에 성령의 생기를 불어넣어 웨일즈의 영혼을 살게 하였습니다. 웨일즈에 일어난 영적 부흥은 그 어느 누구보다도 하웰 해리스의 영향 때문이었습니다. 이 강력한 부흥사는 웨일즈를 향한 하나님의 선물이었습니다. 그의 가슴 속에서 불타고 있는 불길은 얼마나 강렬하였는지 그가

하웰 해리스 기념 비석

죽은 다음에도 부흥의 불은 계속 이어졌습니다. 웨일즈의 한 민족을 살리기 위해 그가 사용되었습니다.

하웰 하리스를 움직이게 하는 원동력에 대해 웨일즈 부흥 전문가인 에피온 에반스(Eifion Evans) 박사는 다음과 같이 설명합니다.

> 그를 사로잡아 웨일즈를 쉼 없이 돌아다니며 복음화하게 한 것은 하나님의 아들의 영광입니다. 그의 마음 속에 하나님의 영인 성령이 불타고 있었습니다. 이 불이 웨일즈 사람들을 그리스도로 향하게 했습니다. 하웰 하리스 자신과 그의 삶을 사로잡은 것은 하나님을 향한 열심, 목마름 그리고 거룩한 열정입니다.

18세기 부흥의 주역을 말할 때 잉글랜드에 3인방인 휫필드와 웨슬리 형제가 있었다면, 웨일즈에서는 하웰 하리스, 다니엘 로울란드와 윌리암 윌리암스가 있었습니다. 하리스의 노천 설교는 조지 휫필드의 옥외 설교보다 역시 4년이나 빠른 것이었습니다. 훗날 교회사가들은 하웰 하리스가 웨슬리 형제와 휫필드의 선구적 모델이었다고 평가합니다. 그는 영국 부흥시기 때 최초로 하나님의 구속을 전한 순회 설교자요, 웨일즈 부흥의 불을 지핀 설교자입니다. 그는 39년 동안 설교하였습니다. 그는 웨일즈 트레베카에서 감리교 칼빈주의 부흥의 불꽃이 되었고 1750년대 까지 웨일즈

하웰 하리스 묘

부흥 운동을 이끄는 지도자였습니다. 그는 예수 그리스도의 순회 설교자였고 위대한 부흥의 '새벽별'과 같은 사람이었습니다.

하웰 해리스가 오늘날 우리에게 주는 교훈

1) 성찬예배를 통한 회심

해리스는 죄에 대한 고뇌가 있었습니다. 그런데 그는 성찬예배를 통해 십자가에서 피 흘리신 그리스도께서 자신 앞에 계신 것 같았고 그 피로 말미암아 자신의 죄를 용서해 주셨음을 확신했습니다. 해리스는 성찬예배를 통해 회심했습니다.

그 후 그는 놀라운 사역으로 웨일즈에 부흥의 불을 지폈습니다. 해리스의 회심 사건은 성찬예배가 얼마나 중요한가를 보여주었습니다. 오늘날 성찬예배가 소홀히 여겨지고 있습니다. 성찬(떡과 포도주)에 담겨진 영적 의미를 깊이 묵상해야 합니다. 우리는 성찬예배 때 하나님께서 부어주실 은혜를 사모하면서 참여해야 합니다.

2) 성령체험 사건

해리스는 흘란가스티교회의 종탑 안에서 성경을 읽고 기도하고 있었습니다. 그리고 그곳에서 자신을 하나님께 드리고 성령을 사모하였습니다. 그때 성령의 나타남을 강력하게 체험했던 해리스는 그리스도와 함께 있고 싶어 했으며 물불을 가리지 않고 주님을 따라 가겠다고 했습니다.

이것이 하리스의 성령체험 사건입니다. 이러한 성령체험이 하리스로 하여금 불타는 복음전도자가 되게 했고 위대한 설교자로 쓰임 받을 수 있었습니다. 그의 성령체험을 이해하지 않고서는 하리스의 사역을 이해할 수 없을 것입니다. 오늘날 교회와 개인에게도 하나님의 성령의 부으심이 가장 시급하게 필요합니다. 우리는 성령충만을 받아야 합니다.

3) 성령의 불을 지핀 열정적인 설교자

하웰 하리스는 뛰어난 평신도 설교자였습니다. 그 당시 신학 교육을 받지 못한 사람이 설교하는 것은 매우 드문 일이었으며 인정받기가 쉽지 않았습니다. 하지만 하리스는 설교에 있어서 매우 탁월하였습니다. 그는 성령의 능력에 붙들려 있었습니다. 성령의 불을 체험했던 그의 능력있는 설교로 인해 수많은 영혼들이 회심하고 살아나게 되었습니다. 그는 평신도로서 새로운 지평을 열었으며, 부흥의 불을 지핀 열정적인 설교자였습니다.

지금 이 시대에 하리스 같은 성령의 불을 체험한 설교자들이 많이 나와야 합니다. 하리스와 같은 성령으로 충만한 설교자를 달라고 기도해야 합니다. 기도의 사람 하리스는 다른 지도자들에게도 "복음의 성공을 위해서 며칠을 따로 떼어 놓으라"고 강권하였습니다. 성령을 체험한 불같은 설교자를 통하여 교회가 그토록 갈망하는 부흥은 시작될 것입니다. 지금 시대는 침체해져가는 교회를 살릴 불꽃 같은 설교자가 필요합니다.

4) 신앙성장을 위해 조직하고 체계화를 잘 하는 사람

하웰 하리스는 조직하고 체계화를 잘 하는 사람이었습니다. 그는 회심한 자들에 대해서 많은 관심을 가지고 있었습니다. 그래서 그들을 소그룹으로 묶어주고 관리해 주었는데 트레베카에서는 약 30개가 넘는 모임이 움직이도록 하였습니다. 그래서 그들이 신앙 안에서 같이 자라며 서로의 경험과 삶을 나누게 함으로써 주님 안에서 공동체를 이룰 수 있도록 조직하며 관리하였습니다. 신앙 안에서 어린 성도들이 자라게 하는데 하웰 하리스의 역할이 중요하였습니다. 하리스는 다니엘 로울란드나 조지 휫필드만큼 뛰어난 설교자는 아니었지만 권고하며 격려하는 데 있어서는 이 둘보다 뛰어났습니다.

▶ 토의를 위한 질문

1. 성찬식을 통해 하리스는 회심을 체험했습니다. 성찬예배를 통하여 하나님이 부어주실 은혜를 사모하면서 참석하고 있습니까?

2. 하리스처럼 불타는 복음전도자, 능력있는 설교자가 되기 위하여 내가 힘써야 할 것은 무엇인가요?

3. 하리스의 설교를 통해 나타난 웨일즈 부흥의 현상은 어떠했습니까?

4. 심한 박해 속에서도 모든 것을 이겨내며 설교 사역을 계속 해 나갔던 하리스의 강한 믿음이 나에게 어떤 용기를 주고 있습니까?

5. 성찬예배를 위한 탈가쓰교회 교구 목사의 광고입니다.
   "합당하지 못한 사람은 성찬에 참여할 자격이 없습니다. 만일 여러분이 성찬에 참여하는 것이 합당치 못하다면 기도하기에도 합당치 못할 것이고, 살기에도 합당치 못할 것이고, 살기에도 합당치 못하다면 죽기에도 합당치 못할 것입니다."
   이와 같은 성찬예배를 위한 광고가 나에게 어떤 도전을 주고 있는지요?

*The leaders of Britain's Revival
The flames who lived through
dark generations*

Chapter 12

평범한 목회자

윌리엄 맥컬로흐와 제임스 로브

William McCulloch
and James Robe

평범한 목회자들을 사용하신 하나님

하나님의 역사는 늘 사람의 생각과 계획을 뛰어넘습니다. 사람의 생각으로 부족하고 안 될 것 같은 일들이 하나님 손 안으로 들어가면 놀라운 역사로 바뀌게 됩니다. 어려운 영적 상황 가운데서 18세기 중엽 1740-1744년에 캠부스랑(Cambuslang)과 킬싸이스(Kilsyth)를 중심으로 북부 스코틀랜드 지역에 수많은 사람들이 자신의 죄를 인식하고 회개하며 주님께 돌아오는 부흥의 역사가 있었습니다.

이 부흥의 중심에는 평범한 목회자 두 명이 있었는데 윌리엄 맥컬로흐와 제임스 로브입니다. 그들은 설교자로서 특별한 은사가 없는 평범한 목회자들이었습니다. 그들은 매주 신실하게 자신의 성도들에게 회심의 필요성과 중요성, 복음의 메시지, 예수 그리스도의 귀중함을 전파하였습니다. 하지만 하나님은 그들의 사역을 통하여 놀라운 역사를 일으키셨습니다.

당시 스코틀랜드의 사회적 환경과 영적 상태

1733년 1월에 킬싸이스 지방은 이미 재난을 겪었었는데, 6월 한밤중에 또 다시 폭풍이 불어와 많은 비와 우박이 쏟아졌습니다. 번개가 집을 파손시키고 비와 우박이 인명 피해 뿐만 아니라 농사에 큰 피해를 입혔고, 강까지 넘쳐흘러 많은 집들이 물에 휩쓸려갔습니다. 또한 그해 전염병이 이 지방에 퍼져 3주 안에 60명이 죽는 등 인명 피해가 컸습니다. 이러한 재난으로 인해 사람들은 죄와 우상을 버리고 하나님께 돌아서는 것이 아니라 오히려 교회를 떠나고 말았습니다. 사람들은 거의 굶주림에 허덕이면서 오히려 더 방탕한 생활을 하였습니다.

그리고 영적 상황도 매우 빈곤한 상태였습니다. 목사들은 선명한 복음을 선포하지 못했고 성령의 능력도 없었습니다. 성도들은 교회에 다니고 있었고 외적인 경건의 모양은 많았지만 형식적인 신앙일 뿐 참된 신앙은 거의 없었습니다. 또한 그리스도인의 삶 속에서 어떤 생명력이나 거룩함을 찾아 볼 수 없었습니다.

제임스 로브 목사는 당시 상황을 다음과 같이 설명하였습니다.

> 교회의 가장 큰 문제는 성도들의 삶 속에 나타난 부패입니다. 많은 교회 성도들은 '살았다'라는 이름은 가졌으나 죽은 자들입니다. 그들의 믿음, 하나님에 대한 사랑, 이웃에 대한 사랑 그리고 거룩함에 죽어 있는 자들입니다.

이러한 영적인 상태는 캠부스랑과 킬싸이스에만 국한된 것이 아니라 스코틀랜드 여러 지역의 전반적인 현상이었습니다.

윌리엄 맥컬로흐의 설교와 캠부스랑 부흥

윌리엄 맥컬로흐(William McCulloch, 1691-1771)는 1731년 글래스고우 근교 캠부스랑에서 안수받았으며, 학식있고 사려 깊고 유능하고 영적인 사람이요 신실한 목회자입니다. 하지만 그는 뛰어난 설교자도 아니요 사실 평범한 복음 설교자일 뿐이며 큰 회중을 끌어들이는 특별한 꾸밈을 가지지도 않았습니다. 스코틀랜드 캠부스랑(Cambuslang) 부흥 전문가인 아써 포세트(Arthur Fawcett)는 "맥컬로흐는 뭔가 무미건조한 목사였을 뿐"이라고 하였습니다. 하지만 교구민들과 동료 목회자들은 그의 열정과 목회적 헌신을 인정하고 있었습니다.

맥컬로흐는 자기 설교를 준비하는 가운데 늘 큰 고통을 느꼈습니다. 하지만 그는 성경을 부지런히 연구했고, 개인 기도에 더 많은 시간을 투자하면서 하나님께 하나님의 사역을 부흥시켜 주시기를 간청했습니다. 또한 그는 잉글랜드와 아메리카에서 일어나고 있는 부흥 운동에 관심을 가졌으며 특히 조지 휫필드의 설교의 결과들에 큰 관심이 있었습니다. 그리고 그는 자기 교인들에게도 기도하도록 늘 권면했고, 캠부스랑의 모든 주민들에게 성령의 부으심을 열정적으로 갈망하도록 일깨워 주었습니다.

맥컬로흐는 1741년 "중생의 교리"에 관한 설교 시리즈를 시작하면서 자기의 회중들에게 중생의 성격과 필요성을 명확하게 가르쳐 주었습니다. 많은 성도들 가운데서 깊은 관심이 생기는 것을 발견하게 된 맥컬로흐는 결국 성도들의 요구로 목요일 저녁 강해(night lecture)를 시작했습니다. 성경 강해 말씀을 듣고 은혜 받은 성도들 중심으로 그 지역에 여러 기도모임들이 생겨났습니다. 하지만 하나님께서 성령을 부어주셨기 때문입니다. 그리고 말씀을 듣고서 생동감이 돌기 시작하면서 빠른 시간 안에 그곳에서 여러 기도모임들이 생겨났습니다. 하나님이 성령을 부어 주셨습니다.

몇 명은 맥컬로흐 목사를 찾아가 그들의 영적 상태와 영혼에 관해 상담을 하기도 하였고, 1742년 2월 18일 목요일 저녁 설교를 마친 후에는 50여 명의 성도들이 그들의 영적 고뇌로 인해 맥컬로흐를 찾아갔습니다. 놀랍게도 그 후로 많은 사람들이 거의 매일 죄에 대해 깊이 깨닫고 마음에 찔림을 받기 시작했습니다.

또한 7월초 휫필드는 캠부스랑을 방문하여 맥컬로흐와 함께 사역하였습니다. 휫필드는 성찬 예배에서 설교하였는데 그때 모인 청중 수가 약 2만여 명이었습니다. 스코틀랜드국교회 목회자들은 권면하면서 분잔과 분병을 했고 1,700명이 성찬을 나누어 주었습니다. 성찬 예식 때 수많은 청중들에게 성령의 능력이 나타났고 하나님의 성령이 회중 가운데 물 붓듯 부어졌습니다. 그들은 하나님의 사랑을 아는 지식과 하나님의 은혜에 대한 풍성함과 성령의 임재를 체험했습니다.

집회 후 맥컬로흐가 휫필드에게 보낸 편지에 의하면 약 3개월 동안 많은 사람들이 자신을 찾아왔는데 약 300여 명 이상이 각성했고, 약 200여 명이 회심했다고 합니다. 또한 그해 8월, 두 번째 성찬 예식에는 약 3,000명이 참석했고, 예배에는 대략 50,000명이 넘었습니다. 휫필드와 맥컬로흐, 캠부스랑의 장로들, 약 20여 명의 목사들이 성찬식을 거행하고 설교하는 일을 도와주었습니다. 조지 휫필드는 기록하기를 "기도와 찬양의 소리가 온 밤 내내 들려왔다"고 했습니다. 맥컬로흐와 휫필드의 지원으로 이루어진 설교 사역과 기도모임 운동이 조화를 이루면서 부흥의 불길이 번져갔습니다.

제임스 로브의 설교와 킬싸이스 부흥

제임스 로브(James Robe, 1688-1753)는 글라스고우 변두리인 쿰버놀드(Cumbernauld)에서 태어났으며, 스코틀랜드의 작은 마을 킬싸이스(Kilsyth) 지역의 신실한 목회자였습니다. 로브 목사는 1713년부터 성경에 충실한 말씀을 매주 선포하였으며 그의 개인적인 거룩한 삶도 알려져 있었습니다. 몇 년 동안 로브는 성경 교리와 복음을 신실하게 전파하였습니다. 초창기 사역에는 열매들이 있었지만 점차적으로 성도들의 삶 속에는 어떠한 성령의 능력이나 거룩함이 나타나지 않았습니다.

1740년 로브는 중생의 교리(doctrine of Regeneration)에 관한 설교 시리즈를 시작하였습니다. 당시 사람들이 평소보다 더 많은 관심을 보였다는 사실에 주목하였지만 그 후 특별하게 나타난 일들은 없었습니다. 1742년 맥컬로흐 교구의 영적인 부흥의 소식이 킬싸이스에 있는 로브에게 전해졌습니다. 곧바로 그는 하나님의 지속적인 강한 임재와 사역을 위해 기도하였으며 특별히 자기 성도들에게도 역사해 주실 것을 간구하였습니다. 로브는 그들에게 이러한 소식을 전하고 캠부스랑에 방문해보라고 격려도 해 보았지만 그의 성도들은 마음에 감동 없이 무관심 속에 있었습니다. 하지만 이곳 저곳에서 작은 움직임들이 보이기 시작했습니다. 젊은 여성들이 집에서 기도회를 가지기 시작하였고 없어졌던 교회 기도회도 다시 시작되었습니다.

그리고 그해 5월 16일 주일 예배 때 로브는 갈라디아서 4:19 말씀을 가지고 설교하였는데 말씀 가운데 성령께서 큰 권능으로 임하였습니다. 회중들 가운데 죄에 대한 깊은 탄식과 울부짖음이 나타나기 시작하였습니다. 예배가 끝난 후에도 영혼의 끝없는 고뇌 때문에 많은 성도들이 남아서 로브 목사와 기도하였습니다. 그 다음 수요 예배 때에도 비슷한 현상이 나타났으며 죄에 대한 깊은 인식을 가지며 탄식하고 울부짖는 사람들이 많아졌습니다. 이 후로 계속해서 죄에 대해 깊이 인식하고 구원에 이르는 믿음을 가지기 시작하는 사람들의 숫자가 날마다 늘어났습니다.

로브는 결국 주일뿐만 아니라 주중에도 여러 번 설교하며 예배를 인도하게 되었습니다. 더 많은 말씀을 듣고 싶어하고 갈망하는 사람들이 매번 참석하였습니다. 예배를 통해서 많은 사람들이 자신들의 영적인 상태와 죄에 대해 깨어나기 시작하였고 다른 이들은 구원의 감격을 맛보며 표현할 수 없는 기쁨과 마음의 평안을 가지고 돌아갔습니다. 로브는 중생의 교리와 복음과 하나님의 법에 관하여 주로 설교하였는데 그의 설교는 결코 가볍거나 편한 설교가 아니었습니다. 로브는 다음과 같이 고백하였습니다.

> 나는 소리를 아끼지 않고 큰 소리로 설교할 것을 결심하였습니다. 나는 나의 청중들이 구원을 받던지 아니면 멸망을 당한다는 사실을 인식한 사람처럼 매우 심각하고 불타는 마음으로 설교하였습니다.

로브의 설교를 들은 한 청중은 다음과 같이 말하였습니다.

> 그의 설교를 통해 하나님의 진노와 죄에 대해 마음에 깊은 찔림을 당하였습니다. 하지만 설교 마지막 부분에 이르러 성령님이 내 마음에 강력하게 역사하였고 나는 감당하지 못할 하나님의 사랑 속으로 빠져들게 되었습니다.

로브는 설교를 마친 후 상담과 도움을 원하는 성도들과 함께 기도하였고 한 사람씩 자신의 서재에서 그들을 도왔습니다.

부흥의 불길이 타올랐던 스코틀랜드

스코틀랜드의 영적 유산 중에 '기도모임'(prayer society)이 있는데 그곳은 성도들의 기도모임이 잘 이루어지는 지역이었습니다. 특별히 윌리엄 맥컬로흐, 제임스 로브, 존 맥클로린(John Maclaurin) 등 글래스고우와 인근에서 사역하는 스코틀랜드 목회자들이 오랫동안 부흥을 위해 기도하고 있었습니다. 그들은 하나님이 캠부스랑에서처럼 자신을 나타내시고 기도의 영을 부어주시기를 간절히 갈망하였으며 그 기도의 분위기는 점점 퍼져 나갔습니다.

드디어 스코틀랜드에 부흥의 불길이 타오르기 시작하였습니다. 캠부스랑에서 시작한 이 부흥의 불길은 점차적으로 킬싸이스, 커킨틸로흐(Kirkintiloch), 쿰버놀드(Cumbernauld), 가거녹(Gargunock), 라낙서(Lanarkshire), 콜더(Calder), 캔시(Canpsie) 등으로 번졌습니다. 그런데 이 부흥의 불길이 퍼진 주요 원인은 어떠한 행사나 집회보다 지역교회 목회자들의 신실한 말씀사역이었습니다. 부흥이 쉽게 번진 곳들은 대부분 그 지역교회에 이미 성경에 충실한 복음이 전파된 곳들이었음을 알 수 있습니다. 또한 지역교회의 사역뿐만 아니라 많은 성도들과 목회자들이 부흥이 일어난 곳을 방문한 것이 부흥의 불길이 스코틀랜드 전역으로 퍼지게 하는 요인으로 작용하였습니다.

스코틀랜드의 대부분 장소에서는 그 각성 운동이 백성들 사이에서 나타났고 비상한 기도의 분위기가 퍼져 나갔습니다. 목회자들은 회중들과 함께 모인 집회와 기도회에서 하나님의 임재하심과 성령의 부으심을 위해 기도하였으며, 일반적으로 개인적인 기도 다음에 하나님으로 하여금 주의 성령을 모든 계층의 공동체 위에 부어 달라고 간청하는 공적 모임이 뒤따라왔습니다.

결국 이러한 여러 기도회와 모임들을 통해서 성령께서 강하게 역사하였습니다. 성령의 부으심으로 인한 부흥의 불길은 스코틀랜드 여러 지역에 전염병처럼 번져 나갔고 타올랐습니다. 1740년부터 1744년까지 캠부스랑과 킬싸이스, 그리고 여러 지역에 뿌려진 부흥의 씨앗들은 강력한 복음주의적 에너지요 하나님의 영광스러운 역사였습니다.

부흥의 효과(Effects)

부흥의 효과로 캠부스랑과 킬싸이스에서는 전반적으로 도덕과 윤리가 크게 회복되었습니다. 많은 사람들은 특별히 공공연하게 행해지는 죄악들 즉 도둑질, 욕과 악한 말들과 술취함을 버리기 시작하였습니다. 사람들 중 죄에 대해 일시적이거나 가볍게 또는 표면적인 회개가 아닌 깊고 마음 속을 꿰뚫어보는 회개가 있었습니다. 그들은 눈물로 자신들의 죄악과 부패한 본능을 통회했고, 존귀한 그리스도를 경멸한 죄에 대해 애통해 하면서 자신들만큼 악한 사람이 없다고 고백했습니다.

이미 거듭난 자들도 영적 각성을 통해 세상적인 습관들을 버리고 더 깊은 영적 지식을 얻기를 사모하였습니다. 거듭난 사람들의 삶은 주님과 함께 동행하는 기쁨이 충만하였고 성령의 위로와 함께 하나님께 영광 돌리는 삶을 살았습니다. 성경을 더 많이 읽었으며 더 많이 기도하였습니다. 주일 성수 또한 크게 회복되어 많은 사람들이 교회에 참석하였고, 한번도 드리지 않았던 가정 예배를 드리기 시작했습니다. 이들이 드리는 예배는 진실함, 경건함과 진지함으로 충만했으며 마음을 다하여 값없이 주신 하나님의 은혜를 찬양했습니다. 이처럼 수백 명의 사람들이 사망에서 생명으로 옮겨졌으며, 진정한 회심의 증거를 보여 주었습니다.

스코틀랜드 부흥을 통해서 장로교회의 정신 안에 강력한 복음주의적 요소가 스며들기 시작했고, 복음주의의 설교 강조와 개인의 성결이 두드러졌습니다. 특히 선교에 대한 복음주의적 관심이 자라면서 선교사를 배출하기도 했습니다. 캠부스랑에서 자랐던 크라우디스(Claudius)는 부흥을 통해 집안이 다 예수님을 믿고 나중에 인도 선교사로 나갔습니다. 부흥의 영향력은 대단히 컸습니다.

물론 로브 목사가 고백하듯 이러한 부흥의 즉각적인 효과는 시간이 갈수록 점차 시들어들었습니다. 9년 후 로브는 "부흥의 시기 때 있었던 사회의 도덕적, 윤리적 깨끗함은 많이 사라졌다"고 말하였습니다. 하지만 부흥을 통해 진실되게 거듭난 사람들은 그들의 삶이 끝날 때까지 참된 그리스도인의 삶을 살았으며 그 중 몇몇은 참으로 영광스러운 죽음을 맞이하였습니다.

스코틀랜드 부흥의 원인
- "중생의 교리 시리즈 설교, 전적인 성령의 부으심"

1740년대 스코틀랜드 일어났던 부흥의 현상은 다른 사람들이 아무리 깎아내리고 비난하여도 이것이 분명히 하나님의 역사임을 드러내었습니다. 부흥이 일어나기 전 그리스도인들조차 차갑고 무관심했던 스코틀랜드의 영적 침체와 상태를 고려해 보았을 때 영적 각성이 사람의 노력이나 힘으로 이루어지지도 않았으며 사람의 노력으로는 불가능함을 보게 되었습니다. 또한 복음을 전하는 새로운 방법의 도입이나 새로운 단체의 형성이 부흥의 요인이 아님을 다시 한번 강조하고 있는 것입니다.

윌리엄 맥컬로흐와 제임스 로브는 오직 예수 그리스도와 그의 십자가만을 담대히 전하였으며 대중에게 인기를 끌기 위한 어떠한 형태의 설교를 하지 않았습니다. 특별히 그들이 중생의 교리 시리즈 설교를 계속하였을 때 영적 부흥이 임하였으며, 더 나아가 그 부흥이 매우 갑작스럽고 예상하지 못했을 때 임하였고 자연스럽게 퍼졌습니다. 이것은 계획되어지지 않은 일들이었습니다. 물론 부흥에 앞서 어떠한 준비 작업들이 각 교회마다 있었음을 알 수 있지만 당시 아무도 이 준비 작업들이 어떠한 결과를 가져올 것임을 알 수 없었습니다.

그리고 조지 휫필드의 스코틀랜드 방문은 매우 중요한 역할을 하였습니다. 스코틀랜드를 자주 방문하여 능력있는 말씀을 선포했던 휫필드의 설교는 많은 사람들을 회심하게 하였고 영혼을 일깨웠던 것입니다. 또한 영적 침체 속에 있는 많은 그리스도인들에게 새로운 열정을 불어넣었으며 심령을 깨우는 계기가 되었으며 기도의 불을 지피었습니다.

무엇보다 교리의 틀 속에서만 있었던 많은 목회자들로 하여금 하나님을 더 깊이 그리고 강하게 갈망하게끔 만들었습니다. 하지만 이 모든 것도 부흥의 결정적인 원인으로 해석할 수 없습니다. 영적 부흥을 설명할 수 있는 것은 역시 한가지인데 그것은 성령을 통해 역사한 하나님의 주권적인 사역입니다. 18세기 스코틀랜드 부흥은 성령의 역사를 통해 일어났으며 전적인 성령의 부으심이었습니다.

맥컬로흐와 로브가 오늘날 우리에게 주는 교훈

1) 복음설교, 기도생활, 성경교리의 부으심을 갈망

스코틀랜드 부흥의 불길은 맥컬로흐와 로브가 각 성도들에게 성령의 부으심을 열정적으로 갈망하도록 일깨워 줌으로써 시작되었습니다. 그들은 부흥을 갈망하면서 기도하였으며 성도들에게도 능력있는 기도 생활을 하도록 가르쳤습니다.

또한 그들의 말씀 선포인데, 그들은 성도들에게 중생의 시리즈 설교와 십자가의 예수 그리스도를 계속 설교하였고 성경 교리를 가르쳤습니다. 1740년대 초에 일어난 스코틀랜드 부흥은 복음 설교와 열정적인 기도생활과 성경 교리의 가르침의 중요성을 일깨워주고 있습니다.

영국 교회사에 나타난 부흥의 원인들을 살펴보면 사실은 단순하고 거의 동일합니다. 즉 말씀, 기도, 성령, 교리인데 사실 많이 놓치고 있는 부분임을 부인하지 못합니다. 이 영적 원리를 다시 붙잡을 때 또 다른 부흥을 소망할 수 있을 것입니다.

2) 평범한 설교자들을 들어 쓰시는 하나님의 은혜

윌리엄 맥컬로흐와 제임스 로브는 하나님께서 부어주시는 영적 부흥을 체험하였습니다. 정말 이 두 목회자들은 전혀 알려지지 않은 무명의 설교자들이었습니다. 하지만 하나님은 두 신실한 목회자들을 통하여 스코틀랜드 전 지역에 놀라운 부흥을 부어 주셨습니다. 하나님의 은혜 가운데 무명의 평범한 목회자들이 부흥의 주역이 되었습니다.

그러므로 목회자들은 재능과 은사의 크고 작음이 중요한 것이 아니라 얼마나 신실하게 하나님 뜻대로 사역하는지가 중요합니다. 맥컬로흐와 로브와 같은 평범한 설교자들을 들어 쓰시는 이 역사적인 사건은 어렵고 메마른 곳에서 사역하고 있는 목회자들에게 위로와 격려가 되고 있습니다.

3) 성령을 통해 역사한 하나님의 주권적인 사역

스코틀랜드 영적 부흥을 설명할 수 있는 것은 역시 한 가지입니다. 그것은 성령을 통해 역사한 하나님의 주권적인 사역입니다. 부흥은 사람의 능력과 은사에 달린 것이 아니라 오직 하나님의 섭리와 주권 가운데 부어지는 것임을 다시 알 수 있습니다. 사람이 부흥을 시작할 수 없는 것과 마찬가지로 사람이 부흥을 중지시킬 수도 없는 것은 부흥은 성령의 부으심 가운데서 역사할 때 일어나기 때문입니다. 부흥은 전적으로 하나님의 손 안에 있으며 예고 없이 찾아옵니다.

그러므로 우리의 할 일은 성령을 교회 전체에 부어주시고 이 땅에 다시금 하나님의 영광이 지나가는 것을 위하여 울부짖고 기도해야 합니다.

모세가 이르되 원하건대 주의 영광을 내게 보이소서(출 33:18).

우리는 부흥의 축복이 임하기를 갈망해야 합니다.

▶ 토의를 위한 질문

1. 맥컬로흐와 로브 목사가 성도들에게 선포했던 중생 시리즈 설교는 어떠한 결과를 가져오게 되었습니까?

2. 스코틀랜드의 캠부스랑과 킬싸이스 부흥의 현상은 무엇입니까?

3. 스코틀랜드 부흥의 불길이 퍼진 주요 원인은 무엇이라고 생각하십니까?

4. 스코틀랜드 부흥의 결과(효과)는 어떻게 나타나고 있습니까? 이러한 영적 부흥을 사모하고 있으십니까?

5. 맥컬로흐와 로브가 오늘날 우리에게 주는 교훈은 "복음설교, 기도생활, 성경교리, 성령의 부으심을 갈망"이었습니다. 이 4가지 영적 원리를 붙잡으면서 잘 가르치고 있습니까?

6. 평범한 설교자들을 들어 쓰시는 하나님의 넘치는 은혜의 역사를 보면서 어떤 도전이 되고 있습니까?

7. 스코틀랜드의 영적 유산 중 '기도모임'이 있습니다. 지금 한국교회의 기도모임은 어떠합니까?

Part 4 다음 세대에도 계속되는 부흥

19세기 초

*The leaders of Britain's Revival
The flames who lived through
dark generations*

Chapter 13

오직 말씀으로만 양육한

토마스 찰스

토마스 찰스의 회심 - "그의 가슴에 복음을 확실히 새김"

토마스 찰스

1755년 10월 14일 남웨일즈 롱모어(Longmoor)에서 태어난 토마스 찰스(Thomas Charles, 1755-1814)는 어렸을 때부터 신앙적으로 자랐습니다. 1773년 18세 때, 그는 다니엘 로울란드의 설교를 듣고서 회심했습니다. 그 이후 그의 가슴 가운데 복음이 확실히 새겨지면서 그는 잉글랜드국교회에서 사역을 하기 위한 첫 발걸음으로 대학의 길을 선택하였습니다.

찰스는 1775년부터 1778년까지 옥스퍼드대학 지저스칼리지에서 공부하면서 지적 능력을 연마하였습니다. 그리고 잘못된 가르침이 난무한 그 시대에 그는 성경의 진리들을 굳게 붙들었으며 교리적으로 칼빈주의를 따랐습니다. 또한 "나 같은 죄인 살리신"의 작사자로 잘 알려진 존 뉴톤(John Newton, 1725-1807))과 영적 거인 윌리엄 로메인(William Romaine, 1714-1795)과 같은 당시 영국의 뛰어난 복음주의 지도자들과 교제하였습니다.

18세기 당시 웨일즈의 영적 상황

토마스 찰스가 역사의 무대에 등장하였을 때 남웨일즈는 변화의 시기에 있었습니다. 칼빈주의 감리교의 아버지인 하웰 하리스가 죽은지 11년 쯤 지났으며, 다니엘 로울란드는 사역이 다 끝나가는 시기였습니다. 하지만 그들의 사역은 실로 놀랍게도 그들의 탁월한 설교와 다양한 사역을 통하여 남 웨일즈의 여러 지역이 복음으로 가득했고 신자들이 구원의 기쁨을 가지고 주님을 찬양하는 삶을 살고 있었습니다.

이와는 반대로 북웨일즈는 많은 부분 여전히 어두움 가운데 있었습니다. 예를 들면 하리스가 북웨일즈에서 설교하려고 했을 때 사람들에게 얻어맞아 거의 죽을 뻔 하였고, 국교회 지도자들은 감리교인들을 인정하지 않았던 것입니다. 토마스 찰스는 이처럼 거칠고 가망이 없는 땅 북 웨일즈의 작은 발라(Bala)에서 평생 사역하도록 하나님의 부르심을 받았습니다.

발라에서의 순회 설교사역

찰스가 옥스퍼드대학에서 학위를 마칠 때 쯤, 그의 고향 웨일즈에서는 사역 자리가 열리지 않았습니다. 결국 그는 남 잉글랜드 서머셋(Somerset)에 있는 두 교회에서 부목사 자리를 찾게 되어 5년 사역을 하였습니다. 이 사역 기간 동안에 찰스는 수많은 고난과 훈련의 시간을 겪게 되었습니다. 인정이 없는 담임목사, 마을 사람들의 적대감, 충분하지 않은 사례비 등 여러 가지 어려움은 그로 하여금 고난과 연단만이 주의 종을 만들어 간다는 것을 깨닫게 되었습니다. 그는 인내와 기도 없이는 살 수 없다는 사실을 깨닫게 되었으며 이 훈련의 과정은 나중에 그의 사역에 큰 도움이 되었습니다.

1783년 28세의 찰스는 젊고, 경건한 삶을 살고 있는 사라 존스(Sarah

Jones)와 결혼하면서 잉글랜드를 떠나 발라에 정착하게 됩니다. 그러나 발라는 사탄이 오랫동안 진치고 있는 거칠고 가망이 없는 강퍅한 땅이었습니다. 어려운 사역이 예상되는 가운데 찰스는 잉글랜드국교회에서 순회하며 설교를 시작하였습니다. 얼마 동안 하였지만 그의 복음적인 설교는 받아들여지지 않아서 결국 그는 감리교 교회로 방향을 바꾸었습니다. 찰스는 순회 목사들을 중심으로 교회를 세워가는 웨일즈 감리교에서 계속 순회 설교를 다녔으며, 1784년 가을 그의 설교 사역 가운데서 곧 열매들이 보이기 시작하였습니다.

1785년 4월에 찰스의 사역 보고에 은혜가 넘칩니다.

> 나는 북웨일즈 앵글시(Anglesey)와 카나번셔(Carnarvonshire)에서 3주 동안 순회 설교를 하고 돌아왔습니다. 이곳은 모든 밭들이 추수를 기다리는 곳과 같습니다. 새로운 열매들이 매일 매일 추수되어지고 있고 말씀이 거부되어진 곳곳에서 복음을 향한 열망이 생기고 있습니다. 수천 명이 말씀을 듣기 위해 모이고 있습니다.

이처럼 그는 이전에 상상하지 못했던 놀라운 고백을 하였습니다.

토마스 찰스의 설교를 통하여 복음의 확장이 빠른 시간 안에 이루어졌지만 여전히 장애물들이 많았습니다. 아직도 영적으로 무감각하며 굳어진 마음을 가진 사람들이 찰스가 생각한 것보다 훨씬 심각하게 복음을 거부하였습니다. 또한 더욱 큰 문제가 되었던 것은 많은 사람들이 글을 알지 못해 성경을 읽을 수 없었습니다. 이때 찰스는 설교만으로는 북웨일즈의 영적인 상황을 바꿀 수 없다는 것을 깨달았습니다.

순회 성경학교 시작– "성경을 읽고 쓰고 암송하도록 가르침"

결국 토마스 찰스는 해결책으로 '순회 성경학교'를 조직했습니다. 그는 먼저 성경을 각 사람이 갖게 하고 성경을 읽고 쓰고 암송하도록 하였습니다. 특히 성경 교리를 많이 가르쳤습니다.

1785년부터 선생 한 명을 확보한 상태에서 시작하였는데, 1786년에는 7명의 선생으로 늘어났고, 1789년에는 15개의 학교가 늘어났고, 1794년에는 20개의 학교로 늘어났습니다. 그는 한 지역마다 각 학교에 약 9개월 정도 머물면서 글을 배우고 성경을 읽을 수 있는 정도까지 가르치고 곧 다른 지역으로 이동하였습니다. 이렇게 하여 '순회 성경학교'는 많은 지역에 큰 영향을 미쳤습니다.

이렇게 시작된 순회 성경학교 사역은 1789년 어린이 사역으로 계속 이어졌습니다. 사실 찰스는 지금까지 역사 속에서 가장 뛰어나고 성공적인 어린이 사역자들 중 한 사람입니다. 찰스는 어린아이들이 우리의 상상보다 훨씬 많은 것을 이룰 수 있다는 확신을 가지고 어린아이들을 교육 시켰습니다. 찰스의 교육을 받은 어린이 중에 5살 어린이는 여러 장의 성경을 암송하기도 하였습니다. 그는 어린아이들을 그저 기계적으로 성경을 외우도록 교육 시키지 않았는데 대부분 하나님의 말씀에 대한 깊은 사랑과 애정에서 비롯된 것이었습니다.

어느 한 유명한

토마스 찰스가 세운 신학교

토마스 찰스가 목회했던 Llanycil 교회

사례가 있습니다. 그 당시 영국의 알려진 무신론자 윌리엄 호네(William Hone)는 웨일즈를 여행하면서 한 여자 어린이가 집 문 앞에 앉아서 성경을 읽고 있는 모습을 보았습니다. 그는 어린아이에게 다가가 "오, 성경이네. 이것은 아마 너의 하루 임무 중 하나겠지? 너희 어머니께서 몇 장의 성경을 읽으라고 시켰지?"라고 물어보았습니다. 어린아이의 대답은 다음과 같았습니다. "임무요? 전혀 아니에요. 저는 하루 종일 성경만 읽었으면 좋겠어요. 일이 다 끝난 후에 몇 분 동안 이 귀한 책을 읽는 것은 저의 즐거움과 기쁨이에요." 이런 어린아이의 간증은 그 후 윌리엄 호네가 회심하는 데 중요한 원동력 중 하나가 되었습니다.

토마스 찰스의 교육 방법이 오늘날에도 다시 한 번 사용되어지고 하나님이 은혜를 베풀어 주신다면 많은 열매가 있을 것으로 생각합니다.

말씀과 성령으로 덮어버린 발라 부흥

북웨일즈 감리교의 본부가 된 발라에서 토마스 찰스는 감리교들의 지도자적인 역할을 하는 목사들 중 한 사람으로 사역을 계속하였습니다. 웨일즈인의 감리교 부흥운동 지도자이며, 감동을 주는 찬송으로 부흥을 일으킨 윌리엄 윌리암스(William Williams, 1717-1791)는 죽기 전 토마스 찰스를 불러 그를 후계자로 인정한 듯 다음과 같은 말을 남겼습니다.

> 형제여, 이 사실을 기억하라. 사도들의 시대 때도 그렇고 지금도 마찬가지라네. 이단과 거짓, 잘못된 가르침은 항상 있다네. 우리 감리교들은 지금까지 하나님이 인도하셔서 그런 위험들로부터 안전하였네. 형제여, 우리 주님이 우리를 끝까지 지켜주실 것을 기도하네. 젊은 사역자들에게 제발 성경을 깊이 연구하고 성경 다음으로 종교개혁자들의 교리와 가르침을 지키고 연구하도록 하게! 그들은 그곳에서 복음의 진리와 하나님의 깊은 것들을 발견할 수 있다네. 대요리문답, 소요리문답 등도 늘 깊은 존경심으로 간직하게.

토마스 찰스는 이 유언과 같은 부탁을 신실하게 지켰습니다. 그는 성도들에게 변함없이 성경을 있는 그대로 살아계신 하나님의 말씀으로 전하고 가르쳤으며 성도들이 성경을 더욱 깊이 이해할 수 있도록 교육하는데 큰 힘을 쏟아 부었습니다. 이러한 신실한 그의 사역이 밑바탕이 되어 1791년 하나님은 발라 땅 가운데 잊지 못할 정도로 놀라운 은혜를 부어주었습니다.

이 부흥의 첫 단추는 한 여인에게서 비롯되었습니다. 런던에서 발라로 돌아오는 길에 찰스는 길 가에서 자신의 영혼 때문에 울부짖는 한 여인을 만났습니다. 이 여인은 자신의 완악함과 자신이 하나님의 영광에 이르지 못하는 죄인임을 깨닫고 애통했습니다. 찰스는 이 여인에게 복음의 놀라운 메시지로 위로를 하였습니다. 그 후 이 여인에 관한 얘기는 빠른 시간 안에 많은 사람들에게 전해지면서 사람들의 일상생활 가운데 어떤 충격을 주었습니다. 이 사건의 효과는 당장 나타나지 않았습니다. 하지만 하나님은 이 여인의 이야기를 통하여 사람들 가운데 자신의 영혼의 부패함에 대하여 더욱 예민하게 만드셨습니다.

그리고 1791년 10월 첫째 주와 둘째 주에 놀라운 일들이 시작됐습니다. 토마스 찰스의 설교와 예배가 끝날 때 쯤 성령께서 많은 사람들의 마음 속에서 강하게 역사하여 그들의 죄악과 연약함을 깨우치게 하셨습니다. 예배에 참석했던 수많은 사람들이 통곡과 애통한 마음으로 하나님께 죄를 고백하였습니다. 아주 큰 울부짖음의 소리가 가득했습니다.

"구원 받으려면 내가 어떻게 해야 합니까?", "하나님, 죄인인 나에게 자비를 베풀어 주세요." 이와 같이 마을에서는 밤 9시, 10시가 되어도 영혼의 고통 속에서 울부짖고 신음하는 사람의 소리밖에 들리지 않았습니다. 죄를 깊이 자각하면서 주님의 이름을 부르고 회중 앞에서 쓰러지는 사람도 있었습니다.

이런 회개 운동이 시작되면서 하나님을 찾지 않던 자들이 하나님께 돌아오는 역사들이 있었습니다. 찰스가 전하는 곳마다 회개의 역사와 영적 각성이 일어나면서 부흥의 불길이 타올랐습니다. 이런 성령의 강한 역사와 부흥의 사건들이 1791년부터 10월부터 3년 동안 발라를 중심으로 북 웨일즈 여러 지역에서 일어났습니다.

부흥 이후 토마스 찰스의 후반기 사역
- "성경 보급과 성도들의 신앙교육"

1791년 성령의 강력한 역사하심으로 많은 영혼들이 주님께로 돌아온 부흥 이후 찰스의 후반기 사역의 초점은 순회 설교보다 교회와 성도들을 더욱 견고히 하는데 에너지를 쏟아 부었습니다. 그는 크게 두 가지 목표를 가지고 있었습니다. 첫 번째는 웨일즈 사람들에게 그들의 언어로 된 성경을 보급하는 것이었고, 두 번째는 성경을 읽을 수 있도록 그들을 교육시키는 것이었습니다. 찰스가 어떤 헌신을 하며 열정과 에너지를 쏟아 부으면서 웨일즈로 된 성경을 보급했는지는 참으로 눈물겨운 이야기들이 많습니다.

1792년 찰스는 S.P.C.K출판사에 의뢰하여 10,000권의 성경을 출판하여 보급하였는데 이것은 순식간에 다 팔려 버렸습니다. 찰스와 그의 몇몇 친구들은 웨일즈어로 된 성경을 더욱 손질하고 작업하여 1806년 신약을 우선 개정된 웨일즈어로 다시 출판하였습니다. 성경은 불티나게 팔렸습니다.

그리고 웨일즈에는 실로 놀라운 현상들이 벌어졌습니다. 젊은이들이 길거리에서나 어디서나 성경을 읽는 모습이 보였으며 노동자들은 일터로 성경을 가져가 기회가 날 때마다 성경을 꺼내서 읽었습니다. 성경을 향한 이런 열렬한 사랑은 아침 이슬처럼 쉽게 사라지지 않았

토마스 찰스에게 웨일즈어 성경을 사기 위해 25 마일을 걸은 메리 존스

Chapter 13 오직 말씀으로만 양육한 토마스 찰스   261

습니다. 또한 메리 존스라는 어린 여자아이가 웨일즈어 성경을 사기 위해 25마일이나 걸어갔다는 이야기는 유명한 일화로 우리에게 많은 감동을 주고 있습니다. 그만큼 토마스 찰스를 통하여 웨일즈에 그들의 언어로 된 성경이 많이 보급되고 사랑을 받았습니다.

5년 후인 1811년 토마스 찰스는 다음과 같은 고백을 했습니다.

> 온 나라가 야만인적인 무식함과 무관심 속에서 벗어나 성경을 끊임없이 읽고 외우고 많은 사람들이 여전히 성경을 많이 사고 있습니다.

부흥 이후, 헛된 즐거움인 춤과 카드게임 등은 이제 기도모임으로 변화되었습니다.

또한 찰스는 성경만 보급했을 뿐 아니라 성경을 더욱 잘 이해할 수 있도록 여러 가지 도움이 되는 서적들을 집필하여 출판하였습니다. 1789년에는 웨일즈어로 된 교리문답서를 출판하였고, 1803년에는 그의 유명한 서적인 『성경 사전』(Geiriadur Ysgrythyrol-Welsh Scriptural Dictionary)을 집필하기 시작하였는데, 이 성경 사전은 많은 사람들에게 성경을 이해하는 데 도움이 되었습니다.

토마스 찰스가 출판한 웨일즈어 성경사전

토마스 찰스를 위한 어떤 노인의 기도
– "주여, 15년만 토마스 찰스 형제를 저희 곁에 더 두시면 안 되겠습니까?"

매일 바쁜 일정 가운데서도 찰스는 여전히 많은 학교와 교회들을 관리하며 운영하고 있었습니다. 감리교 목회자들 모임에서는 그의 리더십 또한 필수적으로 필요하였습니다. 그의 이런 끊임없는 사역, 순회 설교 여행 등은 그의 몸을 많이 상하게 하였으며 건강에도 악영향을 미쳤습니다. 1799년 그는 한 겨울날 웨일즈 산을 넘으면서 손에 동상이 걸려 왼쪽 엄지를 절단해야 했습니다.

발라에 있는 토마스 찰스 동상

나. 임지는 절단하였도 여전히 그는 위독한 상황이었으며 목숨까지도 위태로웠습니다. 많은 사람들이 그를 위하여 기도하였습니다. 발라의 한 기도모임에서 어떤 노인의 기도가 큰 감동을 주고 있습니다.

주여, 15년만 찰스 형제를 저희 곁에 두시면 안 되겠습니까? 15년만!
내 형제들을 위해 이 기도를 들어 주옵소서!

이 기도는 놀랍게 응답되어 찰스는 살아났고, 이후 건강을 어느 정도 되찾았으며 다시 사역을 하게 되었습니다. 정확히 15년이 지난 1814년 가을, 토마스 찰스는 하늘나라로 부름을 받았습니다. 뛰어난 영적 지도자들 가운데서 가장 무시되었던 찰스는 주님 품에 안겼습니다.

토마스 찰스의 중요성과 영향력

1) 그는 학문적인 지식과 여러 가지 다양한 재능을 가지고 있었습니다

다니엘 로울란드나 하웰 하리스처럼 뛰어난 웅변술은 없었지만 지적 능력과 집필 능력은 참으로 뛰어났습니다. 특별히 저술한 성경사전은 매우 귀하게 사용되었습니다. 그는 웨일즈 감리교도 중 거의 처음으로 대학까지 공부를 하였습니다. 아마 찰스를 제외하고는 아무도 이탈리안 개혁주의 신학자 잔키우스(Zanchius)나 독일 신학자 무스쿨루스(Musculus) 등 유럽의 위대한 개혁자들의 책을 접해본 사람이 없었을 것입니다.

잔키우스와 무스쿨루스는 잘 알려져 있지 않지만 칼뱅과 함께 개혁주의 신학자로서 종교개혁의 시대에 활동하였습니다. 이렇듯 영국과 웨일즈 감리교에서 찰스만한 신학자가 없었습니다. 또한 이러한 지식을 일반 사람들에게 전달하는 그의 지혜 또한 놀라울 따름입니다. 만약 찰스가 이런 지적인 교육을 하지 않았다면 웨일즈에 일어난 부흥은 그저 감정주의로 빠져들었을 가능성이 매우 높습니다.

2) 그의 삶 속에서 나타난 영적인 생활과 능력입니다

찰스의 이런 재능보다 더욱 중요한 것은 당연히 그의 삶 속에서 나타난 영적인 생활과 능력입니다. 그는 늘 하나님과 가까이 살았으며 주님과 더

욱 가까워지도록 하는 것 외에는 다른 어떤 것에도 관심이 없었습니다. 그는 늘 거룩에 힘을 썼습니다. 그의 전기를 읽어보면 그가 얼마나 성령의 인도하심과 도움에 의존하였는지를 알 수 있습니다. 그는 성령께서는 사람이 100시간 안에 배울 수 있는 것을 15분만에 알려주실 수 있다고 고백했습니다. 그는 맹목적인, 미지근한 그리스도인들을 경고하며 늘 주님의 사랑에 불탈 것을 강조하였습니다.

3) 토마스 찰스의 칼빈주의 가르침입니다

웨일즈 감리교의 감리교의 처음부터 교리적으로 칼빈주의이며, 1세대인 하웰 해리스 때부터 칼빈주의 교리를 가르쳤습니다. 이러한 칼빈주의 가르침이 계속하여 지속될 수 있었던 것은 토마스 찰스의 공로가 큽니다. 윌리암스가 죽으면서 찰스에게 유언을 남겼던 것처럼 당시는 여러 가지 교리적으로 잘못된 가르침이 난무하였으며 특히 보편 속죄(universal redemption)가 많이 강조되는 시기였습니다. 찰스는 그럼에도 불구하고 굳건히 성경의 진리들을 붙잡았으며 개혁자들의 가르침에 충실하였습니다. 그의 사역이 웨일즈장로교회를 확립하는데 중요한 역할을 하였습니다.

토마스 찰스가 오늘날 우리에게 주는 교훈

1) 어린이 사역과 성경 교육의 중요성

토마스 찰스를 통한 발라 부흥의 특징은 교육 목회입니다. 그는 설교자로서 계속 순회 설교를 다니면서 어린이 교육에 중점을 두었습니다. 특별히 성경 교육을 통해 많은 영향력을 끼쳤습니다. 또한 그는 어린이뿐만 아니라 무지한 웨일즈 사람들에게 성경을 보급하고 성경을 읽고 쓰고 암송시키고 성경 교리를 가르쳤습니다. 그 결과 발라에 놀라운 부흥이 일어났습니다. 발라 부흥은 성경 교육을 통해 오는 것임을 깨닫게 해 줍니다.

오늘날 교회에서 성경 교육이 소홀히 다루어지고 있습니다. 여름 성경 학교도 기간이 계속 짧아지는 가운데 성경보다는 프로그램이 더 많아지고 있는 실정입니다. 교회는 다른 어떤 프로그램보다도 성경을 더 많이 가르치고 암송시키며 또한 성경 교리와 대요리, 소요리문답을 가르쳐야 합니다. 각 교회나 선교 단체마다 오직 말씀으로만 철저히 양육하는 지도자들이 많이 나와야 합니다. 부흥이 메마른 이 시대에 토마스 찰스와 같은 탁월한 말씀 양육자들을 통해 교회 부흥은 시작될 것입니다.

2) 부흥의 다음 세대를 위한 전략적 교육 필요

또 다른 중요한 교훈은 토마스 찰스는 다니엘 로울란드와 하웰 하리스에 이어 부흥의 다음 세대를 이끌어갔다는 점입니다. 그는 부흥의 다음 세대로서 발라 부흥의 주역으로 크게 쓰임받았습니다.

웨일즈 부흥의 역사를 살피면서 중요한 한 가지 사실을 배울 수 있습니다. 좋은 목회자와 설교자가 다음 세대에서 계속 배출되어야 하며 그것을 1세대가 도와야 한다는 것입니다. 잉글랜드와 웨일즈의 18세기 부흥의 역사는 사뭇 다릅니다. 웨일즈는 잉글랜드보다 더 많은 부흥의 사건을 경험하였으며 부흥의 시대와 시기가 훨씬 더 길게 됩니다. 그 이유 중 하나는 웨일즈에서는 계속하여 영적으로 깨어있는 위대한 지도자들과 설교자들이 나왔다는 사실입니다. 사실 잉글랜드에서는 조지 휫필드 이후 그를 이어갈만한 영적 거장이 없는 반면 웨일즈에는 부흥의 2세대를 이끈 주역들이 많이 나왔습니다. 대표적으로 토마스 찰스, 크리스마스 에반스, 존 엘리아스 등 입니다.

18세기부터 19세기에 이르기까지 약 100년 동안 끊임 없이 놀라운 부흥의 역사를 가지고 있었던 웨일즈에서는 로울란드와 하리스를 이어서 위대한 영적 거장들이 계속 배출되었기 때문입니다. 열심히 공부하고, 일찍 성숙하며, 뜨겁고 강력한 설교를 하며 성경에 뛰어나고 위대한 기도 생활을 하는 사람들의 이야기를 읽고 싶다면 웨일즈의 100년의 교회 부흥 역사를 읽을 것을 권합니다.

독일의 언캔교회 담임목사였던 루츠(Dr. Dietmar Luetz) 박사는 독일교회의 침체 원인 중의 하나는 1세대들이 다음 세대에게 복음을 전하는 일에 실패한 것이라고 말하였습니다. 교회의 미래는 다음 세대에 달려 있습니다. 하나님의 부흥과 복음의 불길이 1세대에서 다음 세대로 이어지는 일이 매우 중요합니다. 신실한 목회자와 설교자들이 다음 세대에서 계속 배출되어야 합니다. 교회는 다음 세대들이 글로벌 일꾼이 되어 글로벌 리더십을 발휘하도록 교육에 있어서 전략적이어야 합니다.

▶ 토의를 위한 질문

1. 북웨일즈 발라 부흥의 원리는 말씀과 성령이었습니다. 교회와 우리 각자에게 주는 교훈은 무엇입니까?

2. 여러분의 교회에서는 어린이 주일학교 사역과 성도들의 신앙교육을 어떻게 하고 있습니까? 찰스처럼 성경 말씀을 철저히 읽게 하고 가르치고 암송시키고 또한 교리를 잘 가르치고 있습니까?

3. 토마스 찰스의 중요성과 영향력 3가지는 무엇입니까? 그 가운데 내가 더 힘써야 할 부분은 무엇인가요?

4. 여러분의 교회는 토마스 찰스와 같은 부흥의 다음 세대를 이끌고 갈 사람들을 양육하는 프로그램이 체계적으로 잘 준비되어 실천하고 있습니까?

5. 오늘날 유럽교회는 영적으로 쇠퇴하여 교인 수, 교회 수 목회자 수, 선교사 수, 신학교 수가 감소하고 있습니다. 또한 다음세대들이 교회를 떠나고 있는 반면 무슬림들은 갈수록 증가하고 있는 추세입니다. 유럽선교를 위한 한국교회 선교전략은 무엇인지요?

Chapter 14

웨일즈의 애꾸눈 설교자

크리스마스 에반스

에반스의 회심과 배움에 대한 열망

크리스마스 에반스

기쁜 성탄절, 크리스마스 에반스(Christmas Evans, 1766-1838)는 1766년 12월 25일 웨일즈 중부에 있는 흘란데썰(Llandysul)에서 둘째 아들로 태어났습니다. 그날이 성탄절이라 이름을 '크리스마스'라고 지었습니다. 경건한 어머니였던 그녀는 에반스에게 항상 자신의 영혼에 깊은 관심을 가질 것을 권면하였습니다.

하지만 에반스의 아버지가 갑자기 돌아가시면서 가정에 가난과 불행이 찾아오게 되어 어머니는 어쩔 수 없이 에반스를 삼촌 집에 맡길 수밖에 없었습니다. 에반스의 삼촌은 농장 하나를 가지고 있었는데 그는 매우 불경건하고 지독한 사람이었습니다. 에반스는 6년 동안 삼촌 밑에서 농장 일을 하면서 사랑 없이 자라게 되었고 제대로 된 교육도 받지 못하였습니다. 결국 그는 글자도 못 읽는 문맹이 되었습니다. 이처럼 어린 시절은 에반스에게 매우 외롭고 어려운 시기였지만 하나님은 그를 향한 특별한 계획을 갖고 계셨습니다.

1783년 17살이 되던 해, 흘로인뤼도와인(Llwynrhydowain)에 있는 장로교회에 참석했습니다. 그때 에반스는 그 지역 근방에 일어난 부흥을 경험하였습니다. 이 부흥으로 인해 에반스를 포함한 많은 젊은이들이 깨어났으며 예수님을 영접하게 되었습니다. 예수님과의 만남을 체험한 에반스는 불경건한 상태에서 죽는 것을 두려워하면서 그 두려움 때문에 주님이 주시는 평안을 얻고자 진리를 더욱 갈망하고 찾게 되었습니다.

예수님을 영접한 후 에반스는 그의 세상적인 친구들을 떠나 글을 읽는 것을 배우기 시작하였습니다. 그와 몇몇의 청년들은 교회에서 모여 촛불을 켜놓고 성경을 읽기 위해 글 읽는 것을 열심히 배웠습니다. 에반스는 한 달 안에 글 읽는 것을 배웠고 웨일즈어로 된 성경을 읽기 시작하였습니다. 나중에는 영어로 된 성경도 빌려 읽었습니다. 성경을 읽으면서 자기 속에 덮여 있던 지적인 능력들이 깨어났고 그는 나중에 히브리어와 헬라어를 능숙한 수준까지 배우게 되었습니다. 또한 그는 영적인 지식과 이해에 목말라 하면서 존 번연의 천로역정을 사서 읽기 시작했고, 위대한 청교도 존 길(John Gill)과 존 오웬(John Owen)의 신학 도서들을 읽으며 깊이 이해했습니다.

이처럼 그의 회심은 배움에 대한 필요성과 열망을 평생 갖게 해주었습니다. 에반스는 낮은 신분의 출신이며 교육 환경도 매우 안좋았지만 하나님의 손에 붙들려 18세기 후반에서 19세기 초반까지 웨일즈에서 가장 능력있고 유창한 설교자 중 한 사람으로 쓰임받았습니다.

한 쪽 눈을 실명한 후 목회에 대한 소명을 깨달음

에반스의 불경건한 친구들은 그의 갑작스러운 변화와 회심에 반감을 샀습니다. 어느날 친구 6명이 에반스가 집에 돌아가는 길에 공격하여 그를 가차 없이 때렸는데, 그중 한 명이 막대기로 그의 눈을 때려 그는 한쪽 눈을 실명하게 되었습니다. 한쪽 눈을 실명하던 날 에반스는 심판의 날에 대한 생생한 꿈을 꾸게 되었습니다. 이 꿈은 에반스로 하여금 하나님의 말씀을 증거해야 한다는 거룩한 부담감을 갖게 하는 계기가 되었습니다. 결국 그는 목회에 대한 소명을 깨닫고서 목회자의 길을 걷게 됩니다. 그리고 나중에 에반스는 '웨일즈의 애꾸눈 설교자'라는 별명을 얻게 되었습니다.

1790년 23세가 되었을 때 에반스는 북웨일즈 흘린(Llyn) 지방에 있는 침례교 교회에서 설교하기 시작하였습니다. 그런데 그는 자신의 설교 속에 무엇인가 빠졌다는 느낌을 항상 받고 있었습니다. 이런 상황 속에서 1790년 초 하나님은 그를 다시 한 번 강하게 만나주셨고 절대적인 구원의 확신을 갖게 하셨습니다. 이때 에반스는 하나님의 임재함 가운데로 더욱 더 깊이 들어가게 되었으며 하나님을 더 온전히 만나게 되었습니다.

그 후 에반스는 곧 새로운 능력으로 설교를 하게 되었고 1년 사역 후 많은 사람들이 회심하여 그 중 50명이 세례를 받았습니다. 그 다음 해에는 80명의 회심자들이 교회에 등록하였습니다. 흘린 지방에서 에반스는 주일날 보통 약 32km를 걸으며 5개의 지역교회들을 설교하며 섬겼습니다. 이러한 사역은 그에게 많은 체력적인 부담감을 안겨주었지만 그는 끊임없이 사역하였으며 그가 가는 곳곳마다 많은 회중들이 모여 그의 능력 있는 설교를 청종하였습니다.

에반스의 복음적이면서도 독특한 설교 스타일- "웨일즈의 존 번연"

에반스가 목회를 시작하면서 했던 첫 설교는 지금까지 다루었던 인물들과는 사뭇 다른 인상을 남기고 있습니다. 부흥의 현장에 쓰임받은 설교자들은 첫 설교부터 매우 큰 은혜와 능력이 나타났다는 것이 공통적인 현상입니다. 하지만 에반스의 첫 설교는 그런 특별한 일이 나타나지 않았습니다. 사실 그의 설교는 자기가 직접 작성한 설교가 아니라 베버리지(Beverdige) 주교의 설교집에서 '빌린' 것이었는데 회중 중 그 설교집을 가지고 있었던 한 농부는

크리스마스 에반스기념교회

이 사실을 쉽게 발견할 수 있었습니다. 그럼에도 불구하고 이 농부는 에반스가 나중에는 위대한 설교자가 될 것이라는 희망을 품었습니다. 그 이유는 그의 기도만큼은 은혜가 넘쳤기 때문입니다.

시간이 지나면서 에반스는 더 이상 설교를 빌리지 않고 하나님이 자신에게 주신 은사를 사용하여 자신만의 설교 스타일을 가지게 되었습니다. 지금까지도 많은 설교자들이 있었지만 에반스는 그 중에서도 매우 독특한 설교 스타일을 가지고 있습니다. 그의 설교는 매우 창의적이고 비유 떡이며 드라마틱한 요소들이 많았습니다. 이렇기 때문에 사람들은 그를 '웨일즈의 존 번연'이라고 말하였습니다.

한두 가지 예를 들면 그는 한 설교에서 사울에 관하여 다음과 같이 설교하였습니다.

사울은 선박을 운영하는 상인이었습니다. 그에게 일곱 개의 배가 있었는데 그 배의 이름은 다음과 같았습니다. 8일째 할례, 이스라엘 족속, 베냐민 지파, 히브리인 중의 히브리인, 바리새인, 교회 핍박자 그리고 전쟁의 사람. 그는 일곱 배를 이끌고 다메섹으로 향하는 도중 복음의

배를 만나게 되었으며 그 배의 선장인 예수님을 대면하게 되었습니다. 그의 일곱 배들은 순식간에 불타올랐고 바다 밑으로 가라앉았습니다.

하나님은 에반스의 다소 독특하지만 열정 넘치는 복음적인 설교에 은혜와 축복을 내려주셨습니다. 그는 창의적인 설교를 하였지만 죄와 구원의 교리만이 사람을 살리는 설교임을 알고서 진리에 있어서는 단호하게 설교하였습니다. 처음에 에반스는 설교에 능력이 없었지만 하나님은 그를 훈련하여 뛰어난 설교자로 만드셨습니다.

하나님은 주의 종들을 각자 훈련시키십니다. 그들은 다 다르기에 어떤 설교자를 너무 따라 하려고 하면 안 됩니다. 에반스는 자신만의 특별한 설교를 하였는데 많은 설교자들이 에반스의 설교 방식을 따라하다가 실패하기도 하였습니다. 어떤 사람들은 에반스를 찰스 스펄전보다도 더 재능있는 사람으로 간주하였으며, 마틴 로이드 존스는 "크리스마스 에반스는 영국 침례교회 사상 가장 위대한 설교자"라고 극찬하였습니다. 오늘날 에반스는 웨일즈의 위대한 설교자 중 한 사람으로 기억되고 있습니다.

앵글시 섬에 일어난 놀라운 부흥의 역사

1792년 쯤 에반스는 하나님이 그를 흘린보다 살짝 북쪽에 위치하고 있는 앵글시 (Anglesey) 섬으로 부르고 계심을 느꼈습니다. 앵글시 섬에는 약 10개의 침례교 지방 교회들이 있었지만 모두 매우 약한 상태 속에 있었습니다. 그들은 분열되어 있었으며 영적으로도 불경건한 상태였습니다. 침례교 교인들은 섬 주민들로부터 매우 낮은 평판을 듣고 있었습니다. 그 섬에 있는 침례교 교회들은 1년에 17파운드의 사례금을 약속하며 섬에 와서 사역을 해줄 것을 요청하였습니다. 그의 사례금은 일주일에 33페니로 생활해야 했으며 이곳에서 사역하는 34년 동안 사례금은 오르지 않았습니다.

에반스는 하루 동안 금식과 기도를 선포한 후 사역을 시작하였고 하나님은 그의 사역 가운데 큰 은혜를 부어주시기 시작하였습니다. 그는 먼저 섬을 4개의 구역으로 나누어 돌아가면서 설교를 하였습니다. 하나님은 그의 사역 가운데 큰 은혜를 부어 주셨는데 놀랍게도 앵글시 섬에 새로운 기도의 영이 신자들에게 부어졌고 2년 동안에 600명이 교회에 등록하였으며, 10개의 지방교회들은 20개가 되었습니다. 이처럼 앵글시 섬에 놀라운 부흥의 역사가 일어났습니다.

새로운 교회들을 짓기 위해 에반스는 남웨일즈에 와서 순회 설교를 하면서 후원금을 요청하셨습니다. 그리고 그는 경제적으로 조금 더 안정적이고 부요한 남웨일즈 교회들이 가난한 북웨일즈 교회들을 적극 도와야 된다고 믿고 있었습니다. 그리고 에반스는 앵글시 섬 사역을 철저히 감독하였습니다. 몇몇의 부목사들을 임명하여 각 지방 교회들을 섬기게 하였지만 모두 담임목사인 에반스를 중심으로 한 운영 방식이었습니다. 몇몇의 교회들은 점차적으로 독립하기를 원하였고 그의 리더십에 반발하기 시작하였습니다. 그러던 중 1823년 그의 아내는 세상을 떠나게 되었고 그의 눈에 병이 생겨 치료하기 위해 아베리스트위스(Aberystwyth)에서 몇 달간 지내게 되었습니다. 교인들과 긴장 상태에 있게 되었을 때, 에반스는 결국 오랫동안 사역하면서 많은 열매를 맺었던 앵글시 섬을 떠나 남웨일즈에 있는 카필리(Caerphilly) 로 사역지를 옮기게 되었습니다.

34년 동안 앵글시 섬에서 사역을 마친 1826년, 60세에 접어든 에반스는 카필리에서 2년 동안 놀라운 사역을 하게 됩니다. 이 작은 마을에서는 뛰어난 에반스의 설교를 듣기 위해 많은 사람들이 모였고, 교회에 140명이 등록하기도 하였습니다. 그의 최고의 설교들 대부분이 이 부흥의 시기에 행해졌습니다. 하지만 여기서도 에반스는 여러 문제를 만나게 되었습니다. 그곳 장로들은 에반스의 약간 독자적인 리더십에 불만을 나타내었고, 자기를 원치 않는 곳에서 머물고 싶지 않았던 에반스도 카디프(Cardiff)로 이동하여 4년 동안 그곳에서 사역을 하였습니다. 그리고 그 후 1838년 그의 마지막 목회지인 카나번(Caernarvon)으로 이동하였습니다.

신앙생활 중 만난 내적 갈등– "잘못된 산데만파의 엄청난 영향력"

여느 그리스도인과 마찬가지로 에반스도 사역과 신앙생활 속에서 여러 내적 갈등을 겪었습니다. 그 중 가장 힘겨웠던 것은 앵글시 섬에서 사역하면서 스코틀랜드의 로버트 산데만(Robert Sandeman)으로 부터 발생된 산데마니안주의(Sandemanianism) 교리를 받아들인 일입니다. 이 교리는 믿음의 감정적인 측면과 확신을 배제하고 믿음이 단순히 지식적인(intellectual) 것이라는 주장입니다. 그들은 감정은 중요하지 않고 보수적인 교리들을 지식적으로 인정하고 믿는 것만이 믿음의 전부라고 가르쳤습니다. 즉 예수님을 구주로 믿는다고 신앙을 고백하기만 하면 구원을 받는다는 잘못된 교리였습니다. 그들은 19세기 이단입니다. 사실 산데만주의 가르침은 어떤 면에서 로마 가톨릭의 가르침으로 되돌아가는 것인데 우리 신앙생활의 무서운 적입니다. 이 산데만파의 교리가 위대한 설교자인 에반스의 삶에 엄청난 영향력을 끼쳤습니다. 그는 약 5년 동안 산데만주의 교훈을 받아들인 결과로 메마르고 냉랭한 영혼의 상태에 빠지게 되었습니다. 에반스는 나중에 그 무서운 효과에 대해 다음과 같이 고백하였습니다.

> 산데만파 교리들은 나에게 너무나 큰 영향을 주어 내 안에 있던 기도의 영을 죽이고, 성령의 불을 잃어 버리게 하였습니다. 한동안 내 마음을 뜨겁게 사로잡고 있었던 열정, 확신, 자신감, 진지함 그리고 갈망함은 나의 설교 강단에서 사라졌습니다. 내 가슴 속에 있던 거룩한 양심의 소리는 점점 작아졌고 하나님과 동행하지 못하는 것을 안 내 영혼은 그것을 상실했고 나를 정죄하기 시작하였습니다. 내 마음 속에서 하늘나라의 큰 것을 버리고 더 작은 것에 관심을 쓰도록 유도했습니다. 나는 기도와 설교의 영을 크게 강탈당했습니다. 내가 경험하고 있었던 뜨거움과 감정을 빼앗아 갔습니다. 이것은 교회와 성도들에게도 치명적인 영향을 미쳤습니다. 그리하여 15년 사역을 통해 일으켰던 앵글시섬 사역을 스스로 무너지게 할 뻔 했습니다.

에반스는 한 때 뜨거운 기도에 열중하였습니다. 그러나 그는 잘못된 산데만파의 영향력으로 인해 그리스도와 그분의 희생과 성령의 역사에 대해 싫증을 느꼈습니다. 그리고 영적침체에 빠지게 되었고 그의 불을 잃어 버리게 되었습니다.

에반스의 성령 체험과 영적 회복

산데만파의 가르침으로 인해 영적침체에 빠졌던 에반스를 다시 만나준 하나님의 역사 또한 놀랍습니다. 방황하는 자들을 놓지 않으시는 하나님의 은혜 가운데 에반스는 성령님을 그의 영혼 가운데서 다시 체험하였으며, 그의 능력이 회복되었습니다. 훗날 에반스의 간증입니다.

> 나는 더욱 더 성령님의 임재를 갈망하고 간구하였습니다. 오! 나의 마음이 사슬에서 풀리고 굳은 것이 녹고 있는 것을 느낄 수 있었습니다. 어느새 나는 눈물을 흘리며 하나님의 더 강한 임재를 위해 기도를 하였습니다. 나는 다시 나의 전 인격과 삶을 주님 앞에 내어드리게 되었고 하나님은 은혜롭게 내게 찾아 오셔서 구원의 즐거움을 회복시켜 주셨습니다. 감격하여 울면서 하나님 앞에서 이렇게 매달리며 한 기도는 약 3시간 동안 지속되었습니다. 그 길은 산길이고 사람도 없어서 방해 없이 오직 하나님과 씨름할 수 있었습니다. 곧 나의 기도의 불은 내가 사역하고 있는 앵글시 섬 교회들에게 향하였습니다. 그들을 위해 다시 뜨겁게 기도하기 시작하였습니다. 주님은 나와 앵글시의 사람들을 산데만주의 홍수에 떠내려가는 것에서 건지셨습니다.

에반스의 마지막 설교
-"나는 한번도 주님의 보혈을 의지하지 않고 사역을 한 적이 없다"

1838년 7월 16일, 에반스는 스완지(Swansea)에서 마지막 설교를 하였습니다. 그의 목소리는 약하였지만 그의 특유의 드라마틱한 복음주의 설교였습니다.

주님 예루살렘에서요? 그곳에는 주님을 못 박았던 사람들이 있습니다. 그곳에서 복음을 전파하라고요? "그래." 하지만 주님을 못 박고 허리에 창을 뚫은 사람을 만나면요? 주님의 얼굴에 침을 뱉은 사람을 만나면요? "그들에게도 복음을 전하여라. 내가 구세주임을 그들에게 알려주라."

에반스는 그 주 금요일 하늘나라로 갔습니다. 그의 마지막 말은 이렇습니다.

나는 너희를 떠난다. 나는 주의 종으로 55년을 수고하였다. 나는 한번도 주님의 보혈을 의지하지 않고 사역을 한 적이 없다. 형제들이여! 주님을 전파하여라. 나를 보아라. 나는 무너져 가지만 주님 안에서는 구원을 누리며 천국에 있다. 안녕히! 계속 전진하여라!(Goodbye! Drive on!).

잊혀지고 있는 크리스마스 에반스가 우리에게 주는 교훈

1) 하나님은 부족한 사람도 위대하게 사용하십니다

그렇기 때문에 우리는 주님을 위해서 우리의 재능과 힘을 항상 다하여 사용해야 합니다. 에반스는 절대로 완벽한 사람이 아니었습니다. 그 또한 여러 실수와 허물들이 있었고 살펴본 대로 영적인 침체를 겪을 때도 있었습니다. 하지만 주님은 늘 그의 삶에 찾아와 그를 녹이시며 그의 마음 가운데 놀라운 사랑과 은혜를 부어주셨습니다. 이러한 사람을 통해서도 놀

크리스마스 에반스가 마지막으로
설교한 베데스다침례교회

라운 부흥의 역사들이 일어남을 우리는 다시 기억해야 할 것입니다. 지금도 하나님은 부족한 사람을 통하여서 그 능한 역사를 교회 속에 보내고 계십니다.

2) 잘못된 산데만주의 교리를 경계를 하는 것입니다

에반스에게 있어서 가장 무서웠던 적인 산데만파 교리들에 대해서도 오늘날 우리는 우리 자신을 살피고 깨어 경계를 해야 합니다. 에반스의 경험은 산데만파 때문에 강단에 감동이 없을 때가 많았다는 것입니다. 차가워지고 열정이 없는 마음, 이것은 과거의 현상이나 문제가 아닌 오늘날 현대 그리스도인들과 사역자들의 핵심 문제입니다. 즉 설교자들은 "우리에게 기도의 영이 있느냐, 설교의 영이 있느냐" 하는 문제이며, "뜨거운 감정과 불타는 열정이 다시 살아나야" 하는 문제입니다.

영적 메마름에 대한 문제 해결은 말씀과 성령을 함께 강조하는 것입니다. 지적인 말씀만 강조하다 보면 지성주의로 흐르게 되면서 죽은 정통이 될 수 있으며, 반면에 감정적으로 잘못되게 성령만 강조하다 보면 말씀을 소홀히 하게 되고 그 결과 17세기 퀘이커교도들처럼 신비주의로 빠질 수도 있습니다. 그러므로 어느 한쪽만 강조해서는 절대 안되고 말씀과 성령이 함께 강조되어야 합니다. 부흥은 말씀을 통한 성령의 역사로 일어나게 되기 때문입니다.

3) 복음의 진리들이 항상 우리의 마음을 흔들고 뜨겁게 해야 한다

우리의 마음을 흔들고 뜨겁게 한 적이 어제, 지난 주, 한 달 전, 1년 전, 10년 전, 20년 전인가? 이것은 우리의 기도 제목이 되어야 할 것입니다.

주여, 나의 차갑고 굳어진 마음을 용서하시고 모든 차가움을 제하여 주소서. 성령의 뜨거움, 기도의 뜨거움, 강단과 설교의 뜨거움을 다시 허락하소서!

주님을 갈망하며 약하게 붙은 불이라도 다시 붙기를 간구해야 합니다. 오순절에 임한 뜨거운 성령의 불이 붙어서 사역에 열정이 넘칠 때 교회는 다시 회복될 것입니다. 우리의 기도가 살아나고 말씀이 살아나고 심령이 성령으로 충만할 때 부흥을 체험할 수 있을 것입니다.

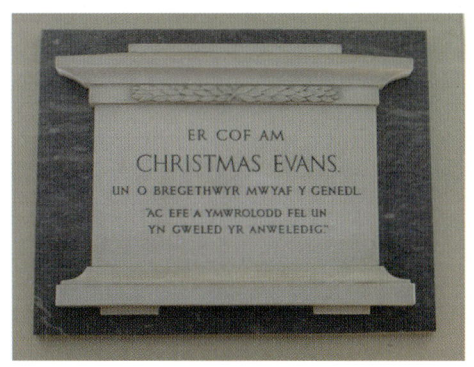

크리스마스 에반스 기념 비석

▶ 토의를 위한 질문

1. 에반스가 한 쪽 눈을 실명한 후에 깨달았던 거룩한 부담감은 무엇입니까?

2. 무엇이 크리스마스 에반스를 위대한 설교자로 만들었습니까?

3. 산데만주의 교리가 잘못된 것은 무엇인가요? 그 잘못된 교리가 설교자인 에반스의 삶에 어떤 영향력을 끼쳤습니까? 우리는 신앙생활하면서 왜 말씀과 성령을 균형있게 붙잡는 것이 중요할까요?

4. 설교자나 교사들에게 기도의 영이 있습니까? 설교의 영이 있습니까? 복음의 놀라운 진리들이 언제 우리의 마음을 흔들고 뜨겁게 하였습니까? 이제는 약하게 붙은 불이라도 다시 붙기를 간구하고 있습니까? 지금 오순절의 뜨거운 성령의 불이 붙어서 그들의 사역 속에서 불타는 열정이 다시 살아나고 있습니까?

5. 주의 종으로 55년을 수고하였던 에반스는 주님의 보혈을 의지하면서 사역을 하였습니다. 우리 역시 순간마다 주님의 보혈을 의지하면서 사역을 하고 있습니까?

Chapter 15

위대한 하나님의 종
존 엘리아스

John Elias

잊혀지고 알려지지 않은 능력있는 설교자 존 엘리아스

존 엘리아스

토마스 찰스와 함께 부흥의 다음 세대를 이끌어 갔던 존 엘리아스(John Elias, 1774-1841)는 1774년 3월 6일 북웨일즈 프흐헬이(Pwllheli) 근처에서 태어났습니다. 그의 부모는 그리스도인이 아니었습니다. 하지만 그는 어렸을 때부터 신앙이 깊은 할아버지로부터 하나님을 두려워하고 섬기는 법을 배웠습니다. 엘리아스가 7살이 되었을 때는 이미 창세기부터 예레미아 중반까지 성경을 읽었었습니다.

몇 년이 지나지 않아 할아버지가 주일 예배를 참석하기 위해 걸을 수 없게 되었을 때도 엘리아스는 친구나 어른의 인도 없이 혼자서 10마일을 걸어서 교회에 갔습니다. 부모의 불신앙은 그의 마음을 아프게 하여 많은 눈물을 흘리게 되었고 가정 예배를 같이 드리자고 많은 시간을 간청하기도 하였습니다. 14세-16세 사이에 엘리아스는 자신의 내면에서 세상 친구들처럼 가볍고 의미없는 삶을 살고 싶은 마음이 생겨 많은 갈등을 겪었습니다. 하지만 자신의 영혼을 향한 고민과 관심은 매우 많았습니다. 그는 자신에게 있어서 영혼 구원이 가장 중요한 일이라는 생각을 떨쳐버릴 수 없었습니다.

엘리아스는 어렸을 때부터 남웨일즈에서 하웰 하리스와 다니엘 로울란드를 통해서 나타난 하나님의 위대한 역사들과 부흥의 소식을 들으며 자라왔습니다. 하웰 하리스는 이미 일찍 죽어서 그의 설교를 들을 수 없었지만 남웨일즈에서 이제는 노인이 된 다니엘 로울란드가 아직까지 설교를 한다는 소식을 접하게 됩니다. 그 후 엘리아스는 흘란가이쏘를 방문하기로 마음을 먹지만 아쉽게도 그 사이에 로울란드가 죽게 되어 만날 수가 없었습니다. 엘리아스는 로울란드의 죽음에 매우 슬퍼하였지만 하나님은 이미 로울란드를 이을 위대한 종으로 엘리아스를 계획하고 있었습니다. 그는 많은 교육을 받지 못하였지만 설교자로서의 능력은 매우 위대하고 특별하였습니다. 복음만이 구원에 이르는 방법이라는 진리는 그의 뼈 속 깊이 파묻혀 있었으며 성경의 무오성을 굳건히 붙잡았습니다.

하나님께서 부어주셨던 놀라운 능력과 은혜를 체험한 엘리아스의 삶과 영성은 현대 그리스도인들에게 많은 감동을 주고 있습니다.

어두웠던 북웨일즈 땅에 성령을 부어주심

다니엘 로울란드와 하웰 하리스가 주로 사역한 남웨일즈와는 달리 북웨일즈의 영적 상황은 매우 어두웠습니다. 모든 불경건한 죄들이 난무하고 설교자들이 심한 핍박을 받을 정도로 영적으로 죽은 곳이었습니다. 엘리아스는 방탕함과 죄와 악행으로 유명했던 한 박람회에서 설교하였습니다. 그런데 놀랍게도 그의 설교로 그 유명한 박람회가 다시는 열리지 않게 되는 일이 일어났습니다. 이처럼 부흥이 일어났을 때는 음주나 사람들의 악한 습성들이 갑작스럽게 사라지는 모습을 볼 수 있었습니다.

하나님은 죽어 있던 북웨일즈 땅에 강하고 능력 있게 성령을 부어주셨으며 많은 사람들이 깨어나며 거듭나게 하셨습니다. 구원의 확신이 그들에게는 분명하였으며 영적인 진리들이 그들의 마음과 생각뿐만 아니라 삶을 주관하였습니다. 당시 기록들을 살펴보면 설교자들에 대해 이렇게 기록하고 있습니다.

> 하나님은 매우 비상한 방식으로 설교 가운데 역사하셨습니다. 하나님은 그의 종들(설교자들)을 하나의 타오르는 불꽃처럼 사용하셨습니다. 또한 거듭나게 하는 성령의 역사는 매우 선명하고 강력했습니다. 거룩한 영광이 임재하는 시간이었습니다.

위대한 하나님의 종 엘리아스가 웨일즈에 나타났다

발라를 중심으로 한 북웨일즈에 부흥이 일어났을 당시 존 엘리아스의 나이는 18살 정도였습니다. 엘리아스의 회심에 대해 구체적인 사건이 기록되지는 않았지만 북웨일즈에 일어난 부흥을 통해 존 엘리아스도 구원의 확신을 얻고 그의 영혼도 평안을 찾았습니다. 그에게 구원의 확신과 함께 사역을 향한 거룩한 부담감이 생기기 시작하였습니다.

결국 1794년 성탄절 때 카나번셔(Carnarvonshire)에서 열린 장로교 모임에서 엘리아스를 목회자로 받아들였습니다. 그때 한 늙은 목회자는 다음과 같이 말하였습니다.

> 형제들이여, 내가 흙으로 돌아갔을 때 이 젊은이는 위대한 사람이 될 것일세.

엘리아스는 사실 많은 교육을 받지 못하였습니다. 그의 전기 작가 에드워드 모건(Edward Morgan)은 "그때까지 엘리아스는 청교도 책 한 두 권을 읽었을 뿐 많은 책들을 읽지 못하였다. 그러나 그는 성경에 너무나도 능통하였다. 성경의 모든 장의 핵심 주제와 내용을 이해하고 알고 있어서 언제든 그것들을 사용할 수 있었다"고 기록하였습니다.

엘리아스는 목회를 매우 진지하고 장엄하게 하였습니다. 목회자로 첫 모임을 인도하였을 때 엘리아스의 대표 기도를 통해서 모든 회중들이 눈물을 흘릴 정도로 그를 향한 하나님의 은혜는 놀라웠습니다. 그가 몇 번 설교를 한 후 위대한 하나님의 종이 나타났다는 소문이 웨일즈에 떠돌기 시작하였습니다. 어느 교회에서는 엘리아스의 나이 어린 모습 때문에 처음에는 그에 대해 회의적이며 신뢰하지 못한 듯 하였습니다. 하지만 그가 설교한 후에 사람들은 엘리아스를 칭찬했습니다. 그는 마치 천국에서 온 천사와 같다고 하였습니다.

죽고 잠든 영혼을 깨우는 능력의 설교 사역

존 엘리아스는 매우 귀한 설교자였습니다. 그는 순회설교 사역에 많은 비중을 두었습니다. 1799년 결혼 후에도 그는 웨일즈 전국을 돌아다니며 죽고 잠든 자들을 깨우는 사역을 계속

존 엘리아스가 태어난 집

하였습니다. 그의 설교를 통해 나타난 효과는 참으로 놀랍고 형언할 수 없을 정도입니다. 많은 자들은 그저 호기심 때문에 그의 설교를 들으러 왔지만 순식간에 그들의 영혼은 위대한 진리들 속으로 동화되었습니다. 하찮고 세상적인 것들은 사라졌고 진리들이 나타났습니다. 하나님과 예수 그리스도 그리고 십자가의 보혈은 높임을 받았습니다. 그의 설교가 끝났을 때는 많은 사람들이 구원을 위해 그들의 영혼이 근심하는 마음으로 돌아갔습니다.

　1802년 엘리아스는 사탄의 요새 중 하나인 뤼들란(Rhuddlan)을 방문하여 설교하였습니다. 이곳은 주일날 수천 명씩 카니발(Sunday-fairs)에 참석하여 모든 모양의 불경건과 죄가 행해지던 곳이었습니다. 사람들의 노는 소리와 춤추는 소리가 그들에게 들리는 곳에서 엘리아스는 몇몇의 신자들을 데리고 카니발 밖에서 예배를 드리기 시작하였습니다. 회중은 시편 24편을 부르고 기도하기 시작하였습니다. 그런데 그들의 기도의 강력함은 너무나도 놀라워 그곳의 영적 분위기를 바꾸어 놓고 말았습니다.

　엘리아스가 그날 본문인 출애굽기 34:21, "너는 엿새 동안 일하고 일곱째 날에는 쉴지니 밭 갈 때에나 거둘 때에도 쉴지며"라고 읽을 때에는 소음이 이미 사라져 있었습니다. 본문을 해석하고 설명한 후 엘리아스는 안식일을 거룩히 여기지 아니하는 자에 대한 하나님의 심판을 설교하였습니다. 사람들의 마음속에 떠오를 수 있는 모든 핑계와 변명들을 설교 가운데 하나씩 반박하기 시작하였습니다. 그 후 온 힘을 다하여 손을 높이 들고 눈물을 흘리며 다음과 같이 외쳤습니다.

　　오, 도둑질하는 자들아, 도둑질하는 자들아! 오, 강도들이여! 주님의 거룩한 날을 도둑질하는 자들아! 가장 악하고 끔찍하구나!

엘리아스의 이 말은 지진처럼 사람들의 심령을 흔들었습니다. 많은 사람들이 두려움에 휩싸였으며 다시는 이곳에 오지 않겠다고 하였습니다. 엘리아스의 설교처럼 말씀의 능력이 설교 가운데 이렇게 강하게 드러난 것은 매우 드문 일이었습니다.

존 엘리아스의 설교 사역 중 특별한 사건 중 하나는 프흐헬이에

존 엘리아스가 설교하는 모습

서 일어났습니다. 이곳의 영적 상태도 매우 어두웠지만 한 설교를 통해 약 2,500명이 회심하며 교회에 등록한 사례도 있었습니다. 그 당시 엘리아스 뿐만 아니라 웨일즈 설교자들은 "여호와를 경외하는 것이 모든 지식의 근본이니라"는 말씀을 굳건히 붙잡고서 하나님의 거룩하심과 하나님을 경외할 것을 설교하였습니다.

그들은 하나님의 거룩함, 위대함, 공의와 죄를 심판하심이 복음을 전파하는 데 있어서 가장 먼저 선포되어져야 된다고 믿었습니다. 하지만 그들은 여기서 멈추지 않고 하나님의 공의를 외치는 만큼 예수 그리스도의 완전함과 사랑과 은혜를 전파하는 데에도 온 힘을 다하였습니다. 엘리아스는 웨일즈의 가장 뛰어난 설교자로 지금까지 여겨지고 있습니다.

존 엘리아스의 가정 생활

엘리아스의 가정 생활을 잠시 살펴 보는 것도 그의 영성과 삶을 이해하는 데 도움이 됩니다. 4명의 자녀들이 태어났지만 슬프게도 2명의 자녀들은 유아기 때 죽었습니다. 자녀들이 학교 때문에 집을 비울 때에도 엘리아스는 사랑으로 많은 조언과 권고를 하였습니다. 그의 아들과 딸에게 보내는 편지에 다음과 같이 썼습니다.

> 아들아, 영혼에 상처를 주는 모든 것들을 조심히 살펴 피하여라. 이것들은 너의 영혼을 죽일 것이다. 너의 곁에 늘 계시는 하나님을 늘 생각하고 그를 항상 갈망하고 간구하여라. 하루가 지나면 그것을 다시는 되돌릴 수 없음을 기억하고 시간을 잘 아껴 사용하여라.
> 사랑하는 딸아, 젊을 때 너무 많은 시간을 허탄한 것에 사용하지 말아라. 죄 가운데 빠지지 말고 너의 의무에 늘 충실하여라. 은밀한 기도를 가볍게 보지 말고 늘 은혜의 보좌 앞에 너의 있는 모습 그대로 나아가거라.

이 두 명의 자녀들은 커서 하나님을 깊이 사랑하며 높이는 삶을 살았습니다. 엘리아스의 딸은 다음과 같이 말합니다.

> 아버지와 함께 사는 것은 마치 세상에서 작은 천국을 경험하는 것과 같습니다. 우리의 가정예배 가운데 함께 했던 '빛'을 나는 잊을 수 없습니다.

엘리아스의 영성- "하나님과 더 깊은 교제, 기도생활, 성령충만함"

존 엘리아스는 그의 힘과 능력, 권위를 하나님과의 매우 깊고 가까운 교제 속에서 얻었습니다. 그는 다음과 같이 충고하였습니다.

사탄은 군인들을 두려워하지 않습니다. 그들이 무장을 하여도 그들을 두려워하지 않습니다. 사탄은 오직 군대의 참 지도자인 하나님을 두려워합니다.

엘리아스는 그의 서재에서 무릎 꿇고 하나님과 늘 은밀한 교제를 하였으며 그의 의자 위에는 기도의 흔적으로 눈물이 늘 있었습니다. 엘리아스가 그의 서재에서 나올 때 마치 모세가 하나님을 만난 후 빛난 것과 같다고 그의 가족들은 기록합니다. 엘리아스는 늘 성령의 충만함과 하나님과의 깊은 교제를 강조하였습니다.

주의 종들은 늘 성령을 경험해야 합니다. 오! 우리는 더욱 더 성령과 교제하며 동행해야 합니다. 하나님과 더 깊이 교제하기 위하여 쉬지 말아라! 더 전진하라! 그의 임재하심이 없다면 쉬지 말고 더욱 더 힘써라. 만약 개인의 은밀한 기도가 더 많고 더욱 간절하다면 그의 사역 또한 더욱 더 효과적일 것입니다.

끊임없는 연구와 노력- "청교도 신학을 방대하게 알고 이해한 사람"

존 엘리아스는 연구와 공부하는 데에도 많은 시간을 투자하였습니다. 계속적인 설교 사역과 순회 사역에도 불구하고 그는 성경을 연구하고 독서를 통해 공부하는 일에 게으르지 않았습니다. 그는 열심 있는 연구와 능력 있는 설교와 깊은 관계가 있다는 것을 확신하였습니다. 엘리아스는 정식적인 교육을 받지는 못하였지만 영어와 웨일즈어에 능통하였으며 히브리어와 헬라어를 배워서 원어를 어느 정도 다룰 수 있을 정도로 공부하였습니다. 그는 존 오웬과 조나단 에드워즈의 책들을 항상 읽었으며 청교도 책들 또한 많이 읽었습니다.

엘리아스의 지인 중 한사람은 그의 연구와 공부 생활에 대해서 "동시대에 존 엘리아스만큼 청교도 신학을 방대하게 알고 이해한 사람은 없었다"라고 말합니다. 노년에 엘리아스는 스스로 고백하기를 "나는 이미 67세이지만 아직도 배우고 있으며 공부의 필요성에 대해서도 매일 새롭게 느끼고 있습니다. 나는 밤낮 지치지 않고 공부할 수 있었습니다. 배우고 이해하고 지식을 얻는 것은 결코 쉬운 것이 아닙니다. 이것은 힘든 것이라도 부지런히 해야 하는 것이며 수고가 동반되는 것입니다."

교회 안에서 바른 교리를 세워감
-"웨일즈 교회가 약해진 원인은 교리가 약해졌기 때문이다"

존 엘리아스가 노년에 이르렀을 때 웨일즈에 나타난 하나님의 역사와 은혜들은 점차 수그러들었습니다. 1837년 그는 "설교 속에 나타난 힘, 빛,

권능, 권위는 요즘 찾아보기가 힘들다"고 고백하였습니다. 이 같은 현상의 원인을 엘리아스는 교리의 약화 속에서 찾았습니다. 그는 하나님의 은혜와 역사가 끊임없이 유지되려면 말씀이 순수해야 하며 깨끗해야 한다고 믿었습니다. 교회를 허물고 무너지게 한 가장 큰 원인을 잘못된 가르침이라고 그는 지적하였습니다. 특별히 알미니우스주의 교리가 많은 부정적인 영향을 주었는데, 알미니우스주의의 가르침은 그리스도의 구속 사역이 모두를 위한 것이지만 인간의 의지에 따라서 구원의 효과가 제한받는다고 가르쳤습니다.

엘리아스는 이러한 잘못된 가르침을 완전히 부인하였으며 그리스도의 완전한 구속 사건과 인간의 의지나 결단이 아닌 오직 초자연적인 성령의 역사가 개인의 구원에 나타난다고 가르쳤습니다. 또한 인간은 영적으로 완전히 죽고 부패하였기에 절대로 혼자서 구원을 이룰 수도 없으며 그것을 선택할 수 없다고 주장하였습니다. 존 엘리아스 만큼 교리가 흔들리는 것을 슬퍼하며 경고하는 사람이 없습니다. 또한 토마스 찰스와 함께 엘리아스의 시역은 웨일즈 장로교회를 확립하는 데 중요한 역할을 하였습니다.

존 엘리아스가 오늘날 우리에게 주는 교훈

1841년 6월 8일, 잊혀지고 알려지지 않은 능력 있는 설교자 존 엘리아스는 주님의 품에 안겼습니다. 그의 장례식에 약 1만여 명이 참석하였습니다. 마지막 날이 될 때까지 그를 다시 볼 수 없다는 사실에 많은 사람들은 슬퍼하였습니다. 이제 세상을 떠난 존 엘리아스가 이렇게 위대한 사역을 할 수 있었던 이유는 어디에 있을까요? 무엇이 그를 움직였으며 지금 현재를 살고 있는 우리가 그에게 도전받으며 배울 수 있는 점은 무엇일까요?

1) 하나님과의 깊은 교제와 열정적인 기도생활

그는 그의 힘과 능력, 성령충만, 권위를 하나님과의 지속적이고도 은밀한 교제와 눈물의 기도생활에서 얻었습니다. 엘리아스의 탁월한 영성과 경건한 삶은 많은 도전을 주고 있습니다. 오늘날 목회자들과 그리스도인들에게 가장 부족한 것은 능력이며, 특히 그들의 강단이나 삶 가운데서 찾아보기가 힘듭니다. 엘리아스의 다음과 같은 지적은 참으로 우리의 현실을 잘 묘사하고 있습니다.

목회자들은 50년 전이나 지금이나 거의 비슷한 말씀을 외치고 있습니다. 그들은 같은 말을 사용하지만 같은 능력이나 효과는 나타나지 않습니다. 50년 전이나 지금이나 기도회 가운데 간구되어지는 기도제목도 동일합니다. 하지만 지금은 기도의 응답이 없습니다. 더욱 문제가 되는 것은 왜 기도 응답이 없는지에 대해 묻지 않으면서 계속 기도만 하고 있다는 것입니다!

엘리아스는 우리의 영적 현실을 정확하게 지적하고 있습니다. 이어서 그는 이렇게 말하고 있습니다.

우리는 신선하고 새로운 하늘의 능력이 필요합니다. 우리는 너무나도 인간적인, 우리의 힘만으로 기도하고 말씀 전파하는 데 익숙해져 버렸습니다. 우리는 성령의 빛과 능력 없이 너무나도 미지근한 상태에 있습니다. 우리는 성령의 강한 역사들을 스스로 느끼지도 못하고 다른 곳에서 그것들이 나타나는 것을 목격하지도 못합니다. 목회자들은 설교 가운데 복음의 능력이 나타나고 그것을 체험하지 못하면서 설교를 하고 회중이 그 설교를 듣는 것에만 만족하고 있습니다.

다시 한 번 존 엘리아스를 인용합니다.

하나님의 임재하심과 은혜에 대해 너무나도 작은 목마름을 가지고 있습니다. 하나님의 은혜를 간구하는 기도는 있지만 그 기도들은 차갑고 약합니다. 우리의 기도 생활을 돌아봤을 때 우리의 기도가 너무나도 형식적이고 습관적인 것이라고 생각되어지지 않습니까? 하나님의 은혜와 임재하심의 절대적인 필요성을 인식하면서 기도하고 있습니까? 또한 우리는 우리의 기도가 응답되었는지에 대해서도 너무나 무관심합니다. 만약 응답이 되지 않았다면 왜 응답되지 않았으며 기도 응답을 막는 것이 무엇인지 생각해야 할 것입니다. 기도 응답을 막는 생각과 행동들을 피하고 거룩함에 힘써야 됩니다.

또한 기도에 탁월한 사람, 엘리아스는 경고하기를 "복음은 육신적인 무기로는 성공을 거둘 수가 없다. 복음적인 성공은 성령의 충만한 부어주심으로만 말미암아서만 가능하다"고 말하였습니다. 엘리아스는 그런 다음에 도전적으로 물었습니다.

여러분의 회중에 주님께서 임재하시어 주님의 말씀을 인정하고 복되게 하시기를 위하여 마땅한 바대로 자주 그리고 간절하게 기도하고 있는가?

2) 성령으로 충만한 설교자

존 엘리아스의 기념교회

엘리아스는 무엇보다도 성령으로 충만한 설교자였습니다. 엘리아스가 성령으로 충만하여 설교할 때 말씀의 능력이 강하게 나타나 수많은 사람들이 회심했습니다. 설교자는 성령으로 충만함을 받아야 하고, 회중들이 하나님의 말씀에 집중하여 한 말씀도 놓치지 않도록 기도해야 합니다. 설교가 아무리 성공적이고, 설교자가 아무리 많은 경험을 했다 할지라도 설교자에게는 강단에 올라갈 때마다 새로운 기름부음이 필요합니다. 설교자가 성령의 역동성에 대하여 더 알수록 그의 사역도 더욱 유효하게 됩니다. 때문에 목회자들은 설교에 더 많은 능력이 부어지도록 기도해야 합니다.

3) 말씀에 능통하고 바른 교리를 교회 안에서 세워감

엘리아스는 성경에 너무나도 능통한 사람이었습니다. 이 시대에 말씀이 점점 희미해져가고 있습니다. 성경의 권위가 흔들리고 있습니다. 설교자는 자신의 심령 가운데 말씀이 풍성히 거해야 합니다. 말씀이 힘이요, 생명이요, 능력입니다. 교회사는 증언하고 있습니다. 교회와 성도들이 말씀으로 충만할 때 부흥했었고, 반면에 말씀이 약해졌을 때, 성경의 권위가 무너졌을 때 교회는 쇠퇴했다는 것입니다.

또한 그는 교리를 향한 열정이 있었으며, 바른 교리를 사수한 사람이었습니다. 그는 웨일즈 교회가 무너지게 된 가장 큰 원인은 교리가 약해졌기 때문이라고 진단했습니다. 종교개혁자들은 잊혀져가는 교리를 다시 찾았습니다. 16세기는 교리의 재발견입니다. 오늘날 교리가 소홀해지고 있습니다. 성도들의 신앙이 약해지고 이단이 난무하고 있는 이때에 교회는 교리 교육에 힘써야 합니다. 바른 교리 없이 바른 교회를 세울 수 없기 때문입니다.

그는 성경에 너무나도 능통한 사람이었으며 바른 교리를 사수한 사람이었습니다. 그의 노년에 교리가 약해지면서 성경적 가르침이 무너져 갔을 때 외친 기도는 오늘날에도 적용이 됩니다.

> 만약 신앙의 선조들처럼 하나님의 은혜와 성령의 역사를 갈망한다면 선조들이 걸었던 길을 걷고 그들이 따랐던 것들을 따르고 같은 성령의 지도를 받으라. 인간의 부패한 논리가 아닌 성령을 힘입어 말씀을 순수하게 전하여라. 오 주여! 목회자들의 입술을 정결케 하소서!

이 시대는 능력과 생명을 잃어가고 있으며 교리적으로, 신학적으로, 신앙적으로 너무 많은 혼란을 겪고 있습니다. 이러한 때에 존 엘리아스처럼 성경에 능통하고 바른 교리를 사수한 개혁주의 설교자가 필요합니다.

▶ 토의를 위한 질문

1. 존 엘리아스의 어렸을 때의 신앙생활은 어떠했습니까?

2. 존 엘리아스의 설교에 대한 청중들의 반응은 어떠했습니까?

3. 두 명의 자녀를 신앙으로 잘 양육한 엘리아스의 가정생활을 통해 본받을 점은 무엇입니까? 매일 가정예배를 드리고 있습니까?

4. 연구와 공부하는 데에 많은 시간을 투자하였던 엘리아스를 보면서 느낀 점은 무엇입니까?

5. 존 엘리아스가 오늘날 목회자들과 그리스도인들에게 주는 교훈 3가지는 무엇입니까? 그 교훈이 나에게 어떤 도전을 주고 있습니까?

6. 교회가 부흥했을 때는 모든 면에서 영적으로 충만했습니다. 하지만 오늘날 교회와 그리스도인들에게서 성령의 능력과 말씀, 기도생활, 경건한 삶, 성경적인 교리가 점점 약해지고 있습니다. 오늘날 교회가 어떻게 해야 상실된 능력을 회복할 수 있을까요?

Part 5

혼탁함 가운데
진리를 사수한

19세기 중엽

*The leaders of Britain's Revival
The flames who lived through
dark generations*

Chapter 16

거룩을 생명처럼 여긴
로버트 머레이 맥체인

Robert Murray

M'Cheyne

머레이 맥체인의 어렸을 때 환경과 회심

로버트 머레이 맥체인

스코틀랜드의 성자 로버트 머레이 맥체인(Robert Murray M'Cheyne, 1813-1843)은 29세에 일찍 하나님 나라에 갔으며 사역한 기간은 약 7년 반밖에 안 되었습니다. 하지만 약 200년이 지난 현재까지 기억되고 있으며 많은 그리스도인들에게 교훈과 도전을 주고 있습니다.

1813년 5월 21일 에든버러에서 태어난 맥체인은 큰 집에서 부족함이 없이 자랐습니다. 그의 아버지는 변호사였으며 사회적으로도 중요한 위치에 있었습니다. 어렸을 때부터 문학과 시에 재능을 보였던 맥체인은 14세가 되던 해에 에딘버러대학에 입학하여 고전문학을 공부하기 시작했습니다. 하지만 그는 대학에 입학하고 나서 1, 2년 동안 세상적 쾌락과 즐거움 속으로 빠져들었습니다. 그는 카드게임, 춤, 파티에 자주 참석하면서 그 당시 세상적인 친구들 사이에서 지냈습니다.

하지만 이 모든 것이 형의 죽음으로 바뀌기 시작하였습니다. 5형제 중 막내로 태어난 머레이 맥체인은 그의 형 데이비드(David)를 사랑하였으며 매우 친하게 지냈습니다. 하지만 1831년 여름에 그의 형이 어린 나이에 죽게 되었습니다. 이 사건은 맥체인의 영혼을 강하게 흔들었고 영적인 잠에서 깨어나기 시작했는데 그의 세상적이고 육적인 생활에 큰 충격이 되었습니다.

그때부터 맥체인은 진지해지기 시작하였으며 점점 세상적인 즐거움을 멀리하였습니다. 그리고 그는 하나님 앞에서 자신의 죄를 인식하고 구원의 필요성을 심각하게 생각하게 됐습니다. 그의 형이 죽고 난 다음해에 맥체인은 하나님을 만나게 됐습니다. 그 후 그는 웨스트민스터 신앙고백의 "구원 지식에 대한 개요"(*The Sum of Saving Knowledge*)를 읽으면서 예수 그리스도에 대한 생각에 불이 붙게 되었고 결국 영적으로 중생하게 되었습니다.

맥체인의 회심은 삶의 놀라운 변화로 드러났습니다. 그는 지난날 동안 카드놀이를 하고 춤을 추며 쾌락을 추구했던 자신의 삶에 대한 부끄러움을 표현했습니다. 나중에 그의 일기에는 다음과 같이 기록되었습니다.

> 나는 절대로 다시는 카드게임을 하지 않겠다. 주일에는 다른 곳에 놀러 가지 않겠다. 나는 춤을 추지 않겠다.

그리고 교회 사역이 이 땅에서 가장 축복받은 일이라는 형의 확신에 영향을 받았던 맥체인은 주일학교 사역을 돕기 시작했습니다.

복음전도에 대한 열정이 분명한 칼빈주의자 맥체인

맥체인이 29세의 짧은 생애를 살 것을 하나님은 이미 알고 계셨으며 이를 주관하고 계셨습니다. 그래서인지 맥체인의 회심과 목회자로의 부르심은 거의 동시에 일어났습니다. 형이 죽은지 4개월이 지났을 때 맥체인은 에든버러신학교(Divinity Hall of Edinburgh University)에 입학하였습니다. 그곳에서 맥체인은 그의 삶과 사역에 가장 큰 영향력을 준 멘토 토마스 찰머스(Thomas Chalmers, 1780-1847)를 만나게 됩니다. 차머스는 스코틀랜드 자유교회의 지도자요 열정적이며 경건하며 복음주의적 칼빈주의를 따르고 있었던 칼빈주의자 찰머스를 보면서 맥체인은 많은 것을 배웠습니다.

특별히 1834년 차머스와 맥체인은 에든버러의 빈민촌을 방문하여 전도를 하였습니다. 중상류층에서 자란 맥체인은 생애 처음으로 가난이 무엇인지를 알게 되었으며 그곳에 사는 사람들이 복음을 들을 기회가 없다는 사실에 통곡하기 시작하였습니다. 그때부터 그는 가난한 자들의 영혼 구원을 위한 뜨거운 열정을 가지기 시작하였고 신학교 공부에서 항상 시간을 떼어내어 전도하는 데 힘을 썼습니다. 칼빈주의자 맥체인은 복음전도에 대한 열정으로 불탔습니다.

맥체인의 목회 사역- "설교, 기도, 심방사역에 열정을 쏟음"

1835년 7월 1일, 22세 나이로 목사 안수를 받은 맥체인은 1년 동안 두니페이스(Dunipace)에서 사역을 하게 됩니다. 그 후 맥체인은 1836년 11월 던디(Dundee)의 성베드로교회(St. Peter's Church)에 담임목사로 부임하였습니다. 던디에는 약 4,000명의 인구가 거주하고 있었고, 그가 처음 부임했을 당시 교인 수는 1,100명으로 그 중 약 삼분의 일은 인접해 있는 여러 마을에서 온 사람들이었습니다.

대부분의 회중들은 단지 교회만 다니는 형식적인 사람들이었고, 완고한 이교적 풍습과 우상에 내어진 강곽함이 그리스도인들의 눈을 가려 그들은 신앙의 영광스런 면을 보지 못하고 있었습니다. 사실 주의 이름을 부르며 살아있는 그리스도인으로서 다른 사람들에게 영향력을 줄 수 있는 사람은 극소수였습니다.

던디에서 처음 몇 달 동안 맥체인의 사역은 매우 힘들었지만 그는 성령께서 구원을 이루시는 사역 가운데 가장 먼저 오는 것은 죄에 대한 인식과 죄책감이라고 믿었습니다. 사람들이 그들의 영적인 죽음과 타락에 눈을 떠야 성령께서 십자가를 그들의 마음에 보여 줄 수 있다는 확신 가운데서 맥체인은 늘 죄와 심판에 대하여 설교하였습니다. 또한 그는 타락으로 인한 파괴 그리고 어린 양 예수로 말미암는 회복의 교리를 강조하면서 신앙고백서에서 말하는 성경의 모든 교리를 설교했습니다.

참으로 그는 천국이나 지옥 둘 중 한 곳에 가게 되는 성도들의 영혼 구원에 대한 끝없는 열정을 가지고 있었습니다. 그의 설교는 단순히 교리만을 전하는 데에 그치지 않았고 그 모든 교리의 중심이신 주 예수 그리스도를 중점적으로 선포하는 일에 전력하며 수고하였습니다. 그는 교리를 근거로 해서 회중들의 실제 삶에 적용될 필요를 강조하고 권고의 말을 전하므로 그의 설교에는 다양성과 힘이 있었습니다.

맥체인은 이렇게 증언했습니다.

나는 설교할 때 엄청난 능력이 나를 돕고 있는 것을 자주 경험했습니다.

성령께서 역사하셔서 많은 사람들이 그의 설교를 통해 영적으로 깨어나고 살아나게 되었습니다.

또한 교회에서 가장 중요한 모임은 매주의 기도모임이었습니다. 그는 기도를 위해 정기적으로 모이는 것을 매우 강조했는데 이런 기도모임이 얼마나 큰 축복인가를 잘 알고 있었습니다. 그는 많은 시간을 회중들을 위하여 하나님께 울부짖었고 성도들에게 스코틀랜드 부흥을 위해 기도하라고 가르쳤습니다. 그는 부흥의 주제로 설교하고 영적 부흥의 역사에 대한 것을 읽어 주었습니다.

그리고 맥체인은 심방 사역을 열심히 하였습니다. 그는 보통 하루에 20가정을 심방하였고, 그가 회중들을 만나러 나갔을 때에는 열정과 사도요한의 사랑이 그의 가슴에 담겨 있었습니다. 또한 그는 언제나 성경 말씀을 나누고 그것을 설명해 주었고, 종종 교리문답을 질문하고 가르쳐 주었습니다. 그리고 중병에 걸려 죽어가는 사람들에게 죽음을 준비할 필요성에 대해 주저함 없이 알려 주었습니다.

묵상과 경건생활 그리고 맥체인 성경읽기표

영혼을 향한 열정만큼 맥체인의 삶을 풍성하게 한 것은 그의 묵상과 경건 생활입니다. 매일 아침 6시 30분에 일어난 그는 2시간을 기도와 묵상 속에서 보냈습니다. 특별히 그 시간의 상당 부분을 유대인들을 위해 중보기도 하였습니다. 또한 맥체인은 항상 자신의 성도들과 주변 목회자들에게 "자신의 영혼을 돌보는 일에 가장 우선시 하라"고 가르쳤고 이것을 또한 직접 실천하였습니다.

또한 맥체인은 "여러분의 삶이 여러분의 설교보다 더 크게 말하도록 하라! 여러분의 삶이 여러분 사역의 생명이 되게 하라!"고 권면했습니다. 맥체인은 "거룩한 사역자는 하나님의 땅에서 두려운 무기다"라고 말하면서 그는 늘 하나님과 깊은 묵상 가운데 동행하였고 이것은 그의 거룩한 생활로 나타났습니다. 그리고 "너의 영혼과 마음이 깨끗하고 성령으로 충만할 때 너는 하나님의 손에 붙들린 위대한 목회자가 될 것이다. 너의 본문과 말씀을 늘 하나님으로부터 받아라. 너의 생각조차도 하나님께로부터 받아라"고 말한 맥체인의 경건함은 참으로 놀랍게 성도들에게 전달되었습니다. 그의 설교는 항상 자신이 하나님과 동행하며 묵상했던 내용들이었으며 그의 말이 어떤 이론이나 헛된 말이 아닌 경험되어진 진리임을 알았습니다.

마틴 로이드 존스는 그의 저서 『부흥』에서 "그 성자 같은 사람이 주일 아침 강단에 올라서면 그가 말을 꺼내기도 전에 사람들은 그의 얼굴을 보는 것만으로도 흐느끼기 시작했다. 마치 하나님의 영광을 대면하고 산에서 내려온 모세처럼 그가 오면 사람들은 그가 하나님과 시간을 보낸 것을 분명히 알았다"라고 말하였습니다.

또한 맥체인은 사역 말기에 성도들을 위해 성경읽기표를 만들었습니다. 그 읽기표에 따라 성경을 읽으면 1년에 구약을 한 번, 신약과 시편은 두 번 통독하도록 되어 있습니다. 마틴 로이드 존스는 54년 동안 '맥체인의 성경읽기표'에 따라 성경을 읽었으며, 1995년 미국 횟튼대학 부흥의 결과로 인해 수많은 학생들이 성령의 감동을 받아 하나님의 말씀을 읽기 시작하였습니다. 많은 사람들이 '맥체인 성경읽기표'를 복사해 달라고 요청하였습니다.

그리고 맥체인은 광범위한 독서가였습니다. 특별히 그는 마틴 루터, 존 번연, 리처드 백스터, 에드워드 피셔(Edward Fisher), 조나단 에드워즈, 데이비드 브레이너드, 헨리 마틴과 같은 신앙의 거인들의 전기를 읽으면서 그들의 경건한 삶의 원칙들을 자신의 삶에 적용함으로써 영적 성장에 큰 영향을 받게 되었습니다.

1838년 말쯤 쉼 없는 사역 때문에 그의 건강은 매우 악화되어서 어쩔 수 없이 그는 던디를 떠나 부모님이 있는 에든버러로 가서 쉬게 되었습니다. 그곳에서도 그는 자신의 양들을 기억하며 목회 서신들을 그들에게 썼습니다. 맥체인의 건강이 쉽게 회복이 되지 않자 1839년 봄에 그의 친구들은 그를 팔레스타인과 이스라엘 성지 순례를 떠나는 목회자들과 같이 보내기로 했습니다. 따뜻한 기후와 환경의 변화가 그의 건강 회복에 도움이 될 것이라고 생각을 하였습니다.

윌리엄 번즈의 설교사역과 성베드로교회 부흥

맥체인이 떠나 있는 동안 던디에서 사역하던 24세의 젊은 윌리엄 번즈가 성베드로교회에서 임시 목사로 사역을 하였습니다. 번즈의 설교를 통하여 진리가 선포되었고 그 진리는 수많은 사람들의 마음을 관통하며 주님께로 인도하였습니다. 그가 청중들에게 그리스도를 영접하라고 강청하면서 하나님의 말씀을 선포했을 때 많은 청중들이 그 말씀에 크게 압도되었고 눈물을 흘리기 시작했습니다. 매일 저녁 예배가 거행되었으며 수많은 사람들이 말씀을 들으려고 몰려들었고 늦은 시간까지 교회에 있었습니다. 온 마을이 요동을 쳤으며 하나님을 경외하는 마음이 불경건한 자들 가운데 임

부흥이 일어났던 성베드로교회

하여 통회하는 현상이 일어났습니다. 번즈의 사역을 통하여 성베드로교회에 부흥이 일어나게 되었습니다.

 1839년 7월 쯤 성지 순례를 마치고 돌아오는 길에 맥체인은 건강이 매우 안 좋아졌고 죽기 일보직전까지 이르렀습니다. 하지만 그 상황 가운데서도 맥체인은 자신의 성도들을 위한 기도를 멈추지 않았습니다. "나의 가장 갈급한 기도는 나의 양들을 위한 것입니다." 하나님은 그의 기도를 잊지 않으셨습니다. 이제 고향으로 돌아오기 위해 함부르크에 도착했을 때 맥체인은 성베드로교회에서 일어나고 있는 부흥 소식을 듣게 되었습니다.

던디 부흥 이야기 - "교회가 꽉 차고, 회개, 말씀, 기도로 충만함"

 1839년 11월, 맥체인은 건강을 회복하고 성베드로교회로 다시 돌아왔습니다. 매주 열리는 기도모임에 맥체인은 번즈와 함께 강단에 섰습니다. 그는 교회가 꽉 찬 것을 보고 놀라움을 금치 못했고 그가 돌아왔을 때 목격한 부흥의 현장은 잊지 못할 모습이었습니다. 빈 자리가 하나도 없었고 복도도 가득 찼고 강단으로 오르는 계단도 사람들로 발 디딜 틈이 없었습니다. 그날 맥체인은 뜨거운 눈물을 흘리는 많은 청중들에게 하나님의 말씀을 선포하였습니다.

 교회는 찬양과 사랑으로 충만하였고 그의 성도들은 자신의 영혼에 대한 깊은 관심과 하나님에 대한 사모함으로 채워져 있었습니다. 또한 39개의 다양한 기도모임들이 열리고 있었으며 그 중 5개는 어린이들을 위한 기도모임을 갖고 있었습니다. 이처럼 성령의 부으심으로 인해 계속되는 각성과 끊임없는 부흥이 던디에서 일어났습니다.

이러한 성령의 역사는 맥체인이 돌아와서도 계속 이어져 나갔습니다. 부흥 전에 믿음이 있었던 사람들은 자신의 마음이 죄로 물들었음을 더 깊고 더 두려운 마음으로 깨닫고서 더욱 견고해졌습니다. 또한 그들은 하나님의 말씀에 대한 더 큰 감사와 그리스도의 사랑을 더 깊이 깨닫게 되었습니다. 던디 부흥으로 인해 사회의 모든 영역에서 수많은 사람들이 깊은 영향을 받았습니다.

던디에서 불붙은 부흥의 불길은 스코틀랜드 전역으로 퍼져 나갔습니다. 퍼스(Perth)에서 열린 집회에서 그날 밤 150명이 자신들의 죄를 고백했고, 다음날에는 200명이 넘는 사람들이 영혼의 문제 대해 상담하기 위해 몰려들었습니다. 부흥의 불길은 덤바니(Dumbarney), 블레어고리(Blairgowrie), 콜레이스(Collace), 커밍(Cumming), 니스메스(Nismes), 로스서(Ross-shire), 켈소(Kelso), 브레들베인, 제드버러(Jedburgh) 등 지역으로 번져갔습니다. 부흥이 일어난 각 지역마다 매주 기도회를 가졌으며, 많은 사람들이 회심하여 구원받았고, 감동하며 눈물 흘리는 회중들이 많았습니다. 모두 은혜의 단비를 경험했고 성령의 역사는 계속 일어났습니다.

부흥 동역자 윌리엄 번즈 – "허드슨 테일러의 영적 아버지"

여기서 잠깐 윌리엄 차머스 번즈(William Chalmers Burns, 1815-1868) 목사를 소개하고자 합니다. 맥체인 목사와 마찬가지로 번즈 목사 또한 어떠한 이론과 삶이 없는 말들을 늘어놓는 목사가 아니었습니다. 그 또한 뜨거운 기도생활을 하였고 열정적인 설교를 하였습니다.

번즈는 어렸을 때부터 영혼 구원에 대한 사모함이 있었습니다. 그가 어렸을 때 엄마와 함께 시장터에 갔는데 그때 번즈는 울기 시작하였습니다. 그의 어머니가 왜 우냐고 물었을 때 그는 이렇게 대답하였습니다.

> 오 어머니, 지옥으로 향하고 있는 이들의 발걸음 소리가 저의 가슴을 무너뜨리고 있습니다.

윌리엄 번즈

이처럼 번즈는 어렸을 때부터 영적인 눈이 열려 있었으며 이것은 그로 하여금 늘 골방에서 기도하게 만들었습니다. 그의 설교에서 하나님의 능력이 나타났으며, 그는 1839년 던디 부흥의 주역으로 쓰임 받게 되었습니다.

번즈는 부흥의 주역으로 쓰임 받았음에도 불구하고 그것으로 만족하지 않았습니다. 그는 곧 중국 선교사로 떠나게 됩니다. 번즈는 명예와 명성 그리고 인기와 부를 버리고 중국으로 간 것입니다. 이것이야말로 번즈가 얼마나 하나님의 종이었으며 그가 얼마나 하나님의 뜻을 따르며 동행했는지를 보여주는 사건입니다.

번즈는 우리에게 많이 알려진 허드슨 테일러 선교사와도 7개월 같이 생활하면서 동역하였습니다. 나중에 허드슨 테일러 선교사의 일기 기록들을 살펴보면 번즈가 그 당시 젊었던 허드슨 테일러에게 얼마나 큰 영향을 주었는지 찾아볼 수 있습니다.

번즈 목사와 같은 영적인 아버지는 없을 것입니다. 7개월 동안 같이 생활하면서 동역의 시간은 잊을 수 없는 기쁨과 영광스러운 시간이었습니다. 번즈 목사가 말씀을 깊이 사랑하는 모습, 그의 경건하고 거룩한 삶, 하나님과 동행하는 삶은 나의 영혼에 깊은 갈망들을 이끌어 내며 만족시켜 주었습니다.

스코틀랜드 던디 부흥의 주역들- "로버트 맥체인과 윌리엄 번즈"

나는 심었고 아볼로는 물을 주었으되 오직 하나님이 자라나게 하셨나니 그런즉 심는 이나 물 주는 이는 아무 것도 아니로되 오직 자라게 하시는 이는 하나님뿐이니라(고전 3:6-7).

1839년 스코틀랜드 던디에서 일어났던 부흥을 설명하는 데 위의 성경 구절이 매우 적합합니다. 하나님의 성령이 놀랍게 임하였던 던디 부흥을 위하여 하나님은 그의 젊은 두 종 로버트 맥체인과 윌리엄 번즈를 사용하셨습니다. 눈물로 밭을 갈고 씨를 뿌리는 사람이 맥체인이었다면, 번즈는 그 토양 위에 물을 주며 열매를 보았습니다. 하지만 역시 자라게 하시는 하나님임을 명백하게 알게 하는 부흥의 현장이었습니다. 1839년에 있었던 부흥만큼 하나님만이 홀로 부흥을 주시는 분임을 나타나는 부흥이 없을 것입니다.

마지막 날들 "작은 예수로 산 맥체인"

맥체인의 짧은 7년 간의 사역이 거의 끝나갈 무렵 그는 자신에게 시간이 얼마 남지 않았다는 것을 알고 있었습니다. 1842년 11월에 그가 쓴 일기 내용입니다.

나는 오래 살 것 같지 않습니다. 어쩌면 곧 갑작스런 부르심을 받게 될지도 모르겠습니다. 그래서 매우 단순하고 명백하게 말씀을 전합니다.

성베드로교회 교인들은 거의 막바지에 이르러서도 영혼 구원을 향한 간절한 갈망으로 인해 맥체인이 더욱 더 간절히 설교하고 있음을 느낄 수 있었습니다. 그는 시간과 심판에 대하여 더 강도 있게 설교하였습니다.

나는 오래 살 것을 기대하지 않습니다. 제 앞에 있는 여러분도 모두 죽을 것입니다. 이 교회는 다른 목사가 올 것이며 다른 성도들로 채워 실 것입니다. 여러분이 죽고 나서는 회개, 중생, 은혜는 더 이상 없을 것입니다. 더 이상 어떤 목사가 여러분에게 설교하지 않을 것입니다. 여러분, 지금이 은혜와 거듭남의 시간입니다. 지금 이 시간을 사용하십시오.

1843년 1월, 맥체인은 마지막 성찬예식을 집례하였고 2월에는 북서쪽 스코틀랜드 지역을 다니며 27번 설교를 하였습니다. 3월 12일 성베드로교회에서 그는 마지막으로 하나님의 절대주권에 관하여 설교를 하였습니다. 그 다음 돌아오는 화요일에 그의 몸은 매우 아팠지만 결혼식을 주례하였습니다. 하지만 그 날 밤 그는 열이 오르며 쓰러졌고 열이 오른 상태로

맥체인 목사의 무덤

1주일 동안 침대에만 누워 있었습니다.

1843년 3월 25일 주일, 29세의 그는 하나님의 부르심을 받게 되었습니다. 교회에 모인 맥체인의 성도들 수백 명은 그와 같은 찬란한 빛이 그렇게 짧게 타오르다가 꺼져버린 것에 깊은 충격과 슬픔에 잠겨버렸습니다. 그러나 하늘나라를 위해 온전히 무르익었던 그를 하나님은 영광의 나라로 거두어 들이셨습니다. 작은 예수처럼 산 그의 유해는 성베드로교회의 묘지에 안장되었습니다.

탁월한 강해 설교자 F. B. 마이어(F. B. Meyer) 목사는 "오! 내가 맥체인 목사의 정신을 품을 수만 있다면, 그리고 그런 사역을 다시 볼 수 있다면 얼마나 행복할까!"라고 아쉬워했습니다.

맥체인을 아는 사람들은 그의 인격 속에 감추어진 하나님의 신령한 호흡 소리를 들었을 것이고 그의 속에서 타오르는 광채도 보았을 것입니다. 젊은 나이에 그토록 많은 일을 성취하고 요절한 맥체인의 삶과 사역은 전 세계교회에 커다란 감동을 주었고 놀라운 영향력을 끼쳤습니다.

로버트 맥체인이 오늘날 우리에게 주는 교훈

1) 맥체인의 거룩한 삶

맥체인의 삶은 우리와 차이가 있었습니다. 맥체인은 예수님의 모습을 비추는 거울과 같은 거룩한 삶을 살았습니다. 그는 일생의 최대의 소망은 거룩한 사람이 되는 것이라고 말했습니다. 그는 다음과 같이 고백하였습니다. "나의 성도들이 가장 필요로 하는 것은 나의 개인의 거룩함입니다."

거룩한 사역자가 하나님의 손에서 엄청난 무기가 되기 때문에 우리는 가장 잘 살 때 가장 잘 설교하는 자가 된다는 것을 망각해서는 안 될 것입니다. 오늘날 그의 거룩한 삶이 안일한 사역자들과 신자들에게 커다란 도전을 줍니다. 맥체인처럼 거룩을 생명처럼 여긴 사람들을 통하여 이 땅에 참된 부흥이 다시 임할 것입니다. "주여, 용서받은 죄인으로서 합당하게 저를 거룩하게 하소서."

2) 맥체인의 성경읽기표와 눈물 기도

맥체인은 그의 성경읽기표로 유명하며 그는 늘 새벽에 하나님과 묵상의 시간을 가졌습니다. 그는 성경만 읽는다고 하나님과 동행하는 삶이 아니라는 것 또한 알았습니다.

> 당신은 성경을 읽고 죽을 때까지 기도할 수도 있습니다. 하지만 만약 당신이 하나님께 매달리지 않으며 그를 보고 믿고 깊은 경외심으로 "나의 하나님 나의 주여"라고 외치지 않는다면 겉으로 하는 모든 행위가

헛된 것이 될 것입니다.

청교도 정신에 투철했던 맥체인의 목회 성공의 비결과 사역의 자세는 눈물의 기도였습니다.

번즈는 다음과 같이 기도에 대해서 가르쳐 주고 있습니다.

> 많은 사람들이 골방으로 옵니다. 그들은 골방으로 들어오지만 하나님의 임재하심을 인식하거나 경험하지 못하고 나갑니다. 또한 어떤 이들은 골방으로 들어와 은혜를 받으며 그들의 영혼이 조금 살아나는 것을 경험하지만 또한 빨리 골방을 나갑니다. 오! 하나님의 사람들이 왜 이리 성급하며 인내가 없는 것일까요? 그들은 골방에서 홀로 하나님과 대면하려고 하지 않으며 성령의 부으심을 위해 하나님과 씨름하려고 하지 않습니다. 그들은 골방에서 아무런 응답 없이 나오며 이것을 하나님의 뜻으로 간주하고 있습니다.

번즈의 날카로운 진단과 가르침은 매우 정확하며 우리를 도전하고 있습니다.

오늘날 많은 훌륭한 설교들이 기도가 많이 부족한 탓에 서재에서 사라지고 맙니다. 교회는 개인 기도를 통해 강단 메시지의 능력을 강화시키는 설교자들을 절대적으로 필요로 합니다. 설교자들은 더 나은 설교를 하는 것 보다 더 많이 기도를 하는 것이 중요합니다. 우리도 맥체인처럼 기도해야 할 것입니다.

▶ 토의를 위한 질문

1. 오늘날 거룩이 실종되어 가고 있습니다. 로버트 맥체인의 일생 최대의 소망이 무엇입니까? 나 역시 일생 최대의 소망이 거룩인가요? 거룩을 생명처럼 여기고 있습니까?

2. 윌리엄 번즈가 어렸을 때 엄마와 함께 시장터에 갔을 때 갑자기 울었던 이유는 지옥으로 향하고 있는 이들의 발걸음 소리 때문이었습니다. 번즈처럼 영적인 눈이 열려 있습니까? 그리고 영혼 구원에 대한 사모함이 있습니까? 지금 무엇이 나의 가슴을 무너뜨리고 있습니까?

3. 스코틀랜드 던디 부흥이 어떻게 해서 일어나게 되었습니까? 맥체인과 번즈 같은 부흥 동역자들의 사랑과 겸손의 모습이 교회 성도들에게 끼친 영향력은 무엇일까요?

4. 맥체인과 번즈의 목회 부흥의 비결과 사역의 자세는 눈물의 기도였습니다. 그들의 기도생활이 나에게 어떤 도전을 줍니까?

5. 번즈는 부흥의 주역으로 쓰임 받았음에도 불구하고 명예와 명성 그리고 인기와 부를 버리고 중국 선교사로 떠났습니다. 하나님의 뜻을 따르며 동행했던 번즈의 살아있는 삶이 내게 어떤 감동을 주고 있습니까?

6. 말씀이 힘이요, 능력입니다. 맥체인의 성경읽기표에 따라 매일 4장씩 성경을 읽고 있습니까? 요즈음 나는 성경 읽는 시간이 점점 줄어들고 있지는 않습니까?

*The leaders of Britain's Revival
The flames who lived through
dark generations*

Chapter 17

북아일랜드의 모세
제임스 맥퀼킨

James McQuilkin

맥퀼킨의 가슴에 꽂히게 된 그 한마디
- "그대는 한 번도 주 예수를 만난 적이 없다네"

제임스 맥퀼킨

제임스 맥퀼킨(James McQuilkin)은 북아일랜드에서 쓰임 받았던 사람으로서 아주 평범한 사역자였습니다. 그가 어디서 태어났고 언제까지 살았는지는 잘 알려지지 않고 있습니다.

하지만 그가 주님을 만나게 되었던 출발점은 한 그리스도인인 콜빌레(Colville)라는 여인에게서 찾을 수 있습니다. 그녀는 회심에 대한 매우 정확하고 성경적인 이해를 가지고 있었습니다. 한번은 그녀가 북아일랜드의 밸리메나(Ballymena)를 방문하여 다른 여인과 대화를 하고 있었습니다. 이 여인이 예정(Predestination)에 관하여 지식적이고 교리적인 부분에서 접근을 하고 있었을 때 콜빌레는 "그대는 한번도 주 예수를 만난 적이 없다네"라고 말하였습니다. 그 말이 옆에서 콜빌레의 말을 듣고 있던 제임스 맥퀼킨의 가슴에 꽂히게 되었습니다.

맥퀼킨은 스스로를 그리스도인으로 여기고 있었지만 그 말의 진리는 그를 뒤흔들어 놓았습니다. 그리고 약 2주 동안 그는 아침이든 밤이든 주님과 말씀 앞에서 씨름하게 되었고 마침내 주님을 인격적으로 만나게 되었습니다. 그 후 맥퀼킨은 조지 뮬러(George Muller) 목사의 일기와 책들을 통하여 많은 도움을 얻었고 무엇보다도 성경을 깊이 연구하는 사람이 되었습니다.

하나님은 주님을 만나 변화된 맥퀼킨을 붙잡고 부흥의 도구로 사용하기 시작했습니다. 하나님이 부흥을 일으키실 때 사용하시는 사람의 유형은 참으로 다양합니다. 예를 들면 리처드 백스터나 조지 휫필드, 찰스 스펄전, 로이드 존스 등과 같은 눈에 보이는 재능과 은사가 가득한 사람을 사용하시기도 하지만 제임스 맥퀼킨과 같은 가장 단순하고 가장 평범한 사람들을 사용하기도 하십니다.

하지만 맥퀼킨에게 은사가 있다면 성령의 부으심을 위하여 열심있는 기도를 쉬지도 포기하지도 않고 전심으로 기도하는 데 있습니다. 그의 기도생활이 그의 주된 은사와 특징입니다. 하나님은 아무것도 아닌 평범하고 잘 알려지지 않은 기도하는 사람 제임스 맥퀼킨이라는 사람에게 소명감을 주셨습니다. 북아일랜드의 부흥은 한 사람인 제임스 맥퀼킨으로 부터 시작되었습니다.

북 아일랜드의 영적상황

부흥이 일어나기 전의 북아일랜드는 사회적으로나 영적으로 메마른 시기였습니다. 도시는 닭싸움하는 오락으로 가득했고, 장날과 장례일은 술 마시는 시합과 권투 시합이 벌어졌습니다. 경찰서의 감방은 사람들로 들끓었고, 술주정꾼들이 많았습니다.

그 당시 교회들 대부분이 수년 동안 형식주의와 무관심주의로 메마르고 건조하였고 냉담했습니다. 또한 로마 가톨릭이 절대 다수라는 상황 속에서 소수파인 개신교의 복음주의자들 사이에 문제들이 나타났습니다. 아일랜드 감리교가 1816년에 분열했으며, 북아일랜드의 장로교회는 교리에서 큰 오류를 범하고 있던 아리우스주의(Arianism)라 불리는 교리를 지지하고 나섰습니다. 아리우스주의자는 주 예수 그리스도의 하나님 되심과 영원성을 부인하고 예수 그리스도의 완전한 신성을 부인하는 비정통적인 견해를 주장하였습니다. 그런데 장로교회는 부흥이 임하기 전 거의 30년 동안 아리우스주의와 논쟁을 하였습니다. 그것이 교회 상태가 완전히 생명력과 유익함을 잃어버리게 된 원인이 되었고 결국 교회가 침체되어 생명이 없는 상태가 되어 버렸습니다.

이처럼 기독교의 핵심 진리들을 부인하거나 무시하거나 소홀히 하면 교회는 영적 생명력을 잃어버리게 됩니다. 역사가 우리에게 늘 교훈하는 것이 있습니다. 그것은 교회가 생명을 좌우하는 가장 근본적이며 성경의 핵심 진리를 묻어 버리거나 무시하는 일이 있었을 때, 교회는 부흥도 일어나지 않을 뿐만 아니라 어두움 속으로 빠지게 된다는 것입니다.

작은 마을 코너를 불태운 청년들의 기도모임

1857년 9월 미국 뉴욕에서 일어났던 부흥의 소식들이 점차적으로 북아일랜드로 전해지기 시작하였습니다. 영적으로 깊은 관심들이 여기저기서 나타나기 시작하였습니다. 1859년 부흥은 어떤 한 사람이나 어떤 한 지역에 국한시킬 수는 없지만 자세히 연구를 하여 보면 부흥의 물결이 트인 곳을 찾아낼 수 있습니다.

1857년 9월, 코너(Connor) 근처의 작은 학교 교실에서 기도모임이 시작되었습니다. 그 기도모임은 제임스 맥퀼킨, 제레미아 메닐리(Jeremiah

Meneely), 존 월리스(John Wallace), 로버트 칼라일(Robert Carlisle)이라는 네 명의 청년들로 출발했습니다. 이 기도모임의 특징은 다른 어떤 것을 위하여 기도하지 않고 코너 교구에서의 복음 설교 사역과 오직 하나님이 성령님을 그 지역 사람들과 교회에 강력하게 부어줄 것을 위하여만 기도하였다는 것입니다. 끈질기게 포기하지 않고 오직 성령님의 역사하심을 갈망하며 전심으로 기도하는 이 모임을 하나님이 크게 축복하셨습니다.

이 기도모임은 곧 소문을 통해 많이 알려졌으며, 초창기 멤버들의 권유를 받은 사람들이 점차 모여들어 기도의 동지가 되었습니다. 그들은 개인적인 간구와 여러 문제들이 있었음에도 불구하고 하나님의 역사하심이 임할 때 까지 결사적으로 간구하였습니다. 성령님의 부으심을 위한 간구는 열매를 맺기 시작했습니다.

그해 12월, 눈으로 직접 확인할 수 있는 회심의 사례가 있었습니다. 기도 명단에 있었던 사람들 가운데 한 사람이 그리스도를 자신의 구세주로 영접하고 예수님을 주로 믿는 믿음을 기쁨으로 고백하게 되는 일이 일어났습니다. 그런 다음에는 또 다른 사람이 회심하게 되었고 이러한 놀라운 회심의 역사들이 줄지어 있었습니다. 그들의 믿음은 성장했고 기도의 능력이 알려지게 되었습니다. 곳곳에서 수많은 기도모임이 시작되고 꾸준히 많은 사람들이 회심하여 교회로 나오게 되었습니다. 코너 작은 기도모임에 불

4명의 청년들이 기도모임을 가졌던 학교 교실

붙은 부흥의 불길은 서서히 타오르기 시작하였습니다.

1859년 얼스터 부흥의 출발은 벨파스트라는 수도에서 발생한 것이 아니라 코너라는 작은 마을에서 발생했는데 이것이 하나님이 일을 하시는 방식입니다. 코너에 임한 부흥은 세계적으로 알려진 유명한 설교자가 연관되지는 않았지만 몇몇 소수의 겸손한 사람들이 시작한 기도모임을 통해 북아일랜드의 영적 각성 운동으로 확장되었습니다.

아호길 외 여러 지역에 부흥의 불길 타올라

작은 마을 코너를 불태운 부흥의 불길은 다른 지역으로 계속 퍼지기 시작하였습니다. 코너에서 회심한 한 사람이 아호길(Ahoghill) 주변의 친구들을 찾아간 일이 있었습니다. 그는 그들의 영혼 구원을 위해 매우 간절하게 기도하였는데, 성령께서 놀랍게 역사하셔서 그 친구들의 여러 가족들이 죄를 깊이 깨닫게 되었습니다. 수많은 군중들이 회심한 사람들의 고백을 듣기 위해 집으로 몰려 왔습니다.

1859년 3월, 제임스 맥퀼킨과 그의 친구들은 아호길 장로교회(Ahoghill Presbyterian Church) 부흥회에 그리스도인들을 초청하였습니다. 저녁에 모인 군중들의 수는 교회에 차고 넘쳤고 교회 밖에 있는 사람들은 비를 맞으며 설교를 들었습니다. 성령이 어찌나 강하게 임했는지 많은 사람들이 땅 위에 엎드려졌으며 부흥회에 모인 사람 전체가 떨었습니다. 어떤 사람들의 눈에는 눈물이 줄줄 흘러 내렸으며 말할 수 없는 탄식으로 자기들의 죄를 자백했습니다. 부흥 집회 끝 무렵에는 수백명이 하나님의 이름을 부르며 기도하면서 회개하는 심령으로 무릎을 꿇었습니다. 축도 후에도 끊임 없이 진행된 기도와 하나님을 향한 갈망과 간구는 새벽이 되어서야 마무리 되었습니다. 아호길 교회에서 부흥회를 마친 후 한 목사는 "옛날에는 사람들을 교회로 데려오는 것이 어려웠는데 지금의 어려움은 사람들을 교회에서 나가게 하는 것이다"라고 고백하였습니다.

많은 사람들은 교회 공공 예배와 모임 가운데서 하나님의 자비를 위해 울부짖었습니다. 기도모임들이 계속 진행되었으며, 수백 명의 사람들이 죄를 깨닫고 죄의 위험과 악함을 깨달았습니다. 매일, 거의 매 시간마다 회개의 역사가 밀물처럼 몰려들고 있었습니다. 이런 복된 사역을 이루는 것들은 기도와 찬양, 말씀, 성령의 역사하심, 마음을 다한 열정적인 간구만이 그들이 의지하는 유일한 수단이었습니다. 이것이 아호길 장로교회에 일어난 부흥입니다.

성령의 역사로 말미암아 일어난 이 부흥의 불길은 아호길 외 켈스(Kells), 안트림(Antrim), 밸리메나 마을 등 여러 지역에서 타올랐습니다. 특히 밸리메나 지역에서는 한 젊은이가 갑자기 무릎을 꿇고 하나님께 부르짖어 "나는 부정한 자입니다. 나 같은 죄인에게도 자비를 내려주소서"라고 기도하였습니다. 그리고 벨파스트(Belfast), 콜러레인(Coleraine), 발리머니(Ballymoney), 포토글레논(Portglenone), 발리카리(Ballycarry), 포트러시(Portrush), 라샤킨(Rasharkin) 등 여러 지역에서 열린 기도회에는 수백 명, 수천 명이 몰려 계속 부흥의 불을 타오

부흥 운동의 진원지 아호길 장로교회

르게 했습니다. 단기간 내에 수백 명이 회심하였습니다. 이러한 놀라운 부흥을 가져온 기도의 영은 북 아일랜의 전역으로 삽시간에 퍼져나갔고 어느 곳에서나 동일하게 성령의 역사하심을 볼 수 있었습니다.

1859년 얼스터 부흥의 현상- "수많은 회심자들, 성령의 부으심"

    1859년 얼스터를 휩쓸었던 부흥은 약 1만명의 회심자들을 교회로 불러 모았습니다. 부흥이 일어났을 때 사람들이 갑자기 유창하게 기도를 하기 시작했고, 그들이 전에는 할 수 없었던 언어의 특이한 풍부함을 지니고 기도를 하였습니다. 또한 그들은 완전한 무의식 상태에서 땅바닥에 굴러 넘어졌습니다. 물방아간 처녀들은 사실상 받은 교육도 없이 빈궁 속에서 자라왔고 무식했지만, 그들이 갑자기 예언하고 놀라운 지식을 드러내 보이기 시작하고 비상한 방식으로 말할 수 있었습니다. 이것이 바로 하나님 성령의 부어주심입니다. 하나님의 역사는 심히 놀라워 그들은 예배와 기도 모임을 위해 교회나 큰 건물에서 모이기도 하였지만 너무나도 많이 오는 사람들을 수용하지 못하여 대부분 들판이나 산에서 자주 모였습니다.
    또한 벨파스트에서 회심한 한 노인이 기도모임에 참석하기 위하여 왔을 때 간증을 부탁받는 일이 있었습니다. 당시 기도모임은 채석장에서 열리고 있었는데 약 5,000명이 모여 있었습니다. 그의 간증을 다음과 같이 요약할 수 있습니다.

    여러분! 저는 죄인의 삶을 살았습니다. 매일 술로 살았으며 술 때문에 가족들을 50년 동안 빈곤으로 내몰았습니다. 하지만 저는 예수님을 보

았습니다. 지난주 저는 구원받았습니다. 저의 무거운 죄는 모두 사라졌
습니다. 예수님이 대신 져주셨습니다. 저는 여러분 앞에서 죄인으로 서
는 것이 아니라 하나님의 완전하시고 완벽한 은혜의 결과물로 서고 있
습니다. 주님의 갈보리 사역은 완전하십니다.

그리고 적지 않은 가톨릭 신자들도 이 부흥을 통하여 회심하게 되었습
니다. 신부들은 이 부흥을 경험하면서 심히 놀라며 경계하게 되었고, 또
어떤 신부들은 부흥을 '사탄의 속임수'로 표현하였습니다. 하지만 이러한
말은 곧 수많은 사람들의 은혜로운 간증을 듣고서 사라졌습니다. 이것이
1859년 얼스터 부흥(The Ulster Revival of 1859)입니다. 부흥은 사람이 산출
하거나 조직화하여 만들어 낼 수 없는 것임이 분명합니다. 그것은 하나님
의 역사임에 틀림없습니다.

얼스터 부흥을 통한 사회의 놀라운 변화
- "사회 범죄 줄어듬, 더러운 언어 생활 사라짐, 깊은 회개, 거룩함을 사모함, 기도 전념, 사랑의 교제가 넘침"

1859년 얼스터에 일어났던 영적 각성은 기독교가 개인과 전 사회를 순
식간에 변화시킬 수 있다는 것을 다시 한 번 보여주는 역사적 사례입니다.
지역사회에 범죄가 현저하게 줄어들어 얼스터 판사들은 재판할 사건이 없
었고 경찰이 조사할 범죄사건이 일어나지 않았으며 감금 중인 죄수들이
거의 없었습니다. 또한 방탕한 삶의 요새였던 술집들이 여러 군데 문닫게
되었으며 술취함과 안식일을 지키지 않는 것과 더러운 언어 생활은 사라

지게 되었습니다. 깊은 회개와 생활의 지속적인 변화가 일어났습니다.

특별히 하나님과 거룩함에 대한 사모함은 점점 깊어져만 갔습니다. 사람의 이름이 높아지는 일은 없었으며 모든 기도모임 가운데 사랑의 교제가 넘쳤습니다. 한 목사가 기록하기를 "전 마을이 깨어났습니다. 농사와 일은 잠시 멈추었고 모두가 기도에 전념하고 있습니다." 다른 지역에서도 마찬가지 입니다. 하나님의 역사가 임했을 때 도시는 철저하게 각성되었습니다.

그리고 벨라히(Bellaghy)의 휴 헌터(Hugh Hunter) 목사는 다음과 같이 기록하기도 하였습니다.

> 주님의 표현할 수 없는 놀라운 영적 축복들은 너무 놀랍습니다. 나는 지난주 동안 하루도 제대로 잔 적이 없습니다. 매일 밤 그리고 아침에 성경의 말씀을 듣기 위하여 찾아온 영혼들 때문입니다. 우리 도시는 주님의 역사 이전에는 아일랜드에서 가장 부패한 도시였습니다. 하지만 부흥의 불길이 모든 부패한 것을 태워버렸습니다. 나는 마치 새 예루살렘의 길거리를 다니는 것과 같은 느낌입니다.

이 부흥을 통하여 물론 세상에서 의미없이 살던 많은 사람들을 회심시키기도 하였지만 부흥의 진정한 열매는 초대 교회 사도들이 하나님 나라의 확장을 위하여 가졌던 열정이 다시 한번 회복되었다는 것입니다. 이처럼 얼스터 부흥으로 인해 전 마을과 도시, 그리고 사회가 변화되었습니다.

1859년 얼스터 부흥의 역사 가운데 나타난 특징

다음은 얼스터 지역 가운데 나타난 부흥의 특징을 짧게 요약하였습니다. 이러한 특징들은 다른 부흥의 현장에서도 대부분 공통적으로 찾아볼 수 있는 모습들입니다.

1) 절제와 생활의 경건함

부흥의 결과물로 발견하지 않을 수 없는 점은 술취함이 상당히 줄어들었고 술집들이 문을 닫기 시작하였다는 것입니다. 그리고 생활의 부패와 방탕함이 사라졌습니다. 그들의 삶은 절제와 경건함으로 변했습니다.

2) 성품의 변화

윌리엄 아처(William Arthur) 목사는 전 사회 계층의 사람들이 변화 되었다고 기록하였습니다. 의사, 사업가, 가게주인, 선원, 직공 등 모든 사람들은 서로에게 대하는 태도와 말이 크게 달라졌습니다.

3) 겸손한 사람들

부흥의 사역을 위해 성령께서는 대부분 겸손한 사역자들을 사용하셨습니다. 또한 기도모임과 여러 사역을 위해 평신도들이 헌신하였습니다. 각 지역마다 평신도들의 손을 통하여 복음은 더 멀리 퍼졌습니다. 그들의 열정과 헌신 속에서 자기 자신을 드러내거나 자랑하거나 교만한 모습은 전혀 찾아 볼 수 없었습니다. 그들은 모두 겸손한 마음으로 그들을 구원한 주님을 위해 봉사하며 헌신하였습니다.

4) 복음주의 기독교인들의 연합

부흥의 불길 속에서 복음주의 기독교인들 가운데 놀라운 연합이 이루어졌으며, 서로 한 마음되어 결국 장로교, 감리교, 성공회, 독립교회, 그리스도파 교회, 침례교회 등 연합집회가 이루어졌습니다. 그들은 서로 연합집회를 하였습니다.

제임스 맥퀼킨이 오늘날 우리에게 주는 교훈

1) 오직 부흥을 위한 끈질긴 기도 – "북아일랜드의 모세"

위에 언급했듯이 제임스 맥퀼킨은 은사와 재능이 탁월한 사람으로 역사 가운데 기록하고 있지 않습니다. 그는 정말로 평범한 사역자였습니다. 그럼에도 불구하고 오늘날 우리가 그에게 배워야 할 너무나 중요한 교훈이 있습니다. 그것은 오직 한 가지에 전념하며 기도를 끈질기게 하는 것입니다. 그는 기도로 북아일랜드 여러 지역에서 부흥의 불을 지핀 설교자입니다. 이스라엘 백성들의 구원을 위해 늘 기도하는 모세처럼 그는 분명히 기도의 사람이었습니다. 그래서 마틴 로이드 존스는 그의 저서 『부흥』에서 제임스 맥퀼킨을 '북아일랜드의 모세'라고 불렀습니다.

오늘날 우리에게도 많은 기도모임이 있고 성도들과 사역자들의 기도

시간이 적지 않습니다. 하지만 우리는 맥퀄킨과 그의 세 친구들처럼 오직 하나님의 역사하심과 우리 가운데 성령님의 부으심을 위하여 기도하지 않습니다. 우리는 가끔씩 부흥을 위하여, 하나님의 역사하심과 성령님의 강력한 부으심을 위하여 기도합니다. 부흥을 위한 기도를 다급한 기도로 인식하지 못할 때도 많고 그저 언젠가 응답받으면 좋을 기도제목으로 생각합니다.

하지만 맥퀄킨과 세 친구들은 매주 기도모임 때 오직 부흥만을 위하여 끈질기게 그리고 다급하고 갈망하는 심정으로 기도하였습니다. 이러한 기도의 열매로 성령께서 그 지역 각 심령 가운데 말씀하여 주시고 은혜를 베풀어 주셨습니다. 그들이 주님께 돌아오는 놀라운 회심의 역사들이 계속하여 일어났습니다. 유명한 사역자 없이 부흥의 불길이 기도모임을 통하여 불타오른 것입니다.

우리도 다시 하나님께 간절히 그리고 오직 한 가지에 집중하여 기도할 필요성이 있습니다. 부흥의 불을 지펴 얼스터에 불이 타오르게 한 것은 소수의 사람들의 긴급하고 끈질긴 믿음의 기도였습니다. 지금 우리는 조국과 유럽, 그리고 세계 열방을 위한 긴박한 중보의 기도를 드리라는 부르심에 순종해야 합니다.

그리고 위로부터 오는 능력을 얻을 때까지 오직 부흥을 위하여 뜨겁게 기도해야 합니다. 북아일랜드의 기도자 제임스 맥퀄킨 처럼 우리도 부흥을 위해서 긴박한 기도를 드릴 수 있는 자들이 되어야 합니다. 기도하는 사람들이 부흥을 체험할 수 있습니다.

2) 불같은 성령의 부으심에 대한 갈망

부흥의 사역은 역시 오직 성령의 사역입니다. 수많은 사람들의 마음 가운데 죄에 대한 깊은 자각이 일어났으며 이것이 사람들을 주님께로 인도하였습니다. 성령께서 비상하게 역사하실 때 교회의 생활 속에서 체험되는 것이 부흥인데, 1859년 얼스터 지방을 삼켜버린 부흥은 진정 성령의 사역이었습니다.

그런데 세월이 지날수록 그리스도인들은 자기가 의식하지도 못하는 사이에 기독교의 지적인 면과 학식과 이해와 지식에 관심을 가지게 되면서 성령의 역사하심을 잊어가고 있습니다. 분명한 것은 성령님의 조명하심 없이는 말씀을 이해할 수 없을 뿐만 아니라 하나님의 마음을 깨달을 수 없습니다.

이제 교회는 성령의 적극적인 역사를 인식해야 하며, 우리는 비상하게 역사하시는 성령을 절대적으로 의지하고 사모해야 합니다. 교회 공동체는 불같은 성령을 부어주심으로 말미암아 일어나게 되는 부흥을 갈망해야 합니다.

▶ 토의를 위한 질문

1. 아리우스주의가 교리적으로 잘못된 부분은 무엇입니까? 왜 북아일랜드의 장로교회가 침체되어 생명이 없는 상태가 되어 버렸습니까?

2. 북아일랜드의 모세 제임스 맥퀼킨처럼 교회 공동체는 부흥을 위해서 뜨겁게 기도하고 있습니까?

3. 1859년 얼스터 부흥의 역사 가운데 나타난 특징 4가지는 무엇인가요? 오늘날 교회와 그리스도인들의 모습 속에서 4가지 특징의 모습들을 찾아 볼 수 있는가요? 미흡하다면 어떤 부분에서 더 많이 노력을 해야 합니까?

4. 제임스 맥퀼킨이 오늘날 교회와 우리의 삶에 주는 교훈 2가지는 무엇입니까? 내가 힘써야 할 부분은 무엇입니까?

5. 오늘날 우리는 부흥이 없는 시대를 살아가고 있습니다. 유럽교회는 영적으로 쇠퇴하여 교회 수, 교인 수, 교회 수, 목회자 수, 신학교 수가 감소하고, 다음세대들이 교회를 떠나고 있는 상황입니다. 반면에 무슬림들은 갈수록 증가하고 있는 추세입니다. 이제 유럽교회는 더 이상 기독교 국가가 아닌 선교지로 변하고 있습니다. 한국교회도 침체하고 있습니다. 유럽교회와 한국교회 부흥을 위해 제임스 맥퀼킨 처럼 간절하게 기도하고 있습니까? 불같은 성령을 갈망하고 있습니까?

The leaders of Britain's Revival
The flames who lived through dark generations

Chapter 18
사자처럼 설교한
다비드 모건

Dafydd Morgan

1859년 웨일즈 부흥의 주역들- 다비드 모건과 험프리 존스

역사적으로 하나님은 웨일즈에 여러 번의 놀라운 부흥을 부어 주셨습니다. 18세기 다니엘 로울란드와 하웰 하리스를 통해서, 그리고 19세기 초 토마스 찰스, 크리스마스 에반스, 존 엘리아스가 부흥의 주역들입니다. 이처럼 웨일즈는 하나님이 부어주신 부흥을 계속하여 체험했습니다. 웨일즈는 부흥의 땅이 되었습니다.

하지만 19세기 중엽부터 웨일즈는 다시 영적으로 쇠퇴해져 갔습니다. 기도 모임이 약해졌고, 설교는 정통적이지만 생명력은 없었습니다. 이러한 때에 19세기 중반쯤인 1858년부터 1860년까지 웨일즈에 부흥이 일어났습니다. 이 부흥의 불길은 1859년에 절정을 맞이하였기에 지금까지 '1859 웨일즈 부흥'으로 기억되고 있습니다. 이미 1857년 미국 뉴욕에서 예레미야 랜피에르(Jerimiah Lanphier)의 정오 기도모임을 통해서 부흥이 일어났는데 어쩌면 웨일즈 부흥은 미국에서 일어난 이 부흥의 '메아리'라고도 볼 수 있습니다.

웨일즈 부흥의 주역으로 두 사람을 꼽을 수 있습니다. 한명은 험프리 존스이며 다른 한명은 다비드 모건입니다. 존스는 감리교 출신으로 미국에 잠시 있다가 돌아온 후 1856년 6월부터 웨일즈 트레-돌(Tre'r-ddol)에서 '부흥 모임'(revival meetings)을 가지기 시작하였습니다. 그리고 다비드 모건은 1858년 10월에 험프리 존스가 설교하는 것을 듣고서 그는 자신의 영적 궁핍함을 깨닫고 마음의 찔림을 받습니다. 그 후 모건은 자신의 영혼과 씨름하게 되고 사흘 밤 동안 많은 기도를 드리게 되면서 며칠 후 그는 새벽에 매우 강력하고 신비한 영적 체험을 하게 되었습니다. 그때부터 모건과 존스는 웨일즈 전역을 다니며 부흥의 불을 지폈습니다.

하늘에서 불이 쏟아지듯 사자처럼 설교한 모건 – "성령이 강하게 역사함"

다비드 모건(Dafydd Morgan, 1814-1883)은 웨일즈 카디간 주 보드콜 밀(Bodcoll Mill)에서 태어나 칼빈주의 감리교인으로 경건하게 성장했습니다. 그는 어떠한 은사도 지니지 아니했고 목사로서의 훈련을 충분히 받지 못한 사람이

다비드 모건

었습니다. 그리고 신실하긴 하였지만 별로 주목받지 못하던 목사였습니다. 매우 평범하고 잘 알려지지 않는 목회자로서 아무도 그 사람의 이름을 들어본 적이 없었습니다.

1857년에 안수받은 후 그는 부흥이 시작되기 전부터 성령충만함을 구하고, 항상 하나님의 부흥이 일어나기를 위해 기도했습니다. 그러던 어느 날 성령의 능력이 그 사람에게 임하여 놀라운 성령을 체험하게 되었습니다. 그는 큰 능력을 느꼈습니다. 하나님이 모건에게 새로운 생명력과 새 권능을 부어주셨습니다. 그는 부흥의 영으로 충만했습니다.

1959년 4월 모건은 엄청난 권위를 가지고 2년 동안 사자처럼 설교하기 시작하였습니다. 그의 설교는 하늘에서 불이 쏟아지듯 하나님이 그의 설교에 많은 기름부음을 허락하셨습니다. 모건의 설교 비법은 이중설교(double sermon) 입니다. 그는 전통적인 설교를 했지만 그러면서 다른 부분들이 있었습니다. 예배 때 찬양을 하고 아주 뜨거운 설교를 전했습니다.

예배 후에도 초신자들이 남아 있으면 앞자리로 초정을 하고 모건은 그들 한 사람 한 사람과 대화를 나누고 가족관계, 직업들, 개인적인 것을 물었습니다. 그리고 조금 친숙해지면 강력하게 그들에게 권면하고 그들의 영적인 상태를 판정하고 그에게 맞는 '처방'을 내려주고 기도해 주었습니다.

다비드 모건이 가는 곳마다 성령이 강하게 임했고, 수십 명씩 회심하는 역사가 일어났습니다. 남웨일즈의 카디간(Cardigan)과 카마덴(Camarthen)에서는 하나님의 역사를 의식했던 수백 명이 교회로 주님께로 돌아왔습니다. 그들은 기쁨으로 충만했고, 큰 소리로 하나님을 찬양했습니다. 또한 트레베카대학(Trevecca College)에서 성찬예배 드릴 때 학생들은 찬송을 부르더니 갑자기 하나님의 임재하심을 느끼면서 눈물을 줄줄 흘렸습니다. 강력한 성령의 역사하심을 체험한 학생들은 계속 기도하고 찬송을 하였습니다.

또한 이 성령의 불은 1859년 8월, 슬레트 채석장에서 모여 기도하는 채석공들과 여러 사람들 위에 강력하게 임하였습니다. 모인 회중은 2,000명에서 3,000명에 이르렀습니다. 그들은 함께 예배에 참여했으며, 간절히 하나님께 찬양하고 부르짖었습니다. 그 후 일꾼들을 통해서 여러 마을로 부흥의 소식은 퍼져 나갔습니다.

부흥이 다비드 모건을 따라 다녔습니다. 그는 구령의 열정, 복음의 열정으로 타올랐습니다. 모건 같은 평범한 설교자가 그의 능력 훨씬 너머 부흥의 도구로 쓰임 받게 된 것은 성령의 역사하심이었습니다. 부흥은 성령의 기름부으심입니다. 그는 순회 설교자로서 부흥의 역사를 일으키며 그가 설교하는 곳마다 하나님의 놀라운 능력이 임하여 수많은 사람들이 회심하였습니다. 하나님은 그를 붙잡고 사용하셔서 1859년 웨일즈 부흥의 주역이 되게 하셨습니다.

웨일즈 부흥 전문가 에피온 에반스(Eifion Evans) 박사는 그의 저서 『두 명의 웨일즈 부흥사』(*Two Welsh Revivalist*)에서 "그는 칼빈주의 감리교인의 영성을 가지고 있었고, 설교는 자기 최대의 능력 안에서 예화를 잘 썼고, 항상 부흥을 염두에 두면서 기도를 했다"고 말했습니다.

험프리 존스

웨일즈 부흥사 험프리 존스- "탁월한 설교, 열정적인 기도생활"

험프리 존스(Humphrey Jones, 1832-1895)는 웨일즈 카디간 주 트레-돌(Tre'r-ddol)에서 태어났지만, 그는 1854년 이후에 미국 뉴욕과 웨일스 웨슬리안 공동체 교회에서 목회하였습니다. 27세의 감리교 목회자인 험프리 존스의 사역은 그 당시 미국에서 일어난 대각성 운동과 찰스 피니(Charles Finney)의 부흥론에 깊은 영향을 받았습니다. 그 이후로는 부흥사 험프리 존스로 알려졌습니다.

1858년 여름, 존스는 그의 조국 웨일즈에 부흥의 역사를 일으키고자 하는 소망을 품고 돌아왔습니다. 그는 은밀한 중에 기도를 많이 하였으며 매번 기도할 때마다 마치 이번이 마지막인 것처럼 열정적으로 기도하였습니다.

웨일즈로 돌아온 험프리 존스는 먼저 고향인 트레돌교회에서 설교하였

1859 웨일즈 부흥의 현장이었던
Ystumtuen Chapel

습니다. 존스 설교의 핵심은 두 가지인데 즉 교인들을 깨우려는 의식적인 시도와 교회일이나 책임을 회피하거나 잘못하는 성도들을 설득하는 것에 집중하였습니다. 하나님이 매 예배 때마다 그의 메시지에 기름을 부으셔서 능력있는 말씀이 선포되었습니다. 그의 설교와 충만한 기도생활과 열정은 이웃하고 있는 두 마을을 일깨우는 데 사용되었습니다.

교회는 새벽 5시부터 사람들로 미어졌고, 교회 주변은 사람이 너무 많아서 마차가 지나갈 수 없었습니다. 또한 기도회가 매일 밤 열렸는데 젊은이나 노인 모두 다 나와 기도하고 찬양했습니다. 이것이 몇 주 동안 반복이 되었습니다. 매일 밤 몇 명씩 회심하는 역사가 일어났는데 그 마을에 51명이 회심했습니다.

교회는 크게 부흥하였고 존스가 설교하러 다니는 마을마다 이런 부흥의 현상이 일어났습니다. 그 부흥의 불길은 여러 마을로 번져 갔습니다. 존스가 영향을 끼친 곳들은 먼니드-바흐(Mynydd-bach), 어스버티 어스트위스(Ysbyty Ystwyth), 어스팀투엔(Ystumtuen), 폰트-휠리드-어-그로스(Pont-rhyd-y-groes) 입니다. 이처럼 험프리 존스의 초기 사역에 성령의 역사하심이 있었습니다.

1859년 웨일즈 부흥의 결과

1) 풍성한 회심의 역사

매 주일 그저 교회에 나와서 앉아있던 회중들부터 변화되기 시작하였습니다. 그들은 진심으로 회심하며 하나님 앞으로 돌아왔습니다. 또한 상상할 수 없었던 죄인들이 회심하고 교회로 돌아왔습니다. 또한 술주정뱅이, 부인을 폭행하는 자들, 욕쟁이, 도박꾼, 안식일을 범하는 사람, 하나님을 모독하는 사람들이 모두 회개하고 하나님 앞으로 나왔습니다. 수많은 회심자들이 교회에 등록했으며 새신자 가운데에 청년들도 많았습니다.

수많은 초신자들이 새로 웨일즈교회로 들어왔고 카디간 지역에 있는 교파 한 곳에서만 약 8,000명이 증가되었습니다. 웨일즈 부흥 시기였던 1858년부터 1860년까지 2년 동안에 매우 강한 성령의 임재로 110,000여 명이 회심하였습니다.

이렇게 많은 회심자들 때문에 웨일즈에 수많은 교회들이 세워지게 되었으며 확장공사가 활발하게 이루어졌습니다. 아베리스트위스(Aberystwyth)에 500 교회, 폰트리드 벤디 가이드(Pont r'^d Fendigaid)에 400 교회, 트레가론(Tregaron)에 400 교회, 흘란리스튀드(Llanrhystyd)에 약 200 교회, 흘란뤼드(Llanrhyd)에 약 200여 교회가 증가하였습니다. 그리고 많은 교회들이 각각 200여 명 이상의 회심자들을 받아들였습니다. 한 읍에서는 300명이 잉글랜드 국교회에 등록했고, 400명이 칼빈주의 계통 감리교회에 등록했습니다. 이러한 부흥은 삽시간에 퍼져나가 웨일즈 전체가 부흥의 땅이 되었습니다.

2) 웨일즈 사회에 놀라운 변화가 일어남

1859년 웨일즈 부흥은 사회 전 영역에 큰 영향을 끼쳤습니다. 많은 사람들이 예수를 믿고 구원 받았습니다. 기도하고 거룩한 삶을 사는 그리스도인들이 많아졌습니다. 부흥은 사람들의 행위, 움직임, 사회구조, 관계를 그 어떤 과학적인 이론보다 더 영향력 있게 바꾸었습니다. 성경이 많이 팔렸으며, 거듭난 사람들의 삶이 이전과 매우 달라졌습니다. 그들은 새로운 인생, 새로운 세계관, 새로운 인생관으로 거듭났습니다. 부흥 시기에 범죄의 숫자와 술집이 크게 줄어들었습니다. 매우 흥미로운 점은 이 시기에 웨일즈에서는 주일날 술집(pub)이 영업을 할 수 없다는 법이 통과되기도 했습니다. 어떤 한 할머니는 "주일에는 새 하늘을 경험하고 평일에는 새 땅을 경험하고 있다"고 고백했습니다.

1859년 웨일즈 부흥의 특징

1) 기도의 회복 - 여러 지역에서의 기도운동이 일어남

1859년 웨일즈 부흥의 가장 두드러진 특징 중 하나는 기도의 회복입니다. 성령께서는 다비드 모건과 험프리 존스의 순회 설교 사역과 모임에 큰 은혜를 부어주셨습니다. 그 결과 웨일즈 여러 지역에서 기도하는 모임들이 많아졌습니다. 성도들이 기도에 힘쓰기 시작하였으며, 기도모임이 활발해졌습니다. 어떤 교회에서는 8월 첫 주일을 부흥을 위한 기도 주일로 정했습니다. 이러한 기도 운동을 인도하고 주관한 사람은 없었습니다. 사

람의 리더십이 드러나기보다 성령의 역사라고 고백해야 할 것입니다.

하나의 재미있는 사실은 베데스다(Bethesda)에서 일어난 일이었습니다. 그 당시 여왕인 빅토리아 여왕이 웨일즈에 있는 채석장들을 방문하게 되었습니다. 채석공들과 여러 직원들에게 특별히 며칠 동안의 휴가가 주어졌으며, 그들은 여왕을 볼 수 있는 기회가 생겼습니다.

그러나 채석공들은 휴가를 이용하여 여왕을 보러가는 것이 아니라, 그 때 연합 기도모임을 여러 곳에서 가졌습니다. 그들은 휴가를 이용하여 오히려 기도에 힘썼습니다. 존 존스(John Jones)라는 사람은 "여왕이 베데스다에 있는 교회들을 지나칠 때 몰라보고 그냥 갔겠지만 예수님은 베데스다교회를 지나면서 교회 안으로 들어와 우리와 함께 하신다"라고 고백하였습니다. 이렇듯 1859년 부흥은 여러 지역에서 기도의 불을 다시 지폈습니다.

2) 성도들이 모임과 예배 가운데서 하나님의 임재하심을 느낌

또 하나의 특징은 성도들과 회중들이 모든 모임과 예배 가운데서 하나님의 임재하심을 강력하게 느꼈다는 것입니다. 그리스도인들은 끝이 있는 세상의 모든 것들이 무한하신 하나님과 그의 영광 앞에서 사라진다는 것을 깨달았습니다. 1859년 8월에 흘란가이쏘(Llangeitho)교회 모임에 참석한 회중들은 하나님의 위대한 장엄함과 영광 앞에 항복하였습니다. 하나님의 임재하심이 그들 가운데 놀랍게 임하셨습니다.

3) 영적 생활과 신앙이 살아남

　모든 부흥의 현장에서 일어나고 있는 특징 중의 하나는 영적 생활의 생명력입니다. 즉 침체하고 죽어가고 있는 듯한 성도들의 영적 생활과 신앙이 다시금 살아나는 것입니다. 이것 또한 1859년 웨일즈 부흥의 특징입니다. 이러한 부흥의 특징은 목회자들뿐만 아니라 성도들에게도 적용이 됩니다. 가장 중요한 예로 모건 목사를 들 수 있습니다. 그는 신실한 좋은 목회자였지만 그의 설교가 특별히 뛰어나거나 살아있지는 않았습니다. 하지만 부흥의 시기 때 그의 친구들은 그를 '불타는 공'(a ball of fire)이라고 표현 하였습니다. 이렇듯 하나님이 그의 백성들에게 부흥의 불을 부어주실 때는 죽어있고 잠자고 있던 모든 성도들의 신앙이 다시 살아나며 깨어났습니다.

1859년 웨일즈 부흥의 부작용

1) 교리와 성경의 진리들이 분명하고 올바르지 못함

　1859년 웨일즈 부흥에는 '불순물'들이 섞여 있으며 교리와 성경의 진리들이 올바르지 못했습니다. 그것은 '찰스 피니의 부흥론' 때문입니다. 험프리 존스는 미국에 있는 동안 찰스 피니의 영향을 많이 받았으며 그의 방법들을 웨일즈에서 그대로 사용하였습니다.
　찰스 피니는 원죄와 인간의 전적인 타락성을 부인하고, 구원은 하나님의 주권적인 사역이 아니라고 주장했습니다. 또한 부흥도 성령의 주권적인 사역이 아니라고 말한 것입니다. 피니는 어떤 방법과 수단들을 사용하여 환경을 잘 조성하면 인간이 스스로 구원을 선택하고 결단할 수 있다고 생각했습니다.

험프리 존스는 또한 늘 설교 후 "예수 그리스도를 영접하기로 결정하고 원하는 사람들은 강단으로 나오라"는 콜링을 하였습니다. 그리고 앞으로 나온 사람들의 숫자를 늘 기록하고 그들을 모두 거듭난 자로 간주하였습니다. 스코틀랜드의 머레이 맥체인 목사가 "거듭난 성도들에게 가장 두드러지게 나타나야할 특징은 거룩함이다"라고 말한 것과는 매우 대조적입니다. 특별히 이 거룩함의 시작은 거듭남이며 이때 하나님은 거듭난 성도에게 새로운 마음, 새로운 생명을 주십니다.

하지만 피니는 어떤 외적인, 형식적인 거룩함만을 강조하는 듯 했습니다. 이것은 율법주의로 빠질 수 있는 가능성이 매우 많았습니다. 물론 피니를 통하여 거듭난 자들도 매우 많았습니다. 하지만 거듭난 자들은 올바르지 못한 교리와 가르침 때문에 신앙의 깊이에서 성숙을 이루는데 많은 어려움을 겪었습니다.

2) 넘치는 감정주의를 부흥으로 인식하는 오류

웨일즈 부흥의 부작용은 넘치는 감정주의(Emotionalism) 입니다. 이전 부흥들을 인도했던 주역들은 감정주의의 위험을 인식하고 늘 넘치는 감정들을 하나님의 말씀과 성령으로 인도하였습니다. 하지만 험프리 존스는 감정 그 자체를 부흥으로 인식하였다는 것입니다. 즉 사람들이 갑자기 기뻐하고 노래 부르고 뛰면서 설교를 방해하였음에도 불구하고 사람들은 그 자체를 부흥이라고 생각하였습니다. 이러한 존스의 가르침에 감리교 칼빈주의(Cavlinistic Methodist) 출신이었던 모건은 반신반의하였지만, 존스의 열정과 그의 설교를 통하여 마음의 찔림을 받았다는 이유로 존스와 함께 사역을 계속 합니다.

그러나 부흥과 부흥주의, 부흥과 감정주의를 구별하는 일은 매우 중요합니다. 부흥은 하나님의 주권적인 역사이시지만, 부흥주의는 인간의 어떤 노력이나 어떤 한 사람의 특별한 재능으로 부흥을 가져오려는 인간적인 노력입니다. 또한 집회 중 이상한 소리로 동물처럼 울부짖는 것, 계속 껄껄 웃는 일, 심한 경련이나 진동, 흥분 상태 등 외부적인 현상과 감정적인 방종들이 부흥이라고 잘못 이해할 수 있습니다.

물론 이러한 현상이 무조건 잘못되었다고 생각하기보다는 성경적으로 뒷받침 할 수 있으며 성령의 참된 역사하심이었는지는 지혜를 구하며 분별할 수 있어야 합니다. 어떤 부흥도 인위적으로 일어날 수 없는 것이며, 특히 감정만으로는 참된 열매를 맺을 수가 없습니다.

다비드 모건과 험프리 존스가 오늘날 우리에게 주는 교훈

1) 능력 있는 설교

웨일즈에 부흥의 불을 가져온 두 설교자들이 주는 교훈은 탁월한 설교입니다. 모건은 하늘에서 불이 쏟아지듯 사자처럼 설교했는데, 그 설교를 통하여 많은 사람들이 회심하고 주님 앞으로 돌아왔습니다. 존스 역시 성경말씀을 해석하는 데 조금 부족한 부분들이 있었더라도, 그의 설교는 뛰어났습니다. 그는 진심으로 설교를 했습니다. 오늘날 필요한 것은 능력 있는 설교입니다. 강단의 영광이 회복돼야 합니다. 설교 없이 부흥 없습니다.

2) 열정적인 기도생활

두 목회자들의 영혼 구원을 위한 기도는 간절했습니다. 그들의 간절한 기도가 웨일즈에 부흥의 불을 지폈습니다. 부흥의 시기에는 항상 끈질긴 기도가 있었습니다. 오늘날 기도가 점점 약해지고 있습니다. 기도가 다시 살아날 때 부흥을 체험할 수 있을 것입니다. 교회는 무릎으로 세워집니다. 눈물이 차야 교회도 찹니다. 부흥의 시기에는 항상 열정적인 기도가 있었습니다.

3) 하나님의 강력한 역사하심과 임재하심

부흥의 시기에는 항상 하나님의 강력한 역사하심과 임재하심을 갈망하였습니다. 그들의 기도 가운데, 그들의 삶 가운데, 그들이 예배 가운데, 그들의 설교 가운데 분명 성령의 능력이 함께 하셨습니다. 오늘날에도 강력한 성령의 능력이 필요합니다. 항상 하나님의 강력한 역사하심과 임재하심을 사모해야 합니다.

▶ 토의를 위한 질문

1. 1859 웨일즈 부흥의 특징은 3가지는 무엇입니까?

2. 1859년 웨일즈 부흥의 결과는 어떠하였습니까?

3. 1859년 웨일즈 부흥의 부작용 2가지는 무엇입니까? 왜 그것이 문제가 된다고 생각하십니까? 험프리 존스의 신학적인 문제점은 무엇입니까?

4. 1859년 웨일즈 부흥에는 '인간 중심적인' 요소들이 나타났습니다. 이것은 1904년 부흥에도 더욱 뚜렷하게 나타납니다. 오늘날 우리에게도 교훈이 되는 것은 어떤 지도자가 성공을 이끌어내고 그의 영성이 뛰어나 보여도 성경에 비추어 보아 그의 신학과 방법론을 확인해 볼 필요가 있다는 점입니다. 부흥은 우리 시대에 반드시 필요한 것이지만 우리는 모든 것을 말씀에 확인해보아야 합니다. 부흥과 부흥주의, 그리고 부흥과 감정주의를 분명히 구별하고 있습니까?

5. 오늘날 한국교회에 나타나고 있는 부흥주의 모습은 어떤 현상입니까? 또한 감정주의는 어떻게 나타나고 있습니까? 성경에 비추어 볼 때 부흥주의나 감정주의의 문제는 무엇이라고 생각하십니까?

6. 다비드 모건과 험프리 존스가 오늘날 우리에게 주는 교훈 3가지는 무엇입니까?

Chapter 19

예수 그리스도가 전부인

찰스 스펄전

성경과 청교도 작품만을 애독한 청소년 시절

찰스 해든 스펄전

장차 '설교의 황태자'로 불리게 될 찰스 해돈 스펄전(Charles Haddon Spurgeon, 1834-1892)은 1834년 6월 19일 에섹스의 켈비던(Kelvedon)에서 17명의 자녀 가운데 맏아들로 태어났습니다. 그의 할아버지 제임스 스펄전(James Spurgeon, 1776-1864)과 아버지 존 스펄전(John Spurgeon, 1810-1902)은 모두 독립 회중교회 목사였으며, 잉글랜드 국교회에 반대했습니다. 스펄전은 이런 영국 침례교회 전통 속에서 자라났습니다. 스펄전의 믿음의 가문은 비국교도 목사들과 회중교회 목사들을 배출하였습니다. 스펄전은 개신교의 믿음을 포기하지 않고 주님 때문에 고난 받았던 청교도 신앙을 가진 자신의 혈통을 매우 자랑스러워했습니다.

가족이 겪은 여러 고난으로 인해 스펄전은 6살 때까지 그의 조부모와 함께 스탬본(Stambourne)에서 살았습니다. 어린 시절에 그는 조부모의 다락방에 들어가 수많은 청교도의 글을 읽었습니다. 이처럼 어린 스펄전은 청교도 신앙 속에서 양육되었습니다. 스탬본에서 부모의 집으로 돌아간 찰스 스펄전은 어머니의 기도하는 손에 의해 길러졌으며 예수님에 관한 노래를 들으며 잠들곤 했습니다. 그의 어머니는 특히 찰스 스펄전을 위해서 "제 아들이 주님을 위해 살 수 있게 해 주십시오"라고 기도했는데, 스펄전은 이렇게 기도한 어머니의 모습을 결코 잊을 수가 없었다고 고백했습니다.

15살 된 스펄전의 상상력은 풍부했고 기억력이 뛰어났으며 위대한 책에 사로잡혀 그의 독서량은 엄청나게 많았습니다. 스펄전이 제일 귀히 여기는 책은 존 번연의 『천로역정』인데, 그는 이 책을 죽기 전까지 무려 100번이나 읽었다고 합니다. 또한 그는 존 폭스의 『순교자』, 존 에인절 제임스의 『구원을 열망하는 자들을 위하여』, 존 번연의 『넘치는 은혜』, 리처드 백스터의 『회개했는가』 등 위대한 청교도들의 책을 읽었습니다.

그러나 스펄전의 최고의 책은 성경이었습니다. 그는 언제나 성경읽기를 좋아했습니다. 그는 성경은 각 장마다 실로 하나님이 임재해 계신다는 것을 확실히 체험하였으며, 평생 동안 성경에 몰입해도 그 위대한 지혜의 대륙 한 귀퉁이만을 훑을 수 있을 정도라고 말했습니다. 그의 능력의 보고는 늘 애독한 성경이었습니다. 이처럼 찰스 스펄전은 젊은 시절에 성경공부와 기도, 기독교 교리문답, 청교도 작품들과 여러 경건 고전을 읽으면서 기독교 신앙을 배웠습니다.

신학적 쇠퇴기였던 19세기 중엽의 영적상황

사회적으로는 옛 시대가 급속히 쇠퇴하고 새 시대의 물결이 일던 때였습니다. 산업혁명이 삶의 여러 영역에 변화를 몰고 왔으며 사회 전체가 필사적으로 변화를 요구했습니다. 영적으로는 1859년의 부흥으로 인해 다시 신앙적 열정이 일어났고, 복음주의 활동이 두드러지면서 교회는 크게 성장하였습니다. 하지만 비슷한 시기에 기독교 활동에 저항하는 세력들이 출현하였습니다. 1840년대에 시작된 이성주의, 무신론적 인본주의, 현대주의 운동과 성경 고등비평(Higher Criticism)이 들어와 기독교의 기초를 흔들어 놓았습니다. 또한 1859년 찰스 다윈(Charles Robert Darwin)의 진화론을 주장하는 『종의 기원』(On the Origin of Species)이 출판되어 기독교가 큰 영향을 받았습니다. 이처럼 19세기 세상이 급속히 세속화되며 인본주의적 사상이 강하게 일어났고, 교회 또한 이러한 사상과 가치관에 휩쓸리게 되었습니다. 이때 교회는 성경적 가치관과 하나님의 말씀을 지키기 위하여 일어나 이들과 맞서서 대항한 것입니다.

결국 교회는 이러한 '신 신학' 또는 '신 사상'의 공격을 받으면서 칼빈주의적 신학과 신앙이 쇠퇴를 보이기 시작했고 그 변화는 급속하게 일어났습니다. 그 결과 비국교도 교파들인 장로교, 침례교, 감리교, 독립교회 등은 18세기에 경험했던 부흥의 열기가 많이 침체되었고, 다소 형식주의가 교회에 팽배해 있었습니다. 스펄전은 이러한 교회 침체와 개혁 신학의 쇠퇴를 지켜 보면서 성경적인 교리가 회복되는 것만이 영국교회 부흥에 있어서 가장 중요한 것이 될 것이라고 주장하였습니다.

스펄전의 회심 – "나를 바라보라, 내가 수많은 핏방울을 흘리고 있다"

1850년 1월 6일 주일 아침, 스펄전은 일찍 일어나 기도하고 성경책을 읽었습니다. 그는 아버지와 함께 톨스베리(Tollesbury)에 있는 침례교회로 가기 위해 길을 나섰습니다. 하지만 강한 눈보라 때문에 옆길로 빠져 아틸러리 스트리트 감리교회((Artillery Street Methodist) 예배당에 들어갔습니다. 그 교회에는 12-14명의 사람이 있었습니다. 그날 아침 담임목사는 계시지 않았습니다. 결국 평신도 남자가 설교하기 위해 강단에 올라갔습니다. 그는 이사야 45장 22절을 읽은 후 "나를 바라보라, 그리하면 너희가 구원을 얻으리라, 모든 땅 끝에서"라는 주제로 설교했습니다.

성경은 "바라보라"고 말씀하고 계십니다. 사람은 바라보는 것을 배우기 위해 대학까지 갈 필요가 없습니다. 누구나 바라볼 수 있습니다. 심지어 어린아이조차도. 많은 사람들은 자기 자신을 바라보고 있습니다. 하지만 자신 속에는 어떤 위안도 없습니다. 그러나 오늘 구절은 말합니다. "나를 바라보라." 예수 그리스도는 "나를 바라보라"고 말씀하셨습니다. 단지 예수님을 바라보십시오. 나를 바라보라. 내가 수많은 핏방울을 흘리고 있다. 나를 바라보라, 나는 십자가에 매달려 있다. 나를 바라보라, 나는 죽었고 묻혔고 다시 일어났다. 나를 바라보라. 나는 하늘로 올라간다. 나를 바라보라, 나는 하나님 아버지의 우편에 앉아 있다. 오 불쌍한 죄인들아, 나를 바라보라! 나를 바라보라! 여러분이 할 일은 바라보며 사는 것 뿐입니다. 다른 길은 없습니다.

설교자는 스펄전의 모든 것을 알고 있는 듯이 그의 눈을 바라보며 설교하였습니다. 그날 선포된 말씀이 스펄전의 영혼을 완전히 사로잡았습니다. 그에게 놀라운 일이 일어났습니다. 1850년 1월 6일 그날, 스펄전은 회심하였습니다. 그는 구원의 길을 보았습니다. 그의 영혼을 묶었던 쇠사슬이 산산조각 났습니다. 그는 천국의 상속자이며 예수님의 영접을 받은 자라는 것을 깨달았습니다. 그는 어둠에서 찬란한 빛으로, 죽음에서 생명으로 건너갔고, 절망에서 건짐을 받았습니다. 그는 형용할 수 없는 기쁨을 소유하였습니다. 1850년 5월 3일 라크 강(River Lark)에서 침례를 받은 후 그는 일생동안 "그리스도께서 기뻐하시는 방식으로 그분의 일을 확장시키겠다"고 서원합니다.

청년 설교자 스펄전– "워터비치침례교회에 놀라운 부흥이 일어나다"

1851년 10월, 스펄전은 16세 때 워터비치 한 오두막집에서 처음으로 설교를 했으며 나중에는 주변의 여러 마을에서 정기적으로 설교를 시작했습니다. 캠임브리지 근처 워터비치침례교회(Waterbeach Baptist Church)에 모여든 그곳 주민들이 스펄전의 설교를 듣고 감명을 받아 담임목사로 청빙하였습니다.

스펄전은 계속 교회, 오두막, 야외 어느 곳에든 두루 다니면서 말씀을 전했습니다. 그가 처음 목회 사역을 시작했을 때 교인 수는 약 40명이었습니다. 하지만 시간이 지나면서 교인수가 100명으로, 더 나아가 450명으로 급증했습니다. 설교를 들으려고 몰려온 사람들을 모두 수용할 수 없

부흥이 일어났던 워터비치침례교회

어서 밖에서도 들을 수 있도록 모든 문과 창문을 열어 놓았습니다. 특별히 스펄전은 영적 혼란에 빠진 사람들을 돕는 능력을 보였고, 그 능력은 설교할 때마다 나타났습니다. 그가 설교하자 사람들이 회심하기 시작했고, 천국에 대한 소망을 품게 되었습니다. 가난과 부도덕, 술취함과 폭력으로 악명높은 워터비치 마을에 극적인 변화가 일어나기 시작했습니다. 이것이 워터비치침례교회 부흥입니다.

교인들은 스펄전을 사랑했고, 그가 대학으로 떠나지 않은 것을 기뻐했습니다. 스펄전은 워터비치에서 2년간 목사로 사역한 후 '청년 설교자'로서의 명성이 런던에까지 퍼져 나갔습니다.

런던 메트로폴리탄교회에 부흥의 불길 타올라

1854년 4월, 19세의 스펄전은 런던 서더크(Southwark)에 있는 뉴파크스트리트 침례교회(New Park Street Baptist)에 담임목사로 청빙을 받아 부임하게 되었습니다. 스펄전이 당시 3,000,000명이 거주하는 큰 도시 런던으로 온 것은 1859-1860년에 이루어진 잉글랜드 부흥의 전조였습니다. 200년 전에 청교도 침례교인들이 세웠던 유서 깊은 역사가 있는 그의 교회는 매우 약해진 상태였습니다.

하지만 한 달이 못가서 주일마다 아침 저녁으로 예배당은 가득 찼고, 복도까지 차고 넘쳤습니다. 많은 사람들이 교회에 자리가 없어 돌아갈 수밖에 없었습니다. 하나님을 알지 못했던 수백 명의 남녀가 몰려왔습니다. 처음에는 200명의 성도였으나 곧 좌석을 1,800석으로 늘려야 했고, 시간이 흐를수록 교회는 사람들로 가득차게 되어 교회 증축을 할 수밖에 없었습니다. 많은 사람들이 런던에서 강력한 권능으로 전하는 젊은 설교자의 설교를 들을 때 놀라움을 금치 못했습니다.

교회 증축 공사로 인해 다른 건물인 엑서터(Exeter) 홀에서 예배드리던 주일마다 아침, 저녁으로 수많은 사람이 몰려와 초만원을 이뤘습니다. 매주 4,500여 명이 몰려와 또 좌석이 부족했습니다. 이보다 더 넓은 서레이 가든 음악홀로 옮겨 예배드린 첫 번째 주일에 무려 22,000명이나 되는 사람들이 몰려왔습니다.

교회는 청중을 사로잡는 놀라운 능력을 지닌 스펄전의 설교를 들으러 오는 청중들을 수용하기 위해 새 교회를 짓기로 결정했습니다. 1861년 3월, 뉴파크스트리트 교회는 새 예배당을 건축하고 메트로폴리탄 타버나클(Metropolitan Tabernacle) 교회로 이름을 바꾸었습니다. 당시 국교회에 반대하는 신도들이 예배드리는 장소로는 가장 큰 교회로 평균 출석 교인의 수는 약 5,000명 이상 넘었습니다. 교인들의 수는 꾸준히 늘어나더니 1854년 부임 당시에 232명이던 교인 수가 스펄전이 사망할 때 쯤에는 그 수가 5,307명으로 늘어났습니다.

34년 동안 목회하면서 스펄전은 14,000여 명의 사람들에게 침례를 주었습니다. 스펄전 사역 초창기 때, 수백 명의 사람들이 그의 설교를 듣고 주님을 영접했습니다. 그 때 장차 아내가 될 수산나 톰슨도 그 중 한 사람

부흥이 일어났던 메트로폴리탄 타버나클 교회

이었습니다. 스펄전이 런던에서 설교한 이후로 거의 매 예배 때 많은 영혼들이 하나님을 찾았습니다. 스펄전의 설교로 놀라운 영적 각성이 일어났고 놀랍게 성장했습니다. 이것이 메크로폴리탄 타버나클교회 부흥입니다

설교의 권위를 강조했던 스펄전의 설교 핵심
– "십자가, 예수 그리스도, 중생과 회심, 은혜, 하나님의 선택"

   스펄전의 설교철학은 설교를 하려고 하지 않고 오직 진리를 말하는데 집중하는 것이었습니다. 그의 목회 주제처럼, 그의 신경(Creed)도 예수 그리스도이며, 그가 강단에 존재하는 한 예수 그리스도가 설교의 핵심이라고 말합니다. 스펄전의 모든 것은 그의 설교에서 나왔으며, 그의 사역 기간 동안 예배나 성례전보다는 설교에 더 큰 강조점을 두었습니다.
   또한 그에게는 문학이나 연극, 음악 혹은 다른 어떤 것도 하나님의 목적 안에서 설교가 갖고 있는 가장 중요한 자리를 대신할 수 없있습니다. 그의 모든 설교는 복음 설교인데 복음의 핵심은 그리스도의 대속입니다. 그의 설교는 주 예수 그리스도와 십자가의 위대한 비밀에 대한 영광스러운 비전으로 가득 채워졌고, 죄와 은혜 교리, 하나님을 향한 사랑, 구원의 영광이었습니다. 그의 목표는 어느 본문을 다루더라도 주 예수와 그의 십자가로 연결하는 것이었습니다. 스펄전은 모든 소망이 십자가에 달리신 분께 있다는 것을 기억하고 피난처를 얻으려면 그리스도께 나아가야 하며 십자가가 각 영혼에게 끼치는 모든 유익들을 사랑을 품고 묵상하라고 권면하였습니다. 더 나아가 그리스도의 성찬의 진정한 의미를 깨닫는다면 부흥을 기대할 수 있을 것이라고 말하면서 주의 만찬을 매우 강조하였습니다.

스펄전은 설교할 때 하나님의 말씀을 간명하고도 열정적으로 전했습니다. 그는 한 편의 설교를 작성하기 위해 백여 권의 책을 참고했습니다. 이처럼 그는 영혼들을 다루는 문제에 있어서 조금이라도 관심을 소홀히 하지 않았습니다. 그의 설교는 확신이 있었고, 힘 있고 감동적이었고, 어휘 선택이 참신하고, 번쩍이는 영감과 구체적인 적용 사례들이 가득했습니다. 무엇보다도 그는 강단으로 올라가면서 생명의 수여자인 성령을 온전히 신뢰하였고 회심에 중점을 두었습니다. 그래서 그의 설교는 대부분 죄인들이 그리스도에게 돌아오도록 경고하고, 호소하고, 애원하면서 모든 인류에게 차별없이 주어진 복음에 역점을 두었습니다. 그 결과로 헤아릴 수 없는 구원의 열매를 맺었습니다.

스펄전은 설교를 통해 인간의 타락과 하나님의 선택이라는 교리를 많이 강조했으며, 특히 그의 매일의 사역 속에 어거스틴과 칼빈, 오웬이 성경 속에서 가르친 옛 교리들을 자주 반복하였습니다. 그는 개혁주의 신앙고백의 핵심 사항들과 복음주의 신앙을 끝까지 사수했으며, 교리적으로는 칼빈주의를 고수하며 굽힐 줄 모르는 신학적 신념이 강했습니다. 그래서 마틴 로이드 존스는 스펄전에 대해 말하기를 "그는 영국이 낳은 가장 위대한 설교자요 복음전도자가 바로 이 사람인데 그는 칼빈주의자였다"고 말했습니다. 분명 스펄전은 예수 그리스도의 복음 설교자였습니다.

스펄전의 성공비결 - "기도회를 살리면 교회와 성도가 부흥한다"

스펄전의 영성 키워드는 예수 그리스도, 말씀, 기도, 교리, 은혜, 성령입니다. 특별히 그에게 기도는 매우 중요한 것이었습니다. 그는 무엇보다도 그리스도인들이 기도하는 법을 배우는 것을 우선시했고, 교회 모든 사역을 준비하기 위한 최선책은 개인 기도훈련이라고 가르쳤습니다. 그는 평생 동안 매일 아침 일찍 일어나 기도하고 성경을 읽었습니다. 그의 기도는 형식적인 겉치레가 아니라 가슴 깊은 곳에서 우러나오는 한 방울의 눈물이었습니다. 또한 진지함과 열정, 뜨거움, 창의적, 승리감이 가득했습니다. 그는 기도할 때 너무나 진지하고 열정적이었기 때문에 하늘 문을 열기에 충분하였습니다. 스펄전은 개인의 삶이나 교회 생활에 있어서 하나님이 기도에 응답하심을 갈구했으며, 또한 그의 부르짖음에 응답하시는 하나님을 수없이 많은 경우에서 경험했습니다.

사도시대 이래로 스펄전의 강단기도에 비길 만한 기도가 없었습니다. 그의 강단기도는 하나님을 향한 헌신과 교우들을 위한 사랑과 격려, 축복, 그리고 심금을 울리는 표현들이 많았습니다. 사람들은 스펄전이 기도하였을 때 그것은 마치 예수님이 바로 그 곁에 서 있는 것 같았다고 말했습니다.

스펄전의 기도는 하나님을 뜨겁게 사랑하는 마음과 영원한 언약의 피가 가득하고 매우 신학적입니다. 그는 가끔 금식기도 기간을 정하든지 특별기도의 달을 마련하기도 했습니다. 그리고 그는 교회에 생명력이 넘치려면 기도회를 살려야 하고 기도회를 살리면 교회와 성도 모두가 부흥한다고 강조했습니다. 실제로 그 당시 교회가 곤경에 처하고 있을 때 항상 2-3명의 사람들이 교회 부흥을 위한 기도를 끊임 없이 하고 있었습니다. 누군가가 스펄전에게 그의 성공의 비결이 무엇이냐고 물었을 때 그는 "나의 신도들이 나를 위해 기도해주고 있습니다"라고 답했습니다.

스펄전은 주일 예배가 시작되기 전 전심으로 하나님께 기도하였습니다. 잃어버린 영혼들에게 복음을 전파하는 막중한 책임감 때문입니다. 그리고 예배가 끝나면 곧바로 개인 기도실로 돌아와 하나님 앞에서 겸손히 그의 실패감을 한탄했습니다. 스펄전은 설교자의 능력을 얻는 조건은 뜨겁고 끈질긴 기도, 즉 무릎 꿇고 땀을 흘리는 것이 가장 급선무라고 강조합니다. 특별히 스펄전은 시편강해에서 하루에 일곱 번씩 기도하는 것에 대해 언급했는데(시 119:164), 그가 기도의 중요성을 말한 것입니다.

영국교회 부흥을 위한 스펄전의 비전 – "목회자대학 설립"

당시 많은 젊은이들이 스펄전의 설교를 듣고 그 영적인 열정에 감동되어 빈민학교나 길거리에 나가서 설교했습니다. 또한 그들은 하나님을 향한 사랑과 복음의 열정이 강하였고 신학 수업을 받고 싶은 마음도 간절하였습니다. 매주 수천 명의 사람들에게 설교했던 스펄전은 설교에 대한 강한 열정 외에 목회를 할만한 젊은이들을 길러 내고자 하는 커다란 비전을 가지고 있었습니다. 그래서 스펄전은 영국교회 부흥을 위해 다음 세대 주의 종들과 젊은 설교자들을 훈련시키는 목회자대학(Spurgeon's College) 을 설립하였습니다. 이 훈련은 성경, 헬라어, 히브리어, 설교학, 목회신학, 수학, 논리학, 영어작문을 배우는 2년 과정의 교육이었습니다.

이 목회자대학에 대한 스펄전의 비전은 학자를 길러내는 것이 아니라 능력있는 설교자와 영혼구원에 열정을 가진 복음주의 목회자가 되도록 하는 것이었습니다. 그는 신학생 전원을 개별적으로 상담하며 영적 성장을 도왔습니다. 스펄전은 신학생들에게 늘 인기를 위해 설교하지 말고, 오직 그리스도만을 높여야 한다고 강조했습니다. 또한 강단에 올라갈 때 "나는 생명의 수여자인 주 성령을 믿습니다"라고 가르쳤습니다.

대학에서 2년 교육과정을 마친 신학생들에게 스펄전은 교회가 없는 곳으로 가서 교회를 세우게 하였습니다. 스펄전대학을 졸업한 많은 사역자들은 영국의 각 지역에서 목회활동을 하며 두각을 나타내고 있었습니다. 어떤 신학생은 교회에 부임했는데, 몇 년 후 약 800명의 사람들에게 세례

찰스 스펄전대학

를 베풀 정도로 성장하였습니다. 1866년에 런던에서만 스펄전대학 학생들이 18개 교회를 개척하였습니다. 그 후 새로운 건물이 세워졌고, 새로운 교회조직이 만들어지고, 오래되고 쇠퇴해가는 교회에 다시 부흥이 일어나기 시작하였습니다.

또한 스펄전대학 졸업생들 가운데 상당수 인원이 북아메리카, 인도, 서인도계, 뉴질랜드, 호주로 갔으며 또 다른 사역자들은 세계의 다른 곳으로 갔습니다. 이처럼 졸업생들이 세계 곳곳으로 흩어져 사역을 하였습니다. 이 대학을 통해 1,000여 명의 목회자들을 훈련시켜 배출했던 스펄전은 목회자들의 목회자일 뿐 아니라 설교자들의 위대한 스승이기도 했습니다.

내리막 논쟁– "성경의 권위와 그리스도의 신성을 부인함"

칼빈주의 신학이 확고한 스펄전은 연합침례교(Union Baptist) 안에서 자유주의와 논쟁을 합니다. 침례교 연맹을 분열시킬 뻔 했던 사건으로 1887년 교리적인 문제인 '내리막 논쟁'(Down Grade Controversy)이 발생하는데

이것은 '세속화' 논쟁으로 잘 알려졌습니다. 침례교 목사들과 교회 및 신학 대학들 가운데 현대 성경 비평이 퍼지고 있었을 뿐만 아니라 철학과 과학 등이 성경의 복음을 공격했습니다. 그리고 죄인들을 위한 그리스도의 대속이라는 기독교의 핵심 교리를 부인하고 있었을 때에 침례교단 내에서도 성경의 영감을 비웃고 예수 그리스도의 대속을 축소했습니다. 그리고 부활은 신화에 불과하다고 하는 급진적인 불신앙을 가진 교단 지도자들이 많았습니다. 이것은 스펄전에게 심각한 문제요 정면으로 대적해야 할 문제였던 것입니다. 스펄전은 성경의 모든 말씀을 하나님의 영감이라고 확고히 믿고 있었기 때문입니다.

스펄전은 자유주의 신학이 성경의 권위를 거부하며 그리스도의 신성을 부인할 뿐 아니라 더 나아가 칼빈주의 교리와 교회의 생명력을 약화시킨다고 주장했습니다. 그리고 그는 『검과 삽』(*The Sword and the Trowel*)이라는 교회 잡지에 청교도 입장을 옹호하며 성경의 축자 영감설을 공격하는 "우리 믿음의 적들"에 대한 글을 발표하면서 침례교 교단을 탈퇴했습니다.

스펄전 컬리지 안에 있는
스펄전 기념동상

비록 침례교로부터 지지를 받지 못했지만 복음주의 연맹 회의가 열려 스펄전을 지지할 뿐 아니라 복음의 기본적인 진리들을 증언하기 시작했습니다. 스펄전의 아들인 토마스는 이렇게 말했습니다. "침례교단은 내 아버지를 거의 죽음으로 몰아갔다." 스펄전은 진리수호를 위해 싸웠고 은혜교리를 지키기 위해 어떤 희생도 불사했습니다. 19세기 후반, 그는 복음주의의 위대한 투사였습니다.

설교의 황태자 스펄전이 주님 품에 잠들다

런던 침례교연합회를 떠나면서 스펄전은 극도의 긴장으로 심장이 거의 마비될 정도로 혹독한 시련과 고통의 폭풍을 겪었습니다. 또한 두통, 류마치스, 요통, 좌골 신경통 등의 많은 질병들과 수많은 사역으로 인해 몸과 마음이 다 지쳐버렸습니다. 스펄전은 일체의 사역을 중단하고 1888년 3개월 동안 프랑스 남부 망톤(Mentone)으로 갔는데 이번에는 계단에서 넘어져 몇 개의 이가 부러져 의치를 해 넣었습니다. 그때 그는 이렇게 말했습니다. "내 입 안의 유일한 가짜는 의치뿐이다!"

1891년 6월 7일 메트로폴리탄교회에서 마지막 설교를 하였습니다.

> …주님의 사역은 생명이요 평강이요 희락입니다. 오, 바라건대 이 주님의 품 안에서 즉시 이 벅찬 감격의 생활을 누리시기를 바랍니다. …바로 예수 그리스도의 깃발이 나부끼는 곳으로!

임종이 가까이 다가오자 그는 아내의 손을 잡으면서 "여보, 나는 그렇게도 복된 시간들을 나의 주님과 함께 누리러 왔소"라고 말했습니다. 1892년 1월 31일 주일 밤, 57세의 스펄전은 통풍과 신장염 때문에 생을 마감했습니다. 예수 그리스도를 위해 불타오르는 사역을 마친 스펄전은 이제 영원한 안식에 들어갔습니다. 노르우드 공동묘지에 있는 스펄전 기념비에는 이렇게 적혀 있습니다.

> 찰스 해돈 스펄전의 몸이 여기에 누워 구주 예수 그리스도의 재림을 기다린다. 그의 사랑하는 아내 수잔나도 함께 이곳에서 주님의 재림을 기다린다.

찰스 스펄전이 오늘날 우리에게 주는 교훈

1) 설교의 황태자 스펄전 – "위대하고 영광스러운 진리를 설교하라!"

찰스 스펄전의 무덤

스펄전의 목회 주 사역은 설교였습니다. 그는 예배나 성례전보다는 설교를 더 중요시 했습니다. 그가 생각하는 목회자의 문제는 비평, 불신, 비난, 버림 받음을 어떻게 버텨 나갈 것인가가 아니라 그런 역경 속에서 어떻게 설교할 것인가였습니다. 목회자에게 가장 시급한 문제는 위대하고 영광스러운 진리를 설교하는 것이라고 강조합니다. 스펄전의 아들 찰스는 진술했습니다.

"나의 아버지처럼 설교할 수 있는 사람은 없을 것입니다. 아버지는 설교의 황태자로 손색이 없는 분입니다."

이 시대에 제 2의 스펄전, 제 3의 스펄전이 필요합니다. 스펄전 처럼 성경을 믿고 진리를 따르는 열정적인 설교자가 나와야 합니다. 부흥의 시기에는 항상 참된 설교자가 있었습니다. .

2) 예수 그리스도 중심적인(Christ-centeredness) 생각과 삶

스펄전은 스스로 고백하기를 "나는 내 스스로를 칼빈주의자라고 말한 것을 부끄러워하지 않지만 나의 본질은 항상 예수 그리스도다"라고 하였습니다. 스펄전의 모든 고백과 신학 그리고 교리적인 관점은 예수 그리스도 중심적인 생각과 삶에서 비롯되었습니다. 믿음으로 예수님을 통해 구원을 받은 날부터 스펄전에게 있어서 예수 그리스도는 전부가 되었습니다. 스펄전의 목표는 어느 본문을 다루더라도 주 예수와 그의 십자가로 연결하는 것이었습니다. 예수 그리스도가 드러나지 않고 있는 이 시대에, 참된 설교는 그 중심에 항상 그리스도가 있어야 합니다.

3) 스펄전의 영성- "성경, 기도, 교리, 신학, 하나님의 영광, 영혼구원"

스펄전의 가장 강력한 무기는 성경이었습니다. 그는 성경을 하나님의 말씀으로 믿고 순종했습니다. 그의 설교 사역을 이끈 힘은 성경의 진리였습니다. 또한 스펄전은 설교자의 능력을 얻는 조건은 뜨겁고 끈질긴 기도를 꼽았습니다. 그는 일생동안 기도에 힘썼습니다. 교리와 신학은 스펄전 사역의 원동력이었습니다. 그는 학생들에게 "유능한 설교자가 되기 위해서는 탁월한 신학자가 되어야 한다"고 말했습니다. 스펄전은 하나님의 영광과 사람을 구원하는 일에 사로 잡혔습니다. 스펄전 처럼 성경적 영성으로 충만한 목회자를 통해 교회는 다시 살아날 것입니다.

4) 성도들을 사랑하는 참된 목회자상

스펄전이 오늘날 목회자들에게 주는 또 하나의 도전은 그의 참된 목회자상입니다. 스펄전은 예수 그리스도의 양떼들을 참 목자와 같은 마음으로 섬겼던 양들을 위한 목회자였습니다. 그는 어디를 가든 어디서 설교를 하든 늘 목자와 같은 마음으로 설교를 한 것입니다. 그에게 있어서 인간의 영혼은 가장 중요하였으며 그 영혼을 먹이고 양육하는 것을 스펄전은 사랑하였습니다. 스펄전의 설교의 가장 강력한 무기 중 하나는 영혼을 향한 목자의 마음과 사랑이었습니다. 그는 성도들이 쉽게 이해할 수 있는 설교를 하였습니다. 그는 사랑과 간절함 그리고 견고함으로 설교하였습니다. 스펄전의 설교는 영혼을 살리는 설교였습니다. 스펄전은 오늘날까지도 '설교의 황태자'라는 이름을 얻고 있으며, 또한 성경적인 사역자들의 모델이 되고 있습니다.

찰스 스펄전 무덤 위에 새겨진 말씀
(딤후 4:7-8)

내가 선한 싸움을 싸우고 달려갈 길을 마치고 믿음을 지켰으므로, 이제 후로는 나를 위하여 의의 면류관이 마련되어 있으니, 주님 곧 의로우신 재판장께서 그 날에 내게 주실 것이며, 내게만 아니라 주님의 나타나심을 사모하는 모든 자에게도 주실 것이다(딤후 4:7-8).

▶ 토의를 위한 질문

1. 스펄전은 어떻게 하여 회심하게 되었으며, 회심 내용은 구체적으로 무엇입니까?

2. 스펄전은 설교자들이 능력을 얻기 위하여 무엇을 해야 한다고 말하고 있습니까? 능력 얻기 위하여 열정적으로 기도하고 있습니까?

3. 스펄전이 목회했던 워터비치침례교회와 런던 메트로폴리탄 테버너클교회 부흥의 현상은 어떠하였습니까? 그 부흥이 일어난 이유는 무엇입니까?

4. 목회자대학을 설립한 스펄전의 비전은 무엇입니까?

5. 스펄전 시대의 내리막 논쟁(Down Grade Controversy)의 핵심은 무엇입니까? 왜 스펄전에게 이 세속화 논쟁이 그토록 중요했을까요? 왜 스펄전은 런던침례회 연합회를 탈퇴하였습니까? 그당시 침례교 목사들과 교회 및 신학 대학들 가운데 무슨 일들이 발생하였습니까?

6. 예수 그리스도가 전부인 스펄전이 오늘날 설교자들과 모든 그리스도인들에게 주는 교훈은 무엇입니까?

*The leaders of Britain's Revival
The flames who lived through
dark generations*

Part 6

부흥의 불씨를 되살린

20세기

*The leaders of Britain's Revival
The flames who lived through
dark generations*

Chapter 20

오직 기도에만 전념한
에반 로버츠

Evan Roberts

웨일즈 부흥에 대한 목마름

에반 로버츠

부흥 사역을 위해 선택된 에반 로버츠(Evan Roberts, 1878-1951)는 1878년 6월 8일 남웨일즈 러휘(Loughor)에서 태어났습니다. 로버츠의 부모들은 성경을 사랑하고 암송하는 매우 신실한 사람들이었으며, 그는 어릴 때부터 성경과 주일학교와 가정 예배의 영향을 받으며 자라났습니다.

그의 나이 12살이 되었을 때 갑자기 아버지 헨리(Henry)가 죽자 그는 가족을 부양하기 위하여 그때부터 20대 초반까지 탄광에서 광부로 일하였습니다. 어렸을 때부터 영적인 일들에 대한 갈망과 목마름이 있었던 로버츠는 탄광에서 일하면서도 쉬는 시간을 이용하여 끊임없이 성경을 읽고, 구절들을 암송하고, 찬송하고 기도했습니다. 또한 그는 자신의 영적 성숙을 위해 토마스 찰스(Thomas Charles)의 『기독교 지침』, 존 번연의 『천로역정』, 아치볼드 하지(A.A. Hodge)의 『신학개요』와 그 시대의 중요한 신학 서적들을 읽었으며, 특히 부흥에 대한 책을 많이 읽었습니다.

13세에 회심한 후 로버츠는 교회 모임인 예배와 기도회, 주일학교에 빠지지 않고 참석했으며, 나중에는 주일학교 교사로 봉사하였고, 찬송을 인도하였습니다. 또한 자신이 재정을 마련하여 교회 울타리를 세웠는데 지역교회에 대한 그의 헌신은 철저했습니다.

하지만 무엇보다 그는 11년 넘게 두 가지 기도제목을 가지고 하나님께 간절히 울부짖었습니다. 첫째, 자신을 성령으로 충만케 해주실 것과 둘째, 웨일즈에 강력한 부흥을 주시도록 기도하였습니다. 로버츠는 웨일즈 전역이 자신의 사역지라고 느끼면서 하나님이 부어주시는 웨일즈 부흥에 대한 목마름이 강했습니다.

그 당시 웨일즈 영적 상황- "1904년 부흥 전 당시 영적 상황"

웨일즈 교회 역사를 볼 때, 하나님은 웨일즈 땅에 여러 번의 부흥을 허락하셨습니다. 하지만 1859년 부흥 이후 웨일즈의 영적인 상황은 새로운 도전들로 가득하였습니다. 성경 고등비평과 자유주의 신학은 신학생들에게 전염병처럼 퍼졌고 성경의 권위는 무너지기 시작하였습니다. 그 결과 사람들은 성경을 하나님의 말씀으로 믿지 않았을 뿐만 아니라 더 이상 하나님을 찾지도 않았습니다. 오히려 과학적 지식에서 보는 인생의 답을 찾으려고 하였습니다.

그리고 기독교의 주요 교리는 교회에서 사소한 것으로 전락해 버려 설교와 가르치는 사역에서 등한시 되었으며 갈수록 종교적 무관심과 무신론과 불신앙이 팽배하였습니다. 또한 세상에서의 세속주의와 인본주의 철학이 교회에 치명적인 영향을 미치고 있었습니다.

이러한 요인들로 인해 교회의 영적인 상태는 지극히 저하되고 말았습니다. 곧바로 주일 예배 및 교제, 기도회에 참석한 수가 현저하게 줄어들었고, 신학적으로도 쇠퇴하였습니다. 또한 나라 구석구석에 온갖 죄가 가득차면서 칠흑같이 어두운 밤이 되어버렸습니다. 이러한 상황 가운데서 하나님은 긍휼과 자비 가운데 다시 한 번 웨일즈 땅에 부흥과 성령의 역사들을 일으키셨습니다.

블라인아네르흐교회에서의 성령 체험— "주님, 나를 깨뜨려 주소서!"

에반 로버츠는 오랜 기간에 걸쳐 설교자로서의 소명에 대해 눈을 뜨고서 25세 나이에 칼빈주의 감리교회 목사 후보생으로 뉴캐슬 엠린(Newcastle Emlyn)에 있는 예비학교에 입학했습니다. 그러나 그는 기도의 부담감 때문에 집중할 수가 없어 학교에 들어간 지 2주일 만에 다른 청년들과 함께 조셉 젠키스(Joseph Jenkins)와 존 씨켄즈(John Thickens)가 인도하는 집회에 참석하기 위해 블라인아네르흐(Blaenanerch)교회로 향했습니다. 이곳에 도착한 로버츠는 하나님이 자기에게 성령을 주려 하신다는 것을 느꼈으며, 오전 집회에서 "오 주님, 나를 깨트려 주옵소서! 나를 깨트려 주옵소서!" 하면서 소리쳐 울면서 기도했습니다. 그때 하나님의 영광이 넘쳐났고 성령이 그에게 강력하게 임하셔서 로버츠는 큰 권능과 성령충만을 받았습니다.

성령을 강하게 체험한 후 로버츠는 하나님의 사랑으로 깨트려지면서 심판의 날에 잃은 자들이 하나님 앞에 서는 환상을 보았습니다. 그는 구세주를 전하여 웨일즈를 복음화하려는 열정으로 불타 올랐으며 그의 마음에는 웨일즈 전체를 그리스도께 바쳐야 한다는 인식으로 가득 찼습니다. 그는 '100,000명의 영혼'이 주님께 돌아오는 비전을 품고서 그 비전이 이루어지도록 시간과 열정과 에너지를 온통 기도에 쏟았습니다. 그는 새벽 일찍 일어나서 하나님과 기도 가운데 교제하며 부흥을 준비하고 있었습니다. 그는 영혼에 대한 자신의 열정을 소멸할지도 모른다고 생각했기 때문에 정규 훈련과정을 포기하고 개인 성경공부와 기도, 찬양, 하나님과의 신령한 교제에 많은 시간을 보냈습니다. 그리고 그는 조만간에 러훠(Loughor)에 변화가 일어나고 웨일즈에 가장 거대한 부흥이 일어날 것을 확신하였습니다.

모라이야교회에 불붙은 부흥의 불길

에반 로버츠를 통하여 부흥의 감동이 짙게 스며들면서 웨일즈에 부흥의 불길이 타오르기 시작하였습니다. 로버츠가 인도한 공적인 부흥 전도 사역은 1904년 10월 31일 월요일 러훠의 모라이야교회(Moriah Church)에서 시작되었습니다. 모두 17명이 모여 기도회를 시작하였던 첫 집회에서부터 많은 사람들의 영혼이 움직이기 시작하였습니다. 로버츠는 그들에게 성령을 위한 기도에 집중하도록 격려하였고, 부흥의 축복을 받기 위한 영적 원리 네 가지를 강조했습니다.

(1) 죄가 있으면 성령을 받을 수가 없습니다. 모든 죄악들은 하나님께 고백하고 주 예수 그리스도를 통하여 죄 사함을 얻어야 합니다.
(2) 삶에서 모든 경건치 못하고 불의한 습관들을 버려야 합니다.
(3) 성령께 온전히 맡겨야 하고, 성령의 인도하심에 철저히 순종하여야 합니다.
(4) 공개적으로 예수 그리스도를 구주로 신앙 고백해야 합니다.

부흥이 일어났던 모라이야교회

로버츠와 모인 사람들은 새벽 3시까지 성령의 임재를 위해 하나님께 간구하였습니다. 그 결과 모라이야교회에 마가의 다락방에 임했던 강한 성령의 역사가 일어났습니다. 부흥집회에서 로버츠는 찬송과 기도와 간증에 중점을 두었으며, 설교는 별로 하지 않았습니다. 그는 집회를 위해 어떤 사람 동원이나 광고를 하지 않았습니다. 그러나 점점 더 많은 사람들이 모였습니다. 로버츠의 첫 집회 후 30일 만에 37,000명이 주님 앞에 나와 회개하였습니다. 집회는 아침 10시에 시작하여 밤 12시까지 계속했으며, 매일 3회씩 예배를 드렸습니다.

이처럼 뜨거운 찬양과 예배, 기도모임들이 웨일즈 전 도시로 확산되어 갔습니다. 1905년 말까지 교회는 쉬지 않고 날마다 기도회를 계속했으며 기도회 참석 인원수는 갈수록 늘어났습니다. 그 집회 가운데 하나님께서 역사하셔서 불같은 성령을 쏟아 부어 주셨습니다. 로버츠는 부흥의 불길을 퍼뜨리면서 어디에나 가서 집회를 인도하였습니다. 하나님은 로버츠의 갈망하는 마음을 풀어주시고 전 세계에 미칠 만큼 놀라운 부흥을 부어 주셨습니다. 이것이 1904년-1905년에 일어난 웨일즈 부흥입니다. 로버츠가 부흥의 주역으로 쓰임 받았습니다.

1904년-1905년 웨일즈 부흥 결과 및 영향력

웨일즈 부흥의 불길은 여기저기서 엄청난 능력을 동반하면서 번져 나갔습니다. 죄를 깨닫는 사람들의 억제할 수 없는 흐느낌과 통곡, 통회하는 사람들의 참회하는 소리가 들려왔습니다. 그리고 구원받은 사람들의 말할 수 없는 기쁨의 환호들로 가득했습니다. 교회는 밤낮으로 가득 찼으며, 충성되고 헌신된 사역자들을 얻게 되었습니다. 이 때 부흥은 모든 계층과 연령대에 영향을 주었습니다. 특히 그중에서도 특별히 젊은층과 여성들에게 많은 은혜를 부어주셨습니다. 부흥 시기에 웨일즈 신문에서는 매일 회심자 수를 기록하고 있었습니다.

톤어판디(Tonypandy) 600명, 카디프(Cardiff) 2,753명, 러휘(Loughor) 1,756명, 아베레만(Aberman) 510명, 에버라본(Aberavon) 325명, 아베틸레이(Abertillery) 3,457명, 블라인아본(Blaenavon) 1,200명, 블라이나(Blaina) 1,069명, 카마덴(Carmarthen) 312명 등…1904년 부터 1905년 사이에 칼빈주의 감리교회에서는 24,000명이, 회중교회에서는 26,500명이, 웨슬리 교회에서는 4,000명 이상의 교인이 증가했습니다. 로버츠의 비전대로 웨일즈에서 100,000명의 개종자가 교회로 돌아오게 된 것이었습니다. 1904-1905년에 기록된 100,000명의 회심자들은 사실 6개월의 시간 안에 다 이루어진 놀라운 기록입니다.

이와 같은 영적 부흥의 불길이 타오를 때에 범죄 발생률은 크게 하락세를 보였습니다. 극장가와 축구장도 숫자가 크게 감소했고, 술집과 도박도 크게 줄어들었습니다. 술을 즐기던 사람들이 반감되자 술집들은 문을 닫게 되었고, 몇몇의 판사들은 취급할 사건이 생기지 않자 법정을 떠나는 일도 벌어졌습니다. 해묵은 빚도 갚았습니다.

에반 로버츠 기념비

또한 광부들이 회심했습니다. 광부들은 지하 갱도에서 기도모임을 가졌고, 어린아이들은 자기들의 기도모임을 가정과 헛간에서 가졌습니다. 탄광에서 일하는 광부들의 언행이 정결하게 되어 그 전에 사용하던 모든 더러운 말과 욕설 등을 그쳤습니다. 우스운 이야기이지만 실제로 탄광에서 일하는 조랑말들은 언어생활이 변한 광부들의 말을 이해하지 못하고 가만히 서 있었을 정도였다고 합니다.

그리고 수천 개의 웨일즈 성경이 팔렸습니다. 웨일즈 카디건셔-뉴 키(Caediganshire-New Quay)에 위치한 감리교회 목회자 조셉 젠킨스는 심령의 변화를 받은 청년들을 이끌고 주변 지역들을 다니면서 간증집회를 열었습니다. 측량할 수 없는 하나님의 은혜를 받은 청년들은 기도와 찬양 그리고 간증을 하였습니다.

이처럼 성령의 강한 임재하심으로 인해 부흥의 효과는 엄청난 변화를 가져왔습니다. 먼저 사회는 전반적으로 도덕적, 윤리적 회복이 있었으며, 영적으로는 그리스도인들의 영적 무감각과 무관심을 치료하였습니다. 또한 세상 사람들의 어둡고 더욱 더 강퍅하고 굳어져 가는 마음을 녹이는 데 큰 영향을 주었습니다. 그리고 영국 전역과 유럽, 인도, 한국, 호주, 아프리카, 미국 등 전 세계의 부흥 운동에 큰 영향력을 끼쳤습니다.

1904-1905년 웨일즈 부흥의 문제점

웨일즈 부흥은 우리 시대에서 가장 근접해 있는 부흥의 역사입니다. 이 부흥의 역사와 지금까지 살펴보았던 17,18세기 부흥을 비교하면서 우리가 배울 수 있는 교훈이 더욱 크다고 생각합니다.

먼저 19세기까지 교회 역사 가운데 건강하게 내려온 하나님의 부흥의 역사는 20세기에 접어들면서 인간의 방법과 생각(1859년 부흥과 1904-5년 부흥)으로 인하여 많이 흐려지고 혼탁하여 진 것을 알 수 있습니다. 어쩌면 오늘날 우리가 이해하고 기도하는 부흥이 1904-5년 부흥의 모습을 생각하면서 하는 것일 수도 있습니다. 하지만 이것은 매우 위험한 일입니다. 1904-5년 부흥의 실수들을 배우고 다시 그전 부흥의 역사들의 건강한 모습들을 되찾아야 할 것입니다.

1) 말씀 사역의 부재

1904-1905년 부흥이 처음에는 많은 열매를 맺었지만 지속적인 열매를 맺지 못하고 성도들이 깊은 영적 생활로 나아가지 못한 데에는 말씀의 부재를 가장 큰 요인으로 꼽을 수 있습니다. 이전 부흥 시대에는 늘 말씀에 탁월한 설교자들을 통하여 성도들이 하나님의 말씀과 교리를 배우고 그 진리 안에 신앙의 뿌리를 내리면서 성장할 수 있었습니다.

예를 들면 18세기 웨일즈 부흥의 주역인 다니엘 로울란드는 성령의 능력 가운데서 선포되는 설교의 중요성을 인식하고 있었지만 에반 로버츠는 설교의 중요성을 인식하지 못했습니다. 로버츠는 설교를 거의 하지 않았고 대부분 찬양과 신앙고백, 기도, 개인 간증으로 기도회를 인도하였습니다. 문제는 로버츠가 성령의 감동에 반응하는 것이 중요하다고 깨달았지만 깊이 있는 말씀 사역이 이루어지지 못하였다는 점입니다. 로버츠에게 충분한 성경적 가르침이 부족하였고, 그의 설교는 성경을 깊이 풀어서 회중에게 전하지 못하였습니다. 설교가 주목을 받지 않았던 1904년-1905년 웨일즈 부흥이 단명으로 끝나고, 이전 세기들의 위대한 부흥과 비교될 수 없었던 이유 중 하나는 바로 이러한 설교의 결핍 즉 말씀 부족 때문이었습니다.

그 결과로 많은 성도들이 회심은 하였어도 진리를 분명하게 알지 못하고 혼돈 속에서 신앙 생활을 할 수밖에 없었습니다. 로버츠는 건전한 교리와 성경에 기초한 설교 사역을 등한시 했으며 신자들을 가르치는 일에 다소 미흡하였습니다.

2) 신학 부재

1859년 웨일즈 부흥을 주도했던 험프리 존스는 성령의 직접 계시를 주장했습니다. 그런데 에반 로버츠도 성령께로부터 오는 직접 계시에 대해 더욱 깊은 관심을 쏟았으며, 성령의 필요성에 대해 매우 강조하였습니다. 그의 사역은 신학적이라기보다는 다분히 체험적이었습니다. 그는 신학교 교육을 다 받지 못했지만 그가 부흥집회를 인도하는 곳마다 많은 회심자를 얻게 되었습니다.

이전 영국 부흥은 교리와 신학에 있어서 정통 개혁주의요, 칼빈주의였지만, 로버츠에게서는 이러한 신학을 거의 찾아보기 힘들었습니다. 또한 그는 회심자들을 교회의 신앙고백이나 기독교의 진리 안에 굳게 서는 방향으로 이끌지 못했습니다. 그 결과 시간이 지나면서 성도의 수가 감소하고 복음이 변질된 것입니다. 부흥의 효과도 별로 오래 가지 못했습니다.

부흥 신학자인 이얀 머리(Iain H.Murray)는 『부흥과 부흥주의』(*Revival & Revivalism*)에서 "로버츠는 거의 신학이 없었으며 과거에 부흥을 경험해 보지도 못했던 인물이었다"고 말했습니다. 또한 웨일즈 목사인 피터 프라이스(Peter Price)는 "참된 부흥을 참람하게 흉내낸 모조품 같은 부흥"이라고 폄하하였습니다.

3) 찰스 피니의 영향- "인위적 부흥론"

1859년 험프리 존스에 의해 일어났던 웨일즈 부흥 때 찰스 피니가 가르친 부흥론의 악영향들을 살펴보았습니다. 이번 1904-5년 부흥에는 그 부작용이 더욱 더 크게 나타났습니다. 에반 로버츠는 슬프게도 찰스 피니의 가르침을 거의 그대로 받아들여 기도모임 가운데 적용하였습니다. 그는 말씀보다 기도와 찬양, 그리고 간증 중심으로 기도모임을 인도하였으며, 어떠한 분위기를 만들어 내려고 노력하였습니다. 또한 회심하고자 하는 자들에게 강단으로 나오라는 등 구원을 인간의 선택이라고 믿게 할 만한 요소들이 기도모임 가운데 드러나게 되었습니다. 기도모임은 성령의 인도하심 보다 사람의 방법론이 더 앞서게 되었습니다. 이것은 인간적인 부흥주의의 전형적 모습입니다.

에반 로버츠가 오늘날 우리에게 주는 교훈

1) 부흥을 위해 오직 기도에만 전념함– "기도가 능력의 비결이요 부흥의 비결이다"

말씀과 신학 부재로 인한 에반 로버츠의 부흥 운동에 많은 약점과 부족함이 있었음에도 불구하고 하나님이 그의 사역에 큰 은혜를 부어주셨습니다. 그래서 목회자들과 평신도 사역자들이 헌신하게 된 계기가 되었습니다. 이제 로버츠를 통하여 배울 수 있는 긍정적인 모습은 하나님의 임재하심을 향한 깊은 갈망과 부흥을 위해 오랜 시간동안 간절히 기도했다는 부분입니다.

로버츠는 10년을 넘는 시간을 하나님의 역사하심과 성령의 부어주심으로 인한 부흥을 위해 오직 기도에만 전념하였습니다. 그는 기도하지 않은 때를 기억할 수 없을 정도로 무릎 꿇고 기도하기를 즐겼습니다. 그의 인생의 목표는 쉬지 않고 기도하는 것이었는데 예배에 성령이 부어지기를 갈망하고 하나님이 반드시 보내 주실 부흥에 대하여 열정적으로 기도하였습니다.

그 결과로 하나님의 영이 불같이 임하여 1904-5년 웨일즈에 부흥의 불길이 타오르게 되었습니다. 웨일즈 부흥의 특징은 "기도가 능력의 비결이요 부흥의 비결이다"라는 사실을 분명하게 가르쳐 주고 있습니다. 로버츠는 말씀보다는 기도를 더 강조하였습니다. 그런데도 하나님이 역사하셨습니다. 즉 부흥은 반드시 설교 말씀에만 달려 있지 않다는 것입니다. 그는 웨일즈 부흥이 일어나기 전에 바로 그 기도, 더 많은 기도를 하였습니다. 1904 -1905년 남 웨일즈 부흥의 주역인 에반 로버츠는 부흥을 위해 기도가 얼마나 중요한가를 가르쳐 주고 있습니다. 또한 부흥에 대한 거룩한 부담을 갖고 기도하는 한 사람이 얼마나 중요한가를 깨닫게 해주고 있습니다.

2) 겸손한 한 사람의 중요성

웨일즈 부흥 당시에 하나님은 에반 로버츠를 사용하셨습니다. 그는 매우 평범한 사역자였습니다. 하지만 로버츠는 매우 겸손한 사람이었습니다. 집회에서 로버츠는 내 자아를 깨트려 달라고 기도했습니다. 또한 그는 신학 교육을 충분히 받지 못하였지만, 하나님을 더욱 알고자 하는 마음은 간절했습니다. 그래서 그는 어디를 가든 설교하며 하나님을 전했습니다. 이처럼 하나님은 자신을 깨트린 겸손한 한 사람을 통해서 그 능한 역사를 교회 속에 보내셨습니다.

하나님은 철저히 자기 부족함을 인식하고 주님을 사모하는 겸손한 사람을 찾으십니다. 로버츠처럼 깨어짐이 있어서 자기 자신이 영적으로 얼마나 가난한지를 뼈저리게 느끼는 사람들이 부흥을 체험할 수 있습니다. 겸손한 사람이 부흥의 주역으로 쓰임 받게 될 것입니다.

▶ 토의를 위한 질문

1. 회심 후 청소년 시기에 에반 로버츠가 11년 동안 기도했던 제목 두 가지는 무엇입니까?

2. 웨일즈에 대한 에반 로버츠의 비전은 무엇입니까? 그 비전의 결과는 어떻게 되었습니까?

3. 웨일즈 부흥으로 인해 도덕적, 윤리적 모습은 어떻게 변화되었습니까? 그리고 부흥으로 인한 교회 성장은 어느 정도입니까?

4. 1905년 웨일즈 부흥의 문제점 3가지는 무엇입니까? 그렇다면 현재 한국 교회의 문제점은 무엇입니까? 만약 문제점이 비슷하거나 같다면 교회는 어떻게 해야 할까요?

5. 에반 로버츠가 오늘날 우리에게 주는 교훈 2가지는 무엇입니까? 이 두가지 원리가 부흥에 있어서 왜 그토록 중요한가요?

Chapter 21

피 묻은 십자가만을 선포한
마틴 로이드 존스

Martyn Lloyd-Jones

의사가 회심 후 목사가 되다 – "환자들에게 가장 필요한 것은 복음"

마틴 로이드 존스

일생동안 성령의 기름부음과 부흥을 갈망했던 데이비드 마틴 로이드존스(Dr David Martyn Lloyd-Jones, 1899-1981)는 1899년 12월 20일 남 웨일즈 카디프(Cardiff)에서 둘째 아들로 태어났습니다. 카디건셔(Cardiganshire) 흘란가이쏘(Llangeitho)로 이사한 후 부모는 18세기 부흥 시기에 다니엘 로울란드(Daniel Rowland)가 세운 지역 칼빈주의 감리교회에 출석했습니다.

1911년 로이드 존스는 트레가론(Tregarton)카운티중등학교에서 공부했고, 1914년에는 가족이 런던으로 이사해 차링크로스로드(Charing Cross Road)에 있는 칼빈주의 감리교회에 출석했습니다. 1916년에 성 바톨로뮤 병원(St Bartholmew's Hospital)의 부속 의료학교에 입학하여 공부하였으며, 총명한 학생이었던 로이드 존스는 25세에 탁월한 성적으로 의학박사 학위를 받았습니다. 그 후 그는 왕실 주치의였던 토마스 호더 경(Sir Thomas Horder)을 보좌하는 수석 진료 소장으로 일하면서 병원의료 학교에서 강의와 연구에 전념하였습니다. 1927년 1월, 로이드 존스는 의대에서 함께 공부했던 베단 필립스(Bethan Phillips)와 결혼했으며, 엘리자베스와 앤이라는 두 딸을 낳았습니다.

젊은 로이드 존스는 어린 시절부터 20대 이전까지 복음을 듣기는 하였지만 명목상 기독교인이었습니다. 지성적이고 교양 있는 명의로서 이름을 날리는 길에 막 들어섰던, 바로 그 무렵에 하나님은 그의 인생 속에 나타나셔서 주님을 체험하게 하십니다. 모든 크고 작은 사건들

마틴 로이드 존스 카디프 생가

은 주님을 만나기 위함입니다. 20대 중반에 회심할 때 로이드 존스는 인생에서 몇 가지를 경험하였습니다. 먼저 로이드 존스는 내과 진료를 통해 가난한 자들이나 귀족들 가운데 상당수가 술과 성생활의 방종으로 인생이 망가졌다는 것을 알았습니다. 그는 인간의 문제는 신체나 지식에 있지 않고 영적인 데 있다는 것을 깨달으면서 하나님 앞에서 자신의 죄와 죄책, 영적 빈곤을 느끼기 시작했습니다. 그리고 그의 아버지의 슬픈 죽음과 그의 형 헤롤드(Harold)의 비극적인 요절은 그에게 인생의 무상함을 뼈저리게 느끼게 해 주었습니다.

또한 로이드 존스는 여러 모임들에서 "현대교육", "시대의 표징", "현대 웨일즈의 비극", "위대한 영적 각성"이라는 주제로 설교하였습니다. 놀랍게도 그때 자기 자신이 웨일즈에서 진리를 전하는 사명을 받았음을 확신하면서 기독교 사역자로서의 강력한 소명 의식을 느꼈습니다.

부와 명성에도 불구하고, 많은 환자들이 영적으로 죽어가는 현장을 보면서 로이드 존스는 이들의 가장 큰 필요는 바로 복음이라고 확신했습니다. 곧 그는 복음 설교자가 되기 위하여 결국 모든 것을 포기했습니다.

당시 영적 상황- "개혁주의 신학 흔들림, 웨일즈 강단이 약해짐"

영국은 1910년 에든버러(Edinburgh)에서 세계선교대회를 개최하였습니다. 그 후 커져가는 에큐메니칼 운동인 세계 교회 협의회(World Council of Churches)의 힘과 영향력으로 인하여 복음주의 진영에서는 큰 도전을 받게 되면서 교회 연합 문제가 신학적으로 큰 논쟁이 되었습니다. 그 당시 복음주의 운동 전체에 스며들어오던 신정통주의의 위험과 성경의 권위에 대한 도전에 직면하여 복음주의 진영의 연합이 절실히 요구되었습니다. 그리고 현대복음주의와 그 복음전도방법의 위험성이 점점 커지고 있었으며 신학계 안에 흐르고 있는 인본주의가 현대복음주의 교회들을 점점 약하게 하고 있었습니다.

또한 웨일즈 지역 교회들은 복음주의의 교리적 기초가 매우 약하게 되면서 자유주의 신학이 더 영향을 끼쳤습니다. 또한 성경의 완전영감과 무오성 교리를 상실해가면서 개혁주의 신학이 흔들렸습니다. 그리고 예수 그리스도의 신성을 부인하였고 오직 믿음의 교리가 비방을 받으면서 웨일즈의 강단들은 약해지기 시작하였습니다. 특히 교회가 현대화 되면서 영적으로나 도덕적으로 쇠퇴의 길을 걷게 되었고 행복과 만족을 위한 성공만연주의 사상이 가득했습니다. 이러한 때에 마틴 로이드 존스의 목회 사역과 삶을 통해 하나님의 능력이 크게 나타나게 됩니다.

피 묻은 십자가만을 선포함- "베들레헴 전진운동 선교교회의 부흥"

목회자로 부르심을 받은 로이드 존스는 신학공부를 하지 않았습니다.

부흥이 일어났던 베들레헴교회

하지만 그는 1927년 10월 26일 칼빈주의 감리교(Calvinistic Methodist)에서 목사 안수를 받았습니다. 로이드 존스는 남웨일즈 포트탈보트(Pott Talbot)의 아버라본 샌드필즈(Sandfields, Aberavon)에 있는 베들레헴 전진 운동(Forward Movement) 선교교회의 목사로 청빙을 받았습니다. 그가 부임한 교회는 웨일즈장로교인 칼빈주의 메써디스트 회중교회입니다. 그 지역은 철강 산업과 광산 지역의 중심지로서 노동자 계층과 극도의 가난한 주민들이 많았고 높은 실업률에 시달리고 있었습니다. 교회는 사회복음을 강조하기도 했으며, 뮤지컬과 연극회, 스포츠 클럽 등의 활동을 하고 있었습니다.

첫 목회지에서 로이드 존스는 복음 설교와 **복음** 전도 그리고 성경연구에 전념하였습니다. 그의 첫 설교의 본문은 고린도전서 2장 2절로서 처음부터 예수 그리스도와 그의 십자가에 대해 말씀을 선포하였습니다. 매주일 마다 강단에서 외친 그의 복음의 선포에 성령의 능력이 크게 역사하였습니다. 그의 설교를 들었던 술주정뱅이들과 불같은 성질을 가진 자들, 항만 노동자들, 철강회사 직원들, 무당들, 광부들이 변하기 시작했습니다. 로이드 존스의 그리스도 중심적인 설교로 인해 지역 주민들이 회심하면서 교회는 놀랍게 성장하였습니다. 웨일즈의 다른 지역에도 수천명이 그의 설교를 들으러 몰려들었습니다.

또한 그는 부임하자마자 뮤지컬과 연극회나 스포츠 클럽 등의 활동을

마틴로이드 존스가 목회했을 당시
베들레헴교회 당회록

없애고 대신 월요 저녁 기도회를 활성화시켰습니다. 또 기도회는 매주 200-300명이 참석했으며, 토요남전도회 모임이 성경적이며 신학적인 문제들을 다루는 토의하는 모임으로 바꾸어 졌습니다. 여성 성경공부반도 처음에는 집에서 모였으나 점점 그 수가 늘어나자 교회로 옮겨 진행하였습니다. 이처럼 성령의 기름부음이 로이드 존스의 사역 위에 임하였고 그의 사역은 초창기부터 이미 큰 능력이 나타나고 있었습니다. 그는 1927년 2월부터 1938년 여름까지 강력한 설교사역을 펼쳤습니다.

11년 동안의 그의 사역에서 처음 93명의 세례교인들이 530명으로 늘어났습니다. 교회 단체 생활은 변했고, 지역 사회에 큰 영향을 끼치게 되었고, 산업지역에서 기독교를 살아있는 종교로 만들었습니다. 황무지 같고 거칠었던 샌드필즈에 놀라운 부흥이 일어났습니다.

"복음과 교리, 개혁신학이 설교의 핵심"- 웨스트민스터교회 부흥

런던 웨스트민스터교회(Westminster Chapel) 담임목사인 캠벨 모건(Campbell Morgan) 보조 목사로 로이드 존스 목사를 청빙하였습니다. 하나님의 뜻임을 확신한 로이드 존스는 1938년부터 캠벨 모건과 함께 사역을 시작했고, 모건의 은퇴로 인해 1943년부터 본격적인 담임목회 사역을 하였습니다. 알미니안주의와 세대주의적인 색깔을 내포하고 있었던 캠벨 모 건과는 달리 로이드 존스는 성경본문에 충실하면서 종교개혁자들의 위대한 신학과 청교도들의 신앙에 강조점을 두었습니다. 그는 칼빈주의의 주권적 은혜의 교리를 주저 없이 선포하였습니다. 그의 명성은 갈수록 높아져만 갔습니다.

로이드 존스는 진정한 예배를 드림에 있어서 설교가 예배의 중심이 되어야 함을 강조하였습니다. 그는 주일 아

웨스트민스터채플

침에는 복음 설교를 했고, 저녁에는 전도 설교를 했습니다. 또한 금요 저녁 모임에서는 로마서 강해 설교를 하면서 그는 기독교 신앙의 위대한 교리들을 실제적인 적용과 함께 가르쳤습니다. 그의 회중들이 신학적으로 문맹이 아니기를 원했던 로이드 존스는 항상 교리와 개혁신학이 가득한 설교를 하였습니다.

또한 그는 기도를 통해 회중을 하나님의 임재 가운데 인도했으며 설교는 항상 강해설교를 하였습니다. 1947년 주일 오전 예배는 약 2,000명이 되었고, 저녁예배에는 평균 2,500명 정도의 사람들이 청중석과 회랑, 발코니까지 가득 들어찼습니다. 수많은 사람들은 성령의 기름부음이 있는 로이드 존스의 설교를 듣기 위해 웨스트민스터교회에 몰려들어 예배당은 가득 메워졌습니다. 1968년 까지 30년, 그의 놀라운 사역을 통하여 교회 확장과 부흥의 역사가 일어났습니다. 1968년에 큰 수술을 한 후 몸은 잘 회복되었지만, 로이드 존스는 사람들의 기대와는 달리 공식 은퇴를 하였습니다. 그는 1980년까지 순회설교 사역을 하고, 로마서 및 에베소서 등

설교 자료들을 정리해 출판을 준비했습니다.

로이드 존스의 탁월한 영성- "기도와 철저한 성경연구"

　로이드 존스의 탁월한 영성은 기도와 성경연구입니다. 설교자에게 기도의 영역과 성경연구의 영역은 너무나도 중요합니다. 로이드 존스는 하나님과의 생명력 있는 교제를 삶의 첫 번째 우선순위로 삼았습니다. 그래서 그가 기도에 우선권을 두고 평생을 살았다는 것은 의심의 여지가 없습니다. 그는 기도의 사람이었으며 특히 그가 기도할 때에 얼굴에서 가끔 빛이 났다고 합니다. 그의 힘은 무엇보다도 개인기도에 있었습니다. 기도가 희미하다면 강단에서 능력 있게 설교할 자는 아무도 없을 것입니다. 로이드 존스가 회중 기도를 할 때 하나님께 간구한 것은 설교에 못지않은 은혜의 수단이 되었습니다.
　또한 로이드 존스의 영성은 성경으로부터 시작합니다. 성경 무오설을 고집한 로이드 존스의 유일한 권위는 그 성경책이었습니다. 그는 성경 강해 도중에 그 성경책의 페이지를 넘기기도 하였습니다. 그는 오직 성경에만 호소하였습니다. 설교자의 할 일은 자기 자신의 생각을 전달하는 것이 아니라 하나님의 말씀인 성경에 근거한 하나님의 메시지를 알리는 것이라고 가르쳤습니다. 그는 성경이 취하는 입장을 취했고 성경이 가르치는 것 위에 서고자 했습니다. 그는 성경의 권위를 전적으로 받아들였고, 완전영감(plenary inspiration)을 굳게 믿고 있었습니다. 그는 성경에 완전히 정통하였습니다. 그는 성경에 젖어 있었습니다. 그의 생애에 있어서 성경은 가장 영향력 있는 책으로서 그의 영혼의 만나요 그의 삶을 이끌고 가는 힘이었습니다. 그는 아마도 20대 중반부터 맥체인 성경읽기표에 따라 읽었으며, 일생동안 구약은 55번 이상을, 신약은 110번 이상을 읽은 것으로 추정됩니다. 그의 메시지의 힘은 성경에 깊이 뿌리를 박고 있습니다.

성령세례와 부흥(Revival)

로이드 존스에게 있어서 성령세례에 대한 이해는 매우 중요합니다. 왜냐하면 그의 강해설교나 목회사역, 교회론, 부흥신학 등을 이해하는데 있어서 성령세례관이 중심에 있기 때문입니다. 로이드 존스의 성령세례는 중생과 회심과는 구별되는 것입니다. 중생은 성령께서 믿는 자 안에 내주하시지만 아직 성령세례를 받지 않을 수도 있습니다.

즉 사람은 성령의 세례를 받지 않고서도 거듭난 신자가 될 수 있다는 것입니다. 중생을 영혼을 지배하는 본성 안에 새로운 영적 생명과 변화의 원리를 이식하는 성령의 역사로 이해했습니다. 로이드 존스는 믿는 자의 거듭남(중생)은 성령의 사역이지만, 성령세례는 예수 그리스도께서 성도들에게 성령을 강하고 충만하게 부어주는 일이며, 개인적으로 또는 집단적으로 이를 인식할 수 있다고 주장합니다. 즉 중생은 무의식적이지만, 성령세례는 의식적이라고 합니다.

로이드 존스가 성령세례에 대해 설교할 때 사용하는 본문은 주로 에베소서 1장 13절과 로마서 8장 15-16절, 그리고 요한복음 1장 26절, 33절 등입니다. 즉 이 성령세례는 방언이나 다른 은사를 주시지 않으면서도, 회심과 확신, 그리스도와의 연합, 성화, 능력으로 임할 수 있다고 가르쳤습니다. 성령세례의 목적은 능력과 전도 또는 증언을 위한 것입니다. 성령세례는 방언으로 증명되는 것이 아니라, 하나님의 영광과 임재하심에 대한 비상한 감각, 하나님에 대한 기쁨과 사랑입니다.

또한 경외감과 그리스도 안에 있는 우리를 향한 하나님의 사랑에 대한 깊은 확신을 가져다줍니다. 이렇듯 성령의 세례는 한 사람의 영혼에 새롭고 신선하게 하나님의 사랑과 영광을 드러내 준다고 말합니다. 로이드 존스는 성령세례가 인간의 중개 노력과는 상관없이 임한다고 생각했으며, 이는 주권적이고, 무조건적인 하나님의 역사였습니다. 부흥과 성령세례는 똑같은 하나님의 역사의 양상들입니다.

하지만 성령세례가 개인적으로 한 성도가 경험하는 일이라면, 부흥은 성령의 충만함이 여러 성도들에게 동시에 이루어지는 사건, 즉 대규모적입니다. 그는 한 번에 많은 사람이 성령 세례를 받는 현상을 부흥으로 간주했습니다. 이처럼 로이드 존스는 성령 세례와 부흥을 연결하였습니다. 따라서 부흥은 하나님의 성령이 물 붓듯 부어지고, 사람들이 하나님의 말씀인 설교를 듣는 일이자 영적 각성이었습니다. 즉 성령께서 믿는 자에게 비상한 생명을 부어주심으로 인해 모든 사람들의 삶을 충만케 하시는 영향력과 능력을 드러내시는 역사입니다. 로이드 존스는 과거에 교회를 강하게 만들었던 것이 바로 이러한 부흥이었다고 본 것입니다.

예를 들면 로이드 존스는 사도행전 2장의 오순절 사건을 성령의 세례임을 믿었습니다. 기독교의 모든 부흥은 오순절의 반복이며, 오늘날에 있어서 교회에 가장 필요한 것이라고 말합니다. 그는 우리가 40년 동안 노력해서 얻은 것보다도 많은 것을 5분 동안의 부흥에서 이룰 수 있다고 단언하였습니다. 그는 다른 무엇보다도 교회를 부흥으로 이끌었던 성령의 부어주심을 목격하기를 원하였습니다.

로이드 존스가 추구한 부흥은 하나님의 영광의 나타남이요, 성령의 부어주심이요, 소생케 하시는 하나님의 임재하심으로 인해 영적생활의 새로운 변화를 말하고 있습니다. 그의 부흥 설교 속에 하나님의 영광을 위한 부흥의 목마름이 얼마나 강하게 나타나는가를 알 수 있습니다.

말씀과 성령의 관계 중요성

로이드 존스의 신학 사상의 핵심 중의 하나는 말씀과 성령의 관계입니다. 그는 사역 초기부터 마지막까지 다음 두 가지를 향한 강한 부르짖음이 있었습니다. 첫 번째는 바른 말씀과 성경적 교리였으며 두 번째는 생명력이 넘치는 영적 체험이었습니다. 즉 말씀과 성령의 역사를 강조하였는데 다른 표현으로는 빛(light)과 열(heat), 그리고 논리(logic)와 불(fire)을 의미하고 있습니다. 로이드 존스는 설교란 "불붙은 논리"(Logic on fire), "불을 가진 신학"(Theology on fire), "설교는 불이 붙은 사람에게서 나오는 신학"이라고 정의를 내렸습니다.

그 당시 교회는 한편으로는 죽은, 제도적인 이성주의와 다른 한 편으로는 표면적이고 흥미와 사람 중심적인 감정주의와 늘 대립하고 있었습니다. 한쪽에서는 이성적인 극단으로 다른 쪽에서는 의미 없는 카리스마틱한 가르침으로 향하고 있었습니다. 이러한 상황에서 로이드 존스는 말씀의 권위와 능력을 인정하며 높이는데 힘을 다하면서도 성령의 사역과 충만함을 동시에 강조하였습니다. 이 견해는 항상 성령의 조명과 말씀의 관계를 주장했던 종교개혁자 칼빈과 같은 견해입니다. 16세기 종교개혁의 신학의 핵심은 말씀과 성령의 신학입니다.

그의 30년간 강해 설교 사역이 이 사실을 증명합니다. 그는 말씀을 떠난 카리스마틱한 가르침들을 경계하며 비판하였습니다. 또한 성령은 진리의 영이므로 진리가 선포되고 외쳐지지 않는 곳에는 성령의 역사하심이 없다고 강력하게 외쳤습니다. 그는 하나님의 말씀에 대한 성령의 적용을 믿으면서 말씀과 성령 없이는 참된 부흥을 기대할 수 없다고 말합니다. 이처럼 말씀과 성령의 관계를 중요시 여겼던 로이드 존스의 사역은 오늘날 한 가지 사역에만 더 강조점을 두는 현대 그리스도인들과 사역자들에게 풋대와 가르침을 주고 있습니다.

로이드 존스의 런던신학교 비전- "참된 목회자, 참된 설교자 양성"

로이드 존스는 대학생들과 특히 신학생들에 대한 관심이 많았습니다. 그는 복음주의 교회의 미래가 하나님의 인도 하에 그 젊은이들의 손에 달렸으며 특별히 새로운 세대의 설교자들을 배출해내는 비전을 갖고 있었습니다. 결국 그의 비전대로 그는 1977년 10월 6일 런던신학교(London Theological Seminary)를 태동시켰는데, 이 신학교는 특별히 설교자와 목사로 부름받은 자들을 훈련하기 위해 설립되었습니다.

그 당시는 로마 가톨릭 사상과 자유주의 신학 사상들이 함께 가르쳐지고 있는 에큐메니칼 학교들이 복음주의 진영 학교들과 손을 잡고 공통 관심사를 가르치고 있었습니다. 또 대학은 자유주의 신학이 지배하고 있었으며 그 신학의 영향으로 인해 잉글랜드교회가 계속 침체하고 있었습니다. 이러한 상황 가운데서 로이드 존스는 지금 필요한 것은 가르침이나 강의가 아니라 설교라고 했습니다. 즉 침체된 교회에 필요한 것은 강의하는 신학자가 아니라 강단에서 하나님을 향한 회개를 촉구하고 주 예수 그리스도를 향한 믿음을 가지도록 선포하는 설교자라는 것입니다. 실제로 런던신학교를 졸업했던 많은 참된 목회자, 참된 설교자를 통해 교회가 회복되는 역사들이 일어났습니다.

로이드 존스가 주님의 품에 잠들다
- "천국 영광으로 입성하는 나를 방해하지 마시오"

1979년에 들어 그의 병이 위중하게 되었습니다. 그는 모든 약속을 취소해야만 했습니다. 1980년 초반에는 다시 설교를 할 수 있게 되었습니다. 그러나 6월이 되자 그는 병으로 더 이상 설교를 계속할 수 없게 되었고 회고록을 집필하라는 주위의 권유를 거절하였습니다.

1981년 2월, 로이드 존스는 그의 가족들에게 자신이 이 지상에서 해야 할 일은 모두 끝이 났다고 말했습니다. 그는 죽기 이틀 전에 가족들에게 "병 치료해 달라고 기도하지 마시오. 천국 영광으로 입성하는 나를 방해하지 마시오"라고 말했습니다. 그는 1981년 3월 1일 세인트데이비드의 날(St David's Day)에 런던에서 주님의 품에 안겼습니다. 그는 잠자던 중에 고요히 숨을 거두면서 82세의 일기로 영원한 본향으로 하나님의 부르심을 받았습니다.

로이드 존스는 그가 사랑했던 웨일즈의 뉴 캐슬 에믈린에 있는 필립스 가의 묘지에 안장되었습니다. 그의 비석에 새겨진 비문은 바로 그가 그것으로 기억되기를 원했던 것입니다. 그리고 그의 삶의 여정을 이끌어 온 동기가 되었던 말씀이었습니다.

내가 너희 중에서 예수 그리스도와 그가 십자가에 못박히신 것 외에는 아무 것도 알지 아니하기로 작정하였음이라(고전 2:2).

고린도전서 2:2 말씀이 새겨진
로이드 존스 부부 묘비

지금 하나님의 품 안에서 영원한 안식을 누리고 있지만, 로이드 존스는 지금도 출판되는 설교와 책들을 통해서 복음을 설교하고 있습니다. 로이드 존스의 메시지와 가르침은 그가 살았을 때보다 영미뿐 아니라 한국교회와 전 세계에 폭넓은 영향력과 많은 유익을 끼쳤습니다. 그는 설교자이자 신학자입니다.

로이드 존스가 오늘날 우리에게 주는 교훈

1) 강단의 영광을 회복하고 설교의 권위를 높임

로이드 존스는 성경적인 목회의 탁월한 본보기이며 복음의 신실하고 충실한 증인이요, 강해 설교자로 높이 평가를 받았습니다. 그에게 있어서 설교사역은 어떠한 소명보다도 가장 높고 위대하고 영광스러운 소명이며, 교회와 목회사역의 최우선적 임무였습니다. 로이드 존스는 모든 설교는 성경 본문에 확실한 기초를 둔 강해설교이어야 함을 강조하면서 성경의 메시지를 파악하고 성령의 기름부음으로 설교했습니다. 그는 강해설교를 교회의 주된 과제라고 강조하면서 설교에 대한 높은 견해를 가지고 있었고 설교의 권위를 높였습니다. 그러면서 그는 교회가 쇠퇴기에 빠진 시대는 언제나 말씀 전하는 것이 침체되어 있었고, 개혁과 부흥이 있을 때에는 위대한 말씀 전파의 시대였다고 주장합니다.

로이드 존스의 설교 핵심 주제들은 '예수 그리스도'의 복음과 그리고 '그의 십자가의 못 박히심'이었으며, 더 나아가 죄, 회심, 살아있는 교회, 확신, 중생, 거룩, 교회 연합, 교리, 하나님의 주권, 영광, 진노, 심판, 마귀 … 등으로 설교하였습니다. 또한 그는 오직 복음적인 설교만이 사람들을 교회로 모을 수 있다고 확신하고 있었기 때문에 강단에서는 일체 농담이나 일화, 개인적인 이야기들은 하지 않았습니다. 그는 만약 말씀이 신실하게 선포되었다면, 하나님이 죄인들의 마음 속에서 역사하실 것이라고 믿었습니다.

로이드 존스의 중요성은 강단의 영광을 회복하고 설교의 권위를 높였다는 것입니다. 그는 20세기가 낳은 최고의 설교자로서 그리스도의 복음을 증거하는 일과 성경의 권위를 회복시키는 일에 일생을 헌신한 목회자였습니다. 찰스 스펄전 이후 영국에서 개혁주의적 사고가 무시되어 오고 있던 때에, 로이드 존스는 개혁주의적 사고와 견고한 교리적 기반을 복음주의에 도입했던 설교자였습니다.

오늘날 교회는 로이드 존스 같은 설교자들, 즉 신학적 준비를 갖추고 성령의 능력을 받아 하나님의 영광스러운 복음을 사람들에게 선포할 수 있는 신실한 목회자들을 절대적으로 필요로 합니다.

2) 청교도들의 목회와 신학, 교리, 신앙, 저서들을 회복함

로이드 존스가 교회사 중에서도 특별히 17세기 청교도의 신앙을 강조하고 계승한 점은 그의 매우 중요한 사역 중에 하나입니다. 청교도들의 신앙과 그들이 저술한 책들 속에는 뛰어나고 정확한 성경적 교리와 해석이 있었을 뿐만 아니라 청교도들은 지식적 신앙보다 성경의 말씀이 매일의 삶 가운데 나타나는 매우 실제적인 신앙생활을 강조하였습니다. 그래서 로이드 존스는 이러한 청교도들의 목회와 신학, 설교, 신앙, 고난, 교회, 영성, 수많은 저서들 등의 중요함을 깨우쳐 주면서 탁월한 청교도들의 유업을 재조명해 주었습니다. 이처럼 청교도 신학과 영성에 흠뻑 젖어 있었던 로이드 존스는 청교도들을 영적 보물이라고 말합니다.

또한 그는 1950년부터 청교도 연구회(Puritan Coference)를 통해 개혁신학, 곧 청교도 신학에 대한 관심을 영국에 새롭게 불러 일으켰습니다. 그리고 청교도 신학의 원전들을 수 없이 많이 복간해 낸 유명한 출판사 진리의 깃발(Banner of Truth) 창설에 영향을 주었습니다. 그만큼 그는 청교도를 사랑했고, 청교도를 잘 이해했고, 청교도 정신을 20세기 사람들에게 알리고 복원하는 데 힘을 기울였습니다. 그래서 로이드 존스를 '마지막 청교도'라고 부릅니다. 칼빈주의적 감리교도였던 로이드 존스는 가장 탁월한 영국 비국교도의 지도자였습니다.

3) 성경의 권위 및 기독교의 핵심 교리를 교회 안에서 세워감

로이드 존스는 당시 밀려오던 현대주의(Modernism)와 에큐메니칼(ecumenical) 운동에 맞섰습니다. 그는 에큐메니컬 운동은 교회 쇠퇴를 해결하는 유일한 대책이 아니라고 주장하였습니다. 그리고 교회와 여러 복음주의 단체들이 에큐메니칼 운동에 물들지 않도록 보호하였으며 순수한 복음만이 선포될 수 있도록 노력하였습니다. 로이드 존스는 교리를 생명처럼 여기면서 복음이 순수하게 남을 수 있도록 교회를 지켰습니다.

로이드 존스는 영국교회가 침체하게 된 원인은 자유주의자들의 성경 고등비평으로 인해 성경의 권위가 무너졌기 때문이라고 말하면서 성경을 해석하고 전파하는 것이 성경의 권위를 세우는 것이라고 강조합니다. 교회사적으로 보면 부흥의 세기는 성경을 하나님의 말씀으로 믿었을 때였습니다. 그래서 로이드 존스는 구원에 있어서 필수가 되는 교리인 "성경의 권위, 예수 그리스도의 신성, 동정녀 탄생, 십자가 대속의 교리, 성령의 인격과 그의 역사" 등에서는 절대 타협이 없었습니다. 허지만 부차적인 교리라고 할 수 있는 "중생 후 성령세례, 성령의 은사, 세례, 교회의 정치형태, 천년왕국"과 같은 부분에 대해서는 강력히 주장하지 않았습니다.

4) 잊혀져가는 부흥을 다시 회복함

로이드 존스에게 있어서 부흥은 평생에 걸친 열정이요 기도제목이었습니다. 영국교회가 점점 침체해 가는 것을 목도한 로이드 존스는 교회사에 나타났던 위대한 부흥의 시기와 현상들 그리고 하나님께 쓰임 받았던 설교자들을 언급하였습니다. 부흥에 대한 목마름이 강했던 로이드 존스는

점점 잊혀져가고 있던 부흥을 다시 회복하였습니다. 그는 궁극적인 영적 재앙을 막을 수 있는 유일한 사건은 하나님께서 놀랍게 부어주시는 부흥이라고 강조하였습니다.

하나님의 교회를 위한 로이드 존스의 가장 큰 욕구는 하나님의 영광이 드러나는 부흥이었습니다. 1859년의 부흥이 일어난 지 100주년이 되는 해에 로이드 존스는 웨스트민스터채플에서 부흥 시리즈 설교 24편을 하였습니다. 평생 교회 부흥을 갈망한 로이드 존스가 부흥 설교를 할 때 선택한 본문은 구약(창 26장; 수 4장; 출 33장; 사 62장-64장)이었고, 신약(막 9:28-29; 행 2:12-13)은 약간이었습니다. 본문이 대부분 구약성경이었습니다. 로이드 존스는 부흥 설교를 통해 왜 부흥이 필요한지, 부흥의 긴박성, 부흥의 성격과 목적, 부흥의 내용과 결과, 부흥을 위한 기도와 열정 등을 주로 다루었습니다.

기독교는 생명이요 능력이요, 에너지의 표출입니다. 점점 침체하고 있는 이 땅에 또 다른 부흥이 필요합니다. 부흥은 세상의 모든 족속들로 하여금 "능하신 주의 손"을 알게 하려는 것입니다. 우리는 삭막한 이 땅에 부흥의 빗줄기를 갈망해야 합니다.

이제 우리는 성령을 교회 전체에 부어주시기를 하나님께 울부짖어야 합니다. 부흥의 축복이 임하기를 기도해야 합니다. 이 땅에 다시금 하나님의 영광이 지나가는 것을 위하여 간절하게 기도해야 합니다. 교회는 무릎으로 세워집니다. 눈물기도가 차야 예배당이 차고 놀라운 부흥이 일어날 것입니다.

5) 예수 그리스도와 피 묻은 십자가만을 선포함

로이드 존스는 일생동안 예수 그리스도와 그의 십자가를 전하였습니다. 그가 볼 때 십자가는 인생 가운데 일어나는 모든 것과 연관을 맺고 있다고 생각했기 때문에 그의 메시지의 핵심은 항상 십자가였습니다. 그는 우리가 살고 죽는 유일한 길은 예수 그리스도를 아는 것이라고 말하면서 이러한 태도가 영광스러운 복음 사역자로서의 삶이라고 강조합니다. 또한 그는 교회사적으로 보았을 때 부흥이 일어날 때마다 예외 없이 그리스도의 피에 대해 엄청난 강조점이 주어졌고, 피에 대한 찬송가를 가장 많이 불렀다고 주장하였습니다. 그리고 사람들이 십자가의 피를 부인하는 동안에는 부흥은 결코 기대하지 못할 것이라고 말합니다. 그는 분명코 점점 잊혀져 가고 있는 십자가와 보혈의 찬송을 많이 회복하여 주었습니다.

십자가에 못 박히신 예수님을 만났던 사람들은 어두운 시대를 헌신적이고 불꽃같은 삶을 살았습니다. 부흥의 세대마다 교회는 십자가를 자랑하였고 예수 그리스도의 피에 대한 찬송을 가장 많이 불렀습니다.

하지만 우리는 지금 점점 십자가를 잃어가고 있습니다. 유럽교회가 쇠퇴해진 이유는 예수 그리스도의 십자가를 더 이상 강조하지 않았기 때문입니다. 인간의 모든 문제와 치유 그리고 회복은 오직 십자가를 통해서만 가능합니다. 교회가 하나님의 축복과 은혜를 받아 교회가 계속 성장하려면 예수 그리스도와 피 묻은 십자가를 다시 붙잡아야 합니다. 십자가의 찬송을 많이 불러야 합니다. 십자가만을 자랑해야 합니다. 그리스도와 십자가를 외칠 때 교회가 부흥할 것입니다.

▶ 토의를 위한 질문

1. 유능한 의사였던 로이드 존스가 목회자로 부르심을 받기까지의 과정에서 일어났던 여러 사건들은 무엇이었습니까?

2. 베들레헴 전진운동 선교교회에서 목회할 때 일어났던 부흥의 현상은 어떠하였습니까?

3. 웨스트민스터채플에서 목회할 때 일어났던 부흥의 현상은 어떠하였습니까?

4. 로이드 존스가 말하는 부흥의 의미는 무엇입니까? 왜 로이드 존스는 사역 가운데서 교회 부흥을 그토록 갈망하였습니까? 부흥의 목적은 무엇입니까?

5. 왜 말씀과 성령의 균형잡힌 신앙이 중요하다고 생각하십니까? 혹시 나는 말씀만 붙잡고 있습니까? 아니면 나는 성령만 붙잡고 있습니까?

6. 로이드 존스가 오늘날 우리에게 주는 교훈 5가지는 무엇인가요? 그 가운데서 내가 더욱 더 힘써야 할 부분은 무엇입니까?

Chapter 22

성령에 사로잡힌 부흥사
던칸 캠벨

스코틀랜드 헤브리디스 섬 부흥의 역사

역사적으로 하나의 부흥의 요충지였던 헤브리디스(Hebrides)는 첫 번째 1824년부터 부흥이 시작되어 1835년 사이에 루이스(Lewis) 섬 곳곳에서 부흥이 계속해서 일어났습니다. 그 때 주역은 앤드류 맥로드(Andrew McLeod) 목사였습니다. 두 번째는 1934-1939년 사이에 루이스 섬은 또 다시 부흥을 경험하였습니다. 이러한 부흥으로 인해 가난과 무지와 미신으로 가득찬 섬 전체가 놀랍게 바뀌기 시작했습니다. 또한 집집마다 성경을 읽고, 가정 예배가 생활로서 정착되었습니다. 그리고 칼빈신학의 5대 교리와 기본신학을 이해하고, 강단에서는 말씀 중심의 교리가 1시간씩 선포되었고, 회중은 집중하여 설교를 들었습니다. 그런 상황 속에서 세 번째는 10년 후 1949년부터 1952년까지 또 다시 부흥이 일어났습니다.

이 부흥의 결과로 많은 심령들이 하나님께로 돌아오는 일이 계속되었습니다. 이처럼 스코틀랜드 북서쪽 헤브리디스의 가장 큰 섬인 루이스 섬과 여러 작은 섬에 하늘의 부흥이 수차례 일어났습니다. 하나님은 헤브리디스 섬에 여러 차례 크고 놀라운 부흥을 부어 주셨습니다. 헤브리디스는 부흥의 땅이요 축복의 땅입니다.

던칸 캠벨의 회심
- "백파이프 연주 중에 성령께서 십자가로 인해 죄를 깨닫게 하심"

1949년 루이스 섬 부흥의 주역인 던칸 캠벨(Duncan Campbell, 1898-1972)은 교회 역사에 잘 알려지지 않은 인물입니다. 캠벨은 1898년 스코틀랜드 산지 블랙크로푸트(Black-crofts)에서 태어나 어려서부터 신앙 안에서 성장하였으며, 부모로부터 가족 예배와 기도회, 매일 말씀 읽는 등 신앙 훈련을 받을 수 있는 축복을 누렸습니다. 또한 그는 어릴 때부터 민속음악(folk music)을 사랑하였는데 곧 실력 있는 스코틀랜드 전통 악기인 백파이프(bagpipe) 연주자가 되었습니다.

던칸 캠벨

던칸 캠벨은 15세 때 초청 받아 백파이프 연주를 하였습니다. 그런데 연주 도중에 성령님이 그에게 갈보리 언덕의 십자가 위에서 죽으신 그리스도를 생각나게 하여 죄를 깨닫게 하셨습니다. 그리고 깊은 죄의식과 양심의 가책이 그를 엄습해 버렸습니다. 그는 갑자기 그의 인생의 허무함과 빈곤함 그리고 공허함을 느꼈으며 이 고독한 마음 때문에 그는 그 날 더 이상 연주를 하지 못하였습니다. 그는 집에 도착하여 그의 영적 괴로움을 어머니에게 얘기하였을 때 그의 어머니는 한시도 지체하지 말고 하나님 앞에 바로 서라고 말하여 그를 헛간으로 보내어 기도를 시키었습니다.

그 때 캠벨은 헛간에서 다음과 같이 기도하였습니다:

> 주님, 제가 어떻게 해야 할 지 알 수 없습니다. 또한 제가 어떻게 나아가야 할지 알 수 없습니다. 하지만 주님께서 저를 있는 그대로 받으신다면 지금 나아가겠습니다.

그 때 그의 마음 가운데 예수님이 말씀하신 약속의 말씀(요 5:24)이 확신으로 다가왔고, 구원의 기쁨이 흘러 넘쳤습니다. 그는 그의 인생을 하나님을 섬기는 데 쓰고 싶다는 강한 확신을 하게 되었습니다. 결국 캠벨은 스코틀랜드 연합 자유교회의 목사가 되었으며 성령충만한 설교자로서 말씀을 선포하는 일에 크게 쓰임 받았습니다.

회심 후 각 지역과 섬 마을을 돌면서 복음 전함

그의 회심의 첫 열매는 믿음선교회(Faith Mission)에서 나타난 그의 열정적인 헌신이었습니다. 곧바로 캠벨은 작은 마을들을 거의 다 돌아다니면서 전도하는 데 열심을 내기 시작하였으며, 성경을 읽고 기도하는 일에 전념하였습니다. 캠벨은 오랜 기간 신학을 공부하기보다는 믿음선교회에서 훈련하는 9개월 집중 과정에 지원하여 복음전도 사역에 대해 중점적으로 교육을 받았습니다. 전도자 훈련 과정을 마친 후 캠벨은 주님을 위하여 불타는 마음으로 스코틀랜드 각 지역과 섬 마을 구석구석까지 돌면서 전도하였습니다. 그의 방문 사역과 간증을 통하여 여러 영혼들이 주님을 영접하는 기쁨을 누렸습니다.

또한 마음 속에 동족 스코틀랜드인들을 향한 소망을 품고 있었던 캠벨은 그의 동역자들과 함께 스코틀랜드 북부와 섬들을 순회하면서 열정적으로 설교하며 담대하게 복음을 전하였습니다. 그들은 주민들의 신뢰를 얻기 위해 그들의 일터를 찾아가 일을 돕기도 하는 등 온 열정을 쏟아 부었습니다. 그들은 스코틀랜드 북서쪽에 위치한 이오나(Iona)부터 북쪽 포트 윌리엄(Fort William)까지 두루 다니면서 영적 각성을 일으켰습니다. 더욱 더 힘을 받은 캠벨은 3년간 이러한 순회 사역을 하다가 1924년에는 스카이(Skye) 섬까지 방문하여 전도 사역을 하였습니다. 이 기간 동안 처음에 많은 사람들이 굳은 마음으로 캠벨 일행을 반가워하지 않았지만 성령의 역사하심으로 많은 사람들이 주님께로 돌아오게 되었습니다. 사람들은 그들의 설교뿐만 아니라 가정에서 드려지는 작은 기도모임들을 통해서도 회심하게 되었습니다.

영적 침체에서 말씀으로 힘을 얻고 다시 사역하다

캠벨은 믿음선교회에서 사퇴하여 스카이 섬에 있는 아드바서자유교회(Ardvasar Free Church)의 담임목사로 부임하여 4년간 사역하였습니다. 그 후 모라이 포스(Moray Forth) 지방으로 사역지를 옮겨 교회를 건립하였고, 10년간의 충실한 사역으로 많은 청년들의 신앙이 바르고 굳게 자라게 되었습니다. 그 후 그는 1940년 팔기크(Falkirk)에 있는 자유교회의 담임목사로 부임하였지만 그곳에서는 의외로 사역의 큰 열매를 거두지 못하였습니다. 산업적인 도시에서 사람들의 마음은 특별히 더 굳어져 있었습니다.

그의 사역 가운데 더 이상 열매를 보지 못하자 그는 자신의 영적 상태를 점검하게 되었고 자신이 자유주의 신학의 영향을 받지는 않았는지, 혹은 자신의 힘과 명성을 의지하고 있지는 않았는지 등 여러 의문 가운데 빠지게 되었습니다. 이러한 상황 가운데서 그는 다른 지역에서 목회를 해야 하는지 아니면 믿음선교회로 돌아가 강의를 해야 할 것인지 고민하고 있었습니다.

그러던 중에 캠벨은 에든버러에 있는 예배에 참석하여 주님께 부르짖도록 도전을 받았습니다. 그는 기도하기 시작하였고 밤을 새워 기도하였습니다. 기도 중에 하나님은 다시 한 번 자비의 손길로 그의 마음 가운데 "여호와께서는 자기 백성을 버리지 아니하시며 자기의 소유를 외면하지 아니하시리로다(시 94:14)"라는 말씀과 "그가 네 모든 죄악을 사하시며 네 모든 병을 고치시며(시 103:3)"라는 말씀을 주셨습니다.

캠벨의 영혼은 다시 확신으로 찼으며 그의 마음 가운데 다시 한 번 그가 예전에 사역하고 하나님의 큰 영광을 맛보았던 스코틀랜드 북부 지방을 향한 강한 열정을 품게 되었습니다. 그는 하나님이 자신을 다시 한 번 그 곳으로 부르시고 계신 것을 확신하였습니다. 그리하여 1949년 1월 캠벨은 그의 아내와 5명의 자녀들을 이끌고 믿음선교회에서 제공해준 집으로 이사하였고 곧바로 북부 지방을 돌며 사역하기 시작하였습니다. 그는 다음과 같이 보고합니다.

> 나는 내가 20년 전 싸웠던 전쟁을 다시 한번 싸우고 있지만 이번에는 승리자의 편에 서서 즐기고 있습니다.

부흥의 불을 붙인 두 자매 할머니의 중보기도

역사적으로 여러 번 부흥을 체험했던 루이스(Lewis) 섬 부흥의 열기가 식어지면서 젊은이들은 믿음을 버리고 타락과 방탕한 삶을 살게 되었습니다. 교회는 젊은이들을 붙잡는 데 무기력했고, 사회는 전반적으로 복음에 무관심하였습니다. 역사 속에서 부흥을 경험했던 헤브리디스의 뜨거운 영성은 썰물이 되어 버렸습니다. 이런 상황 속에서 발바스(Barvas) 마을에서 제임스 맥케이(James Murray Mackay) 목사와 몇몇 교회들과 지도자들 그리고 많은 그리스도인들은 하나님의 강력한 임재를 갈망하면서 하나님이 다시 부흥을 보내 달라고 여러 달 동안 기도하였습니다.

부흥을 위해 기도했던
두 노인 자매와 던칸 캠벨

특별히 나이 많은 두 자매 할머니인 84세 페기 스미스(Peggy Smith)와 82세 크리스틴 스미스(Christine Smith)는 오두막 집에서 하나님이 이 섬에 또 다시 부흥을 달라고 기도하였습니다. 언니 페기는 관절염 장애가 있어 잘 움직일 수 없었고, 그 동생 크리스틴은 앞을 잘 볼 수 없는 시각장애인이었습니다. 두 노인 자매들은 하나님이 그들에게 주셨던 "내가 갈한 자에게 물을 주며 마른 땅에 시내기 흐르게 하며"(사 44:3)라는 약속의 말씀을 붙들고 기도했습니다. 두 노인 자매들이 계속 기도를 하자 하나님은 그들에게 유명한 부흥사 던칸 캠벨 목사가 그들을 인도하기 위해 마을에 올 것이라고 가르쳐 주셨습니다.

하나님의 응답을 받은 두 노인들은 그 섬 마을 발바스에서 사역하고 있는 제임스 맥케이 목사에게 캠벨 목사를 초청해달라고 요청을 하였습니다. 그들은 기도 가운데 캠벨이 하나님의 뜻을 나타내기 위한 도구임을 확신하게 되었습니다. 두 노인 자매의 기도가 응답되었습니다. 1949년 던칸 캠벨이 부흥 집회를 인도하기 위하여 루이스 섬에 도착했을 때, 두 할머니의 중보기도가 루이스 섬 부흥의 불을 붙이고 있었습니다.

던칸 캠벨의 성령집회에 나타난 하나님의 능력

캠벨은 기도하는 사람이요, 부흥을 여러 번 목격했던 사역자요, 성령에 사로잡힌 부흥사입니다. 그는 헤브리디스 부흥 시기에 말씀 증거하는 일에 크게 쓰임받았던 설교자입니다. 성령께 사로잡혀 루이스 섬에 도착한 캠벨은 성도들의 영적 기대감에 놀랐습니다. 그는 피곤을 잊어버리고 온 열정을 다하여 집회 인도에 나섰습니다.

첫째 날 성령의 감동은 있었지만 특별한 어떤 일은 일어나지 않았습니다. 하나님의 강력한 역사는 그 후 며칠이 지난 주일날 저녁집회 때 일어났습니다. 섬 전역에서 사람들은 버스를 타고 집회에 참석하였습니다. 이 날 교회는 가득 차 있었습니다. 캠벨이 설교할 때 성령이 회중들의 심령 속에 강하게 역사하셨습니다. 많은 사람들은 흐느껴 울면서 깨어지고 죄를 깊이 깨달았습니다. 무관심한 그리스도인들은 잠에서 깨어났고 예수 그리스도를 믿기로 결단했습니다. 집회 가운데 기쁨의 찬양과 괴로움의 신음이 뒤섞였습니다. 집회는 새벽이 맞도록 계속 되었습니다. 캠벨이 축도를 하고 집회를 마무리 할려고 해도 사람들은 그룹별로 헤어져 계속하여 기도하였습니다. 교회 밖에는 많은 회중이 성령에 사로잡힌 채 서 있었습니다. 그 날 밤은 구원과 부흥의 밤이었습니다.

캠벨은 발바스에서 5주 동안 저녁마다 집회를 인도하였습니다. 캠벨의 설교 주제들은 구원받은 자의 영광과 십자가의 능력, 하나님의 진노, 기도의 중요성, 거룩, 성결, 죄인들의 멸망, 천국 등에 대한 내용이었습니다. 그의 설교 사역 위에 하나님의 은혜와 성령의 강력한 역사하심이 나타났습니다. 하나님의 능력이 움직이고 있었고, 성령이 운행하고 있었습니다. 이것이 1949년 루이스 섬(Isle of Lewis)의 부흥입니다.

루이스 섬 부흥의 현상

1949년 루이스 섬 부흥 때 하나님의 임재하심으로 인해 많은 그리스도인들이 죄를 고백하게 되었습니다. 예배가 끝난 후 구원받지 못한 사람들이 통곡하며 회개하기 시작했습니다. 성령의 임재에 실신하고 영혼의 고통으로 바닥에 쓰러지기도 했습니다. 장성한 남자들이 죄의 무게에 엎드려져 자비를 구하였습니다. 그들의 죄악성을 깨달아 하나님께 울부짖었습니다.

또한 방탕한 삶을 살았던 젊은이들도 교회로 몰려와 울면서 하나님 앞에 회개하였습니다. 집에 있다가 갑자기 성령의 강한 죄의 지적을 받고 고꾸라져 하나님 앞으로 나오게 된 사람이 한 둘이 아니었습니다. 어떤 이들은 길을 가다가 성령에 감동되어 그 자리에서 무릎을 꿇고 기도하였습니다. 사람들은 집에서, 헛간에서, 베 짜는 광에서, 길가에서, 석탄재 옆에서, 들판에서 하나님의 능력으로 말미암아 흐느끼며 결단했습니다. 그들은 기도하여 하나님을 만났고 하나님과 관계를 잘 해 나가고자 했습니다.

여러 지역에서 기도회가 마을 생활의 중심이 되었습니다. 또한 다른 한 쪽에서는 하나님 영광의 임재 가운데 구원하는 손길을 맛보아 기쁨의 외침도 들렸습니다. 회심자들이 구원의 확신을 체험하면서 하나님을 찬양하였습니다. 주일 아침에 신자가 4-5명밖에 참석하지 않던 교회들이 매주 차고 넘쳤습니다. 수많은 사람들이 교회로 몰려와 교회는 다시 살아났습니다. 술주정뱅이들이 그리스도 앞으로 돌아왔으며, 술집들이 영업이 안 되어 문을 닫았습니다. 많은 이의 삶이 놀랍게 변화되었습니다.

이 부흥의 불길은 단순히 어떤 감정주의적인 사건이 아닌 지속적이고 루이스 섬 사람들의 삶을 온전히 바꿔놓은 하나님의 강한 역사였습니다.

그 부흥의 소식이 마을에서 마을로 확산되었고 즉시 섬 전체로 퍼져 나갔습니다. 그 온 지역이 하나님으로 충만해진 것 같았고 하나님께 푹 빠져 있는 것 같았습니다. 사람들이 있는 곳이면 어디든지, 그곳이 가정이든, 논밭이든, 아니면 길가든, 하나님의 임재를 의식할 수 있었습니다. 어떤 성도는 "하나님이 저희들을 덮고 계십니다"라고 고백하였습니다.

캠벨은 "부흥은 하나님께 흠뻑 빠진 공동체를 말한다"고 했습니다. 이 날의 특별한 역사는 그날로 멈춘 것이 아니라 1949년 루이스 섬의 발바스 마을을 중심으로 부흥이 섬 전체로 퍼져나갔습니다. 성령의 역사로 인해 1952년까지 부흥은 계속 되었습니다.

부흥이 일어났던 루이스 섬의 발바스교회

열정과 헌신적인 삶을 살았던 캠벨이 하나님의 품으로 돌아가다

던칸 캠벨은 1952년 이후 스코틀랜드 여러 지역을 다시 순회하면서 설교하였지만 1956년 다시 그의 건강 상태가 악화되어 스위스로 병가를 가게 되었습니다. 그 후 순회 사역을 더 이상 할 수 없게 되어 1958년 에든버러에 있는 믿음선교회성경대학으로 돌아가 교장직을 맡게 되었습니다. 그는 차세대 젊은이들을 교육하며 강의하였습니다. 또한 기도시간에는 그들에게 불타는 메시지를 전하였습니다. 캠벨은 1966년 은퇴하였고 그 후 미국과 캐나다에서 집회 초청이 있어 그곳을 방문하게 되었습니다. 그는 여러 사역을 마치고 1972년 스위스 로잔(Lausanne)으로 가서 청소년 선교학교에서 전도를 가르쳤습니다.

그가 죽기 전 학생들에게 마지막으로 남긴 말씀은 이것이었습니다.

> 그러므로 나는 달음질하기를 향방 없는 것 같이 아니하고 싸우기를 허공을 치는 것 같이 아니하며(고전 9:26).

그의 열정과 헌신적인 삶을 요약해주는 구절이었습니다. 새벽시간 그에게 갑자기 심장마비가 엄습했습니다. 그는 1972년 5월 28일 하나님의 품으로 돌아가게 되었습니다.

던칸 캠벨이 오늘날 우리에게 주는 교훈

1) 참된 부흥의 현장-"하나님을 갈망하고 성령으로 충만함"

던칸 캠벨이 사역한 곳은 아무도 그전에 듣지도 보지도 못한 곳입니다. 이러한 곳에서 부흥이 일어난 것입니다. 하나님의 임재하심이 나타난 것입니다. 이것은 부흥에 대해서 우리에게 시사하는 바가 큽니다. 큰 도시가 아니어도 하나님을 갈망하고 성령으로 충만한 곳에 하나님이 임재하시며 크고 놀라운 그의 일들을 행하신다는 사실입니다. 교회사적으로 스코틀랜드 루이스 섬이 참된 부흥의 현장으로 기억되고 있습니다.

2) 중보기도의 중요성

루이스 섬의 부흥은 중보기도의 놀라운 위력을 잘 말해주고 있습니다. 수많은 부흥의 역사에 공통점이 하나 있다면 그것은 간절한 중보기도입니다. 하나님이 큰 부흥을 일으키시기 전에는 꼭 기도를 시작하신다는 것입니다. 언제나 기도의 사람을 통해 부흥의 불이 붙습니다.

한국과 유럽, 그리고 온 열방에서 타올라야 할 부흥을 위해 어디서든지 열정적으로 기도하는 그룹들이 많이 나와야 합니다. 기도하는 사람이 부흥의 주역입니다.

3) 말씀 중심의 신앙생활

루이스 섬 부흥의 중요한 원인은 말씀 중심의 부흥이었다는 점입니다. 섬 사람들은 항상 말씀을 읽고 있었고, 말씀 중심의 신앙생활을 하였습니다. 그들은 성경의 진리에 대해서 확고하였습니다. 우리 역시 말씀을 더욱 굳건히 붙잡아야 합니다. 점점 말씀이 소홀해 지고 있는 이 시대에, 그리스도들은 말씀에 자신의 영혼을 흠뻑 적셔야 합니다. 종교개혁자 마틴 루터나 존 칼빈은 말씀의 사람이었습니다. 그들은 16세기 부흥의 주역이었습니다. 말씀의 사람이 부흥의 불길이 타오르게 합니다.

4) 성령의 강력한 역사하심

　헤브리디스 섬 일대의 부흥은 강력한 성령의 역사이었습니다. 그들은 성령의 역사를 통하여 회심한 후 말씀 중심에 서서 신앙을 이어갔습니다. 주목할 만한 것은 성령의 임재가 섬 전체를 휩싸고 있었습니다. 그들의 심령 가운데 성령께서 강력하게 역사하심으로 인해 죄를 자복하고 통회하게 되었습니다. 성령의 내주하심을 체험하면서 구원의 영광을 경험하게 되었습니다. 부흥은 성령의 역사를 통하여 오는 것입니다.

5) 부흥을 위해 자신을 깨끗하게 준비함-"부흥은 항상 거룩함과 연결됩니다"

　캠벨은 "하나님의 부흥을 찾는 자들은 자신들이 준비한 프로그램과 행사가 아닌 하나님이 그의 절대주권 속에서 일하실 수 있도록 준비를 해야 한다"고 말합니다. 그들은 손과 마음을 깨끗하게 하고 정결하게 하고 무릎을 꿇고 부흥을 위해 기도하면서 하나님과 관계를 바르게 하였습니다. 그 때 하나님은 모인 자들에게 부흥을 부어 주셨습니다. 캠벨은 "부흥은 항상 거룩함과 연결되어야 합니다. 거룩함 없이는 누구나 주님을 볼 수 없다"고 말합니다. 참된 부흥은 거룩함의 부흥입니다. 부흥을 위해 자신을 깨끗하게 준비하는 자들을 통하여 하나님이 역사하심을 루이스 섬 부흥을 통하여 오늘날 우리가 배울 수 있습니다.

▶ 토의를 위한 질문

1. 던칸 캠벨의 회심 사건과 회심 후 그는 무슨 일을 가장 많이 했습니까?

2. 루이스 섬 부흥의 불을 붙인 두 자매 할머니는 무엇을 집중적으로 하였습니까?

3. 루이스 섬 부흥의 현상은 어떠하였습니까?

4. 던칸 캠벨이 오늘날 우리에게 주는 교훈 5가지는 무엇인가요?

5. 루이스 섬 부흥에서 찾을 수 있는 영적 원리는 중보기도, 말씀, 성령의 역사하심, 거룩함입니다. 내가 가장 힘써야 할 영적원리는 무엇인가요?

결론

하나님의 영광이 드러나는 부흥

　이제 여러분은 이 책을 통해 지난 14세기부터 20세기까지 영국교회 부흥에 크게 쓰임 받았던 22명의 인물들의 사역과 삶에 대해서 살펴보았습니다. 물론 1500년이 넘는 영국교회사에서 하나님이 사용하신 부흥의 인물들은 그 외에도 많을 것입니다. 그러나 이 책에 포함된 인물들은 부흥의 불을 지폈던 영적 거인들로서 이미 영국교회사에서 검증된 사람들입니다. 그 까닭에 시간을 떼어 그들의 이야기를 듣는 것은 21세기를 사는 우리에게 영적 유익이 될 것입니다.

　그러나 앞부분의 추천사 중에도 언급되었듯이 최근 '부흥'이라는 단어의 인기가 고조되면서 그에 대한 혼돈도 깊어지고 있습니다. 특히 건강하지 못한 신비주의의 만연과 함께 때로는 "진정한 부흥이 무엇인가?"에 대해 질문하고 성경적 해답을 찾는 것이 중요하고 시급한 과제가 되었습니다.

성경에 나타난 부흥의 모습과 의미

성경을 "우리의 신앙과 삶의 유일한 근거요 기준"으로 고백하는 신자들이면 누구나 다 "성경에서는 부흥을 어떻게 말하고 있나?"라고 한 번 이상 질문을 해보았을 것입니다.

그러므로 성경에 나타난 부흥의 모습을 살펴보고 또 그 의미를 살펴보는 것은 우리의 의무이요 또 특권이라 할 수 있겠습니다.

1) 성경적 부흥의 정의

부흥이란 영어로 Revival, 즉 '다시 살다, 소생하다'라는 뜻인데, 믿는 자들의 영혼이 다시 살고 교회가 소생하는 것입니다. 마틴 로이드 존스는 "부흥이란 먼저 나른해지고 잠들어 거의 죽어가는 교회의 지체들을 활기 있게 하고 깨워 소생하게 하는 것이다"라고 말했습니다. 성경적 부흥(Biblical Revival)이란 성령을 통하여 역사하시는 하나님의 주권적이고 인간의 한계를 넘는 초자연적인 현상을 말합니다. 즉 부흥은 하나님의 교회에 주시는 성령의 쏟아부어주심(outpouring of the Spirit)으로서 평소에는 경험할 수 없는 비상한 특성을 지니는데 한 마디로 부흥은 "성령의 형언할 수 없는 풍성한 역사하심"으로 요약할 수 있겠습니다.

그 결과 하나님의 백성들은 영적 생명력과 신앙의 열심, 하나님을 향한 사랑과 갈망이 회복되는 것을 경험하게 됩니다. 이것은 주로 교회의 양적 성장으로 연결되지만 그 어느 것보다도 성령의 강력한 역사로 인한 성도들의 신앙의 정화와 영적인 권능의 소유가 그 특징이라 할 수 있겠습니다.

그렇기에 부흥의 때에는 수많은 사람들이 자신들의 죄를 깨닫고 애통하며 회개하는 것을 먼저 볼 수 있습니다. 매 주일마다 회심자들이 늘어나고 신자들은 기쁨으로 온 밤을 새워 기도하기도 합니다. 사람들은 교회에 몰려와 하나님의 말씀을 듣기 원하고, 목회자에게는 교인들에게 성경을 가르치는 일이 가장 중요한 과제가 됩니다.

또한 하나님의 사랑을 아는 지식과 은혜, 성령의 임재를 체험하면서 온 교회가 생명력으로 가득차게 되고, 그 결과 사람들은 겸손해지고 하나님의 위대한 구원에 대한 지식과 구원의 능력을 경험합니다. 목회자와 선교 헌신자들이 많아지고, 복음은 권위있게 전파되었습니다. 사회에서는 이같은 신자의 복음 증거와 모범적 삶을 통하여 부패와 부도덕, 방탕함이 점차 줄어들게 되었습니다. 이처럼 부흥은 항상 성령의 부어주심으로 인한 신선한 활력으로 나타났고 비범한 영적 영향력이 확산되었습니다. 이것이 참된 부흥의 모습이고 의미라 할 수 있겠습니다.

2) 구약성경에 나타난 부흥의 의미와 모습: 회복

구약성경에서 부흥은 하나님의 언약의 축복이 회복되는 것을 특별히 강조하고 있습니다. 하나님과 자기 백성 이스라엘과 맺은 언약의 회복, 축복과 은혜의 회복, 하나님의 주권과 왕권의 회복이 '부흥'의 모습으로 자주 등장하고 있습니다. 또한 자기 백성을 향하신 하나님의 구원 사역의 모습으로도 나타납니다. 즉 구약성경에서 부흥은 하나님과 맺은 언약을 배반하고 죄에 빠진 이스라엘 백성을 하나님이 약속하신 언약 때문에 다시 회복시켜주는 것을 의미합니다.

하나님은 부패하고 영적으로 타락한 이스라엘 백성에게 부흥을 허락하시고 그때에야 그들은 비로소 회개하면서 다시금 하나님을 섬기는 백성으로 그 본질이 회복되곤 하였습니다. 이것이 구약성경에서 강조하는 부흥의 모습입니다. 참고 구절은 민 14:31, 삿 2:18, 대하 7:14, 대하 15:12, 대하 17:3, 대하 34:31, 스 9: 8, 시 85:6, 사 44:3, 사 62:6-7, 사 64:1-2, 욜 2:28-29, 합 3:2, 슥 4:6 등에서 찾아볼 수 있습니다.

3) 신약성경에 나타난 부흥의 의미와 모습: 풍성함

신약성경에서 나타난 '부흥'은 성령의 주권적인 사역으로 인해 교회와 성도들이 누리는 '풍성함'이 그 특징입니다. 특별히 약속된 성령의 부으심이 가장 임박했던 시기에 기록된 복음서와 그 약속이 성취된 사도행전과 서신서 안에는 성령의 역사가 영광스럽게 드러나고 있습니다. 사도행전에는 오순절 이후로 나타나는 성령의 사역과 부으심에 관하여 증거하고 있는데 교회의 탄생, 영적 성장과 대규모의 영적 각성이 연속적으로 일어나는 것을 볼 수 있습니다.

즉 성령의 능력으로 인해 성도들이 이전에는 볼 수 없었던 영적 능력, 사랑, 확신, 기쁨, 전도, 그리스도를 닮은 성품의 열매 등이 충만하게 나타나게 되었습니다. 이것이 신약에서 보여주는 부흥의 모습이며 그 의미입니다. 참고 구절은 눅 24:49, 요 7:38, 요 14:12, 행 2:33,41 행 4:4, 행 8:8, 행 9:35,42, 고전 1:4-8, 고후 7:4, 고후 9:8, 엡 1:19, 엡 3:19, 골 2:2-3, 9-10, 살전 1:5, 약 5:7-8, 벧전 1:8 등에서 찾아볼 수 있습니다.

부흥에 대한 견해들

1) 부흥에 대한 인간의 책임 강조

인간의 어떤 기준들이 만족되면 부흥이 자동적으로 따라온다는 기계론적 견해가 있습니다. 즉 부흥을 체험하느냐 못하느냐가 전적으로 교회와 그리스도인들의 행위와 노력에 달려 있다는 입장입니다. 사람들이 열정적으로 기도하고 회개, 설교, 전도에 힘쓰기만 하면 부흥을 맛볼 수 있다고 생각하는 인간중심적 부흥관입니다.

이 견해를 옹호하는 대표적인 인물은 찰스 피니(Charles Finney)입니다. 그는 그의 저서인 『진정한 부흥』(Lectures on Revival)에서 말하기를 "부흥은 적절한 수단을 써서 얻을 수 있는 농작물처럼 적절한 수단을 사용하면 그 결과로서 자연스럽게 일어나는 것이다"라고 하였습니다. 즉 그는 부흥이 일어나지 않는 이유가 하나님이 우리에게 요구하시는 은혜의 방편들을 충신하게 사용하는 데 실패했기 때문이라는 것입니다. 이것은 알미니안주의(Arminianism) 입장입니다.

그러나 성경의 하나님은 은혜의 방편에 매이지 아니하시는 절대 주권자 하나님이십니다. 물론 부흥이 일어나기 전 우리의 열정적 기도와 구령 사역에의 헌신과 능력있는 설교는 무척 중요합니다. 그렇다고 그 결과로 부흥이 반드시 뒤따른다고 말하는 것은 잘못입니다. 부흥이 우리가 행한 것에 달려 있는 인과응보가 아니기 때문입니다. 우리 자신이 어떤 일을 하기까지는 하나님이 부흥을 주실 수 없다고 말한다면 알미니안의 견해를 따르는 것입니다.

슬프게도 오늘날 대부분의 교회는 부흥이 하나님의 주권적 뜻보다는 인간의 행동과 노력에 달려 있다고 하는 찰스 피니의 부흥관을 따르고 있습니다. 어떤 일을 열심히 하기만 하면 원할 때마다 부흥을 소유할 수 있다고 가르치는 비성경적 견해를 따르면서 교회가 혼란과 참된 부흥을 놓치고 있는 것은 영적인 비극이 아닐 수 없습니다. 부흥은 인위적으로 발생할 수 있다는 부흥주의(Revivalism)는 복음적이지 않습니다. 참된 부흥에 인간적인 창설자는 없습니다.

2) 부흥에 있어서 하나님의 절대 주권 강조

이 견해는 부흥은 하나님의 주권적이고 독특한 역사로 일어난다는 부흥관입니다. 즉 부흥은 하나님이 죄인들에게 넘치도록 부어주시는 성령의 역사로서 교회의 머리 되신 그리스도에 의해 교회 위에 반복적으로 주어집니다. 오직 하나님으로부터 오는 전능하고 실제적이며 강력한 영적 부흥에 의해 형식적인 교회의 모습은 활기를 띠고, 영적 에너지와 경건한 영향력을 경험하게 됩니다.

부흥은 인간이 인위적으로 조작하여 만들어낼 수 있는 인공물이 아니라 죄인들에게 베푸시는 하나님의 은혜의 역사입니다. 여기에 인간의 조직과 계획이 들어설 자리는 없습니다. 그러기에 하나님의 사역에서 부흥처럼 하나님의 주권을 강력히 드러내는 것은 없습니다. 인간들은 하나님이 언제 부흥을 일으키실 지 예측할 수 없습니다. 우리는 부흥의 시작과 끝을 모릅니다. 부흥의 때와 장소는 하나님의 전적인 주권에 속합니다. 이러한 견해는 전통적으로 개신교가 주장하는 입장이요 개혁파들의 가르침들입니다.

이 견해의 대표적인 인물은 18세기 미국 교회 부흥의 대표적 주역인 조나단 에드워즈(Jonathan Edwards)입니다. 그는 그의 저서 『균형잡힌 부흥론』(Some thoughts concerning the Revival)에서 말하기를 "부흥은 영광스러운 하나님의 역사이며 전적으로 하나님의 주권에 달려 있다"고 주장합니다. 또한 마틴 로이드 존스는 부흥에 관하여 설교하면서 이렇게 선언했습니다.

당신이 부흥을 시작할 수 없는 것과 마찬가지로 당신은 부흥을 중지시킬 수도 없습니다. 그것은 전적으로 하나님의 손 안에 있습니다. 부흥을 창조하기 위해서 노력하지 마십시오. 부흥을 산출하기 위해서 시도하지 마십시오. 부흥이란 그리스도 자신에 의해서 만들어지는 것입니다. 부흥은 인간의 조직이나 꾀로써 되어지는 것이 아니며 그것은 오직 하나님의 간섭으로만 되어지는 것입니다.

그리고 부흥 전문가인 이얀 머리(Iain H. Murray)는 그의 책 『성경적 부흥관 바로 세우기』(PENTECOST-TODAY?)에서 "부흥의 목적과 부흥의 도구, 부흥의 시기에 있어서 부흥은 하나님 주권적 행위이다. 부흥은 하나님의 주권에 의해 반복될 수 있다"라고 말합니다. 부흥은 흔히 사람들과는 무관하게 주권적인 자유를 가지신 하나님의 역사이기 때문에 사람들은 조건을 늘어놓을 권리가 없습니다.

3) 부흥에 있어서 인간의 책임과 하나님의 절대주권 사이의 균형

찰스 피니는 하나님의 백성이 복음의 큰 열정을 가지고 그 대가를 지불하고자 할 때 부흥이 온다고 말합니다. 이 견해에 대해 반론을 제기하는 개혁파들은 그들이 하나님의 주권을 전적으로 부정하는 것이라고 말합니

다. 즉 부흥은 인간이 산출할 수 있거나 또한 산출했던 적이 없다는 것입니다. 인간은 부흥을 일으킬 수도 멈추게도 할 수 없으며, 회심과 구원, 부흥의 역사는 성령의 역사이기 때문에 사람의 노력이나 힘만으로는 단 하나의 영혼도 구원할 수 없습니다. 부흥은 회심이 성령의 역사임을 증거합니다. 부흥은 찰스 피니가 말한 것처럼 어떤 전제 조건들을 이루었을 때 오는 것이 아니기 때문에 부흥이 교회가 어떤 일을 결정하고 시도함으로 해서 일어난다고 말한다면 큰 오해입니다. 이 견해의 위험성은 교리가 잘못되면 실천은 항상 위험하다는 것을 증명해 줍니다. 부흥에 있어서 하나님의 주권성을 상실하고 인간의 책임과 능력을 강조하여 인위적인 중심으로 나아갈 때 많은 원치 않는 문제들이 나타납니다.

그러나 개혁파의 부흥관은 인간의 책임과 의무를 결코 평가 절하하지 않습니다. 부흥은 하나님의 주권 안에 있다고 말할 때 그러므로 하나님의 주권은 인간의 노력을 무시하는 것이라고 인식해서는 안됩니다. 전통적 개혁주의자들은 하나님은 절대 주권적인 분이시고, 인간은 책임이 부여된 존재라고 강조했습니다. 그리고 그 두 완벽한 영역은 서로 모순되거나 충돌하지 않습니다. 17세기 청교도들의 칼빈주의는 위와 같은 성경적 견해를 따르는 복음주의로서, 구원에 있어 하나님의 주권과 인간의 책임에 대한 교리를 균형있게 보유합니다.

그러므로 우리의 임무는 인간의 역사를 주장하시는 하나님의 절대주권을 신뢰하면서 동시에 인간의 책임을 결코 배제하거나 소홀히 하지 않는 것입니다. 다른 말로 하자면 우리는 언약의 하나님, 부흥의 하나님을 따르는 한편, 부흥을 위한 어떠한 댓가도 치루려는 각오를 해야 합니다.

예를 들면 틴데일은 회심 후 그의 마음을 성경에 흠뻑 적시면서 성경 번역자로서 자기 인생의 모든 것, 심지어 목숨까지 바쳤고, 언약도 사무엘 루터포드는 항상 새벽 3시에 일어나 정오까지 말씀 연구와 기도 생활에 전념하였으며, 리처드 백스터는 자기 교구의 각 가정을 심방하여 개인별로 교리문답교육을 하면서 영혼 사랑에 온 생애를 쏟았습니다. 이처럼 부흥에 있어서 인간의 책임 영역인 절제된 영적 생활과 도덕적 거룩함, 교리적 순결, 믿음의 실천은 간과할 수 없는 중요성을 가집니다. 그러므로 우리가 진정 하나님의 부흥을 체험하고자 한다면 기독교 복음의 성경적 교리들을 다시 회복하고, 하나님을 알고자 하는 불타는 소원 속에, 성령을 교회에 부어 주시기를, 진실한 영혼의 깨어남을 위해 끊임없이 기도해야 할 것입니다.

영국 부흥의 주역들의 사역과 삶의 특징

독자들이 본문에 소개된 22인의 부흥의 인물을 읽으며 이미 느꼈을 테지만 그들의 사역과 처했던 영적 상황은 각기 다르고 나름대로 모두 독특한 특징을 지닙니다. 그럼에도 그들의 삶과 경험 속에서 우리는 나음과 같은 몇 가지 영적인 교훈을 발견할 수 있겠습니다.

1) 참된 회심

그들이 하나님께 헌신하게 되었던 사역의 원동력은 회심 체험이었습니다. 그들은 회심을 통해 하나님의 크신 사랑을 깨닫고 나 같은 죄인을 살리시기 위해 십자가에 못 박히신 예수님을 만났던 사람들이었습니다. 그들에게 그 회심보다 더 소중한 것은 이 세상에 아무것도 없어 보였으며, 그들이 인생의 의미를 분명하게 파악하고 예수 그리스도께 헌신하기로 결단했던 때는 회심의 순간이었습니다.

그래서 그들은 어두운 시대에서도 헌신적이고 불꽃같은 삶을 살 수 있었는데 하나님의 사역자에게 회심이 얼마나 필연적이고 중요한가를 보여줍니다. 또한 그들 사역의 목표는 내 교회의 성장이 아니라 한 영혼의 회심이었기에 그들의 사역은 영광스러운 회심의 감동적인 이야기로 가득차 있습니다. 존 웨슬리와 동시대의 동역자들, 그들의 회심이 그런 면에서 죽어가는 18세기의 잉글랜드를 살렸다고도 말할 수 있을 것입니다. 이처럼 역사는 하나님의 말씀을 통해 회심하게 된 위대한 사람들의 이야기들로 가득차 있습니다.

그러나 교회 출석한지 얼마 지나지 않아 곧 집사가 되고 신앙의 핵심도 채 익히지 못한 채 일정 시간이 흘렀다고 성경적 자질의 검토 없이 교회의 직분이 쉽게 주어지는 교회라면 교인의 숫자는 증가하지만 그 안에 참된 알곡과 같은 회심자는 적어서 건강하고도 생명력 넘치는 교회를 유지하기는 어려울 것입니다. 왜냐하면 교회의 영적 풍성함은 얼마나 많은 사람이 출석하는가의 숫자에 달려있기 보다는 진정으로 회심한 사람들의 성령 충만한 삶에 달려 있기 때문입니다. 주님을 인격적으로 만나 회심을 체험한 사람들이 많을수록 교회는 살게 됩니다.

2) 말씀과 성령의 설교자들

부흥에 쓰임 받았던 사역자들은 주님이 원하시는 사역과 교회를 세우기 위해 성경의 진리를 생명처럼 붙들었습니다. 그들은 오직 성경만이 영적 권위의 유일한 원천이며, 한 영혼을 찌르고 회심시키는 것은 사람의 말이 아니라 하나님의 말씀임을 확신했습니다. 그래서 그들은 온 힘을 다해 성경에 몰두하였고 그들의 영혼을 성경에 흠뻑 적시었던 말씀의 사람들이었습니다. 말씀을 사제가 아닌 평민들의 손에 전해주기 위해 성경을 번역한 위클리프나 틴데일은 기꺼이 화형을 당하였고, 리처드 백스터는 "죽어가는 사람이 죽어가는 사람에게 전하는 심정"으로 매번의 설교를 유언처럼 선포했습니다. 한결같이 그들의 사역의 첨탑에는 언제나 설교가 견고히 자리 잡고 있습니다. 영혼 구원의 수단으로서 하나님 말씀 선포 외에 다른 어떤 것도 의지하지 않았으며 설교를 사역의 왕관, 특권으로 여겼습니다. 궁극적으로 죄인들이 회개하고 주님께로 돌아오기 위해서는 신실하고 능력 있는 설교 외에 다른 길이 없음을 그들의 부흥의 역사는 보여줍니다.

또한 그들은 성령에 붙들렸던 성령의 사람들이었습니다. 말씀과 교리에 성령의 불이 붙어야 영혼을 살립니다. 부흥은 성령의 부으심 가운데서 역사할 때 일어납니다. 하지만 지금 이 시대는 불도 없고 열도 없고 너무나 냉랭합니다. 이 시대에는 영적 어두움을 가르고 질주할 성령의 불을 받은 사람이 필요합니다.

18세기 성령을 체험했던 조지 휫필드나 다니엘 로올린드 그리고 하웰 하리스처럼 성령의 사람들이 가는 곳마다 부흥의 불을 지피게 될 것입니다. 부흥은 하나님의 말씀을 통해 성령께서 역사하심으로 일어나기에 종교개혁자 칼빈의 고백처럼 말씀과 성령을 균형있게 붙잡고 어느 한쪽으로 치우치지 않는 것이 중요합니다. 말씀과 성령으로 충만한 사람들을 통해 부흥의 불이 붙어 무기력한 영혼이 소생하고 교회가 살아나게 될 것입니다.

3) 복음 중심적인 목회와 삶으로 환난을 이겨낸 영적 승리자들

영국교회 부흥의 주역들은 그들의 삶 속에서 물질이나 가족, 명예, 권력, 행복 등 그 어떤 것보다도 실제로 예수 그리스도가 가장 귀함을 보여주었던 사람들이었습니다. 즉 그들은 놀랍게도 복음 중심적인 목회와 삶을 살았습니다. 그들은 주님을 위한 수고를 마다하지 않았고, 기꺼이 핍박받았으며, 순교하기도 하였습니다. 그들에게 예수 그리스도를 믿는다는 것은 단지 말뿐이 아니었고 실제로 그렇게 살았으며 그것이 또한 그들의 가장 큰 열망이었습니다. 그들이 신행일치의 삶을 살았기에 그들은 또한 양심의 담대함과 성령의 무장으로 힘 있는 설교자가 되었습니다.

괄목한 만한 사실은 그들이 부흥을 체험하고 성령의 강력한 도구가 되었기 때문에 핍박과 환란에서 면제되지 않았다는 것입니다. 오히려 그들의 삶은 끊임없는 시련과 반대자들로 가득 차 있습니다. 그들이 전하는 예수의 이름 때문에 온갖 비난과 조롱, 음모, 유배 등 복음을 위한 대가를 지불해야 했고 또한 로마교회의 교황주의, 알미니안주의, 영국 국교회의 수장령에 대항해서 영적인 전쟁을 치루었습니다. 그럼에도 불구하고 그들은 결코 두려워하거나 고난을 피하기 위해 말씀을 타협하지 않았습니다.

그들은 또한 어떠한 고난 가운데서도 교회를 사랑하고 끝까지 지켰으며, 주님이 원하시는 교회를 세우기 위해 온몸을 던져 헌신하였습니다.

존 낙스는 성경이 가르치는 건강한 교회를 세워가는 것을 필생의 사명으로 삼았으며, 언약도와 청교도들은 '교회의 머리는 왕'이라고 주장을 하며 교회를 핍박한 왕권에 대항해서 교회의 진리를 사수하였습니다. 그들은 목이 잘려나가는 교수형을 당하면서도 교회의 머리 되신 주님에 대한 충성을 잃지 않았고 교회의 본질을 지켜낸 영적인 승리자들입니다. 그들의 삶은 시련의 막대기가 오히려 그리스도의 형상을 더 닮아가게 하는 거룩한 수단이 되었음을 증언해 줍니다. 그들은 복음 중심적인 삶을 살았기에 잘 설교할 수 있었습니다. 그래서 그들의 삶은 우리에게도 깊은 감동과 도전을 줍니다. 가장 잘 목회하고, 가장 잘 설교하는 사람은 예수 그리스도 중심으로 가장 잘 사는 사람입니다.

4) 개혁주의 신학과 교리

영국교회사에 지대한 영적 부흥과 공헌을 한 인물들을 살펴보면 대부분 그들은 개혁주의 신학를 가르쳤고 성경적인 교리를 분명히 붙잡고 있었다는 점입니다. 그들은 위대한 말씀의 설교자였고, 그들의 설교는 개혁주의 신학과 교리가 그 중심에 자리하고 있었습니다. 특히 그들은 성경의 권위와 성육신의 교리, 동정녀 탄생, 십자가의 대속, 믿음으로 의롭다 함을 받는다는 이신칭의, 중생의 교리 등을 많이 강조하였습니다. 그들이 이러한 성경의 진리들을 철저하게 붙잡고 삶에 적용할 때 놀랍게도 영광의 복음의 깊이를 체험하게 되었고, 그들 자신의 영혼 뿐 아니라 주위의 많은 사람들이 하나님의 성령의 부흥의 불꽃을 경험하게 하는 도구로 또한 사용되었습니다.

예를 들면 청교도의 뛰어난 지도자의 한 사람인 존 오웬은 '칼빈주의의 왕자'라는 별명을 가졌고, '설교의 왕자'라고 불리운 찰스 스펄전도 자타가 인정하는 개혁주의 설교자입니다. 또한 18세기 부흥의 주역인 조지 휫필드의 설교의 핵심 내용은 원죄와 중생, 성령의 직접적이고 즉각적이고 내적인 영향, 믿음으로 의롭다 함을 입는 것, 은혜와 구원의 영광, 하나님과 화목 등이었습니다. 휫필드가 설교할 때 사람들의 뺨에는 눈물이 흘러내렸습니다. 이처럼 부흥의 시기마다 개혁주의 신학과 성경적인 교리가 있었습니다.

하지만 우리는 지금 개혁주의 신학과 교리를 싫어하는 시대에 살고 있습니다. 만약 교리가 없이 해 보려고 한다면 사람들은 아무런 복음을 듣지 못하게 될 것이며, 기독교가 아닌 영화된 인본주의의 어떤 종류에 불과한 것을 설교하고 있을 것입니다. 기독교는 신학이며 교리적입니다. 기독교 신앙에 있어서 본질이요 필수적인 교리를 떠나서는 기독교는 없습니다. 그러므로 시대가 아무리 변해도 신학과 교리와 신앙은 변함이 없어야 합니다.

그런데 오늘날 조국교회나 유럽교회는 너무 많이 변하고 있습니다. 말씀과 성령, 십자가, 은혜 중심에서 벗어나 비성경적인 것들로 가득 채워지고 있습니다. 세상은 항상 새로운 것을 찾지만 교회는 새로운 것을 찾지 말고 2천 년 전 사도들과 각 세기마다 부흥의 주역들이 설교했고 가르쳤고 붙잡았던 성경의 권위와 개혁신학, 교리, 예수 그리스도, 십자가, 성령 등을 다시 붙잡아야 합니다. 해 아래 새 것은 없습니다. 아무리 시대가 바뀌고 몇천 년이 흘러도 변하지 않는 것이 하나님의 말씀인 성경이요 교리입니다. 영국교회 부흥의 역사는 교회가 성경의 권위를 회복하고 참된 성경적인 교리로 되돌아 왔을 때에야 부흥이 사람들 속에서 일어났다는 것을 증명하고 있습니다. 현대교회가 다시 한 번 또 다른 부흥을 소망한다면 성경이 항상 그 중심에 있는 개혁신학과 교리를 생명처럼 붙들어야 할 것입니다.

5) 하나님의 영광과 부흥에 대한 목마름

부흥 이야기를 읽어보면 주역들이 복음에 사로잡혔고, 성령의 역사하는 말씀을 사모하였고, 하나님에 대한 확신을 가지며, 하나님의 살아있는 진리 전파, 즉 죽은 진리가 아니라 살아있는 진리를 외쳤습니다. 그 결과 그들을 통해 하나님의 영광이 회복되는 역사가 일어났습니다. 그들에게 있어서 회심도, 설교도, 은혜도, 열정도 다 하나님의 영광을 드러내는 데 있었습니다. 우리가 부흥에 대해서 관심을 기울이는 주된 이유는 부흥이 하나님의 영광, 하나님의 능력, 하나님의 영예이기 때문입니다. 그리고 하나님의 이름이 높아지고 그의 영광이 나타나는 것을 보고 싶어 하기 때문입니다. 우리가 체험하기 위해서 부흥을 추구해서는 안 될 이유는 하나님의 영광을 가장 두드러지게 나타내는 것이 바로 부흥이기 때문입니다.

부흥의 목적은 하나님의 영광입니다. 부흥은 하나님이 하늘을 가르시고 강림하시듯이 그의 교회 위에 크게 임하는 것입니다(사 64:1). 이제까지 하나님의 임재를 느끼지 못했던 교회가 하나님의 임재를 강하게 느끼게 되는 것이지 단순히 사람의 수가 늘어나는 것이나 많은 사람들이 모인 전도 집회 등을 두고 부흥이라고 할 수 없습니다.

부흥은 하나님이 직접 임하셔서 자신이 하나님 되심을 나타내시고, 하나님이 오시는 것입니다. 그리고 세상의 모든 족속들로 히여금 "능하신 주의 손"을 알게 하십니다. 우리가 필요로 하는 것은 하나님의 능력이 다시 능하게 나타나고, 하나님의 영광이 우리 가운데 다시 지나가고 나타나는 것입니다. 우리는 이 영광, 이 능력을 구해야 합니다. 우리는 성령을 조국이나 유럽교회 전체에 부어주시고 더 나아가 온 열방에 다시금 하나님의 영광이 지나가는 것을 위하여 부르짖으며 기도해야 합니다.

이제 우리는 삭막한 이 땅에 부흥의 빗줄기를 갈망해야 합니다. 이 뒤틀리고 패역한 세대 중에 하나님의 능력을 알리시고 그 영광을 나타내 주시기를 기도해야 합니다. 우리는 하나님에 대한 갈증, 하나님의 영광이 나타나기를 갈망해야 합니다. 하나님의 영광이 없는 교회는 죽은 교회입니다.

하나님의 영광과 무관하게 사는 목회자나 그리스도인들은 한갓 생명없는 허수아비에 불과하다는 것을 깨달아야 합니다. 우리는 하나님을 위해서, 그 이름의 영광을 위해서, 하나님의 성령이 역사하시기를 소망하며 열정적으로 간구해야 합니다. 에스겔 골짜기의 마른 뼈들이 큰 군대가 되는 날이 하루속히 오도록 기도해야 합니다. 교회가 울부짖음으로 충만해지기까지 교회에 그 어떤 소망도 없고 부흥도 없을 것입니다.

지금 하나님의 영광과 부흥에 대한 목마름이 시급합니다. 하나님의 영광을 위해 부흥을 갈망하면서 하나님의 영광이 전부가 되는 교회를 사모해야 합니다. 모든 그리스도인들은 교회 상태에 있어서 하나님의 영광이 우리 가운데 드러나고, 우리 앞에 놀랍게 그 영광이 나타나는 것을 최고의 소원으로 여겨야 합니다.

원컨대 주의 영광을 보여 주옵소서(출 33:18).

여호와여 주는 주의 일을 이 수년 내에 부흥하게 하옵소서(합 3:2).

참고 문헌 및 추천 도서

* 국내 단행본, 국외 단행본, 번역본, 정기 간행물

Part 1 말씀으로 중세 어두움을 밝히다, 14-16세기
(존 위클리프, 윌리엄 틴데일, 존 낙스)

홍치모, 『스코틀랜드 종교개혁과 영국혁명』, 총신대학출판부, 1991
황봉환, 『스코틀랜드 종교개혁과 존 낙스의 신학』, 예영, 2001
라은성, 『이것이 교회사다: 묻어둔 진리』, PTE, 2013
이상규, 『교회개혁사』, 성광문화사, 1997
김기홍, 『천국이 기틀』, 두란노서원, 1989
낙산홍치모교수 은퇴기념 논문집 편찬위원회, 『종교개혁과 개혁신학』, 성광문화사, 2000
정성욱, 『개혁 & 개혁』, 부흥과개혁사, 1999
Michael welker, 김재진 외 16인 역, 종교개혁, 『유럽의 역사를 바꾸다』, 대한기독교서회, 2017
Nigel Clifford, *Christian Preachers*, Evangelical Press of Wales, 1994
T. J. Waterman, *The Life of William Tindale*, PTS
F. J. Hamilton, *The Best Book of All*, PTS
Smith Donald, *John Knox House*, John Donald Publishers Ltd, 1996
Steven Ozment, 강정진 역, 『개혁의 시대』, 칼빈 서적, 1998
William R Cannon, 서영일 역, 『중세교회사』, 기독교문서선교회, 1986
Margaret Deanesly, 박희석 역, 『중세교회역사』, 기독교문서선교회, 1993
William R. Estep, 라은성 역, 『르네상스와 종교개혁』, 그리심, 2002

Martin Lloyd-Jones & Iain Murray , 조계광 역,『존 녹스와 종교개혁』, 지평서원, 2011
Joseph H. Lynch, 심창섭, 채천석 역,『중세교회사』, 솔로몬, 2008
A. M. Renwick, 홍치모 역,『스코틀랜드 종교개혁사』, 생명의말씀사, 1980
John Woodbridge, 박용규 역,『인물로 본 기독교회사』(초대,중세편,상), 선교횃불, 2003
John Woodbridge, 박용규 역,『인물로 본 기독교회사』(종교개혁,현대편,하), 선교횃불, 2003
Elgin Moyer, 곽안전, 심재원 역,『인물중심의 교회사』, 대한기독교서회, 2003
Williston Walker, 송인설 역,『기독교회사』, 크리스챤 다이제스트, 2001
David Fountain, *John Wycliff: The Evangelical Doctor*, Puritan Conference Papers, 1968
Mark E. Dever, *William Tyndale and Justification by Faith: "Answer to Sir Thmos More"*, Westminster Conference Papers, 1994
G. N. M. Collins, *Knox and The Scottish Reformation*, Puritan Conference Papers, 1960

Part 2 말씀을 삶으로 담아낸, 17세기
  (언약도, 사무엘 루터포드, 청교도, 리처드 백스터)

김홍만,『청교도 신학』, 옛적길, 2003
박영호,『청교도 신앙』, 기독교문서선교회, 1979
박영호,『청교도 실천신학』, 기독교문서선교회, 2002
서요한,『언약사상사』, 기독교문서선교회, 1994
서창원,『장로교회의 역사와 신앙』, 진리의 깃발, 2003
서창원, Rutherford Samuel 공저,『사무엘 루터포드의 생애와 요리문답서』, 진리의 깃발, 2010
스코틀랜드 종교개혁사, 김중락 저, 흑곰북스, 2017
오덕교,『장로교회사』, 합동신학대학원출판부, 2002
오덕교,『청교도 이야기』, 이레서원, 2001
정준기,『청교도 인물사』, 생명의말씀사, 2001
최은수,『언약도: 살아있는 현장 영성의 행동가들』, 기독신문사, 2003
이상규,『교회개혁과 부흥운동』, SFC, 2004
라은성,『이것이 교회사다: 진리의 재발견』, PTL, 2013
Diarmaid Mac Culloch, 한동수 역,『영국의 종교개혁』, CLC, 2018
Thoms Houston, *The Life of JAMES RENWICK*, James A.Dickson, 1983
Alfred W. Light, *Bunhill Fields*(vol.II), London, C.j. Farncombe & Sons, 1933

Samuel Bolton, *The Puritans on Conversion*, Soli Deo Gloria Publications, 1990

Maurice Grant, *The Lion of the Covenant*, Evangelical Press, 1997

David C. Lachman, *The Marrow Controversy*, Rutherford House, 1988

John Macleod, *Tercentenary of the National Covenant of Scotland*, Blackie & Son, 1939

Jock Purves, *Fair Sunshine*, The Banner of Truth Trust, 1968

Alexander Smellie, *Men of the Covenant*, Andrew Melrose, 1904

Johannes G. Vos, *The Scottish Covenanaters*, Blue Baner Productions, 1998

Thomas Cameron, *Peden the Prophet*, Blue Banner Productions, 1998

James A. Wylie, *Story of the Covenant and the Services of the Covenanters*, Blue Banner Productions, 1998

Alan J. Steele, *The National Covenant In Its Historical Setting*, The Society of Friends of the The Kirk of the Greyfriars, 1994

Samuel Rutherford, 이강호 역, 『새뮤얼 러더퍼드 서한집』, 크리스챤다이제스트, 2002

Kingsley Rendell, 송용자 역, 『사무엘 루터포드』, 지평서원, 2006

Richard Baxter, 지상우 역, 『참된 목자』, 크리스챤다이제스트, 1988

Richard Baxter, 백금산 역, 『회심』, 지평서원, 1999

Joel Beeke & Randall Pederson, 이상웅, 이한상 역, 『청교도를 만나다』, 부흥과개혁사, 2010

Joel Beeke, 김귀탁 역, 『개혁주의 청교도 영성』, 부흥과개혁사, 2009

Erroll Hulse, 이중수 역, 『청교도들은 누구인가?』, 양무리서원, 2001

Joel Beeke, 신호섭 역, 『칼빈주의』, 부흥과개혁사, 2010

Stephen Charnock, 이태복 역, 『당신의 거듭남 확실합니까』, 지평서원, 2000

Peter Lewis, 서창원 역, 『청교도 목회와 설교』, 청교도신앙사 1991

Martin Lloyd-Jones, 서문강 역, 『청교도 신앙; 그 기원과 계승자들』, 생명의말씀사, 1992

Iain Murray, 장호익 역, 『청교도의 소망』, 부흥과개혁사, 2011

James Packer, 박영호 역, 『청교도 사상』, 기독교문서선교회, 1992

William Perkins, 채천석 역, 『설교의 기술과 목사의 소명』, 부흥과개혁사, 2006

John Piper, 이용중 역, 『고난의 영웅들』, 부흥과개혁사, 2008

Leland Ryken, 김성웅 역, 『청교도- 이 세상의 성자들』, 생명의 말씀사, 1995

Thomas Waston, 이기양 역, 『회개』, 기독교문서선교회, 1991

Hugh Kerr & John Mulder, 김영봉 역, 『위대한 회심자들』, 생명의말씀사, 1987

Andrew Thomson, 홍상은 역, 『언약의 사람 토마스 보스톤』, 지평서원, 2007

David Roy, *The Covenanters: The Fifty Years Struggle 1638-1688*, In The Pew Publications, 1997

G. N. M. Collins, *The Scottish Covenanters*, Westminster Conference Papers, 1975

Iain Murray, *Thomas Chalmers and the Revival of the Church*, The Banner of Truth Trust, Issues 198. March 1980

Robert McCollum, *James Renwick: Faithful Unto Death*, The Banner of Truth Trust, Issues 303. December 1988

J. A. Caiger, *Baxter's Reformad Pastor*, Puritan Conference Papers, 1967

Brian Freer, *The Pastor as Preacher in Seventeenth Century England*, Westminster Conference Papers, 1986

Iain Murray, *Richard Baxter- the Reluctant Puritan?* Westminster Conference Papers, 1991

Maurice Roberts, *Samuel Rutherford: the Comings and Goings of the Heavenly Bridegroom*, Westminster Conference Papers, 1993

Robert Oliver, *Samuel Rutherford: A New Study*, The Banner of Truth Trust, Issues 431-432, August-September 1999

Robert Oliver, *The Arminian Controversy of Eighteenth Century Methodism*, Westminster Conference Papers, 1987

Faith Cook, *Samuel Rutherford*, The Banner of Truth Trust, Issues 291, December 1987

Peter J. Beale, *1662 and the Foundations of Non-Conformity*, Westminster Conference Papers, 1987

A. T. B. McGowan, "말씀과 성령의 사람 사무엘 루터포드"(Samuel Rutherford: Man of Word and Spirit) 한국개혁주의 설교연구원 제13기 정기세미나, 1999

Guy Richard, "17세기 언약도들의 사도인 사무엘 루터포드의 목회와 신학", 한국개혁주의 설교연구원 제15주년 기념세미나, 2007

서창원, "언약도들의 영적 지도력의 주 도구들", 한국개혁주의 설교연구원 제19주년 기념세미나, 2011

최은수, "개혁파 전통에서 본 청교도주의의 역동성과 변혁성", 한국개혁주의 설교연구원 제11주년 기념세미나, 2003

Part 3 부흥의 대물결, 18세기

(조지 휫필드, 존 웨슬리, 다니엘 로울란드, 하웰 해리스, 윌리엄 맥컬로흐, 제임스 로브)

송삼용, 『위대한 설교자 조지휫필드』, 생명의말씀사, 1998

최재건, 『근현대 부흥 운동사』, CLC, 2007

John H. Armstrong, *Five Great Evangelists*, Christian Focus Publications, 1997

Arnold Dallimore, *George Whitefield vol.1*, The Banner of Truth Trust, 1989

Arnold Dallimore, *George Whitefield vol.2*, The Banner of Truth Trust, 1990

Arthur Fawcett, *The Cambuslang Revival*, The Banner of Truth Trust, 1996

Paxton Hood, *Portraits of the Great Revival of the Eighteenth Century*, Ambassador, 1997

D. Macfarlan, *The Revivals of the Eighteenth Century*, Free Presbyterian Publications, 1988

J. Douglas MacMillan, *Restoration in the Church*, Ambassador, 1989

Richard Owen Roberts, *Scotland Saw His Glory*, International Awakening Press, 1995

J. C. Ryle, *Five Christian Leaders of the 18th Century*, The Banner of Truth Trust, 1960

Joseph Tracy, *The Great Awakening*, The Banner of Truth Trust, 1989

George Whitefield, *George Whitefield's Journals*, The Banner of Truth Trust, 1992

David Jeffrey, 김해연 역, 『웨슬레 시대 영국의 영성운동』, 성지출판사, 1999

Randall Balmer & Landall Blumhofer Edith, 이재근 역, 『근현대 세계 기독교 부흥』, CLC, 2011

Mark A. Noll, 한설진 역, 『복음주의 발흥』, 기독교문서선교회, 2012

Henry D. Rack, 김진두 역, 『존 웨슬리와 감리교의 부흥』, 감리교신학대학교출판부, 2001

Edward Morgan, 송용자 역, 『하웰 해리스 삶과 부흥 소명』, 지평서원, 2007

J.C. Ryle 송용자 역, 『18세기 영국의 영적거성들』, 지평서원, 2005

William B. Sprague, 서문강 역, 『참된 영적 부흥』, 엠마오, 1984

George Whitefield, 정영식 역, 『조지 휫필드』, 새순출판사, 1986

George Whitefield, 오현미 역, 『조지 휫필드』, 두란노서원, 1991

George Whitefield, 엄경희 역, 『조지 휫필드의 일기』, 지평서원, 2002

Henry Johnson, 정일오 역, 『부흥운동 이야기』, 솔로몬, 2003

Donald Demaray, 나용화 역, 『강단의 거성들』, 생명의말씀사, 1976

James Gordon, 임승환 역, 『복음주의 영성』, 기독교문서선교회, 1999

Eifion Evans, *Daniel Rowland*, Puritan Conference Papers, 1967

John Owen, *A Memoir of Daniel Rowland of Llangeitho*, The Banner of Truth Trust, Issues 215-216, August-September, 1981

Graham Harrison, *1735: The Harbinger of Revival*, Westminster Conference Papers, 1985

김홍만, "존 웨슬리의 부흥의 이해: 조나단 에드워즈와 관련하여", 한국개혁주의 설교연구원 제 18주년 기념세미나, 2013

김현배, "영국교회 부흥과 쇠퇴", [교회와 역사: 김의환 박사 고희 기념논총]: 총신대학 출판부, 2003

Part 4 다음 세대에도 계속되는 부흥, 19세기 초
(토마스 찰스, 크리스마스 에반스, 존 엘리아스)

Owen Jones, *Great Preachers of Wales*, Tentmaker Publications, 1995

Thomas Charles, *Thomas Charles' Spiritual Counsels*, The Banner of Truth Trust, 1994

D. E. Jenkins, *The Life of the Rev Thomas Charles of Bala*, 3 vol. Denbigh, 1908

B.A, Ramsbottom, *Christmas Evans*, The Bunyan Press, 1985

Christmas Evans, *Sermons and Memoirs of Christmas Evans*, Kregel Publications, 1986

John Elias, *John Elias: Life, Letters and Essays*, The Banner of Truth Trust, 1973

John Wolffe, 이재근 역, 『복음주의 확장』, 기독교문서선교회, 2010

Ian Childs, *Christmas Evans and the Demonstration of the Sprit*, Westminster Conference Papers, 1988

Iain Murray, *Thomas Charles of Bala*, The Banner of Truth Trust, Issues 13, November, 1958

Iain Murray, *John Elias*, The Banner of Truth Trust, Issues 5, April, 1957

Part 5 혼탁함 가운데 진리를 사수한, 19세기 중엽
(로버트 머레이 맥체인, 제임스 맥퀼킨, 다비드 모건, 찰스 스펄전)

이중수, 『로버트 맥체인』, 부흥과개혁사, 2005

송삼용, 『영성의 거장들』, 기독신문사, 2002

William Gibson, *The Year of Grace*, Anderson & Ferrier, 1909

Morgan J.J, *The '59 Revival In Wales*, Ballantyne Hanson, Edinburgh, 1909

Thomas Philipps, *The Welsh Revival*, The Banner of Truth Trust, 1989

Craig F. Skinner, *Spurgeon & Son*, Kregel, 1999

C.H. Spurgeon, *Revival Year Sermons*, The Banner of Truth Trust, 1996

Andrew Bonar, 조계광 & 이용중 역, 『로버트 맥체인 회고록』, 부흥과개혁사, 2005

Alexander Smellie, 엄경희 역, 『로버트 맥체인』, 지평서원, 2005

Robert Murrary McCheyne, 김태곤 역, 『회복과 부흥』, 생명의말씀사, 1998

Arnold Dallimore, 김동진 역, 『찰스 스펄전』, 두란노, 1992

David W. Bebbington, 채천석 역, 『복음주의 전성기』, CLC, 2012

Bob Ross, 구지원 역, 『그림으로 읽는 스펄전 전기』, 부흥과개혁사, 2005

Charles H, Spurgeon, 박범룡 역, 『목회자들을 위하여』, 생명의말씀사, 1980

Charles H, Spurgeon, 이용중 역, 『스펄전의 목사론』, 부흥과개혁사, 2005

Charles H, Spurgeon, 박윤정, 장밀알 역, 『무한한 목회의 광맥이 보인다』, 멘토, 1999

Charles H, Spurgeon, 이종태 역, 『목회자 후보생들에게(1)』, 생명의 말씀사, 1982

Charles H, Spurgeon, 이종태 역, 『목회자 후보생들에게(2)』, 생명의 말씀사, 1982

Charles H, Spurgeon, 이종태 역, 『목회자 후보생들에게(3)』, 생명의 말씀사, 1996

Wesley Duewel, 안보헌 역, 『부흥의 불길』, 생명의말씀사, 1996

D. M. Whyte, *Charles Haddon Spurgeon - Preacher*, Puritan Conference Papers, 1963

David P. Kingdom, *C. H. Spurgeon, and Down Grade Controversy*, Westminster Conference Papers, 1971

Graham Harrison, *C. H. Spurgeon and the Downgrade Controversy*, Westminster Conference Papers, 1987

Robert Lescelius, *Spurgeon and Revival*, Reformation & Revival, Volume 3, Number 2, Spring 1994

피영민, "찰스 스펄전의 Down-grade 논쟁의 의의", 한국개혁주의 설교연구원 제 12주년 기념 세미나, 2004

Part 6 부흥의 불씨를 되살린, 20세기
(에반 로버츠, 마틴 로이드 존스, 던칸 캠벨)

박영호, 『로이드 존스의 생애』, 기독교문서선교회, 1985

정근두, 『로이드 존스의 설교론:그의 설교의 원리와 방법』, 여수룬, 1993

이재근, 송훈 역, 『복음주의인물사』, CLC, 2018

Kevin Adams & Emyr Jones, *A pictorial history of Revival*, CWR, 1988

Roberts, Evan, *An Instrument of Revival*, Bridge Publishing, 1995

Eifion Evans, *Fire in the Thatch*, Evangelical Press of Wales, 1996

Eifion Evans, *Pursued by God*, Evangelical Press of Wales, 1996

Eifion Evans, *Revival comes to Wales*, Evangelical Press of Wales, 1996

Noel Gibbard, *Fire on Alter*, Bryntirion Press, 2005

Richard Owen Roberts, *Glory Filled the Land*, International Awakening Press, 1989

Brynmor Pierce Jones, *Voices from the Welsh Revival 1904-1905*, Evangelical Press of Wales, 1995

Brynmor Pierce Jones, *An Instrument of Revival*, Bridge Publishing Inc., 1995

Duncan Campbell, *The Price and Power of Revival*, The Faith Mission,

Alexander Macrae, *Revivals in the Highlands and Islands*, Tentmaker Publications, 1998

Colin N. Peckham, *Heritage of Revival*, The Faith Mission, 1986

Michael A. Eaton, *Baptism with the Spirit, The teaching of Dr Martyn Lloyd-Jones*, Inter-Varsity Press, 1989

Kevin Adams, 송용자 역,『일기로 보는 1904 웨일즈 부흥』, 부흥과개혁사, 2007

Eifion Evans, 윤석인 역,『1904 웨일즈 대부흥』, 부흥과개혁사, 2005

Roberts Liardon, 박미가 역,『치유사역의 거장들』, 은혜출판사, 2004

Christopher Catherwood, 김영우 역,『5인의 복음주의 지도자들』, 엠마오, 1987

Iain Murray, 서문강 역,『마틴 로이드 존즈의 초기 40년』, 청교도신앙사, 1990

Iain Murray, 원광연 역,『마틴 로이드 존스 중기』, 청교도신앙사, 2002

Iain Murray, 김귀탁 역,『로이드 존스 평전 3』, 부흥과개혁사, 2011

Martin Lloyd-Jones, 서문강 역,『목사와 설교』, 기독교문서선교회, 1977

Martin Lloyd-Jones, 정원태 역,『성령세례』, 기독교문서선교회, 1986

Martin Lloyd-Jones, 정원태 역,『성령의 주권적 사역』, 기독교문서선교회, 1990

Martin Lloyd-Jones, 서문강 역,『부흥』, 생명의말씀사, 1994

Martin Lloyd-Jones, 신호섭 역,『앤솔러지』, 지평서원, 2009

Martin Lloyd-Jones, 전의우 역,『생수를 구하라』, 규장, 2010

Martin Lloyd-Jones, 전의우 역,『생명수』, 규장, 2010

Martin Lloyd-Jones, 전의우 역,『생수를 마셔라』, 규장, 2010

Martin Lloyd-Jones, 전의우 역,『생수로 채우라』, 규장, 2010

Toni Sargent, 황영철 역,『위대한 설교자 로이드 존스』, 한국기독학생회출판부, 1996

Iain Murray, 김귀탁 역,『로이드 존스』, 부흥과개혁사, 2010

John Murray, 김병규 역, 『현대 영국 개혁주의 부활』, 부흥과개혁사, 2010
Wesley Duewel, 홍성철 역, 『거룩한 삶을 산 믿음의 영웅들』, 세복, 2004
Wesley Duewel, 김지찬 역, 『기도로 세계를 움직이라』, 생명의말씀사, 1988
Wesley Duewel, 정중은 역, 『열정적인 지도자』, 생명의말씀사, 1992
Geoff Waugh, 임은묵 역, 『부흥의 불』, 은혜출판사, 2004
Elmer Towns & Douglas Porter, 박현식, 장기혁 역, 『세계 10대 부흥의 역사』, 가리온, 2002
Stephen Olford, 홍성철 역, 『주여 부흥을 주옵소서』, 생명의말씀사, 1976
Geoffrey Thomas, *The Welsh Revival of 1904*, The Banner of Truth Trust, Number 74, November, 1969

전체

김남준, 『설교자는 불꽃처럼 타올라야 한다』, 두란노, 1995
김남준, 『하나님의 백성들은 불꽃처럼 살아야 한다』, 두란노, 1996
김남준, 『영적회복은 불꽃처럼 번져가야 한다』, 두란노, 1996
김남준, 『거룩한 부흥』, 생명의말씀사, 2000
김홍만, 『개혁주의 부흥신학』, 옛길, 2002
박순용, 『기독교, 세상의 함정에 빠지다』, 부흥과개혁사, 2009
박순용, 『오직 하나님께 영광』, 지평서원, 2012
박용규, 『평양 대부흥운동』, 생명의말씀사, 2000
박용규, 『부흥의 현장을 가라』, 생명의말씀사, 2008
박용호, 『미국교회 부흥신학』, CLC, 2012
서창원, 『개혁교회는 무엇을 믿는가?』, 진리의 깃발, 1995
송인규, 『회개와 부흥』, 부흥과개혁사, 2011
유영기, 『부흥 이야기』, 합신대학원출판부, 2010
정성구, 『개혁주의 설교학』, 총신대학출판부, 1991
정성구, 『복음에서 복음으로』, 킹덤북스, 2012
조봉근, 『성령론 무엇이 문제인가?』, 복음문화사, 1991
최종상, 『다시 건너와서 우리를 도우라』, 크리스찬서적, 2010
최종상, 『유럽을 향한 하나님의 심장소리』, 두란노, 2011
Brian H. Edwards, *Revival*, Evangelical Press, 1984

Eifion Evans, *Revival*, Evangelical Press of Wales, 1960

Stanley C. Griffin, *A Forgotten Revival*, Day One Publications, 1992

W. Vernon Higham, *The Turn of the Tide*, International Awakening Press, 1995

Ruth N.B. McGavin, *Running for Revival*, Christian Focus, 1999

J. Edwin Orr, *My All, His All*, International Awakening Press, 1989

J. Edwin Orr, *Campus Aflame*, International Awakening Press, 1994

Richard Owen Roberts, *Revival*, Roberts Publishers, 1982

Richard Owen Roberts, *Revival Literature*, Roberts Publishers, 1987

Archie Parrish & R.C. Sproul, *The Spirit of Revival*, Crossway Books, 2000

A. W. Tozer, 이용복 역,『이것이 성령님이다』, 규장, 2005

A. W. Tozer, 이용복 역, *HOLY SPIRIT*, 규장, 2006

James Innell Paker, 서문강 역,『성령을 아는 지식』, 새순출판사, 1986

John Armstrong, 김태곤 역,『부흥을 준비하라』, 생명의말씀사, 2001

James Buchanan, 신호섭 역,『칭의 교리의 사수』, 지평서원, 2002

James Buchanan, 신호섭 역,『성령의 사역, 회심과 부흥』, 지평서원, 2006

R.C. Sproul, 김진우 역,『성령의 신비』, 생명의말씀사, 1995

Richard Cornish, 이혜림 역,『기독교 역사 100장면』, 도마의 길, 2010

Edwin Charles Dargan, 김남준 역,『설교의 역사(1)』, 솔로몬, 1992

Edwin Charles Dargan, 김남준 역,『설교의 역사(3)』, 솔로몬, 1994

Mark Dever, 이용중 역,『건강한 교회의 9가지 특징』, 부흥과개혁사, 2007

Mark Dever 외 6인 공저, 이심주 역,『십자가를 설교하라』, 부흥과개혁사, 2009

Jonathan Edwards, 백금산 역,『놀라운 부흥과 회심 이야기』, 부흥과개혁사, 2006

Jonathan Edwards, 양낙홍 역,『균형잡힌 부흥론』, 부흥과개혁사, 2005

Jonathan Edwards, 양낙홍 역,『부흥론』, 부흥과개혁사, 2005

Sinclair Ferguson, 우상헌 역,『진짜 회심』, 우리시대, 2012

Charles G. Finney, 김원주 역,『부흥론』, 1998

Geoffrey Hanks, 안보헌 역,『교회사를 빛낸 거인들』, 생명의말씀사, 2001

Daniel R. Hyde,『개혁교회에 오신 것을 환영합니다』, 부흥과개혁사, 2012

Walter C. Kaiser, 홍성훈 역,『영적회복이 필요할 때』, 두란노, 1990

Stephen Lang & Randy Petersen & Kenneth Curtis, 조계광 역,『교회사 100대 사건』, 생명의말씀사, 2002

John MacArthur, 박성창 역, 『목회론』, 부흥과개혁사, 2011

John MacArthur, 황성철 역, 『복음을 부끄러워하는 교회』, 생명의말씀사, 1994

John MacArthur, 송용자 역, 『구원이란 무엇인가』, 부흥과개혁사, 2008

Clyde L. Manschreck, 심창섭, 최은수 역, 『세계 교회사』, 총신대학 출판부, 1991

John Moorman, 김진만 역, 『잉글랜드 교회사(상)』, 성공회대학교 신학연구소, 2003 John Moorman, 김진만 역, 『잉글랜드 교회사(하)』, 성공회대학교 신학연구소, 2003

Iain Murray, 김석원 역, 『분열된 복음주의』, 부흥과개혁사, 2009

Iain Murray, 서창원 역, 『성경적 부흥관 바로 세우기』, 부흥과 개혁사, 2001

Iain Murray, 송용자 역, 『오래된 복음주의』, 부흥과개혁사, 2007 Iain Murray, 신호섭 역, 『부흥과 부흥주의』, 부흥과개혁사, 2005

John Piper, 전의우 역, 『하나님이 복음이다』, IVP, 2006

John Piper, 박혜경 역, 『하나님을 설교하라』, 복있는 사람, 2012

John Piper, 박대영 역, 『하나님을 기뻐하라』, 생명의말씀사, 1998

John Piper, 전의우 역, 『말씀으로 승리하라』, IVP, 2010

John Piper, 전의우 역, 『거듭남』, 두란노, 2009

Joel R. Beeke 외, 조계광 역, 『오직 성경으로』, 지평서원, 2011

Winkie Pratney, 권혁재 역, 『기독교 부흥운동사』, 나침반, 1997

Leonard Ravenhill, 이용복 역, 『부흥의 세대여, 통곡하라』, 규장, 2005

Leonard Ravenhill, 이용복 역, 『무릎부흥』, 규장, 2005

Leonard Ravenhill, 이용복 역, 『하나님의 방법으로 부흥하라』, 규장, 2005

J.C. Ryle, 박영호 역, 『오직 한길』, CLC, 2013

Oswald Smith, 박광철 역, 『구령의 열정』, 생명의 말씀사, 2002

Bruce Demarest, 『십자가와 구원』, 부흥과개혁사, 2006

E. L. Woodward, 홍치모, 임희완 역, 『영국사 개론』, 총신대학 출판부, 1988

James Montgomery Boice, 김수미 역, 『개혁주의 서론』, 부흥과개혁사, 2010

James Montgomery Boice & Philip Graham Ryken, 이용중 역, 『개혁주의 핵심』, 부흥과개혁사, 2010

A. W. Tozer, 이용복 역, 『믿음에 타협은 없다』, 규장, 2012

John Piper, 윤종석 역, 『차별없는 복음』, 두란노, 2013

Howard L. Rice, 황성철 역, 『개혁주의 영성』, CLC, 1995

Paul E. G. Cook, *Revival In History (1)*, The Banner of Truth Trust, Issues 35, October, 1964

Paul E. G. Cook, *Revival In History (2)*, The Banner of Truth Trust, Issues 37, July 1965

Eifion Evans, *Preaching and Revival*, The Banner of Truth Trust, Number 87, December 1970

Iain Murray, *Prayer and Revival*, The Banner of Truth Trust, Issue 132. September 1974

Paul E. G. Cook, *The Forgotten Revival*, Westminster Conference Papers, 1984

Iain Murray, 참된 부흥의 실제와 부흥과 설교, 한국개혁주의 설교연구원 제 6기 정기세미나, 1994

Eifion Evans, 개혁주의 교회의 부흥과 설교, 한국개혁주의 설교연구원 제 10기 정기세미나, 1996

김남준, 설교와 성령의 능력- 회심을 위한 도구로서의 설교와 성령, 한국개혁주의 설교연구원 제 14주년 기념세미나, 2006

이상규, 부흥은 어떻게 오는가?, 한국개혁주의 설교연구원 제 14주년 기념세미나, 2006

Iain D. Campbell, 개혁교회 신앙고백과 목회 사역의 영광; 목회와 설교, 한국개혁주의 설교연구원 제 24기 정기세미나, 2010

라은성, 교회 역사가 목회에 주는 교훈, 한국개혁주의 설교연구원 제 19주년 기념세미나, 2011

안인섭, 칼빈의 말씀사역과 성령, 한국개혁주의 설교연구원 제 20주년 기념세미나, 2012

김현배, 개혁교회와 성경적 부흥, 한국개혁주의 설교연구원 제 27기 정기세미나, 2013

영국 부흥의 주역들
The Leaders of Britain's Revival

2014년 3월 20일 초판 발행
2019년 9월 10일 초판 2쇄 발행

지은이 | 김 현 배

펴낸곳 | 사)기독교문서선교회
등 록 | 제16-25호(1980. 1. 18)
주 소 | 서울시 서초구 방배로 68
전 화 | 02) 586-8761~3(본사)   031) 942-8761(영업부)
팩 스 | 02) 523-0131(본사)   031) 942-8763(영업부)
홈페이지 | www.clcbook.com
이메일 | clckor@gmail.com
온라인 | 기업은행 073-000308-04-020, 국민은행 043-01-0379-646
         예금주: 사)기독교문서선교회

ISBN 978-89-341-1366-9 (03230)

* 낙장 · 파본은 교환해 드립니다.

이 도서의 국립중앙도서관 출판시 도서목록(CIP)은
서지정보유통지원시스템 홈페이지(http://seoji.nl.go.kr)와
국가자료공동목록시스템(http://www.nl.go.kr/kolisnet)에서
이용하실 수 있습니다.
(CIP제어번호: CIP2014007439)